NCS | 직업기초능력평가

고시넷 공기업

KB016644

사람인 NCS
출제유형모의고사

동영상강의
www.gosinet.co.kr

㈜사람인
모듈형/응용모듈형

공기업 출제사별
유형학습

gosinet
(주)고시넷

WWW.GOSINET.CO.KR

최고 강사진의
동영상 강의 ▶

류준상 선생님

김지영 선생님

양광현 선생님

수강생 만족도 1위

고시넷 취업강의 수강 인원 1위

공부의 神

- 서울대학교 졸업
- 응용수리, 자료해석 대표강사
- 정답이 보이는 문제풀이 스킬 최다 보유
- 수포자도 만족하는 친절하고 상세한 설명

- 성균관대학교 졸업
- 의사소통능력, 언어 영역 대표강사
- 빠른 지문 분석 능력을 길러 주는 강의
- 초단기 언어 영역 완성

- 서울대학교 졸업
- NCS 모듈형 대표강사
- 시험에 나올 문제만 콕콕 짚어주는 강의
- 중국 칭화대학교 의사소통 대회 우승
- 前 공신닷컴 멘토

정오표 및 학습 질의 안내

고시넷은 오류 없는 책을 만들기 위해 최선을 다합니다. 그러나 편집에서 미처 잡지 못한 실수가 뒤늦게 나오는 경우가 있습니다. 고시넷은 이런 잘못을 바로잡기 위해 정오표를 실시간으로 제공합니다. 감사하는 마음으로 끝까지 책임을 다하겠습니다.

WWW.GOSINET.CO.KR

모바일폰에서 QR코드로 실시간 정오표를 확인할 수 있습니다.

학습 질의 안내

학습과 교재선택 관련 문의를 받습니다. 적절한 교재선택에 관한 조언이나 고시넷 교재 학습 중 의문 사항은 아래 주소로 메일을 주시면 성실히 답변드리겠습니다.

이메일주소
qna@gosinet.co.kr

차례

NCS 직업기초능력평가 정복

- 구성과 활용
- NCS '블라인드채용' 알아보기
- '모듈형', '피셋형', '피듈형', '응용모듈형'이 뭐야!?
- 주요 출제사 유형은?
- PSAT 알아보기
- NCS 10개 영역 소개
- 대행사 수주현황

사람인 NCS 출제유형모의고사

1회 기출예상문제 —————————————————— 20
2회 기출예상문제 —————————————————— 58
3회 기출예상문제 —————————————————— 110
4회 기출예상문제 —————————————————— 150
5회 기출예상문제 —————————————————— 190
6회 기출예상문제 —————————————————— 230
7회 기출예상문제 —————————————————— 268

책 속의 책_정답과 해설

사람인 NCS 출제유형모의고사

1회 기출예상문제 —————————————————— 2
2회 기출예상문제 —————————————————— 11
3회 기출예상문제 —————————————————— 27
4회 기출예상문제 —————————————————— 37
5회 기출예상문제 —————————————————— 47
6회 기출예상문제 —————————————————— 59
7회 기출예상문제 —————————————————— 69

1

'모듈형', '피셋형', '피듈형', '휴노형', '행과연형', '사람인형'이 뭐야?

NCS 정통인 '모듈형'을 비롯한 '피셋형', '피듈형', '휴노형', '매일경제형', '행과연형', '사람인형'의 특징을 설명하고 그에 따른 효율적인 학습방향을 제시하였습니다.

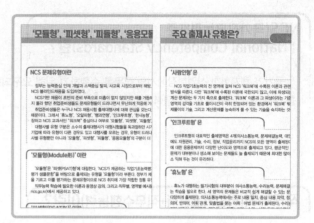

2

사람인형 모의고사 7회분

사람인형 문제들로 구성된 모의고사 7회분으로 효율적인 대비가 가능하도록 하였습니다.

모의고사 1~7회	의사소통, 수리, 문제해결, 자원관리, 정보, 조직이해, 기술, 직업윤리, 자기개발 ⇨ 각 회별 50~80문항

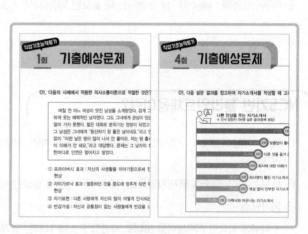

3

상세한 해설과 오답풀이가 수록된 정답과 해설

기출예상문제의 상세한 해설을 수록하였고 오답풀이 및 보충사항을 수록하여 문제풀이 과정에서의 학습효과가 극대화될 수 있도록 구성하였습니다.

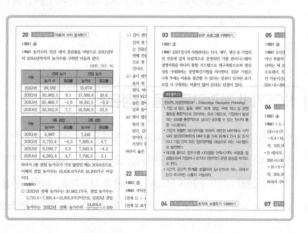

NCS '블라인드채용' 알아보기

NCS(국가직무능력표준 ; National Competency Standards)란?

국가가 체계화한 산업현장에서의 직무를 수행하기 위해 요구되는 지식 · 기술 · 태도 등 능력 있는 인재 개발로 핵심인프라를 구축하고 나아가 국가경쟁력 향상을 위해서 필요함.

직무능력(직업기초능력+직무수행능력)이란?

⊕ 직업기초능력 : 직업인으로서 기본적으로 갖추어야 할 공통 능력

⊕ 직무수행능력 : 해당 직무를 수행하는 데 필요한 역량(지식, 기술, 태도)

NCS기반 블라인드채용이란?

⊕ 의의 : 채용과정에서 차별적인 평가요소(지연, 혈연, 학연, 외모)를 제거하고, 지원자의 실력(직무능력)을 중심으로 평가하는 인재채용

⊕ 특징 : 직무능력중심 평가(차별요소 제외), 직무수행에 필요한 직무능력이 평가기준

⊕ 평가요소

- 직무에 필요한 직무능력을 토대로 차별적 요소를 제외한 평가요소 도출 · 정의

- NCS에 제시된 직무별 능력단위 세부내용, 능력단위 요소의 K · S · A를 기반으로 평가요소 도출

- 기업의 인재상 · 채용직무에 대한 내부자료(직무기술서, 직무명세서로 응시자에게 사전 안내)

NCS기반 블라인드채용 과정은?

⊕ 모집공고 : 채용직무의 직무내용 및 직무능력 구체화 후 사전 공개

⊕ 서류전형 : 편견 · 차별적 인적사항 요구 금지, 지원서는 직무관련 교육 · 훈련, 자격 경험(경력) 중심 항목 구성

⊕ 필기전형 : 직무수행에 반드시 필요한 지식 · 기술 · 능력 · 인성 등, 필기평가 과목 공개(공정성 확보)

⊕ 면접전형 : 면접에 지원자 인적사항 제공 금지, 체계화된 면접으로 공정하게 평가 실시

'모듈형', '피셋형', '피듈형', '응용모듈형'이 뭐야?

NCS 문제유형이란

정부는 능력중심 인재 개발과 스펙중심 탈피, 사교육 시장으로부터 해방, 편견과 차별에서 벗어난 인재 채용을 목적으로 NCS 블라인드채용을 도입하였다.

NCS기반 채용이 초반의 준비 부족으로 미흡이 없지 않았지만 해를 거듭하면서 안정을 찾아가고, 필기시험을 어찌 대비할지 몰라 했던 취업준비생들도 문제유형들이 드러나면서 무난하게 적응해 가고 있다.

취업준비생들은 누구나 NCS 채용시험 출제대행사에 대해 관심을 갖는다. 문제 유형과 내용이 출제대행사에 따라 다르기 때문이다. 그래서 '휴노형', '오알피형', '행과연형', '인크루트형', '한사능형', '사람인형' 등 대행사 이름을 붙인 유형명이 등장하고 NCS 교과서인 "워크북" 중심이냐 여부로 '모듈형', '피셋형', '피듈형', '응용모듈형'이란 유형명이 나타나기도 했다.

대행사별 유형 구분은 소수의 출제대행사가 대형시험들을 독과점하던 시기에는 큰 도움이 되었으나 대행사가 같아도 채용기업에 따라 유형이 다른 경우도 있고 대행사를 모르는 경우, 유형이 드러나지 않은 대행사들도 다수 등장하게 되면서 대행사별 유형뿐만 아니라 '모듈형', '피셋형', '피듈형', '응용모듈형'의 구분이 더 도움이 되고 있다.

'모듈형(Module形)' 이란

'모듈형'은 '피셋(PSAT)형'에 대립한다. 'NCS가 제공하는 직업기초능력평가의 학습모듈' 교과서인 "워크북"과 "NCS 필기평가 샘플문항"을 바탕으로 출제되는 유형을 '모듈형'이라 부른다. 정부가 제공한 학습자료와 샘플문항을 통해 직업기초능력을 기르고 이를 평가하는 문제유형이므로 NCS 취지에 가장 적합한 정통 유형이다.

직무능력 학습에 필요한 이론과 동영상 강의, 그리고 직무별, 영역별 예시문제들은 NCS 국가직무능력표준 홈페이지(www.ncs.go.kr)에서 제공하고 있다.

'피셋형(PSAT形)' 이란

NCS '피셋형'이란 5급 공무원(행정고시, 외무고시, 민간경력자 특채)과 7급 공무원(2021년 도입) 시험과목인 'PSAT (Public Service Aptitude Test)'에서 따온 말이다. PSAT는 정부 내 관리자로서 필요한 기본적 지식, 소양, 자질 등 공직자로서의 적격성을 종합적으로 평가한다.

PSAT는 1) 언어논리, 2) 자료해석, 3) 상황판단의 3가지 평가영역으로 구성되어 있는데 NCS의 의사소통능력, 수리능력, 문제해결능력 평가의 문제유형과 일부 유사하다. 그래서 NCS 문제집이 없었던 초기에는 PSAT 문제집으로 공부하는 이들이 많았다. PSAT 출제영역·내용과 난이도 차이를 감안하여 기출문제를 다루면 도움이 되지만 NCS는 문항 당 주어지는 풀이시간이 1분 내외로 짧고, 채용기관이나 직급에 따라 난이도가 상이하며, 채용기관의 사규나 보도자료, 사업을 위주로 한 문제들이 나오기 때문에 이를 무시하면 고생을 많이 하게 된다. 뒤에 싣는 PSAT 안내를 참고해 주기 바란다.

'피듈형(Pdule形)', '응용모듈형' 이란?

'피듈형'은 NCS의 학습모듈을 잘못 이해한 데서 나온 말이다. 일부에서 NCS '워크북'의 이론을 묻는 문제 유형만 '모듈형'이라 하고 이론문제가 아니면 '피셋형'이라고 부르는 분위기가 있다. 「이론형」과 「비(非)이론형」이 섞여 나오면 '피듈형'이라 부르고 있으니 부적절한 조어이다. 실례를 들면, '한국수자원공사'는 시험에서 기초인지능력모듈과 응용업무능력모듈을 구분하고 산인공 학습모듈 샘플문항과 동일 혹은 유사한 문제를 출제해왔고, '국민건강보험공단'은 채용공고문의 필기시험(직업기초능력평가)을 "응용모듈 출제"라고 명시하여 공고하였는데도 수험커뮤니티에 "피셋형"으로 나왔다고 하는 응시자들이 적지 않다.

'모듈형', '피셋형', '피듈형', '응용모듈형'이 뭐야!?

NCS 직업기초능력 학습모듈은 기본이론 및 제반모듈로 구성되고 이를 실제에 응용하는 응용모듈로 발전시켜 직무상황과 연계되는 학습을 요구하는 것이다. NCS 필기평가 샘플문항도 직무별, 기업별 응용업무능력을 평가하는 문제이므로 이론이 아닌 문제유형도 '모듈형'이라고 하는 것이 옳다.

이론문제가 아니면 모두 'PSAT형'이라고 한다면 어휘, 맞춤법, 한자, 어법 등의 유형, 기초연산, 수열, 거리·속도·시간, 약·배수, 함수, 방정식, 도형넓이 구하기 등 응용수리 유형, 명제, 논증, 논리오류, 참·거짓 유형, 엑셀, 컴퓨터 언어, 컴퓨터 범죄 등 PSAT시험에는 나오지도 않는 유형이 PSAT형이 되는 것이니 혼란스럽다.

모순이 있는 유형 구분에서 탈피하고 NCS 필기유형을 정확하게 파악하는 것이 시험 준비에 있어서 절대적으로 필요하다.

어떻게 준비할 것인가!!

행간을 채워라

위에서 말한 바처럼 '모듈형'과 '피셋형', '피듈형', '응용모듈형'으로 NCS 유형을 나누면 출제(학습)범위에서 놓치는 부분이 다수 나온다. 'PSAT형'은 '의사소통능력, 수리능력, 문제해결능력' 중심의 시험에서 의사소통능력은 어휘, 한자, 맞춤법 등과 NCS이론을 제외한 독해문제가 유사하고, 수리능력의 응용수리 문제를 제외한 자료해석이 유사하고, 문제해결은 'PSAT' 상황판단영역 중 문제해결 유형이 비슷하다.

대개 의사소통능력, 수리능력, 문제해결능력이 주요영역인 시험에서는 모듈이론이 나오는 경우는 없다. 자원관리, 조직이해, 정보, 기술, 자기개발, 대인관계, 직업윤리 영역을 내는 시험에서는 모듈이론, 사례 등과 응용모듈 문제가 나올 수밖에 없다. PSAT에는 없는 유형이고 NCS에만 있는 특유한 영역이다.

'모듈형'도 한국산업인력공단 학습모듈 워크북과 필기평가 예시유형에서만 나오지 않는다. 워크북 이론에 바탕을 두면서도 경영학, 행정학, 교육학, 심리학 등의 전공 관련 이론들이 나오고 있는 추세이다(교과서밖 출제). 또 4차 산업혁명의 이해 및 핵심기술, 컴퓨터 프로그래밍(코딩) 등도 자주 나온다. 그뿐 아니라, 어휘관계, 한글 맞춤법, 외래어 표기법, 유의어, 다의어, 동음이의어 등 어휘, 방정식, 집합, 수열, 함수, 거·속·시, 도형넓이 구하기 등 응용수리, 명제, 논증, 참·거짓, 추론, 논리오류 찾기 등은 워크북에서 다루지 않은 유형들이 나온다.

교과서 밖에서 나오는 문제에 대비하라

최근 공기업 채용대행 용역을 가장 많이 수주하는 업체가 '사람인HR'과 '인크루트'로 나타나고 있다. 이 업체들을 비롯해서 다수 대행사들이 한국산업인력공단의 NCS모듈형 학습자료(교과서)에 없는 이론과 자료를 항상 출제하고 있다. 즉, 명실상부한 응용모듈형의 문제를 출제하고 있는 것이다.

고시넷 초록이 모듈형 교재에는 NCS직업기초능력평가 시험 도입 이래 실제 시험에 출제된 교과서 밖 이론과 자료, 문제를 함께 정리하여 수록하고 있다. 단순히 한국산업인력공단의 워크북을 요약한 다른 교재들에서는 볼 수 없는 이론과 문제유형을 통해 교과서 밖 학습사항과 방향을 제시하고 있다.

NCS워크북, 지침서, 교수자용 개정 전, 후 모두 학습하라

최근 한국산업인력공단 NCS 학습자료(워크북, 지침서, 교수자용, 학습자용 등)가 개정되었다. 허나 개정 후 시행된 필기시험에는 개정 전 모듈이론과 학습자료, 예제문제가 여전히 출제되고 있다.

이에 대비하여 개정 전·후를 비교하여 정리하여야 빠뜨리지 않는 완벽한 NCS 학습이 된다.

고시넷 초록이 모듈형① 통합기본서는 개정 전·후 자료를 모두 싣고 있으며 개정 전 자료는 '구 워크북'으로 표기를 하여 참고하면서 학습할 수 있도록 하였고, 고시넷 초록이 모듈형② 통합문제집에는 'NCS 학습모듈' 10개 영역 학습내용에서 출제하는 문제유형만을 연습할 수 있도록 구성하였다.

'사람인형' 은

NCS 직업기초능력의 전 영역에 걸쳐 NCS '워크북'에 수록된 이론과 관련된 자료를 제시하고 이를 해석하는 '응용모듈'의 방식을 따른다. 다만 '워크북'에 수록된 이론에 국한되지 않고, 이에 파생되는 개념과 이론들을 적극적으로 질문하는 문제와 계산 문제라는 두 가지 축으로 출제한다. '워크북' 이론과 그 파생이라는 기준으로 출제된 다수의 문제를 풀면서 형성될 출제 영역의 감각을 기초로 풀이시간이 극히 한정되어 있는 환경에서 '워크북' 밖의 이론을 제시하는 다양한 자료를 해석하는 문제풀이의 기술, 그리고 계산문제를 능숙하게 풀 수 있는 기술을 숙지하는 것이 필요하다.

'인크루트형' 은

인크루트형의 대표적인 출제영역은 4개(의사소통능력, 문제해결능력, 대인관계능력, 조직이해능력)이지만 이 4개 영역 외에도 자원관리, 기술, 수리, 정보, 직업윤리까지 NCS의 모든 영역이 출제된다. 단순한 기본 개념을 묻는 문제와 더불어 개념에 대한 응용문제까지 다양한 난이도와 영역으로 출제되고 있다. 평균적인 난이도는 높지 않고 전반적인 내용 이해를 묻는 문제가 대부분이나 생소해 보이는 문제들도 늘 출제되기 때문에 최대한 많이, 다양한 유형의 문제풀이를 통해 실전감각을 평소 익혀 두는 것이 유리하다.

'휴노형' 은

휴노가 대행하는 필기시험의 대부분이 의사소통능력, 수리능력, 문제해결능력 3개 영역에서 출제되고 있는 만큼 심도 있는 학습을 필요로 한다. 세 영역의 문제들은 비교적 쉽게 해결할 수 있는 문제부터 긴 자료를 읽고 해결하는 묶음 문제까지 다양하게 출제된다. 의사소통능력에서는 주로 내용 일치, 중심 내용 파악, 정보 이해 등의 독해 문제가 출제되며 이외에도 유의어, 반의어, 어휘 관계, 맞춤법을 묻는 어휘 · 어법 문제가 출제된다. 수리능력에서는 자료해석이 가장 높은 비중으로 출제되며 방정식, 통계(평균, 경우의 수, 확률), 거리 · 속력 · 시간 등의 기초연산 문제도 출제된다. 특히 문제해결능력은 의사소통, 수리, 자원관리, 조직이해 등과 섞인 복합 문제도 나온다. 문제 유형이 대체로 비슷하기 때문에 반복학습을 통해 시간 단축 및 고득점이 가능하다.

'행과연형' 은

행과연형 출제 영역은 3개(의사소통, 수리, 문제해결), 또는 6개(+자원관리, 조직이해, 기술 등)로 모듈형, 지식형, 응용수리, 어휘, 문법, 명제 등 간단한 유형은 출제되지 않고 있다. 명확한 답을 고르기 어려운 고난도 추론, 단순계산보다는 자료 파악 및 추론을 묻거나 지문, 표, 그래프 등 문제 상황들에 대한 적절한 대처능력을 평가하는 문제가 출제되고 있다. 여러 영역이 복합된 융합 유형의 특징을 갖고 있고 직무와 관련된 업무 상황에서 과제가 주어졌을 때 어떻게 해결하는지를 묻는 영역 연계형이 행과연의 대표적 출제 유형이다. 시험에 출제되는 유형이 난도가 높은 편이므로 쉬운 문제보다는 어려운 문제를 풀어 보는 것이 고득점에 유리하다.

'매일경제형' 은

매일경제형 필기시험 출제영역은 대부분 의사소통능력, 수리능력, 문제해결능력, 자원관리능력 4개 영역에서 출제되지만 이외에도 조직이해능력이나 정보능력, 기술능력 등에서도 출제되기도 한다. 단순한 기본 개념을 묻는 문제보다는 산업현장에서 일어나는 상황을 제시하며 직무와 관련된 업무 상황에서 어떻게 해결하는지를 묻는 실무 적용능력과 업무 해결능력을 평가하는 응용 업무능력 문제가 출제되고 있다. 7개 영역에서 나오는 문제들이 난도가 높은 편이지만 여러 유형을 익혀 둔다면 보다 쉽게 필요한 득점이 가능하다.

PSAT 알아보기

> PSAT를 NCS 직업기초능력평가 준비에 활용하기 위해 필요한 정확한 이해를 돕기 위한 안내입니다. PSAT의 평가영역은 언어논리, 자료해석, 상황판단의 3개 영역으로 구성되어 있습니다. NCS와 유사한 부분을 정확히 알고 공부하는 것이 효율적이겠습니다.
>
> – 정부 발간 "공직적격성테스트(PSAT) 예제집"을 인용하여 재정리하였습니다.

PSAT(Public Service Aptitude Test)란

정부 내 관리자로서 필요한 기본적 지식, 소양, 자질 등 공직자로서의 적격성을 종합적으로 평가하는 제도이다.

[1] 언어논리영역

언어논리 영역에서는 일반적인 학습능력의 하나인 언어능력을 측정한다. 언어논리능력은 모든 직무 영역에 공통적으로 요구되는 능력으로 대인관계, 보고서 작성 등의 직무수행에 필수적인 능력이다. 언어논리 영역은 대부분의 적성검사와 학업 수행능력을 평가하는 시험에서 사용되고 있는 영역으로 의사소통능력(타 영역 사업에 대한 이해와 자기의 사업에 대한 설명력)과 자신이 알고 있는 지식을 종합·통합할 수 있는 능력을 요구한다. 특히 PSAT의 언어논리 영역에서는 어휘력이나 문법적 지식과 같은 문장 수준의 처리능력보다는 텍스트의 처리와 관련된 능력을 측정하고자 한다.

[출제 영역]

- 인문과학 : 고전문학, 인류학, 현대문학 등
- 사회과학 : 경제, 국제, 통일, 사회, 정치 등
- 자연과학 : 공학, 과학, 환경 등
- 문화 : 예술, 스포츠 등
- 기타 : 교육, 국사, 서양사 등

[문제유형]

- 이해 : 추론이나 요약, 또는 새로운 글의 생성 등이 요구되지 않고, 단순히 주어진 지문에 대한 이해만으로 해결할 수 있는 문제이다. 세부유형은 글의 이해, 관련 단락, 비관련 단락 등이 있다.
- 추론 : 주어진 지문을 충분히 이해하고, 이를 바탕으로 논리적 추론을 해야만 해결할 수 있는 문제이다. 세부유형은 반론, 비판, 전제 추론, 추론되는 내용 등이 있다.
- 주제 찾기 : 주어진 지문을 충분히 이해하고 지문이 어떤 주장이나 논지를 전하고자 하는지를 파악할 수 있어야만 해결할 수 있는 문제이다. 세부유형은 제목 찾기, 주제 찾기 등이 있다.
- 문장 구성 : 주어진 지문에 대한 단순한 이해를 넘어서, 언어를 산출하는 능력, 즉 텍스트를 구성하는 능력을 묻는 문제이다. 세부유형은 다음 주제, 문단 구조 파악, 문단 배열, 앞 문단 누락, 중간단락 누락, 후속 등이 있다.

[2] 자료해석영역

자료해석 영역은 숫자로 된 자료를 정리할 수 있는 기초 통계 능력, 수 처리 능력, 응용 계산 능력, 수학적 추리력 등을 측정하는 영역이며 측정하는 능력들은 특히 수치 자료의 정리 및 분석 등의 업무수행에 필수적인 능력이다. 자료해석력은 논리, 수학적 능력과 관련되는 영역으로서 언어 능력과 더불어 일반적성의 주요 영역으로 대부분의 학업적성검사와 직무적성검사에 포함되고 있다. 특히 PSAT의 자료해석 영역은 통계 등 수치정보에서 추출하는 자료 및 정보분석 능력, 그리고 수많이 제시되는 자료 중 필요한 자료를 추출하는 능력 등을 측정한다.

[출제 영역]

■ 일반 행정 ■ 법률/사건 ■ 재무/경제 ■ 국제통상 ■ 정치/외교 ■ 보건/사회복지 ■ 노동/문화 ■ 기술/과학
■ 환경/농림수산 ■ 기타

[문제유형]

■ 자료 읽기 : 계산과 추론 등이 요구되지 않은 단순한 자료 읽기 문제이다. 문제에 대한 이해를 토대로 계산이 필요 없이 자료로부터 정답을 도출한다.

■ 단순 계산 : 문제의 요구에 따라 주어진 자료를 단순한 계산을 통해 정답을 도출하는 문제이다. 문제에서 요구하는 계산을 통해 정답을 도출한다.

■ 응용 계산 : 문제의 요구에 따라 주어진 자료를 응용 계산함으로써 정답을 도출하는 문제이다. 문제에 대한 이해를 토대로 필요한 계산공식과 과정을 도출하여 정답을 계산한다.

■ 자료 이해 : 문제의 요구에 따라 주어진 자료를 단순 또는 응용계산하고, 그 결과를 해석함으로써 정답을 도출하는 문제이다. 문제에서 요구하는 계산이나 또는 필요한 계산 공식과 과정을 스스로 도출하여 계산결과를 해석해야만 정답이 도출된다.

■ 자료 추리 : 문제의 요구에 따라 주어진 자료를 단순 또는 응용계산하고, 그 결과를 토대로 새로운 사실이나 미래의 상황을 추론함으로써 정답을 도출하는 문제이다. 문제에서 요구하는 계산공식/과정을 스스로 도출하여 도출된 결과를 토대로 관련 사실이나 미래에 대한 추론을 통해 정답을 도출한다.

[3] 상황판단영역

상황판단력은 제시된 자료에서 원리를 추리하고 자료와 정보를 올바르게 확장, 해석하는 능력과 논리적 추론을 하는 능력으로 기획, 분석, 평가 등의 업무수행에 필수적인 능력이다. 이 영역은 연역추리력, 문제해결, 판단 및 의사결정 능력을 측정한다. 문제해결의 경우 먼저 가능한 모든 방안을 머리 속에서 나열하고 각각의 방안에 대하여 문제해결에 도움이 되는지를 평가하고 최종적으로 문제해결책을 찾아내는 과정으로 구성되어 있다. 연역추리력과 판단 및 의사결정 과정도 여러 단계의 인지조작을 거쳐야만 문제를 해결할 수 있다. 모든 업무가 문제해결이나 판단·의사결정 등으로 구성되어 있으므로 이는 실제 과제를 수행하는 데 기본적인 능력이 있는지를 측정하는 영역이다. 자료해석력이 주로 귀납적 추리력을 측정하는 데 반해 이 영역은 연역추리와 종합추리 능력을 측정한다.

[출제 영역]

■ 문제 출제를 위한 특정 영역이 존재하지는 않으나, 가능한 현실적인 상황을 가지고 문항을 구성한다.

[문제유형]

■ 연역추리 : 주어진 사실(전제)들에서 논리적으로 정당한 결론을 도출해 낼 수 있는 능력을 측정하는 문제이다. 세부유형으로 결론유도, 논리구조, 논리적 인과, 논리적 타당성, 논증, 해석 등이 있다.

■ 문제해결 : 문제에 대한 적절한 표상을 형성하고, 목표달성에 도달하게 하는 적절한 조작자를 찾아내는 능력을 측정하는 문제이다. 세부유형으로 기획력, 여러 가능성 중 합리적 가능성을 묻는 문제, 문제에 대한 올바른 표상을 묻는 문제, 가능한 많은 문제해결 방식의 생성을 묻는 문제 등이 있다.

■ 판단 및 의사결정 : 주어진 정보와, 이 정보에서 유도된 정보들을 정확하게 판단하고, 그 판단에 근거하여 가장 합리적인 의사결정을 하는 능력을 측정하는 문제이다. 세부유형으로 판단과정에서 논리적 구조의 이해, 게임 이론, 판단오류, 합리적 선택과정 등이 있다.

주요 5개 영역

인지적 능력

의사소통능력	상대방과 의견을 교환할 때 의미를 정확하게 전달하는 능력
수리능력	복잡한 연산 및 도표 분석으로 정보를 이해하고 처리하는 능력
문제해결능력	논리적 · 창의적인 사고로 문제를 바르게 인식하고 해결하는 능력
자원관리능력	주어진 자원을 효율적으로 활용하고 관리하는 능력
조직이해능력	조직의 체제와 경영, 국제 감각을 이해하는 능력

주요 영역 출제 키워드

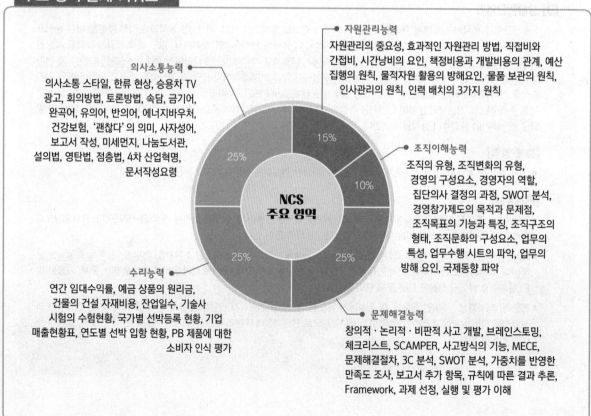

의사소통능력
의사소통 스타일, 한류 현상, 승용차 TV 광고, 회의방법, 토론방법, 속담, 금기어, 완곡어, 유의어, 반의어, 에너지바우처, 건강보험, '괜찮다'의 의미, 사자성어, 보고서 작성, 미세먼지, 나눔도서관, 설의법, 영탄법, 점층법, 4차 산업혁명, 문서작성요령

자원관리능력
자원관리의 중요성, 효과적인 자원관리 방법, 직접비와 간접비, 시간낭비의 요인, 책정비용과 개발비용의 관계, 예산집행의 원칙, 물적자원 활용의 방해요인, 물품 보관의 원칙, 인사관리의 원칙, 인력 배치의 3가지 원칙

조직이해능력
조직의 유형, 조직변화의 유형, 경영의 구성요소, 경영자의 역할, 집단의사 결정의 과정, SWOT 분석, 경영참가제도의 목적과 문제점, 조직목표의 기능과 특징, 조직구조의 형태, 조직문화의 구성요소, 업무의 특성, 업무수행 시트의 파악, 업무의 방해 요인, 국제동향 파악

수리능력
연간 임대수익률, 예금 상품의 원리금, 건물의 건설 자재비용, 잔업일수, 기술사 시험의 수험현황, 국가별 선박등록 현황, 기업 매출현황표, 연도별 선박 입항 현황, PB 제품에 대한 소비자 인식 평가

문제해결능력
창의적 · 논리적 · 비판적 사고 개발, 브레인스토밍, 체크리스트, SCAMPER, 사고방식의 기능, MECE, 문제해결절차, 3C 분석, SWOT 분석, 가중치를 반영한 만족도 조사, 보고서 추가 항목, 규칙에 따른 결과 추론, Framework, 과제 선정, 실행 및 평가 이해

NCS 주요 영역

25% 15% 10% 25% 25%

하위 5개 영역

인지적 능력

정보능력	컴퓨터를 활용하여 필요한 정보를 수집 · 분석 · 활용하는 능력
기술능력	직장 생활에 필요한 기술을 이해하고 선택하며 적용하는 능력

인성적 능력

대인관계능력	좋은 인간관계를 유지하고 갈등을 원만하게 해결하는 능력
자기개발능력	자신의 능력과 적성을 이해하여 목표를 수립하고 관리를 통해 성취해 나가는 능력
직업윤리	직업을 가진 사람이라면 반드시 지켜야 할 윤리 규범

하위 영역 출제 키워드

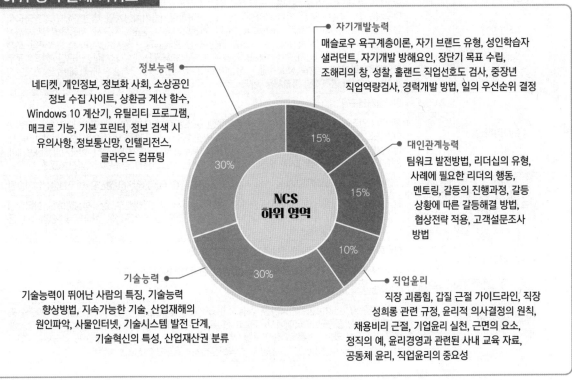

정보능력
네티켓, 개인정보, 정보화 사회, 소상공인 정보 수집 사이트, 상환금 계산 함수, Windows 10 계산기, 유틸리티 프로그램, 매크로 기능, 기본 프린터, 정보 검색 시 유의사항, 정보통신망, 인텔리전스, 클라우드 컴퓨팅

자기개발능력
매슬로우 욕구계층이론, 자기 브랜드 유형, 성인학습자 샐러던트, 자기개발 방해요인, 장단기 목표 수립, 조해리의 창, 성찰, 홀랜드 직업선호도 검사, 중장년 직업역량검사, 경력개발 방법, 일의 우선순위 결정

대인관계능력
팀워크 발전방법, 리더십의 유형, 사례에 필요한 리더의 행동, 멘토링, 갈등의 진행과정, 갈등 상황에 따른 갈등해결 방법, 협상전략 적용, 고객설문조사 방법

기술능력
기술능력이 뛰어난 사람의 특징, 기술능력 향상방법, 지속가능한 기술, 산업재해의 원인파악, 사물인터넷, 기술시스템 발전 단계, 기술혁신의 특성, 산업재산권 분류

직업윤리
직장 괴롭힘, 갑질 근절 가이드라인, 직장 성희롱 관련 규정, 윤리적 의사결정의 원칙, 채용비리 근절, 기업윤리 실천, 근면의 요소, 정직의 예, 윤리경영과 관련된 사내 교육 자료, 공동체 윤리, 직업윤리의 중요성

대행사 수주현황

출제대행사별 수주 채용기업

출제대행사		채용기업
(주)사람인	2024년	한국가스공사, 한국가스기술공사, 한국남동발전, 한국중부발전('22~'24), 한국동서발전('23~'25), 한국남부발전, 국민연금공단, 한국자산관리공사, 신용보증기금, 도로교통공단, 경기도 공공기관 통합채용, 광주광역시도시공사, 전라남도 공공기관 통합채용(출제), 대한무역투자진흥공사, 예금보험공사, 한국예탁결제원, 화성시문화재단, 부천시 협력기관 통합채용, 대구공공시설관리공단, 서울주택도시공사, 안산시 공공기관 통합채용, 광주광역시 공공기관 통합채용, 국립부산과학관, 경상북도 공공기관 통합채용, 울산문화관광재단, 한국광해광업공단, 경기환경에너지진흥원, 한국방송광고진흥공사, 한국도로공사서비스, 부산환경공단, 화성시여성가족청소년재단
	2023년	국민연금공단, 한국가스공사, 한국전력거래소, 한국중부발전('22~'24), 한국동서발전('23~'25), 한국환경공단, 서울주택도시공사, 주택도시보증공사, 한국주택금융공사, 한국예탁결제원, 한전원자력연료, 한국가스기술공사, 한전KPS, 도로교통공단, 코스콤, 한국방송광고진흥공사, 한국산업단지공단, 경기도 공공기관 통합채용, 부산광역시 공공기관 통합채용, 대전광역시 공공기관 통합채용, 전라남도 공공기관 통합채용, 광주광역시 공공기관 통합채용, 경상북도 공공기관 통합채용, 평택도시공사, 인천신용보증재단, 전라북도콘텐츠융합진흥원, 평창군시설관리공단, 대구공공시설관리공단, 과천도시공사, 서울시 종로구시설관리공단, 인천시설공단
인크루트(주)	2024년	국민건강보험공단, 한국산업은행, 항만공사(인천·부산·울산·여수광양 / '23~'25), 파주도시관광공사, 시흥도시공사, 대한적십자사, 한국부동산원, 한국무역보험공사, 경기도사회서비스원, 용인시산업진흥원, 인천중구문화재단, 용인도시공사, 독립기념관, 유네스코아태무형유산센터, 인천문화재단, 우체국금융개발원, 경남테크노파크, 서울시자원봉사센터, 서울시 강서구시설관리공단, 금융감독원, 기술보증기금, 대전도시공사, 항공안전기술원, 축산환경관리원, 강원디자인진흥원, 우체국시설관리단(필기), 세종특별자치시사회서비스원, 서울주택도시공사 공무직, 안산도시공사
	2023년	한국철도공사, 국민건강보험공단, 근로복지공단, 한국관광공사, 기술보증기금, 한국수출입은행, 항만공사(인천·부산·울산·여수광양 / '23~'25), 한국과학기술기획평가원, 대한적십자사, 한국국학진흥원, 한국보훈복지의료공단보훈교육연구원, 과천도시공사, 용인도시공사, 세종특별자치시시설관리공단, 대전광역시사회서비스원, 서울시 금천구시설관리공단, 서울시 강서구시설관리공단, 포천도시공사, 남양주도시공사, 안산도시공사, 광주광역시 도시공사, 전주시시설관리공단, 한국항공우주연구원, 화성시여성가족청소년재단, 정선아리랑문화재단, 충남문화관광재단, 대한건설기계안전관리원, 부천시 협력기관 통합채용, 한국도로공사서비스(주)
(주)트리피	2025년	한국법제연구원
	2024년	한국가스안전공사, 한국환경공단, 한국수출입은행, 중소벤처기업진흥공단, 한국디자인진흥원, 국방과학연구소, 한국재정정보원, 서울문화재단, 한국해양진흥공사, 한국해양과학기술원, 한국전기안전공사, 한국산업안전보건공단, 코레일테크, 인천관광공사, 제주국제자유도시개발센터, 한국지방재정공제회, 광주과학기술원, 대구경북과학기술원, 한국학중앙연구원, 창업진흥원, 중소벤처기업진흥공단
(주)엑스퍼트컨설팅	2024년	국민체육진흥공단, 코레일로지스, 수원시 공공기관 통합채용, 한국승강기안전공단, 한국환경산업기술원
	2023년	한국농어촌공사, 금융감독원, 한국공항공사, 대한적십자사 혈액관리본부, 한국재정정보원, 한국환경산업기술원, 용인시 공공기관 통합채용, 서울교통공사 9호선운영부문(2차), 한국원자력환경공단, 용인도시공사, 서울문화재단
(주)매일경제신문사	2024년	한국토지주택공사, 한국수력원자력, 한국서부발전('22~'24)
	2023년	한국토지주택공사, 한국도로공사, 한국남동발전, 한국서부발전('22~'24)
(주)휴스테이션	2025년	(재)장애인기업종합지원센터
	2024년	서울교통공사, 건강보험심사평가원, 서울교통공사 9호선운영부문, 서울시설공단, 한국주택금융공사, 한국교통안전공단, 한국에너지공단, 코레일유통, 한국과학기술기획평가원, 농업정책보험금융원, 한국석유공사, 국방신속획득기술연구원, 서울신용보증재단, 한국생산기술연구원, 한국체육산업개발, 강원도사회서비스원, 양주도시공사, 한국보훈복지의료공단 대전보훈병원

출제대행사별 수주 채용기업

출제대행사별 수주 채용기업

출제대행사		채용기업
(주)한국사회능력개발원	2024년	한국철도공사, 에스알(SR), 국가철도공단, 한전KDN, 대구도시개발공사, 화성산업진흥원, 공무원연금공단, 국립공원공단, 부산광역시 공무직
	2023년	국가철도공단, 공무원연금공단, 한국국토정보공사, 대구교통공사, 국립공원공단, 국민체육진흥공단, 경기도 의정부시시설관리공단, 대구도시개발공사, 북한이탈주민지원재단
인트로맨(주)	2024년	한국수자원조사기술원, 한국교육학술정보원, 대한적십자사(필기전형), 한국문화재재단, 중소기업유통센터, 대전시사회서비스원, 코레일네트웍스, 인천도시공사, 경기문화재단, 농림수산식품교육문화정보원, 대한장애인체육회, 남양주도시공사, 한국양성평등교육진흥원, 원주시시설관리공단, 파주문화재단
	2023년	서울교통공사 9호선운영부문, 한국문화재재단, 대한적십자사, 서울특별시 여성가족재단, 한국수자원조사기술원, 한국식품산업클러스터진흥원, 대전광역시사회서비스원, 농림수산식품교육문화정보원, 세종특별자치시사회서비스원, 국립농업박물관, 인천도시공사, 국가평생교육진흥원
(주)스카우트	2024년	한국전력기술('24~'25), 시흥도시공사, 서민금융진흥원, 한국산림복지진흥원, 국립인천해양박물관, 대구농수산물유통관리공사, 한국원자력환경공단, 우체국시설관리단, 한국장학재단, 가덕도신공항건설공단, 인천교통공사, 인천시설공단
	2023년	인천국제공항공사, 인천교통공사, 중소벤처기업진흥공단, 한국과학기술원, 한국장학재단, 인천공항시설관리, 한국수산자원공단, 한국부동산원, 한국보훈복지의료공단, 한국원자력안전기술원
(주)휴노	2024년	한국전력공사, 한국지역난방공사, 한국농어촌공사, 한국공항공사('24~'25), 한국조폐공사, 한전KPS, 한국수자원공사('24~'25)
	2023년	한국지역난방공사, 한국수자원공사, 한국수력원자력, 한국조폐공사, 코레일테크
(사)한국행동과학연구소	2024년	인천국제공항공사
	2023년	농협중앙회, 농협은행
(주)태드솔루션(TAD Solutions Co., Ltd.)	2024년	한전엠씨에스주식회사, 한국산업기술기획평가원, 서울시50플러스재단, (재)한국보건의료정보원, 한국사회보장정보원, 한국인터넷진흥원, 서울경제진흥원, 성남시청소년재단, 용인시 공공기관 통합채용, 화성시 공공기관 통합채용, 성남시 공공기관 통합채용, 한국발명진흥회, 무역안보관리원, 화성시문화재단
	2023년	한전엠씨에스주식회사, 충남테크노파크, 국립낙동강생물자원관, 한국보건산업진흥원, 성남시 공공기관 통합채용, 화성시 공공기관 통합채용, 방송통신심의위원회, 한국교육시설안전원, 한국지방재정공제회, 국립호남권생물자원관, 정보통신산업진흥원, 한국물기술인증원, 서울물재생시설공단
(주)나인스텝컨설팅	2024년	한국해양조사협회, 한국에너지기술평가원, 광주도시관리공사, 한국임업진흥원
	2023년	인천교통공사(업무직), 한국해양조사협회, 한국임업진흥원
(주)비에스씨	2024년	인천서구복지재단
	2023년	의왕도시공사
(유)잡코리아	2024년	국립대구과학관, 인천신용보증재단, 가축위생방역지원본부, 파주도시관광공사
	2023년	인천신용보증재단, 킨텍스, 경상남도 관광재단, (재)춘천시주민자치지원센터
(주)잡플러스	2024년	제주특별자치도 공공기관 통합채용, 남부공항서비스, 서울의료원, 서울시50플러스재단
	2023년	축산물품질평가원, 한국연구재단

대행사 수주현황

출제대행사별 수주 채용기업

출제대행사		채용기업
(주)커리어넷	2024년	대구교통공사, 서울특별시농수산식품공사('23~'24), 한국건강가정진흥원, 신용회복위원회, 우체국물류지원단, 한국보훈복지의료공단 중앙보훈병원, 하남도시공사, 한국교육시설안전원, 소상공인시장진흥공단, 한국수산자원공단, 한국산업기술시험원
	2023년	서울특별시농수산식품공사('23~'24), 주택도시보증공사, 국립부산과학관, (재)한국보건의료정보원
(주)한국취업역량센터	2024년	원주시시설관리공단, 함안지방공사, 울산광역시복지가족진흥사회서비스원, 강화군시설관리공단
	2023년	아산시시설관리공단, 사천시시설관리공단, (재)전라북도 사회서비스원, 함안지방공사
(사)한국능률협회	2024년	보령시시설관리공단, 한국수목원정원관리원
	2023년	한국소비자원, 한국법무보호복지공단, 한국산림복지진흥원, 지방공기업평가원, 국립항공박물관
(주)한국인재개발진흥원	2024년	경상북도 공공기관 통합채용, 세종도시교통공사, 경남개발공사, 울산시설공단, 화성시복지재단, 오산시시설관리공단, 여수시도시관리공단, 인천광역시연수구시설안전관리공단, 화성도시공사 운수직, 화성시복지재단, 경상북도 문경시 공무직, 충남경제진흥원, 세종특별자치시시설관리공단, 평창관광문화재단, 오산도시공사, 천안도시공사
	2023년	세종시문화재단, 오산시시설관리공단, 한국국제보건의료재단, 평창유산재단, 화성시사회복지재단, 김포도시관리공사, 국가과학기술연구회, 인천광역시 연수구시설안전관리공단
(주)엔잡얼라이언스	2024년	화성시인재육성재단
	2022년	국립해양박물관
(주)굿파트너스코리아	2024년	한국물기술인증원
	2023년	한국항만연수원 부산연수원, (재)평창유산재단
(주)더좋은생각	2024년	전북특별자치도 공공기관 통합채용, 광주광역시북구시설관리공단, 정보통신기획평가원, 완주군시설관리공단, 이천시시설관리공단, 한국연구재단 정보통신기획평가원, 구리도시공사
	2023년	코레일네트웍스, 광주도시관리공사, 광주과학기술원, 우체국물류지원단, 연구개발특구진흥재단, 인천환경공단
(주)인사바른	2024년	한국농수산식품유통공사, 국립해양박물관, 세종학당재단, 국방기술품질원, 건설근로자공제회, 한국데이터산업진흥원, 한국마사회, 경상북도 공공기관 통합채용, 예술의전당, 국립인천해양박물관('24 하반기), 국립아시아문화전당재단
	2023년	한국마사회, 한국농수산식품유통공사, 한국어촌어항공단, 한국해양수산연수원, 건설근로자공제회, 예술의전당, 국방기술진흥연구소, 한국산업기술시험원, 충북개발공사
(주)잡앤피플연구소	2024년	인천광역시 미추홀구시설관리공단, 한국보육진흥원, 기장군도시관리공단, (재)한국특허기술진흥원, 서대문구도시관리공단, 국토안전관리원, 창원복지재단, 강원도사회서비스원, 세종시시설관리공단, 한국석유관리원, 원주미래산업진흥원, 서울시강동구도시관리공단, 천안도시공사, 인천시 부평구 시설관리공단, 방송통신심의위원회, 전주시시설관리공단, 광명도시공사, 한국건강증진개발원, 부평구시설관리공단, 대전도시공사
	2023년	한국에너지공과대학교, 한국석유관리원, 천안시시설관리공단, 부여군시설관리공단, 춘천문화재단, 충주시시설관리공단, 인천시 부평구 시설관리공단, 여수시도시관리공단, 한국보육진흥원, 대구문화예술진흥원, 김천시시설관리공단, 세종시시설관리공단, (재)원주문화재단, 안양도시공사, 국토안전관리원, 한국수목원정원관리원, (재)대전문화재단, 천안도시공사
(주)잡에이전트	2024년	강릉과학산업진흥원
	2023년	(재)강릉과학산업진흥원

출제대행사별 수주 채용기업

출제대행사		채용기업
(주)휴먼메트릭스	2024년	한국고용정보원, 서울시여성가족재단
	2022년	중소기업은행, 한국장애인고용공단(필기전형)
갓피플(주)	2024년	해양환경공단
	2023년	전라북도 공공기관 통합채용, 경상남도 김해시 공공기관 통합채용
(주)한국직무능력평가연구소	2024년	국립광주과학관, 여주세종문화관광재단, 천안시청소년재단, 안양도시공사, 인천중구문화재단, 이천문화재단
	2023년	(재)장애인기업종합지원센터
(주)제이비에이	2025년	한국과학기술원 시설지원직
	2024년	한국과학기술원 시설지원직
(주)비엠더코리아인	2024년	구미도시공사
	2023년	국립해양과학관
(주)에이치알딥마인드	2024년	한국원자력안전재단, 한국장애인개발원, 인천환경공단, 진주시 시설관리공단, 한국기상산업기술원, 이천시시설관리공단, 대구경북첨단의료산업진흥재단, 화성산업진흥원, 군포도시공사, 국립항공박물관, 전북개발공사, 청주시시설관리공단, 군포시청소년재단, 대구시행복진흥사회서비스원, 동대문구시설관리공단, 한국법무보호복지공단
	2023년	국립중앙의료원, 군포도시공사, 한국항로표지기술원
(주)엔에이치알	2024년	학교법인한국폴리텍, 대한무역투자진흥공사, 제주특별자치도 사회서비스원, 제주에너지공사
	2023년	(재)대전광역시사회서비스원
피앤제이에이치알(주)	2024년	김해시 공공기관 통합채용, 부산시설공단, 사천시 공공기관 통합채용, 한국해양수산연구원, (재)김해연구원
	2023년	부산시설공단, 함안지방공사
(주)한국에이치알진단평가	2024년	케이에이씨 공항서비스, 경상남도투자경제진흥원, 여주도시공사, 당진도시공사, 한국지질자원연구원
(주)마이다스인	2025년	한국보건복지인재원
	2024년	한국항공우주연구원
(주)이디스앤	2024년	한국농업기술진흥원, 한국로봇산업진흥원, 농림식품기술기획평가원, 한국식품산업클러스터진흥원
(주)위링크글로벌	2024년	경상북도개발공사
(주)에이치알퍼스트	2024년	국가과학기술연구회, 광명도시공사, 광주광역시북구시설관리공단
(주)잡플러스에이치알	2024년	여수시도시관리공단, 전주시시설관리공단
(주)제니엘이노베이션	2024년	한국공항보안
비에스상사	2024년	부산시설공단
크로노그래프(주)	2024년	국제식물검역인증원

취업준비생의 관심이 높은 채용기업을 중심으로 나라장터와 시험 후기를 취합하여 정리한 자료입니다. 개찰 결과가 공개되지 않는 경우 등 정보의 접근과 검증의 한계로 일부 부정확한 내용이 있을 수 있습니다. 이외의 출제대행사가 많다는 점도 참고하시기 바랍니다.

실시간으로 업데이트되는
공기업 필기시험 출제대행사 확인하기

사람인 NCS 직업기초능력평가

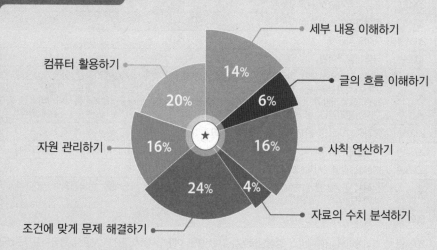

- 세부 내용 이해하기 — 14%
- 글의 흐름 이해하기 — 6%
- 사칙 연산하기 — 16%
- 자료의 수치 분석하기 — 4%
- 조건에 맞게 문제 해결하기 — 24%
- 자원 관리하기 — 16%
- 컴퓨터 활용하기 — 20%

사람인형 의사소통능력에서는 글의 흐름을 파악하는 문제와 한글맞춤법에 따라 옳은 표기를 고르는 문제, 글의 목적을 파악하는 문제, 계약서를 작성하는 문제 등이 출제되었다. 수리능력에서는 소수를 구하는 문제와 경우의 수를 구하는 문제, 도형의 넓이를 구하는 문제, 온도를 계산하는 문제 그리고 자료의 수치를 분석하는 문제 등이 출제되었다. 문제해결능력에서는 명제를 판단하는 문제, 용의자를 추론하는 문제, 운동 경기의 규칙을 파악하는 문제, 조건에 맞게 휴가 날짜는 계획하는 문제 등이 출제되었다. 자원관리능력에서는 자원낭비 원인을 파악하는 문제, 신용점수를 관리하는 방법, 신입사원을 채용하는 문제, 시간 활용 방법, 출장비용을 묻는 문제 등이 출제되었다. 정보능력에서는 Windows 단축키를 묻는 문제, 엑셀을 활용하는 방법을 묻는 문제, 소프트웨어 간 차이점을 묻는 문제 등이 출제되었다.

1 회 사람인

출제유형모의고사

영역	총 문항 수
의사소통능력	
수리능력	
문제해결능력	50문항
자원관리능력	
정보능력	

01. 다음의 사례에서 작용한 의사소통이론으로 적절한 것은?

> 며칠 전 어느 여성이 멋진 남성을 소개받았다. 검게 그을린 건강한 피부에 키도 크고 쾌활하게 웃는 매력적인 남자였다. 그도 그녀에게 관심이 있는 듯해서 속으로 기뻐했는데, 설렘은 얼마 가지 못했다. 짧은 대화로 분위기는 엉망이 되었고 소개팅은 성과 없이 끝나고 말았다. 그 남성은 그녀에게 "등산하기 참 좋은 날이네요."라고 인사를 건넸다. 그러자 그녀는 별생각 없이 "이런 날은 땀이 많이 나서 안 좋아요. 저는 땀 흘리면서 힘들게 산에 올라가는 사람들이 이해가 안 돼요."라고 대답했다. 문제는 그 남자의 취미가 등산이라는 것이었다. 그녀의 한마디로 인연은 멀어지고 말았다.

① 프라이버시 효과 : 자신의 사생활을 이야기함으로써 친근감을 느끼게 하여 호감도를 높이는 현상

② 자이가르닉 효과 : 열중하던 것을 중도에 멈추게 되면 미련이 남아서 더욱 뇌리에 박혀 버리는 현상

③ 자기표현 : 다른 사람에게 자신의 말이 어떻게 인식되는지 관리하는 일련의 과정

④ 반감가설 : 자신과 공통점이 없는 사람들에게 반감을 느끼는 성향

02. 다음 외래어 표기법에 따른 예시로 적절하지 않은 것은?

> 1. 짧은 모음 다음의 어말 무성 파열음([p], [t], [k])은 받침으로 적는다.
>   예 book[buk] 북
> 2. 짧은 모음과 유음·비음([l], [r], [m], [n]) 이외의 자음 사이에 오는 무성 파열음([p], [t], [k])은 받침으로 적는다.
>   예 act[ækt] 액트
> 3. 위 경우 이외의 어말과 자음 앞의 [p], [t], [k]는 '으'를 붙여 적는다.
>   예 part[pɑ:t] 파트

① gap[gæp] 갭

② cat[kæt] 캣

③ setback[setbæk] 세트백

④ stamp[stæmp] 스탬프

03. 다음의 한글맞춤법에 따라 밑줄 친 부분이 바르게 쓰인 것은?

> **한글맞춤법 제28항** 끝소리가 'ㄹ'인 말과 딴 말이 어울릴 적에 'ㄹ' 소리가 나지 아니하는 것은 아니 나는 대로 적는다.

① 열심히 <u>바느질</u>을 해 번 돈으로 두 자녀를 모두 대학에 진학시켰다.

② 월세를 밀리지 않고 <u>달달이</u> 꼬박꼬박 내는 것만 해도 고마운 일이었다.

③ 죄송하지만, 괜찮으시다면 <u>딸님</u>께 가서 물어봐 주실 수 있으신지요.

④ <u>말소</u> 새끼는 태어나면 시골로, 사람 새끼는 태어나면 서울로 보내라는 말이 있다.

04. 다음 글의 밑줄 친 ㉠에 들어갈 말로 적절한 것은?

> 1976년, 애리조나주의 한 모텔에서 나와 함께 점심 식사를 할 때만 해도 아놀드 슈왈츠제네거는 무명 배우였다. 나는 지방 신문의 스포츠 칼럼니스트였는데, 아놀드와 하루를 보내고 나서 자매지인 일요판 잡지에 그에 대한 기사를 쓰기 위해 인터뷰를 하고 있었다. 그리고 그때가 아놀드와 보낸 하루 중 가장 기억에 남는 순간이었다. 나는 취재 노트를 펼쳐 놓고 식사 중간중간에 기사에 필요한 질문들을 하다가 한번은 지나가는 투로 이렇게 물었다. "보디빌딩을 그만두셨다는데 앞으로 뭘 할 생각이세요?" 그러자 그는 사소한 여행 계획을 얘기하듯 조곤조곤 말했다. "저는 할리우드 최고의 스타가 될 겁니다." 나는 놀란 티를 내지 않으려고 무척 애썼다. 왜냐하면 그의 초기 영화들은 그의 가능성을 보여 주지 못했을 뿐 아니라, 그의 오스트리아식 억양이나 무시무시한 근육도 관객들을 단박에 사로잡을 수 있을 것 같지 않았기 때문이다. 유감스럽지만 그때까지만 해도 그는 늘씬하고 균형 잡힌 지금의 아놀드가 아니라 근육도 훨씬 투박하고 체격도 거대했다. 그러나 나는 이내 그의 나직한 말씨에 익숙해졌고, 내친 김에 무슨 수로 할리우드의 톱스타가 될 거냐고 물었다. "＿＿＿＿＿＿＿＿㉠
> ＿＿＿＿＿＿" 당시로서는 터무니없는 소리처럼 들리는 그 말을 나는 그대로 받아 적었고 절대로 잊지 않았다. 예상대로 아놀드는 수년 뒤에 톱스타가 되었다.

① 보디빌더로 몸을 키워 놨으니 저를 원하는 할리우드 영화사가 있을 것입니다.

② 원하는 모습을 상상하며 이미 내가 톱배우가 된 것처럼 사는 것입니다.

③ 차근차근 저와 어울리는 단역을 맡다 보면 기회가 오지 않겠습니까.

④ 하루하루를 최선을 다해 사는 것입니다.

05. 다음 글의 내용과 일치하지 않는 것은?

'맞춤형 콘텐츠'가 대세다. 인공지능은 내가 좋아할 만한 영화, 내가 살 만한 제품, 내 관심사에 맞는 기사, 내가 클릭할 법한 동영상을 추천해 보여 준다. 추천 시스템을 구현하는 방법은 크게 두 가지가 있다. 우선, 이용자의 특성을 분석해서 그에 맞는 콘텐츠를 보여 주는 것이다. 뉴스 사이트에서는 어디에 거주하는 특정 연령대 사람이 좋아할 법한 기사를 추천해 준다. 이는 언뜻 좋은 방법처럼 보이지만, 서비스를 제공하는 사업자가 일일이 콘텐츠를 분류하고 누가 이러한 콘텐츠를 좋아할 것인지 미리 정해 두어야 한다는 어려움이 있다.

그래서 최근에는 비슷한 행동을 보이는 사람들을 찾아내는 방법을 많이 쓴다. 예를 들어, 내가 구매한 물건과 같은 물건을 구매한 다른 이용자들이 좋아하는 제품을 추천해 주는 것이다. 이는 이용자 개인의 인적 사항을 모르더라도 행동 패턴을 통해 선호를 알아내는 방식이다. 그래서 이용자의 행위 데이터가 더 많이 축적될수록 추천 시스템의 성능이 향상된다. 더 많은 이용자 데이터가 있으면 나와 비슷한 행동을 보이는 이용자를 찾아낼 가능성이 커지기 때문이다. 이것이 데이터가 중요하다고 이야기하는 이유다.

정보의 바다속에서 개인의 관심사에 맞는 콘텐츠를 선별하는 일은 필수적인 과정이 되었다. 하지만 추천 시스템이 과다하게 활용되면 접하는 정보의 다양성이 줄어들 수 있다. 이제까지 본 영화와 비슷한 영화들만 주로 추천된다면 새로운 영화를 접할 기회가 줄어든다. 추천 시스템이 민주주의 영역에 활용되면 심각한 문제가 일어날 수 있다. 내가 특정 주제의 기사를 주로 읽었다고 해서 비슷한 기사만 보여 준다면 여러 견해를 비교할 기회를 잃게 된다. 최근에는 인터넷 동영상이 중요한 정보 접근 경로가 되고 있다. 개인 맞춤형 추천 동영상만 연이어 보다 보면, 세상에는 다른 생각을 하는 사람이 많다는 사실을 잊게 될 수도 있다. 더 무서운 것은 다른 생각들을 놓치고 있다는 점조차도 인식하지 못한 채, 현재 접하고 있는 콘텐츠가 세상의 전부인 것 같은 착시에 빠질 수 있다는 점이다.

이처럼 비슷한 생각을 하는 사람들끼리 점차 모이게 되고, 다른 생각을 접할 기회를 잃어 가는 현상을 '메아리의 방(Echo Chamber)' 효과라 한다. 여러 사람이 커다란 방에 모여 토론하는 모습을 상상해 보자. 만약 똑같은 생각을 하는 사람끼리만 한 방에 모여 있다면, 겉으로는 서로 자유롭게 의견을 교환하는 것처럼 보이지만 사실은 같은 생각만 반복해서 듣는 셈이 된다. 마치 자기 이야기의 메아리만 듣고 있는 것과 같다고 하여 '메아리의 방'이라고 부르는 이 효과는 이전부터 존재해 왔지만, 인공지능에 의해 작동되는 정교한 추천 시스템은 이 문제를 악화시킨다.

심리학자들에 따르면 인간은 자기 생각을 뒷받침하는 정보에만 관심을 보이는 경향이 있다고 한다. 일단 어떤 생각이 옳다고 생각하게 되면 그 생각을 뒷받침하는 증거를 찾게 되고, 반대 주장은 눈에 잘 들어오지 않는다. 만약 메아리의 방에 갇혀 자기 생각과 반대되는 정보에 접근할 수 없게 된다면 생각을 발전시키기 더욱 어려워질 것이다. 어떻게 하면 편리한 인공지능 추천 시스템을 활용하면서도 사고의 편협성을 만들어 내는 메아리의 방을 막을 수 있을지 고민해 볼 필요가 있다.

① 다른 생각을 접할 기회를 잃어 가는 현상을 '메아리의 방(Echo Chamber)' 효과라 한다.

② 추천 시스템이 과다하게 활용되면 접하는 정보의 다양성이 줄어들 수 있다.

③ 이용자의 행위 데이터가 더 많이 축적될수록 추천 시스템의 성능이 향상된다.

④ 추천 시스템이 민주주의 영역에 활용되면 민주주의가 발전할 것이다.

06. 다음 글을 쓴 목적으로 적절한 것은?

> 저는 오늘 시대와 시민의 요구 앞에 엄중한 소명의식과 책임감을 갖고 이 자리에 섰습니다. ○○시민의 삶을 책임지는 시장으로서 대승적 차원에서 힘겨운 결단을 하였습니다.
>
> 우리 0 ∼ 5세 아이들의 무상보육을 위해 ○○시가 지방채를 발행하겠습니다. 올 한 해 ○○시의 자치구가 부담해야 할 몫까지도 ○○시가 책임지겠습니다. 단, 무상보육을 위한 지방채 발행은 올해가 처음이자 마지막이 돼야만 합니다. 더 이상 이렇게 지방 재정을 뿌리째 흔드는 극단적인 선택을 할 수는 없습니다. 이 결정은 올 여름을 뜨겁게 달군 무상보육 논쟁 속에서 과연 ○○시의 주인인 시민 여러분을 위한 길이 무엇인지, 오로지 시민 여러분만 기준으로 놓고 고민하고 또 고민한 결과입니다. 우리 사회는 그 누구도 부정할 수 없고, 그 누구도 거스를 수 없는 보편적 복지의 길로 나아가고 있습니다.
>
> – 중략 –
>
> 무상보육은 대한민국이 복지국가로 나아가는 중요한 시험대가 될 것입니다. 무상보육은 우리의 공동체가, 우리 사회가 나아가야 할 비전과 방향, 원칙과 철학의 문제입니다. 그 핵심은 바로 지속가능성입니다. ○○시가 어렵고 힘든 결단을 내렸습니다. 이것은 오로지 시민을 위한 판단이고 무상보육을 지속적으로 이어가기 위한 절박한 선택입니다.
>
> – 중략 –
>
> 지속 가능한 원칙과 기준을 마련하지 않으면 무상보육의 위기는 앞으로도 계속 되풀이될 것입니다. 부디 지금부터라도 중앙 정부와 국회가 결자해지의 자세로 이 문제를 해결하길 바랍니다. 중앙정부와 국회가 국민을 위한 현명한 판단을 한다면, ○○시는 전력을 다해 그 길을 함께하겠습니다. 우리 아이들의 희망과 미래를 위해 이제 정부와 국회가 답해 주시기를 간절히 바랍니다.
>
> 감사합니다.

① 새롭게 발견된 사실에 대한 정보를 제공하기 위함이다.

② 자신이 알고 있는 사실을 다른 사람에게 알리기 위함이다.

③ 새로운 정책을 알리고 이에 대한 동의를 구하고 설득하기 위함이다.

④ 중요한 지식을 설명하고 이를 듣는 사람들과 공유하기 위함이다.

07. 다음 중 계약서를 작성하는 방법에 대한 설명으로 적절하지 않은 것은?

표준근로계약서(기간의 정함이 없는 경우)

_____(이하 "사업주"라 함)과(와) _____(이하 "근로자"라 함)은 다음과 같이 근로계약을 체결한다.

1. 근로개시일 :   년   월   일부터
2. 근무장소 :
3. 업무의 내용 :
4. 소정근로시간 : ___시___분부터 ___시___분까지(휴게시간 : 시 분 ~ 시   분)
5. 근무일/휴일 : 매주 __일(또는 매일 단위) 근무, 주휴일 매주 __요일
6. 임금
　　– 월(일, 시간)급 : _____원
　　– 상여금 : 있음(   ) _____원, 없음(   )
　　– 기타급여(제수당 등) : 있음(   ), 없음(   )
　　　• _____원, _____원
　　　• _____원, _____원
　　– 임금지급일 : 매월(매주 또는 매일) ____일(휴일의 경우는 전일 지급)
　　– 지급방법 : 근로자에게 직접 지급(   ), 근로자 명의 예금통장에 입금(   )
7. 연차유급휴가
　　– 연차유급휴가는 근로기준법에서 정하는 바에 따라 부여함.
8. 사회보험 적용여부(해당란에 체크)
　　☐ 고용보험　　☐ 산재보험　　☐ 국민연금　　☐ 건강보험
9. 근로계약서 교부
　　– 사업주는 근로계약을 체결함과 동시에 본 계약서를 사본하여 근로자의 교부요구와 관계없이 근로자에게 교부함(근로기준법 제17조 이행).
10. 근로계약, 취업규칙 등의 성실한 이행의무
　　– 사업주와 근로자는 각자가 근로계약, 취업규칙, 단체협약을 지키고 성실하게 이행하여야 함.
11. 기타
　　– 이 계약에 정함이 없는 사항은 근로기준법령에 의함.
　　　　　　　　　　　　　　년　　　월　　　일

(사업주) 사업체명 :　　　　　　　(전화 :　　　　　　)
　　　　　주　　소 :
　　　　　대 표 자 :　　　　　　　(서명)
(근로자) 주　　소 :
　　　　　연 락 처 :
　　　　　성　　명 :　　　　　　　(서명)

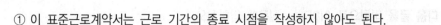
① 이 표준근로계약서는 근로 기간의 종료 시점을 작성하지 않아도 된다.

② 근로시간은 휴게시간을 포함하여 작성한다.

③ 임금은 반드시 월급으로 작성해야 한다.

④ 반드시 사업주와 근로자 두 사람의 서명이 있어야 한다.

08. 다음 수학여행 계획에 따른 소감문의 내용으로 적절하지 않은 것은?

구분	점심	저녁
1일 차	보성 녹차밭, 광양제철소	영화 '명량해전' 감상
2일 차	하동 최참판댁, 합천 해인사	국악 공연 관람
3일 차	경주 불국사, 석굴암	레크리에이션
4일 차	안동 하회마을	

① **신라 천년의 고도, 경주**
경주는 삼국시대 통일의 주역인 신라의 수도로 천 년이 넘는 전통을 자랑한다. 경주의 불국사는 신라의 찬란한 역사를 느낄 수 있는 유서 깊은 장소였다. 또한 석굴암은 천 년이 지난 지금도 보존이 잘 이루어져 있어 이를 보고 옛날 사람들의 과학 기술에 감탄을 금치 못했다.

② **녹차 천국에서 힐링**
수학여행을 떠나는 날, 졸린 눈을 비비고 일어났다. 전날 수학여행에 대한 기대감 때문인지 잠을 잘 자지 못해 버스에서 내내 잤는데, 눈을 떠 보니 푸른 장관이 내 앞에 펼쳐져 있었다. 녹차 밭의 매력은 상상 그 이상이었고 나는 거기에 취해 있었다. 그날 밤 이어진 국악 공연은 수학여행의 시작을 황홀하게 마무리할 수 있도록 해 주었다.

③ **박경리의 '토지'**
최참판댁은 가상의 건물이면서 실존하는 건물이다. 전날 시청했던 '명량해전'의 감동과 함께 최참판댁 방문은 우리나라 문학의 대단함을 직접 느끼게 해 주었다. 박경리의 '토지'는 소설이지만 최참판댁은 조선후기를 반영한 역사라는 것이 놀라웠다.

④ **팔만대장경, 그 위대함**
합천 해인사의 팔만대장경은 천 년이 지난 지금도 보존이 되고 있는 어마어마한 유산이고, 장경판전은 유네스코에 등재되어 그 위대함까지 입증된 바 있다. 해인사에 다녀온 날 저녁에 관람했던 국악 공연은 우리나라 무형문화재의 위대함 또한 느낄 수 있게 해 주었다.

[09 ~ 10] 다음 글을 바탕으로 이어지는 질문에 답하시오.

원자번호 3번의 리튬(Li)은 금속 중에서 가장 가볍고 고체 원소 중에서는 밀도가 가장 낮은 은백색 금속이다. 칼로 자를 수 있을 만큼 무르지만 알루미늄이나 마그네슘과의 합금은 가볍고 강해 항공기 부품 재료로 활용되어 왔다. 20세기 후반부터는 리튬 전지와 리튬 이온 2차 전지의 양극 물질로 사용되면서 휴대용 전자 제품의 혁신을 가져왔다. 최근 들어서는 전기 자동차 보급으로 사용량이 급증하고 있는데 문제는 생산량이 이를 따라가지 못하고 있다. 현재 연간 약 16만 톤의 리튬을 사용하고 있으며, 지금처럼 수요가 늘어날 경우 10년 후에는 10배 이상의 리튬이 필요할 것으로 예상된다.

(가) 15일 사이언스지에 따르면 스탠퍼드대 물리학부 연구팀이 효율이 뛰어난 리튬 추출 장치를 개발해 지금 리튬을 채굴하고 있다고 전했다. 물리학부 연구진은 리튬 채굴을 위해 리튬이온 전지 전극을 사용하고 있다. 바닷물을 증발시킨 후 리튬을 걸러내는 것이 아니라, 바닷물 그대로의 액체 상태에서 리튬 이온 전극을 이용해 리튬을 추출하는 방식이다. 스탠퍼드대 물리학부 츄이 이(Cui Yi) 연구원은 "새로 개발한 장치는 다양한 물질들이 겹쳐진 샌드위치 모양을 하고 있다."라며 "이 장치를 바닷물에 투입할 경우 음전극에서 리튬을 끌어들여 바닷물 속에 있는 리튬을 대량 축적할 수 있다."라고 말했다.

(나) ___㉠___ 생산성을 확보하기 위해서는 효율을 더 높여야 한다. 이에 따라 과학자들은 효율을 높이기 위해 많은 노력을 기울이고 있는 중이다. 총 류 연구원은 "이번 연구를 통해 효율을 2배 이상 높였으며, 오래지 않아 바닷물에서의 리튬 채굴이 광산 채굴 수준에 도달할 수 있을 것"으로 내다보았다. 리튬은 민감한 ㉡반응력 때문에 자연 속에서 발견하기가 매우 어렵다. 특히 지각의 리튬 함유량은 0.006%에 ㉢달한다. 아연, 구리, 텅스텐보다는 조금 적으며 코발트, 주석, 납보다는 조금 더 많은 수준이다. 최근 리튬을 공급하고 있는 곳은 소금 바다인 염호(鹽湖)다. 볼리비아, 칠레, 아르헨티나, 미국, 호주, 짐바브웨, 중국 등의 염호에 다량의 리튬이 포함되어 있어 그동안 주요 리튬 공급처로 활용되어 왔다. 그러나 최근 전자 산업, 전기 자동차 등의 부상으로 리튬 공급량이 부족해지자 한국 등 염호가 없는 나라에서는 바닷물에서 리튬을 ㉣채취하는 기술을 개발하고 있는 중이다. 바닷물에서 무한대에 가까운 리튬을 생산할 수 있는 날이 다가오고 있다.

(다) 지난 20X7년 상반기 리튬 가격이 3년 만에 4배가 넘게 폭등한 적이 있다. 전기 자동차 시장이 활성화되면서 리튬 수요가 폭발적으로 늘어날 것이라는 미국 지질조사국(USGS)의 보고서가 발표되었기 때문이다. 그동안 리튬 생산 국가는 미국, 중국, 칠레, 볼리비아, 호주 등 일부 국가에 한정되어 왔다. 그러나 수요가 급증하면서 과학자들은 기존 생산 국가들 외에 또 다른 지역에서 리튬을 캐기 위한 노력을 기울여 왔다. 이런 상황에서 바닷물이 주목을 받고 있다. 무한할 정도로 많은 양의 리튬 성분을 포함하고 있다는 것이 그 이유이다. 과학자들은 지구상을 덮고 있는 바닷물 속에 적어도 1,800억 톤의 리튬이 포함되어 있다고 보고 있다. 리튬을 걸러낼 필터와 막(Membranes)을 개발할 경우 무한대에 가까운 리튬을 추출할 수 있다고 보고 바닷물에서 리튬을 걸러낼 수 있는 장치를 개발하고 있다. 스탠퍼드 대학이 대표적인 경우다.

www.gosinet.co.kr **gosi**net

1회 기출예상
2회 기출예상
3회 기출예상
4회 기출예상
5회 기출예상
6회 기출예상
7회 기출예상

(라) 이 장치를 개발하는 데 문제가 없었던 것은 아니다. 바닷물 속에 다량 포함되어 있는 나트륨이 리튬과 함께 걸러졌다. 연구진은 나트륨을 제거하기 위해 전극 구성물에 변화를 주었다. 이산화티타늄으로 제작한 얇은 막을 추가했는데 리튬보다 알갱이가 큰 나트륨의 접근을 차단하면서 리튬 추출을 지속할 수 있었다. 츄이 이 연구원은 "전압을 조절하면서 나트륨 속에 들어 있는 리튬을 선별할 수 있었다."라고 말했다. 스탠퍼드대에서 개발한 리튬 추출 장치가 주목을 받고 있는 것은 이전에 개발한 추출 장치보다 효율이 높은 데다 비용이 적게 들기 때문이다. 이전에 포스닥 신분으로 스탠퍼드대 연구에 참여한 바 있는 시카고 대학 물리학부 총 류(Chong Liu) 연구원은 "이번에 개발한 장치가 이전의 것보다 2배 이상 높은 효율을 보이고 있다."라고 말했다.

09. 윗글의 (가)~(라)를 문맥에 따라 순서대로 바르게 나열한 것은?

① (가)-(라)-(나)-(다)　　　② (가)-(라)-(다)-(나)
③ (다)-(가)-(나)-(라)　　　④ (다)-(가)-(라)-(나)

10. 윗글의 ㉠~㉣에 관한 설명으로 적절하지 않은 것은?

① ㉠에는 '그러나'가 들어가는 것이 적절하다.
② ㉡의 한자어는 '反應力'이다.
③ ㉢에는 '달한다' 대신 '불과하다'가 들어가야 한다.
④ ㉣에는 '채취' 대신 '합성'이 들어가야 한다.

11. 다음에 제시된 식을 계산한 값으로 적절한 것은?

$$0.3 \times \sqrt{(0.1)^2} - 0.2 \times 0.5 - \sqrt[3]{(8)^2} \times (-0.5) + 0.024$$

① −2.046　　　② −1.846
③ 1.705　　　④ 1.954

12. 10보다 크고 20보다 작은 자연수 중에서 약수의 개수가 2개인 수는 모두 몇 개인가?

① 5개   ② 4개   ③ 3개   ④ 2개

13. 송대한 과장은 탕비실에 도어락을 설치한 기념으로 이벤트를 준비했다. 탕비실 도어락 비밀번호는 5자리 숫자로 이루어져 있으며 힌트는 다음과 같다. 탕비실 도어락은 최대 몇 번의 시도로 열 수 있는가?

〈도전! 탕비실 열기!〉

• 앞의 세 자리 숫자는 알파벳 'maximum'을 일렬로 나열하는 경우의 수입니다.

• 나머지 숫자는 각각 서로 다른 한 자리 수인 소수입니다.

• 천, 백, 십의 자리 숫자를 순서대로 나열해 세 자리 수를 만들면 3의 배수가 됩니다.

• 문 열기에 성공하신 분은 냉장고에서 선물을 가져가십시오.

---

① 3번   ② 4번   ③ 5번   ④ 6번

14. ○○기업 영업팀에서 20X1년 본사 제품에 대한 선호도 조사를 실시하려고 한다. 20X0년에는 신뢰도 99% 수준에서 오차의 한계를 $2\sqrt{2}$로 하여 n개의 표본을 조사하였다. 하지만 20X1년에는 다른 조건은 동일하게 주고 신뢰도만 변화시켜 표본을 $\frac{1}{4}$로 줄이려고 한다. 이때의 신뢰도로 적절한 것은?

• 신뢰도 a%에 대한 오차의 한계 : $k\dfrac{\sigma}{\sqrt{n}}$

(n은 표본의 수, σ는 표준편차, k는 신뢰도 상수)

• 신뢰도 상수는 신뢰도에 따라 다음과 같다.

신뢰도	81%	85%	89%	95%	99%
k	1.29	1.48	1.60	1.96	2.58

---

① 81%   ② 85%   ③ 89%   ④ 95%

www.gosinet.co.kr **gosi**net

1회 기출예상

2회 기출예상

3회 기출예상

4회 기출예상

5회 기출예상

6회 기출예상

7회 기출예상

15. 크기가 같은 정사각형 5개를 붙여서 만든 다음 도형의 $\overline{AB}$의 길이가 25cm일 때, 이 도형의 넓이는?

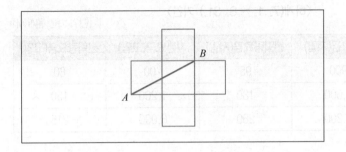

① 256cm²

② 625cm²

③ 1,296cm²

④ 2,401cm²

16. 대기 중에서는 상공으로 갈수록 기압이 낮아지므로 온도가 하강한다. 기온이 하강하는 비율을 기온 감률이라 하는데, 산을 오를 때 점점 시원해지는 것도 이 때문이다. 다음 제시된 식은 기온, 고도, 기온 감률, 풍속에 따른 체감온도 계산법이다. 해발 고도 1,600m 지점에 5m/s의 바람이 불고 있을 때 체감온도는 몇 ℃인가? (단, 해발 고도 0m 지점의 기온은 5℃이다)

> 체감온도＝해발 고도 0m 지점의 기온−(해발 고도×기온 감률)−(1.6×바람의 초속)
>
> ※ 기온 감률은 0.7℃/100m라 가정한다.

① −14.0℃

② −14.2℃

③ −14.4℃

④ −14.6℃

17. 다음은 ○○기업 직원들의 한 달 저축액 도수분포표이다. 저축액이 30만 원 미만인 직원이 전체의 25%일 때, 저축액이 150만 원 이상 180만 원 미만인 직원의 수는?

저축액 (만 원)	0 이상 ~ 30 미만	30 이상 ~ 60 미만	60 이상 ~ 90 미만	90 이상 ~ 120 미만	120 이상 ~ 150 미만	150 이상 ~ 180 미만	180 이상
인원수(명)	$3x$	7	15	x	5	$2x$	3

① 7명

② 8명

③ 9명

④ 10명

18. 다음은 주택용 전기요금표의 일부이다. 이를 바탕으로 〈보기〉에서 옳은 것을 모두 고르면?

〈하계(7. 1. ~ 8. 31.) 기간〉

(단위 : 원, 원/kWh)

구간	기본요금(저압)	전력량요금(저압)	기본요금(고압)	전력량요금(고압)
300kWh 이하	900	95	700	80
301 ~ 450kWh	1,600	180	1,200	150
450kWh 초과	7,300	280	6,000	215

〈그 외 기간〉

(단위 : 원, 원/kWh)

구간	기본요금(저압)	전력량요금(저압)	기본요금(고압)	전력량요금(고압)
200kWh 이하	900	95	700	80
201 ~ 400kWh	1,600	180	1,200	150
400kWh 초과	7,300	280	6,000	215

※ 슈퍼유저요금 : 동계(12 ~ 2월) 기간 1,000kWh를 초과하는 전력량의 경우 저압 710원/kWh, 고압 570원/kWh 적용

※ 사용한 전력량에 해당하는 모든 구간별 계산을 분리해서 한다. 단, 기본요금은 최종 사용량에 해당하는 구간만 적용한다.
⑩ 350kWh 사용 시 300kWh, 50kWh로 분리하되 기본요금은 350kWh에 해당하는 요금만 계산한다.

보기

ㄱ. 7월 한 달 동안 저압 전력과 고압 전력을 각각 400kWh씩 사용한 주택의 전기요금은 89,900원이다.

ㄴ. 주택에 거주하며 고압전력만을 사용한 A 씨의 9월 전력 사용량이 300kWh일 때 전기요금은 32,600원이다.

ㄷ. 주택에 거주하는 B 씨가 8월에 고압 전력을 저압 전력의 1.2배만큼 소비할 경우 두 요금이 같아진다고 할 때, 두 요금의 합은 39,800원이다(단, B 씨는 고압 전력과 저압 전력 모두 300kWh 이하로 사용했다).

① ㄱ
② ㄴ
③ ㄷ
④ ㄴ, ㄷ

19. ○○교육청에 근무하는 A 주무관은 다음 자료를 바탕으로 중·고등학생에 대한 학교 정책을 마련하려고 한다. 자료에 대한 설명으로 적절하지 않은 것을 〈보기〉에서 모두 고르면?

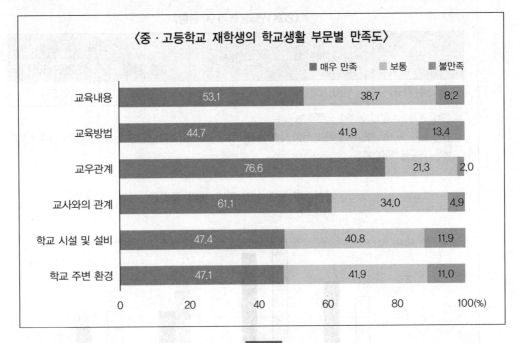

〈중·고등학교 재학생의 학교생활 부문별 만족도〉

부문	매우 만족	보통	불만족
교육내용	53.1	38.7	8.2
교육방법	44.7	41.9	13.4
교우관계	76.6	21.3	2.0
교사와의 관계	61.1	34.0	4.9
학교 시설 및 설비	47.4	40.8	11.9
학교 주변 환경	47.1	41.9	11.0

보기

ㄱ 학교생활 부문별로는 교우관계에 대한 만족도가 76.6%로 가장 높았다.

ㄴ 중·고등학생들은 학교시설이나 학교 주변 환경에 대해서 가장 불만족스럽다는 반응을 보였다.

ㄷ 교육방법에 대한 만족도가 다른 부문에 비해 가장 낮게 나타났다.

ㄹ 교사와의 관계에 있어서 불만족스럽다는 반응은 4.9%로 이는 교사에 대해 매우 만족하고 있음을 나타낸다.

① ㄱ, ㄴ

② ㄴ, ㄷ

③ ㄴ, ㄹ

④ ㄷ, ㄹ

20. 다음은 A 국의 농가수 현황을 조사한 자료이다. 자료에 대한 설명으로 옳지 않은 것은?

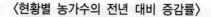

〈20X1년의 농가수 현황〉

구분	전체	전업	겸업	
			1종 겸업	2종 겸업
농가수(가구)	29,182	15,674	5,967	7,541

※ 전체 농가수＝전업 농가수＋겸업 농가수

※ 겸업 농가 중 1종 겸업은 농가 소득이 다른 소득보다 높은 가구, 2종 겸업은 농가 소득보다 다른 소득이 높은 가구를 의미한다.

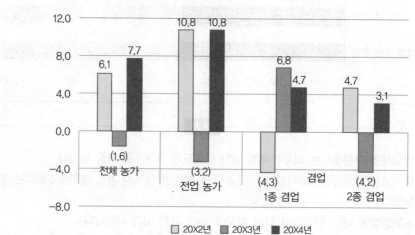

〈현황별 농가수의 전년 대비 증감률〉

(단위 : %)

※ 증감률(%)은 소수점 이하 둘째 자리에서 반올림한다.

※ ( ) 안의 수치는 감소를 의미한다.

① 20X2년 전체 농가수 중 겸업 농가수의 비중은 47% 이하이다.

② 20X2년과 20X3년의 2종 겸업 농가수 차이는 310가구 이상이다.

③ 20X3년의 1종 겸업 농가수 대비 2종 겸업 농가수 비중은 120% 이상이다.

④ 1종 겸업 농가수가 가장 많았던 해의 전업 농가수는 18,200가구 이하이다.

21. 경찰은 탱크로리 차량의 주유 계기판 조작으로 수억 원의 부당이득을 챙겨온 이들을 찾기 위해 세 명의 용의자를 소환하였다. 이들의 진술은 다음과 같고 각각의 용의자가 말한 두 개의 주장 중 하나만 진실이라고 할 때, 〈보기〉에서 옳은 것을 모두 고르면?

> 갑 : 나는 범인이 아니다. 병도 범인이 아니다.
> 을 : 나는 범인이다. 갑은 범인이 아니다.
> 병 : 나는 범인이 아니다. 갑은 범인이 아니다.

보기

> ㉠ 범인이 한 사람인 경우가 있을 수 있다.
> ㉡ 범인이 두 사람인 경우는 없다.
> ㉢ 세 사람 모두 범인인 경우가 있을 수 있다.

① ㉠   ② ㉡
③ ㉠, ㉢   ④ ㉡, ㉢

22. 다음 [전제]와 [결론]을 바탕으로 할 때, 빈칸에 들어갈 명제로 적절한 것은?

> [전제] • 건강하지 않은 사람은 슬로우 푸드를 좋아하지 않는다.
> • _____
> • 표정이 어두우면 건강하지 않은 사람이다.
> [결론] 표정이 어둡다는 것은 운동을 열심히 하는 사람이다.

① 운동을 열심히 하는 사람은 슬로우 푸드를 좋아하지 않는다.
② 슬로우 푸드를 좋아하는 사람은 건강하지 않은 사람이다.
③ 운동을 열심히 하지 않는 사람은 슬로우 푸드를 좋아한다.
④ 표정이 어둡지 않으면 건강하지 않은 사람이다.

2회 기출예상
3회 기출예상
4회 기출예상
5회 기출예상
6회 기출예상
7회 기출예상

23. ○○기업 직원들은 단합을 위해 주말 등산을 계획하려고 한다. 다음과 같은 등산로의 A 지점에서 출발하여 정상인 G 지점까지 등산 후 하산하기로 하였다. 등산 및 하산 시 〈규칙〉에 따라 최소한의 휴식을 한다고 할 때, 출발 이후 여섯 번째로 휴식하는 지점은?

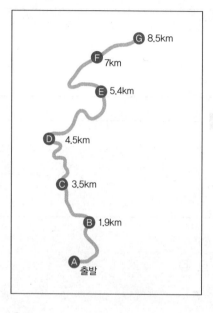

규칙

• 등산 시, 휴식 없이는 2km 이상 이동할 수 없다.
• 휴식은 B ~ G 지점에서만 할 수 있다.
• 정상인 G 지점에서는 휴식을 해야 한다.
• 하산 시, 휴식 없이는 3km 이상 이동할 수 없다.

① C   ② D
③ E   ④ F

24. 인사팀에서 근무하고 있는 A 씨는 상사로부터 설정형 문제를 하나 제시해 보라는 지시를 받았다. 다음 중 답변으로 적절한 것은?

발생형 문제는 현재 바로 직면하고 있어 해결하기 위해 고민 중인 문제를 의미한다. 발생형 문제는 어떤 기준에서 일탈함으로써 생기는 일탈 문제와 기준에 미달하여 생기는 미달 문제로 나눌 수 있다.
탐색형 문제는 현재는 눈에 보이지 않으나, 현재의 상황을 개선하거나 효율을 높일 수 있는 문제를 의미한다. 탐색형 문제는 방치하면 후에 큰 손실이 따르거나 해결할 수 없는 문제로 변모할 수 있다.
설정형 문제는 장래의 경영전략과 관계있는 것으로, 앞으로 어떻게 할 것인가에 대한 문제를 의미한다. 설정형 문제는 미래지향적으로 새로운 과제 또는 목표를 설정함에 따라 일어나는 문제이며, 목표지향적 문제라고 할 수 있다.

www.gosinet.co.kr gosinet

1회 기출예상

2회 기출예상

3회 기출예상

4회 기출예상

5회 기출예상

6회 기출예상

7회 기출예상

① 블라인드 채용제도를 도입할 경우의 채용기준 관리 방안

② 업무 실적을 공정하게 판단하는 방안

③ 신입사원의 높은 이직률 관리 방안

④ 올바른 인재를 적절한 자리에 배치하는 방안

25. 다음 〈사례〉의 논증 형식과 같은 것을 〈보기〉에서 모두 고르면?

사례

김민규 씨가 국립대학 교수라면 그는 박 장관에 의해 임용되었을 것이다. 그러나 그는 박 장관에 의해 임용되지 않았다. 따라서 김민규 씨는 국립대학 교수가 아니다.

보기

㉠ 축구 대회에 참가한 모든 팀은 조별 리그에서 최소 1승을 한 경우에만 본선 2라운드에 진출할 수 있다. 사자 팀은 조별 리그에서 1승을 했다. 따라서 사자 팀은 본선 2라운드에 진출하였다.

㉡ 논리학 과목에서 총 강의 시간에 1/4 이상 결석한 학생은 모두 그 과목에서 F 학점을 받는다. 수진이는 지난 학기 논리학 과목에서 F 학점을 받았다. 수진이는 지난 학기 그 과목에서 1/4 이상 결석했음에 틀림없다.

㉢ 여당 지도부의 지지 없이는 새로운 증세안은 국무회의에서 기각될 것이다. 그러나 국무회의에서 새로운 증세안이 통과되었으므로 여당 지도부는 증세안을 지지했음에 틀림없다.

① ㉠

② ㉢

③ ㉠, ㉡

④ ㉡, ㉢

26. 다음은 탁구 규칙의 일부이다. 이 중 규칙을 지키지 않은 경우는?

〈득점〉

선수는 다음과 같은 상황에서 득점하게 된다.

1. 상대가 서브나 리턴에 실패한 경우
2. 상대가 서브나 리턴을 한 공이 자신의 코트에 바운드되기 전에 네트 이외의 곳에 맞을 경우
3. 상대가 친 공이 바운드되지 않고 코트를 넘어간 경우
4. 상대가 공을 가린 경우
5. 상대가 공을 연속해서 두 번 친 경우(단, 라켓을 쥔 손은 라켓의 일부로 간주되기 때문에 공이 손을 맞고 넘어오는 경우도 정상적인 랠리의 일부분으로 인정된다)
6. 상대가 러버를 붙이지 않은 쪽 라켓 면으로 공을 쳐 넘기는 경우
7. 상대가 탁구대를 움직이게 만들거나 네트를 건드린 경우

〈서브〉

1. 서브할 때는 공을 손에서 16cm 이상 던져 올려야 한다.
2. 공을 뒤로 던지거나 굴러 떨어뜨리는 서브는 반칙이다.
3. 서브할 때 손을 곧게 펴고 손바닥 중심의 움푹 패인 곳에 공을 올려놓아야 한다.

---

① 진범이가 리턴한 공이 네트에 맞고 진범이의 코트에 바운드되어 진범이가 실점을 했다.
② 예진이가 서브한 공이 바운드되지 않고 코트를 넘어가 예진이는 실점을 했다.
③ 상근이가 라켓을 쥔 손으로 리턴한 공이 상대 코트에 바운드된 것은 상근이의 실점이 아니다.
④ 지원이가 코트에서 16cm 이상 던져 올린 공으로 서브를 성공시켰다.

27. Z 음식점은 세트 메뉴 주문 활성화를 위해 다음과 같은 내부 방침을 정했다. Z 음식점에서 A는 짜장면 1개, 볶음밥 1개, B는 짬뽕 1개, 탕수육 1개, C는 짜장면 1개, 짬뽕 1개, 탕수육 1개, 깐풍기 1개를 주문했다면, A ~ C가 각각 지불해야 할 금액은?

- 식사 메뉴는 짜장면, 짬뽕, 볶음밥이고 요리 메뉴는 탕수육, 깐풍기이다.
- 한 번의 주문에 식사 메뉴와 요리 메뉴가 적어도 1개씩 있어야 세트 메뉴 할인이 적용된다.
- 세트 메뉴 할인이 적용되었을 때, 식사 메뉴 1개당 1,000원이 할인된다.
- 요리 메뉴 두 가지를 다 주문할 경우 2,000원을 추가 할인한다.

1회 기출예상

2회 기출예상

3회 기출예상

4회 기출예상

5회 기출예상

6회 기출예상

7회 기출예상

• 해당 음식점의 가격은 다음과 같다.

짜장면	짬뽕	볶음밥	탕수육	깐풍기
5,000원	6,000원	7,000원	15,000원	20,000원

① A : 12,000원, B : 21,000원, C : 43,000원

② A : 12,000원, B : 20,000원, C : 42,000원

③ A : 11,000원, B : 21,000원, C : 43,000원

④ A : 11,000원, B : 20,000원, C : 42,000원

28. 다음 〈상황〉에 대하여 〈보기〉에서 옳은 것을 모두 고르면? (단, 소수점은 첫째 자리에서 버림한다)

상황

이번에 20명의 신입직원을 받은 ○○기업 인사팀은 최근 들어 대다수의 직원들이 입사 후 3년 이내에 퇴사하는 기업 내 문제를 지적하며 15명의 직원을 입사 4년차까지 재직하여 대리로 승진하는 것을 목표로 직원 개발 프로그램을 개선하려고 한다. 조사 결과 기존의 직원 개발 프로그램에 참여한 직원들의 50%만이 입사 후 2년 이상 재직하며, 이들 중 80%가 입사 후 4년까지 재직하였다는 것으로 밝혀졌다. 또한 4년까지 재직한 신입직원들 중 대리 승진시 험에 합격하는 비율은 90%였다. 인사팀은 이에 대해 다음 두 가지 대안 중 하나를 선택하고 자 한다.

– 대안 1 : 더 많은 신입직원을 뽑는다. 추가비용은 신입직원 한 명마다 10,000원이다.

– 대안 2 : 신입직원을 더 이상 모집하지 않고, 입사 후 2년차까지는 직원을 대상으로 1 : 1 멘토링 프로그램을 시행한다. 약간의 비용이 소요되지만, 2년 이상 재직하는 사원 의 비율이 50%에서 100%로 늘어나게 된다.

보기

㉠ 대안 1보다 대안 2가 유리하다.

㉡ 기존 직원 개발 프로그램에 참여한 직원들 중에서 입사 4년차에 대리 승진시험에 합격하는 직원은 총 신입직원들의 $\frac{1}{3}$ 미만이다.

㉢ 대안 1로 15명 이상의 직원을 대리로 승진시키려면 21만 원 이상의 비용이 필요하다.

① ㉢   ② ㉠, ㉡

③ ㉡, ㉢   ④ ㉠, ㉡, ㉢

29. 다음은 ○○시에서 운영하는 '어르신 복지계획'을 좀 더 구체적으로 운영하기 위해 설정한 5가지 주제 분야별 계획안이다. ㉠~㉢에 들어갈 세부 내용으로 적절한 것은?

구분	주제	세부 내용
행복한 노년	행복한 노년! 인생이모작 계획	인생이모작지원센터 운영으로 기본적인 상담 프로그램 실시
맞춤형 일자리	사회적 경험과 경륜을 활용한 일자리 안정적 노후생활 보람 지원	• 50세 이상 역량을 살린 사회공헌활동 일자리 • 노인맞춤돌봄서비스 등 보조 인력 공익활동 일자리 • 어르신 일자리 전담기관인 '시니어 클럽'을 추가 확대 운영
건강한 노후	어르신의 몸과 마음 돌봄	㉠
살기 편한 환경	어르신이 살기 편한 도시환경 조성	㉡
활기찬 여가문화	세대가 소통! 지역주민과의 소통!	㉢

	㉠	㉡	㉢
①	경로당별 도시 텃밭 프로그램 운영	노인 밀집 지역과 공간에 실버카페 조성	주거와 복지를 결합한 노인 지원 주택 공급
②	독거어르신 정신건강 체크 서비스 제공	공공 노인요양 시설 신축 · 확대	노인 밀집 지역과 공간에 실버카페 조성
③	고령자 취업알선 센터 운영 · 확대	시립 어르신 복지 센터 운영 · 확대	경로당 활성화를 위한 여가 프로그램 기획
④	치매, 중풍 등 노인성 질환자의 요양재가 서비스 확대	고령자 취업알선 센터 운영 · 확대	경로당 주민 개방형 운영으로 지역민과 소통

30. 다음 휴가 지원 기준을 바탕으로 A ~ J 직원 총 10명의 9월 휴가 날짜를 계획하는 중이다. 결과로 옳지 않은 것은?

2회 기출예상

3회 기출예상

4회 기출예상

5회 기출예상

6회 기출예상

7회 기출예상

〈휴가 지원 기준〉

1) 2지망까지 휴가 날짜 지원 가능
2) 1지망에서 필요 인원보다 지원 인원이 많은 경우, 남은 연차 날짜가 많은 직원이 우선
3) 1지망 휴가 날짜에 배정되지 못한 직원은 2지망 휴가 날짜로 배정하며, 1지망 배정 후 남은 필요 인원보다 지원 인원이 많은 경우, 남은 연차 날짜가 많은 직원이 우선
4) 1, 2지망 휴가 날짜에 모두 배치되지 못한 직원은 필요 인원을 채우지 못한 휴가 날짜에 배치

〈날짜별 휴가 가능 인원〉

(1) 9월 1일 ~ 6일	(2) 9월 9일 ~ 15일	(3) 9월 17일 ~ 22일	(4) 9월 24일 ~ 29일
2명	4명	1명	3명

〈A ~ J 직원의 남은 연차 날짜 및 1, 2지망 휴가 날짜〉

구분	A	B	C	D	E	F	G	H	I	J
남은 연차 날짜	10	8	9	11	15	7	12	14	6	2
1지망	(1)	(3)	(4)	(4)	(4)	(2)	(3)	(1)	(1)	(4)
2지망	(2)	(4)	(1)	(2)	(2)	(3)	(1)	(4)	(2)	(1)

① B 직원의 휴가 날짜는 9월 9일 ~ 15일이다.
② E 직원의 휴가 날짜는 9월 24일 ~ 29일이다.
③ G 직원의 휴가 날짜는 9월 17일 ~ 22일이다.
④ I 직원의 휴가 날짜는 9월 1일 ~ 6일이다.

31. ○○기업은 A ~ E 5개의 프로젝트를 다음과 같이 진행하고자 한다. 프로젝트를 최소 인력으로 완료하기 위해서는 최소 며칠이 소요되는가?

> • 프로젝트 A는 직원 4명과 8일이 소요된다.
> • 프로젝트 B는 직원 2명과 16일이 소요된다.
> • 프로젝트 C는 직원 4명과 50일이 소요된다.
> • 프로젝트 D와 E는 각각 직원 2명과 18일이 소요된다.
> • 프로젝트 B는 프로젝트 A가 완료된 후 진행한다.
> • 프로젝트 D는 프로젝트 E가 완료된 후 진행한다.
> • 각 인력은 모든 작업에 동원될 수 있으며, 각 인력의 생산량은 동일하다.
> • 작업별로 필요한 인원은 변경 불가하다.

① 90일　　　　　　　　　　　② 92일

③ 94일　　　　　　　　　　　④ 96일

32. 이 대리는 물품관리에 관한 문의를 했더니 다음과 같은 답변을 받았다. 다음 중 답변을 통해 추론할 수 있는 이 대리의 문의내용으로 옳은 것은?

Q. (   )
A. 물품결산보고에서 결산서를 회계연도의 1일부터 12월까지 작성마감 → 생성 → 제출 처리하신 후 "전체"를 선택하여 작성마감 → 생성 → 제출하시기 바랍니다.

① 물품결산보고를 하려고 하는데 어떻게 진행하나요?

② 물품대장관리의 건수와 결산보고 건수가 다르게 보입니다.

③ 물품 보유현황과 결산내용이 같은데 제출하면 맞지 않는다고 나와 제출이 안 됩니다.

④ 물품결산보고에서 "전체"를 선택하여 제출하려니까 12월 결산서가 미승인상태라고 나옵니다.

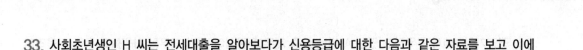

33. 사회초년생인 H 씨는 전세대출을 알아보다가 신용등급에 대한 다음과 같은 자료를 보고 이에 놀라 자신의 주거래은행의 담당자와 상담을 하게 되었다. 상담의 내용으로 적절하지 않은 것은?

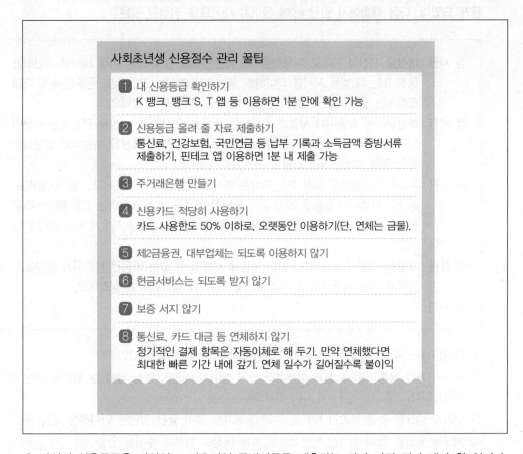

사회초년생 신용점수 관리 꿀팁

1 내 신용등급 확인하기
K 뱅크, 뱅크 S, T 앱 등 이용하면 1분 안에 확인 가능

2 신용등급 올려 줄 자료 제출하기
통신료, 건강보험, 국민연금 등 납부 기록과 소득금액 증빙서류 제출하기, 핀테크 앱 이용하면 1분 내 제출 가능

3 주거래은행 만들기

4 신용카드 적당히 사용하기
카드 사용한도 50% 이하로, 오랫동안 이용하기(단, 연체는 금물).

5 제2금융권, 대부업체는 되도록 이용하지 않기

6 현금서비스는 되도록 받지 않기

7 보증 서지 않기

8 통신료, 카드 대금 등 연체하지 않기
정기적인 결제 항목은 자동이체로 해 두기. 만약 연체했다면 최대한 빠른 기간 내에 갚기. 연체 일수가 길어질수록 불이익

① 자신의 신용등급을 파악하고 기초적인 증빙서류를 제출하는 것이 가장 먼저 해야 할 일이다.

② 제2금융권에서든 카드사에서든 단기대출을 하면 신용등급에 악영향을 미친다.

③ 여러 은행에 계좌를 만들고 거래를 해 성실성을 인정받는 것이 좋다.

④ 신용카드 연체를 방지하기 위해 체크카드를 사용하는 습관을 가지는 것이 좋다.

34. 경영기획팀에서 근무하고 있는 A 씨는 요즘 재무에 관심이 생겨 재무팀 사원들과 종종 어울리며 기초 지식을 배우고 있는 중이다. 어느 날 재무팀 사원들이 예산관리에 대해 이야기하는 것을 듣게 되었다. 다음 대화에서 빈칸 ㉠에 들어갈 내용으로 적절한 것은?

> 김 사원 : 예산을 사전적 의미로 이해했을 때, 예산은 필요한 비용을 미리 헤아려 계산하는 행위 또는 그 비용 자체를 의미하죠. 넓은 범위에서는 민간기업·공공단체 및 기타 조직체는 물론이고 개인의 수익·지출에 관한 것도 포함돼요.
>
> 정 사원 : 예산관리는 활동이나 사업에 소요되는 비용을 산정하고, 예산을 편성하는 것뿐만 아니라 통제하는 것까지 모두를 포함해요. 다시 말해, 예산을 수립하고 집행하는 모든 일을 예산관리라고 말할 수 있는 거죠.
>
> 이 사원 : 우리가 예산관리를 해야 하는 이유는 예산의 유한성에서 비롯된다고 볼 수 있어요. 하나의 사업이나 활동을 하기 위해 필요한 비용을 미리 계산하는 것을 예산이라고 할 수 있지만 대부분은 정해진 예산 범위 내에서 그 계획을 세우게 되는 것이 아닐까요?
>
> 박 사원 : 그렇죠. 어떤 활동을 하건 간에 활동에 지불할 수 있는 비용은 제한되기 마련이죠. 그래서 적은 비용으로 최대의 효과를 내는 게 중요하다고 생각해요.
>
> 최 사원 : (㉠   )

① 예산은 유한하기 때문에 해를 넘기기 전에 소진하는 것이 좋아요.

② 따라서 개발 책정 비용을 실제 비용보다 낮게 잡아서 예산이 항상 남을 수 있도록 하는 것이 중요합니다.

③ 여기서 중요한 것은 무조건 비용을 적게 들어가는 것이 좋은 것만은 아니라는 것입니다.

④ 최대의 효과를 내기 위해선 필연적으로 초과 예산이 발생할 수밖에 없습니다.

35. 다음 〈분리수거 방법〉은 물적자원관리 단계 중 어디 단계에 가까운가?

- 사용품과 보관품의 구분
  물품을 정리하고 보관하고자 할 때, 해당 물품이 앞으로 계속 사용될 것인지, 그렇지 않은지에 따라 구분해야 한다. 그렇지 않을 경우, 가까운 시일 내에 다시 활용하게 될 물품을 창고나 박스 등에 넣어 두었다가 다시 꺼내야 하는 경우가 발생할 것이다.

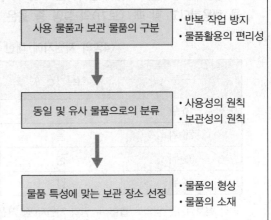

- 동일 및 유사 물품의 분류
  동일 및 유사 물품의 분류는 보관의 원칙 중 동일성의 원칙과 유사성의 원칙에 따른 것이다. 동일성의 원칙은 같은 품종은 같은 장소에 보관한다는 것이며, 유사성의 원칙은 유사품은 인접한 장소에 보관하는 것을 말한다.

- 물품 특성에 맞는 보관 장소 선정
  마지막으로 해당 물품을 적절하게 보관할 수 있는 장소를 선정하여야 한다. 일괄적으로 같은 장소에 보관하는 것이 아니라, 개별 물품의 재질, 무게와 부피 등 특성을 고려하여 보관 장소를 선정하여야 물품이 훼손되는 것을 방지할 수 있다.

〈분리수거 방법〉

- 플라스틱, 비닐 : 내용물을 깨끗하게 제거하고, 상표 또는 안내문구 등이 적힌 스티커는 제거하여 배출한다.
- 스티로폼 : 테이프, 운송장, 아이스팩 등을 제거 후 깨끗한 상태로 배출한다. 하지만 유색 스티로폼은 재활용이 되지 않으므로 종량제 봉투에 버려야 한다.
- 유리병 : 내용물을 깨끗하게 비운 후 재활용하며, 깨진 유리는 분리수거가 불가하다.
- 종이류 : 택배 영수증이나 테이프 등을 제거한 후 압착하여 분리수거 한다.

① 사용품과 보관품의 구분
② 동일 및 유사 물품의 분류
③ 물품의 특성에 맞는 보관장소 선정
④ 물적자원관리의 과정을 적용하지 않았다.

36. ○○공사는 이번에 상반기 신입사원 채용을 진행하였다. 다음 표는 4명의 지원자 '갑', '을', '병', '정'에 대한 3명의 심사위원 A. B, C의 평가 결과를 나타낸 자료이다. 이 지원자들 중 서로 다른 두 명을 임의로 뽑고 3명의 심사위원이 한 표씩 투표하여 다수결 원칙에 따라 한 명의 신입사원을 채용한다고 할 때, 〈보기〉의 설명 중 옳은 것을 모두 고르면?

〈4명의 지원자에 대한 심사위원의 평가 결과〉

구분	심사위원 A	심사위원 B	심사위원 C
1순위	병	갑	을
2순위	을	을	병
3순위	정	병	갑
4순위	갑	정	정

※ 각 심사위원은 임의로 뽑힌 두 명의 지원자 중 자신의 선호 순위가 더 높은 사람에 투표한다.

보기

㉠ 갑과 병이 뽑히면 병이 채용된다.
㉡ 을은 어떤 사람과 함께 뽑혀도 항상 채용된다.
㉢ 병이 채용되는 경우는 3가지이다.
㉣ 정은 어떤 사람과 함께 뽑혀도 항상 채용되지 못한다.

① ㉠, ㉢
② ㉡, ㉢
③ ㉢, ㉣
④ ㉠, ㉡, ㉣

37. 다음 자료를 바탕으로 할 때, 〈보기〉에 대한 설명으로 옳지 않은 것은?

시간관리 매트릭스는 업무를 '급한 일'과 '급하지 않은 일', '중요한 일'과 '중요하지 않은 일'을 기준으로 4개의 영역으로 구분한다.

구분	급한 일	급하지 않은 일
중요한 일	A	B
중요하지 않은 일	C	D

일반적으로 A, B, C, D 순으로 일을 처리해야 하지만 간혹 상황에 따라 B와 C의 업무는 순서를 바꿔서 처리할 수 있다.

> 보기

기획조정실 직원들은 단합대회 차원에서 강원도 설악산에 가기로 결정하였다. 부서 직원 중 한 명인 김자원 대리에게 단합대회를 책임지고 준비하라는 지시가 내려졌다. 하지만 단합대회까지 시간이 꽤 남아 있고 작년에 자신이 했던 일이라 딱히 신경 쓸 것도 없다는 생각으로 느긋하게 생각하고 있었다.

시간이 지나 단합대회 3일 전에야 준비를 시작한 그는 단합대회에서 필요한 물품들을 구입하기 시작하였다. 물품을 거의 구입했다고 생각했지만 집으로 돌아오는 길에 숙소를 예약하지 않았다는 것을 알게 되었다. 다음 날 아침 출근하자마자 인터넷을 통해 작년에 갔던 숙소를 예약하려고 하였으나 이미 예약이 마감된 상태였다. 급한 마음으로 다른 숙소도 알아보았지만, 예약이 가능한 곳은 비용이 무척 비싸 예산 범위를 초과할 수 밖에 없었다. 김자원 대리는 어쩔 수 없이 자신의 돈을 더하여 예약을 하고 실장님과 다른 직원들에게는 비밀로 하였다.

그렇게 단합대회 날이 밝아 함께 버스를 타고 출발하려고 하였으나 구입해 두었던 물품 중 일부를 챙기지 않았다. 급한 마음에 버스는 먼저 출발시키고, 자신은 사무실로 돌아가 물건을 챙겨서 따로 출발하게 되었다. 필요한 것을 몇 번 놓치고 나니 온몸에 힘이 빠졌다. 그렇게 다른 직원보다 늦게 도착한 김자원 대리는 낮은 목소리로 읊조렸다. "휴~ 대체 놀러 온 거야, 일하러 온 거야. 일하는 것보다 더 힘이 드네..."

① 단합대회 준비 지시를 받았을 때, 김자원 대리는 단합대회 준비를 B로 인식하였다.

② 단합대회 준비 과정에서 김자원 대리에게 숙소 예약은 A가 되었다.

③ 시간관리를 철저히 했다면 김자원 대리는 예산을 낭비하지 않았을 것이다.

④ 단합대회 준비와 같이 많은 시간이 필요한 일에는 정확한 소요 시간을 계산하는 것이 효과적이다.

38. 다음 자료에서 파악할 수 있는 영업부 고성과자와 보통성과자의 시간 활용 차이는?

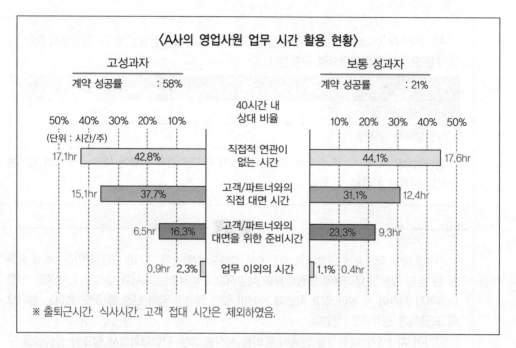

〈A사의 영업사원 업무 시간 활용 현황〉

① 고성과자와 보통성과자는 계약에 직접적으로 연관이 없는 시간에 차이가 확인되었다.

② 고성과자와 보통성과자는 고객을 직접 만나는 시간에 있어서 중요한 차이가 확인되었다.

③ 보통성과자가 가장 많은 시간을 투자한 것은 고객과의 만남을 준비하는 시간이었다.

④ 보통성과자가 가장 적은 시간을 투자한 것은 고객과의 만남을 준비하는 시간이었다.

39. 김 사원은 회사 창립기념일을 기념하여 전 직원에게 선물할 우산을 준비하고 있다. 다음 제품 목록에 대해서 〈보기〉에 따라 점수를 계산할 때, 가장 높은 점수를 받는 두 제품은?

구분	색상	기본금액 (개당)	제작 기간	배달 기간	불량률	할인 내역
EV301	Blue	8,500원	2일	4일	4.59%	300개 이상 구매 시 총 금액의 12% 할인
EV302	Red	11,000원	3일	3일	4.12%	400개 이상 구매 시 총 금액의 10% 할인
EV303	Black	9,200원	4일	2일	5.02%	450개 이상 구매 시 총 금액의 5% 할인
EV304	Yellow	13,000원	2일	2일	4.23%	350개 이상 구매 시 총 금액의 15% 할인
EV305	White	8,000원	3일	4일	3.87%	350개 이상 구매 시 총 금액의 8% 할인

※ 전체 직원 수는 총 420명이며 구입 수량도 420개이다.

※ 각 상품은 섞어서 구매할 수 없고 한 가지 상품으로 일괄 구매해야 한다.

보기				
구분	0점	1점	2점	3점
제작기간과 배달기간의 합	7일 이상	6일	5일	4일 이하
최종 구매 금액	39,000,000원 이상	3,600,000원 이상 ~ 3,900,000원 미만	3,300,000원 이상 ~ 3,600,000원 미만	3,300,000원 미만
불량률	5% 이상	4% 이상 ~ 5% 미만	3% 이상 ~ 4% 미만	3% 미만
개당 금액	10,000원 이상	9,500원 이상 ~ 10,000원 미만	9,000 이상 ~ 9,500원 미만	9,000원 미만
구입 시 할인	7% 미만	7% 이상 ~ 10% 미만	10% 이상 ~ 15% 미만	15% 이상

※ 색상이 검정색이나 흰색일 경우 총점 20%의 가점이 있다.

① EV301, EV303

② EV301, EV305

③ EV302, EV304

④ EV303, EV305

40. 다음 출장비 지급 기준을 바탕으로 할 때, 최 씨와 박 씨에게 지급될 출장비의 합은?

〈출장비 지급 기준〉

• 출장비는 식비, 숙박비, 교통비로 구성된다.
• 식비 지급을 위해 영수증을 제출해야 하며, 식비는 실비로 지급한다. 단, 영수증을 제출하지 않은 경우 하루당 5만 원을 지급한다.

〈1박 숙박비(지역별)〉

(단위 : 만 원)

지역	오송	마산	순천	목포
금액	20	13	16	15

〈왕복 교통비(지역/교통수단별)〉

(단위 : 만 원)

	오송	마산	순천	목포
SRT	14	10	12	11
고속버스	6	3	5	4
개인차량	12	7	10	9

〈출장내역〉

구분		최○○	박○○
출장기간		1박 2일	2박 3일
출장지역		마산	오송
식비	1일차	8만 원	3만 원
	2일차	13만 원	10만 원
	3일차	–	5만 원
교통수단(왕복)		개인차량	고속버스
비고		없음	2일차 영수증 미제출

① 90만 원
② 95만 원
③ 100만 원
④ 105만 원

41. 다음 중 Windows 단축키와 그 기능이 바르게 연결된 것은?

① 〈Ctrl〉+〈A〉 : 즐겨찾기 추가

② 〈Ctrl〉+〈Alt〉+〈Delete〉 : 활성 프로그램 전환을 고정모드로 실행

③ 〈Ctrl〉+〈Alt〉+〈Tab〉 : 윈도우 재부팅

④ 〈Alt〉+〈Tab〉 : 활성화되어 있는 프로그램 창 전환

42. 다음 중 워드프로세서와 구분되는 텍스트에디터의 특성으로 적절한 것을 모두 고르면?

> ㄱ. 문서 자체에 직접 암호화할 수 있다.
> ㄴ. 글자들만 단순히 입력할 수 있다.
> ㄷ. 대부분 이진파일로 문서가 저장된다.
> ㄹ. 불특정 다수에게 배포할 파일로 유리하다.

① ㄱ, ㄴ   ② ㄱ, ㄹ

③ ㄴ, ㄷ   ④ ㄴ, ㄹ

43. 한글 워드프로세서에서 다음과 같이 「하이퍼링크 고치기」를 실행하였다. 〈보기〉에서 문서에
대한 설명으로 옳은 것을 모두 고르면?

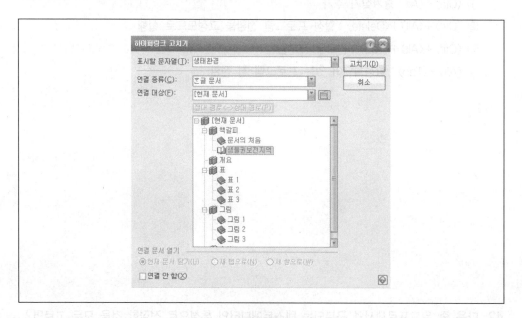

보기

㉠ '생물권보전지역'에 책갈피가 설정되어 있다.

㉡ 문서에는 표, 그림이 포함되어 있다.

㉢ 연결 문서의 종류는 다른 문서에 있는 '흔글 문서'이다.

㉣ 하이퍼링크가 설정된 '생태환경'을 클릭하면 '생물권보전지역'이라는 책갈피로 이동한다.

---

① ㉠, ㉡   ② ㉠, ㉡, ㉣

③ ㉡, ㉢, ㉣   ④ ㉢, ㉣

www.gosinet.co.kr

1회 기출예상

2회 기출예상

3회 기출예상

4회 기출예상

5회 기출예상

6회 기출예상

7회 기출예상

44. 다음 〈표〉의 일부 또는 전체를 블록 설정한 뒤, 셀 나누기를 실행하였을 때 나타날 수 있는 결과로 옳지 않은 것은? (단, 사용 한 프로그램은 한컴오피스 한글 2020이다)

〈표〉

1	2
3	4

①
1		2	
3		4	

②
1		2	
3		4	

③
1	2
3 4	

④
1	2
3	4

45. 다음은 컴퓨터 용어 중 디렉터리에 관한 설명이다. "JeongMinKim"이라는 이름을 가진 Windows 계정의 바탕화면에 "Work"라는 폴더 내에 "TODO"라는 txt 파일이 있다. 이 파일이 위치한 디렉터리를 올바르게 표현한 것은?

(가) 디렉터리

디렉터리란 컴퓨터의 파일 이름과 그 파일이 실제로 기억되어 있는 물리적인 장소와의 대응을 나타내는 표이다. 디렉터리에는 파일의 이름, 속성, 작성 일자, 크기, 파일 주소 등이 기록되어 있어 이를 통해 컴퓨터가 파일을 판독하고 기록한다.

(나) 윈도우 운영 체제의 디렉터리

윈도우 운영 체제에서는 디스크 드라이브가 최상위 디렉터리를 갖는다(예 C : \). 각 디렉터리는 파일들 또는 다른 디렉터리들을 포함할 수 있으며, 이때 디렉터리 속의 다른 디렉터리를 그 디렉터리의 하위 디렉터리라고 한다. 디렉토리들은 계층, 즉 트리 구조를 이루고 있으며, 윈도우 운영 체제에서의 디렉터리의 계층은 백슬래시(\)로 표현된다. 예를 들어 C 드라이브에 설치된 Microsoft Office 프로그램들이 위치한 디렉터리는 "C : \Program Files \Microsoft Office"로 표현할 수 있다. 윈도우 운영 체제에서는 디렉터리를 "폴더"란 용어로 사용하기도 한다.

---

① C : \JeongMinKim\Users\Work\

② C : \JeongMinKim\Users\Desktop\

③ C : \JeongMinKim\Users\Desktop\Work\

④ C : \Users\JeongMinKim\Desktop\Work\

46. 〈보기〉와 같은 상황에서 문제를 해결하는 방법으로 적절한 것은?

<table>
<tr><td>보기</td></tr>
</table>

K는 회사 컴퓨터의 운영체제를 Windows7에서 10으로 업그레이드하려고 한다. 컴퓨터를 재부팅하고 부팅 USB의 설치 모드로 접근하려고 하였다. 그런데 기존의 Windows 운영체제의 바탕화면으로 넘어가 포맷과 설치를 진행할 수 없다.

① [제어판]-[시스템 및 보안]-[시스템]-[시스템 보호] 창에서 '시스템 복원'을 클릭하고 업그레이드를 진행한다.

② 바이오스 설정에서 부팅 1순위를 하드디스크에서 USB로 변경한다.

③ C : ₩Windows₩Setup 폴더 전체를 삭제한 후 재부팅을 진행한다.

④ 부팅을 할 때 바탕화면의 시작 메뉴에서 다시 시작을 선택한 후 진행한다.

47. A 공사에서 근무하는 박 대리는 상사로부터 일러스트레이터로 그린 디자인을 벡터 파일로 전달하라는 요청을 받았다. 박 대리가 전달할 파일 형태는?

①
디자인.ai

②
디자인.bmp

③
디자인.jpg

④
디자인.png

48. 총무팀 정바름 씨는 3월 구매 물품을 정리하고 있다. 다음 엑셀 시트에서 〈3월 구매 물품 내역〉을 활용하여 〈합계〉의 비품의 총 구매금액을 구하려고 할 때, [H5]에 들어갈 올바른 수식은? (단, 자동 채우기 기능은 고려하지 않는다)

	A	B	C	D	E	F	G	H
1	[표 1]						[표 2]	
2								
3			<3월 구매 물품 내역>				<합계>	
4	종류	물품	구매량	단가	금액		종류	금액
5	비품	종이컵	23	3,500	80,500		비품	
6	비품	메모지	15	1,300	19,500		전자제품	1,305,000
7	전자제품	USB	25	25,000	625,000		합계	1,604,000
8	전자제품	마우스	10	23,000	230,000			
9	비품	계산기	35	5,000	175,000			
10	전자제품	모니터	3	150,000	450,000			
11	비품	지우개	48	500	24,000			

① =SUM(E5 : E11)

② =SUM(A5 : A11, "비품", E5 : E11)

③ =SUMIF(E5 : E11, G5, A5 : A11)

④ =SUMIF(A5 : A11, G5, E5 : E11)

49. 다음 중 Excel 오류메시지에 대한 설명으로 옳은 것은?

① #NAME?은 사용할 수 없는 값을 지정했을 때 나타나는 오류 값이다.

② #NUM!은 피연산자를 사용하는 경우에 수식 자동고침 기능으로 수식을 고칠 수 없을 때 나타나는 오류 값이다.

③ #REF!는 삭제된 셀이나 시트를 참조할 때 나타나는 오류 값이다.

④ #NULL!은 표현할 수 있는 범위를 벗어났을 때 나타나는 오류 값이다.

50. 다음은 컴퓨터 사용 중 문제 상황의 예이다. 하드웨어와 관련된 원인을 〈보기〉에서 모두 고르면?

보기

가. 본체와 연결된 네트워크 케이블이 끊어져 인터넷 연결이 끊겼다.

나. 이동식 저장 장치가 물리적인 충격으로 파손되어 인식되지 않는다.

다. 과부하로 전원 공급 장치 내부 회로가 손상되어 본체에 전원 공급이 되지 않는다.

① 가   ② 가, 나
③ 나, 다   ④ 가, 나, 다

1회 기출예상

2회 기출예상

3회 기출예상

4회 기출예상

5회 기출예상

6회 기출예상

7회 기출예상

유형분석

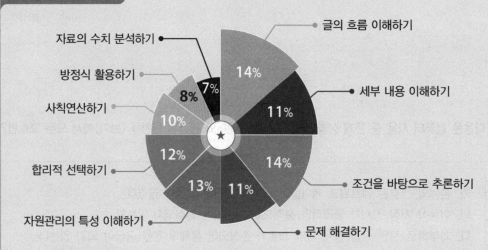

- 자료의 수치 분석하기
- 방정식 활용하기
- 사칙연산하기
- 합리적 선택하기
- 자원관리의 특성 이해하기
- 글의 흐름 이해하기
- 세부 내용 이해하기
- 조건을 바탕으로 추론하기
- 문제 해결하기

7% · 14% · 11% · 8% · 10% · 12% · 13% · 11% · 14%

출제분석

사람인형 의사소통능력에서는 글의 흐름에 맞게 문장을 배열하는 문제, 개요를 작성하는 문제, 세부 내용을 파악하는 문제, 적절한 제목을 고르는 문제 그리고 문단별 중심내용을 파악하는 문제 등이 출제되었다. 문제해결능력에서는 조건을 바탕으로 추론하는 문제, 사고 유형을 파악하는 문제, 이윤을 계산하는 문제, 논리적인 오류를 파악하는 문제 등이 출제되었다. 자원관리능력에서는 인적자원의 특성을 파악하는 문제와 작업의 우선순위를 정하는 문제, 합리적인 선택을 하는 문제, 인재를 선발하는 문제, 예산을 구하는 문제 등이 출제되었다. 수리능력에서는 확률을 구하는 문제, 수익을 구하는 문제, 도형의 넓이를 계산하는 문제, 자료의 수치를 분석하는 문제 그리고 방정식을 활용하는 문제 등이 출제되었다.

회 사람인

2

출제유형모의고사

영역	총 문항 수
제1영역	20문항
제2영역	20문항
제3영역	20문항
제4영역	20문항

2회 기출예상문제

시험시간 | 60분
문항수 | 80문항

정답과 해설 11쪽

제1영역

1 ~ 20

✎ 평가시간은 영역별로 제한하지 않으나 각 영역별 15분을 권장합니다.

01. 다음 중 제시된 문장의 밑줄 친 부분과 같은 의미로 단어가 사용된 것은?

> 가슴에 <u>묻어</u> 둔 서러움이 왈칵 목젖까지 올라오는 것 같았다.

① 아우는 형의 말을 비밀로 <u>묻어</u> 두었다.

② 나는 궁금한 것을 바로 <u>묻고</u> 따지는 편이다.

③ 그는 접은 우산에 <u>묻은</u> 물을 휙휙 뿌리면서 집으로 돌아왔다.

④ 이번 조사 과정에서는 모든 부서에 그 책임 소재를 <u>묻겠다고</u> 했다.

02. 다음 중 높임법의 사용이 적절하지 않은 문장을 모두 고른 것은?

> ㄱ. 교장선생님의 훈화 말씀이 계시겠습니다.
> ㄴ. 상품을 개봉했을 경우 교환 및 환불은 안 됩니다.
> ㄷ. 그렇게 하셔도 되시는데요.
> ㄹ. 문의하신 사이즈는 품절입니다.

① ㄱ, ㄴ

② ㄱ, ㄷ

③ ㄴ, ㄷ

④ ㄷ, ㄹ

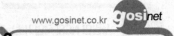

1회 기출예상

2회 기출예상

3회 기출예상

4회 기출예상

5회 기출예상

6회 기출예상

7회 기출예상

03. 다음 문장들을 문맥에 따라 바르게 배열한 것은?

> ㄱ. '근대 과학의 거장'인 아이작 뉴턴도 연금술에 심취했었다는 것은 당시의 경향에서 완전히 벗어나지 못했음을 의미한다.
>
> ㄴ. 인류는 근대 이전부터 많은 화학적 지식을 이용하여 왔다.
>
> ㄷ. 18세기 화학혁명은 이런 상황에서 물질에 대한 탐구로서 화학을 근대과학의 한 분야로 이끈 중요한 계기가 되었다.
>
> ㄹ. 그러나 이러한 화학 기술의 발전은 일관된 설명이 결여되어 비과학적이었다.

① ㄱ-ㄷ-ㄴ-ㄹ ② ㄱ-ㄹ-ㄴ-ㄷ

③ ㄴ-ㄷ-ㄱ-ㄹ ④ ㄴ-ㄹ-ㄱ-ㄷ

04. 다음 국민 절전 캠페인에 대한 글의 개요를 적절하게 수정한 것은?

> 주제 : 국민 절전 캠페인의 문제점과 개선방향
> Ⅰ. 서론 : 전기 사용 실태
>   1. 전기 절약에 대한 국민들의 외면
>   2. 전기 절약에 대한 홍보 부족
> Ⅱ. 본론
>   1. 국민 절전 캠페인의 문제점
>   가. 국민 절전 캠페인의 다양성 부족
>   나. 국민 절전 캠페인의 진행 인력 부족
>   다. 국민 절전 캠페인의 여름철 집중에 따른 지속성 부족
>   라. 인근 지자체 협조 유도
>   2. 국민 절전 캠페인 활성화 방안
>   가. 국민 절전 캠페인 홍보의 다양화
>   나. 원활한 전기 절약 캠페인 진행을 위한 자원 봉사자 모집
>   다. 국민 절전 캠페인의 상시 진행 방안 마련
> Ⅲ. 결론 : 내실 있는 국민 절전 캠페인으로의 변모 노력 촉구

① 'Ⅱ-1-가'는 'Ⅱ-2-가'를 고려하여 '국민 절전 캠페인의 과도한 홍보'로 바꾼다.

② 'Ⅱ-2-다'는 'Ⅱ-1-다'와 연계될 수 있도록 '국민 절전 캠페인에 필요한 전문 부서 생성'으로 수정한다.

③ 'Ⅱ-1-라'는 상위 항목과 어울리지 않으므로 삭제한다.

④ 'Ⅲ. 결론'은 주제와 어울리도록 '국민들의 전기 절약 캠페인 참여 촉구'로 수정한다.

[05 ~ 06] 다음 글을 읽고 이어지는 질문에 답하시오.

'오컴의 면도날'이라는 표현이 있다. '경제성의 원리'라고도 불리는 이 용어는 14세기 영국의 논리학자였던 오컴의 이름에서 탄생하였으며, 어떤 현상을 설명할 때 필요 이상의 가정과 개념들은 면도날로 베어낼 필요가 있다는 권고로 쓰인다.

인간의 욕구에 대한 대표적인 이론에는 20세기 미국의 심리학자인 매슬로우의 욕구 단계설이 있다. 인간의 다양한 욕구들은 강도와 중요성에 따라 피라미드 모양의 다섯 단계로 이루어진다는 것이다. 이 이론의 전제는 아래 단계의 기본적인 하위 욕구들이 채워져야 자아 성취와 같은 보다 고차원적인 상위 욕구에 관심이 생긴다는 것이다. 하지만 매슬로우의 이론에 의문을 제기해 볼 수 있다. 왜 사람은 세상에서 가장 뛰어난 피아니스트가 되려 하고, 가장 빠른 기록을 가지려고 할까? 즉, 왜 자아 성취를 하려고 할까? 그동안 심리학자들은 장황한 이유를 들어 설명하려 했다. 그러나 진화 생물학적 관점에서는 모든 것을 간명하게 설명한다. 자아 성취를 위해 생리적 욕구를 채우는 것이 아니라, 식욕이나 성욕과 같은 인간의 본질적 욕구를 채우는 데 도움이 되기 때문에 자아 성취를 한다는 것이다.

행복도 오컴의 면도날로 정리할 필요가 있다. 행복은 가치나 이상, 혹은 도덕적 지침과 같은 거창한 관념이 아닌 레몬의 신맛처럼 매우 구체적인 경험이다. 그것은 쾌락에 뿌리를 둔, 기쁨과 즐거움 같은 긍정적 정서들이다. 쾌락이 행복의 전부는 아니지만, 이것을 뒷전에 두고 행복을 논하는 것은 (㉠   )이다.

05. 윗글에 대한 이해로 적절하지 않은 것은?

① 진화 생물학적 견해는 불필요한 사고의 절약에 도움을 준다.

② '오컴의 면도날'은 어떤 현상을 설명할 때 경제성의 측면에서 권고 사항으로 쓰인다.

③ 매슬로우와 진화 생물학적 관점은 인간의 본질에 대한 해석이 근본적으로 같다.

④ 매슬로우는 하위 욕구가 전제되지 않으면 고차원적 욕구에 관심이 생기지 않는다고 본다.

06. 윗글의 흐름을 고려할 때, ㉠에 들어갈 사자성어로 적절한 것은?

① 중언부언(重言復言)　　　　　　② 어불성설(語不成說)

③ 교언영색(巧言令色)　　　　　　④ 유구무언(有口無言)

07. 다음 보도자료를 요약한 내용으로 적절한 것은?

> 코로나19 위기로 인해 심각한 혈액 부족 사태가 이어지고 있는 가운데 ○○공사가 전국적으로 〈사랑나눔 헌혈 캠페인〉을 전개해 주목을 끌고 있다. ○○공사는 코로나19 위기 극복을 위해 5월 18일부터 6월 5일까지 3주간 나주본사와 서울 등 전국 15개 지역본부 임직원들이 참여하는 〈사랑나눔 헌혈 캠페인〉을 시행하고 있다. 이번 캠페인은 코로나19 장기화에 계절적 요인이 겹쳐 혈액 보유량이 한때 '주의' 단계로 진입한 적이 있는 시점에서 혈액 수급난 해소에 도움을 주기 위해 추진하게 되었다. 대한적십자사와 협력하여 헌혈버스가 각 사업소를 찾아가는 방식으로 단체헌혈을 하고 있으며, 재택근무 등으로 인해 사정이 여의치 않을 경우 가까운 헌혈의 집이나 헌혈 카페를 통해서도 참여할 수 있다. 임직원들이 모은 헌혈증서는 지역별 혈액원에 기부되어 코로나19 환자 등에게 제공될 예정이다. '생활 속 거리두기' 행동 수칙에 따라 일정 간격 줄서기, 마스크 착용, 사전 발열 검사, 손 소독 등 질병관리본부에서 안내한 감염병 예방 수칙을 철저히 준수하여 진행하고 있다. 이와는 별도로 광주전남, 충북 등 지역 본부에서 올해 600여 명이 헌혈에 참여했다. ○○공사 김△△ 사장은 "○○공사와 계열사 임직원들이 성금 기부, 급여 반납 등 코로나19 위기 극복을 위하여 적극적으로 동참하고 있다."라며 "사회적 책임을 실천하기 위하여 지속적으로 노력하겠다."라고 전했다.

① ○○공사는 사회적 책임을 실천하기 위해 지속적으로 노력하고 있으며, '생활 속 거리두기' 행동 수칙을 앞장서서 지키는 공사이다.

② ○○공사는 임직원들의 성금 기부, 급여 반납 등 코로나19 위기 극복을 위해 적극적으로 동참하고 있다.

③ ○○공사의 전국 15개 지역본부 임직원들은 코로나19 등으로 인한 혈액 수급난 해소에 도움을 주기 위해 3주간 〈사랑나눔 헌혈 캠페인〉을 시행하고 단체헌혈을 하는 등 사회적 책임을 실천하고 있다.

④ ○○공사는 계절적 요인으로 인한 혈액 부족 사태를 해결하기 위해 〈사랑나눔 헌혈 캠페인〉을 시행하고 지역주민들이 헌혈에 적극 동참할 수 있도록 캠페인을 벌여 코로나19 위기 극복에 적극 동참하고 있다.

www.gosinet.co.kr gosinet

1회 기출예상
2회 기출예상
3회 기출예상
4회 기출예상
5회 기출예상
6회 기출예상
7회 기출예상

[08 ~ 09] 다음 글을 읽고 이어지는 질문에 답하시오.

편의점은 도시 문화의 산물이다. 도시인, 특히 젊은이들의 인간관계 감각과 잘 맞아떨어진다. 구멍가게의 경우 단순히 물건을 사고파는 장소가 아니라 주민들이 교류하는 사랑방이요, 이런저런 소식이나 소문들이 모여들고 퍼져나가는 허브 역할을 한다. 주인이 늘 지키고 앉아 있다가 들어오는 손님들을 예외 없이 '맞이'한다. (㉠) 무엇을 살 것인지 확실하게 정하고 들어가야 한다. (㉡) 편의점의 경우 점원은 출입할 때 간단한 인사만 건넬 뿐 손님이 말을 걸기 전에는 입을 열지도 않을뿐더러 시선도 건네지 않는다. 그 '무관심'의 배려가 손님의 기분을 홀가분하게 만들어 준다. (㉢) 특별히 살 물건이 없어도 부담 없이 들어가 둘러볼 수도 있고, 더운 여름날 에어컨 바람을 쐬며 잡지들을 한없이 들춰보아도 별로 눈치 보이지 않는다. 그런 점에서 편의점은 인간관계의 번거로움을 꺼려하는 도시인들에게 잘 어울리는 상업 공간이다. 대형 할인점이 백화점보다 매력적인 것 중에 한 가지도 점원이 '귀찮게' 굴지 않는다는 점이 아닐까.

(㉣) 주인과 고객 사이에 인간관계가 형성되지 않는 편의점은 역설적으로 고객에 대한 정보를 매우 상세하게 입수한다. 소비자들은 잘 모르지만, 일부 편의점에서 점원들은 물건 값을 계산할 때마다 구매자의 성별과 연령대를 계산기에 붙어 있는 버튼으로 입력한다. 그 정보는 곧바로 본사에 송출된다. 또 한 가지로 편의점 천장에 붙어 있는 CCTV가 있는데, 그 용도는 도난 방지만이 아니다. 연령대와 성별에 따라서 어느 제품 코너에 오래 머물러 있는지를 모니터링하려는 목적도 있다. 녹화된 화면은 주기적으로 본사로 보내져 분석된다. 어떤 편의점에서는 삼각김밥 진열대에 초소형 카메라를 설치해 손님들의 구매 형태를 기록한다. 먼저 살 물건의 종류를 정한 뒤에 선택하는지, 이것저것 보고 살펴 가면서 고르는지, 유통 기한까지 확인하는지, 한 번에 평균 몇 개를 구입하는지 등을 통계 처리하는 것이다. 그렇듯 정교하게 파악된 자료는 본사의 영업 전략에 활용된다. 편의점이 급성장해 온 이면에는 이렇듯 치밀한 정보 시스템이 가동되고 있다.

08. 제시된 글을 이해한 내용으로 적절하지 않은 것은?

① 도시인들은 복잡한 인간관계를 좋아하지 않는다.
② 편의점에 있는 CCTV는 그 용도가 다양하다.
③ 편의점 본사는 일부 지점에서 받은 정보를 활용하여 영업 전략을 수립한다.
④ 구멍가게는 편의점과 마찬가지로 손님들에게 '무관심'의 배려를 제공하는 공간이다.

09. 제시된 글의 빈칸 ㉠~㉣에 들어갈 단어가 적절하게 짝지어진 것은?

	㉠	㉡	㉢	㉣
①	따라서	그러나	그래서	그런데
②	따라서	그런데	그리고	또한
③	그러므로	하지만	그러므로	또한
④	예를 들어	따라서	그래서	하지만

[10 ~ 11] 다음 글을 읽고 이어지는 질문에 답하시오.

△△발전이 연료전지 발전설비를 ⊙준공하고 지난 11월 4일 준공식을 개최했다. 이날 행사에는 유○○ 사장을 비롯해 박○○ 신재생사업처장, 신○○ 본부장 등 내외 관계자 100여 명이 참석해 준공의 기쁨을 함께 나눴다.

유○○ 사장은 기념사를 통해 "폭우와 강풍 등 어려운 여건에도 불구하고 ⓒ적기에 준공하도록 최선의 노력을 다한 모든 분께 감사드린다."라고 마음을 전한 뒤 "연료전지 발전설비는 발전소 내 유휴부지를 활용해 민원을 최소화한 가운데 신재생설비용량을 확대해 △△발전의 수익 창출을 도모하고 정부의 수소 경제 활성화 정책에도 크게 이바지할 수 있는 모범사례가 될 것"이라고 강조했다. 더불어 "연료전지사업을 더 확대하고 신재생에너지 사업개발에 주력해 2030년까지 약 8,000MW의 신재생에너지 설비를 확대함으로써 국내 최고의 신재생에너지 전문기업으로 거듭날 것"이라는 포부를 밝혔다.

전남지역 최초로 연료전지 발전설비를 건설한 △△발전은 준공을 기념한 테이프 커팅으로 연료전지 발전설비의 공식적인 ⓒ가동을 알렸다. 연료전지는 수소와 산소가 가진 화학 에너지를 전기 에너지로 변환시키는 친환경 설비로, 정부에서 추진하는 수소 경제의 핵심 사업으로 꼽힌다. 이번 연료전지 발전설비 시공을 맡은 김○○ 대표는 "환경친화적 고효율 발전설비로 정부의 신재생에너지 정책에 이바지하고 지역주민과 유기적으로 화합하는 동반성장의 모범사례로 남을 것"이라며 ⓔ축사를 전했다. 연료전지 발전설비 주기기를 공급한 유○○ 대표 역시 "단 한 건의 사고도 없이 준공하게 돼 기쁘다."라며 "21세기 CLEAN&SMART ENERGY LEADER로 도약하는 △△발전의 동반자가 될 수 있도록 최선을 다하겠다."라는 각오를 밝혔다.

---

10. 윗글의 제목으로 적절한 것은?

① 신재생에너지, △△발전 수익 창출에 큰 기여, △△발전의 발전 계획 보고회 열려

② △△발전 연료전지 발전설비 준공, 국내 최고 신재생에너지 전문기업에 한 걸음 더 가까이

③ 정부 정책 및 지역주민과의 유기적 화합 이끌어 내, 모범적인 공공기업으로 발돋움한 △△발전

④ 지난 11월 4일 연료전지 발전설비 준공의 기쁨 나눠, 관계자 100여 명 참석한 행사 계획

11. 제시된 글의 밑줄 친 ㉠∼㉣의 의미로 적절하지 않은 것은?

① ㉠ - 건설의 전체 공사 과정이 완료됨.

② ㉡ - 알맞은 시기에

③ ㉢ - 기계 따위가 움직여 일함.

④ ㉣ - 가축을 기르는 건물

12. 다음 글의 빈칸 ㉠에 들어갈 말로 적절한 것은?

> 많은 사람이 '진화(進化)'에는 특정한 방향이나 목적으로 향하는 성질, 우열 관계가 있다고 오해한다. 즉, 말 자체에 담긴 '나아가다' 혹은 '발전하다'라는 뉘앙스 때문에 세월이 지날수록 생물체는 이전보다 더 '훌륭한' 것이 되어 이상적인 생물체의 모습에 한 발 가까워지며, 열등한 존재는 진화하면서 부족한 부분을 극복하고 고등한 존재로 발전된다고 여긴다. 얼핏 보면 생물체가 진화를 거쳐 단순한 존재에서 복잡한 존재로, 미숙한 개체에서 성숙한 개체로 바뀌는 듯 보여 진화가 발전과 개선을 내포하고 있다고 여기기 쉽다. 생물체의 변이는 우연적인 사건이지만, 오랜 세월을 거쳐 누적되다 보면 마치 누군가 의도를 가지고 특정 개체만을 선별해 낸 듯이 뛰어난 형질을 지닌 생물 종이 남는 경우가 있기 때문이다.
> 하지만 (㉠)

① 이상적인 생물체는 오랜 세월에 걸쳐 만들어진다.

② 진화는 우월한 자손을 남기려는 생물체들의 욕망에서 비롯된 의도된 현상이라고 볼 수 있다.

③ 양육강식의 원리에 따라 강자만이 선별되기 때문에 생물체들은 발전을 거듭하고 있는 것이다.

④ 이는 생물체 진화가 '환경에 더 잘 적응한 개체가 선택되는 방식'으로 이루어진 결과일 뿐 애초에 그런 결과를 염두에 두고 만들어졌다는 뜻은 아니다.

1회 기출예상 2회 기출예상 3회 기출예상 4회 기출예상 5회 기출예상 6회 기출예상 7회 기출예상

[13 ~ 14] 다음 글을 읽고 이어지는 질문에 답하시오.

　　설과 추석 같은 명절 연휴만 되면 어김없이 도로에 극심한 정체 현상이 나타난다. KTX 같은 고속철도를 이용하면 한결 편안해지는 귀성길이지만 여전히 고향 내려가는 길은 그리 녹록하지 않은 것이 현실이다. 좀 더 빨리 원하는 목적지까지 교통 체증 없이 갈 수 있는 방법은 없을까? 이러한 대중교통 문제를 해결하려는 시도로 최근 주목받고 있는 것이 바로 차세대 초고속 모빌리티 서비스인 '하이퍼루프(Hyperloop)'다.

　　하이퍼루프는 미국의 전기자동차 회사인 테슬라의 최고경영자(CEO)이자 우주 탐사 기업 스페이스X 설립자인 일론 머스크가 지난 2013년 백서를 통해 제안한 미래 이동 수단이다. 하이퍼루프는 극초음속(Hypersonic speed)과 루프(Loop)의 합성어로 음속보다 빠른 속도로 달리는 초고속열차를 지칭하는 용어다. 하이퍼루프의 개념은 사실 머스크가 처음 고안한 것은 아니다. 19세기 프랑스 소설가 쥘 베른의 공상과학 소설 '20세기 파리'에는 해저에 설치된 공기 튜브를 통해 대서양을 횡단하는 초고속 튜브 열차가 등장한다. 2024년 상용화될 예정인 하이퍼루프는 이 소설에서처럼 공기 저항을 줄이기 위해 터널 안을 진공 상태에 가깝게 설계하고 열차 모양도 캡슐처럼 만든다.

(가) 하이퍼루프는 기술 방식에 따라 자기 부상 방식과 공기 부상 방식 2가지로 나뉜다. 자기 부상 방식은 자기 부상 열차처럼 자력의 힘으로 레일 위를 떠서 달린다. 기존 자기 부상 열차와 다른 점은 전자석 코일 대신 전력이 필요 없는 알루미늄 튜브와 궤도에 자기 시스템을 활용한다는 것이다. 공기 부상 방식은 포드(Pod)라고 불리는 창문이 없는 캡슐 형태의 열차 칸을 부분 진공 상태의 밀폐된 원형 관을 통해 운행하는 방식을 말한다.

(나) 하이퍼루프는 무엇보다 빠른 운송 시간, 에너지 효율성, 상대적으로 저렴한 건설비용, 날씨나 지진 등의 영향을 받지 않는다는 점 등을 장점으로 내세운다. 이 초고속열차는 미국 로스앤젤레스와 샌프란시스코 간을 시속 1,200km의 초고속으로 35분 만에 주파할 수 있고 시간당 3,000여 명을 실어 나를 수 있다. 전기모터와 자기장 그리고 저항진 환경과 결합함으로써 항공기보다 최대 10배 정도의 에너지 효율성도 가진다. 이에 비해 건설비용은 60억 달러(약 7조 원)에서 75억 달러(약 9조 원) 정도로 추산된다. 현재 머스크 CEO는 자신이 세운 굴착 회사 보링컴퍼니, 테슬라, 스페이스X와 함께 약 1.3km 길이의 초고속 터널 구간을 건설하고 있다.

(다) 머스크의 발표 이후 많은 기업들과 국가들이 경쟁적으로 하이퍼루프 프로젝트를 추진하고 있다. 우선 '버진 하이퍼루프 원'은 영국의 버진그룹과 아랍에미리트(UAE) 국영 항만 운영사인 DP월드가 추진하고 있는 하이퍼루프 프로젝트다. 초기 DP월드가 추진하던 '하이퍼루프 원'은 2016년 미국 라스베이거스 네바다 사막에서 시험 운영에 성공했고, 2017년 영국 버진그룹에 인수되면서 대대적인 투자를 진행하고 있다. 제24회 세계에너지총회에서 실물 열차가 전시된 바 있는 '버진 하이퍼루프 원'은 지름 약 3.5m인 원통 튜브로 최대 승객 28명을 태우고 최고 시속 1,200km로 달린다. 일반 여객기가 시속 900km인 점을 고려하면 엄청난 속도인 것은 틀림없다. 보통 승용차로 2시간 걸리는 아부다비와 두바이를 불과 12분 만에 갈 수 있다.

www.gosinet.co.kr **gosi**net

1회 기출예상

2회 기출예상

3회 기출예상

4회 기출예상

5회 기출예상

6회 기출예상

7회 기출예상

(라) 하지만 일각에서는 하이퍼루프의 경제성과 안전성에 의문을 제기하며 회의적인 시각을 보내는 사람들도 있다. 먼저 그들은 하이퍼루프의 인프라 구축과 운영에 막대한 비용이 든다는 점을 지적한다. 최근 미국 미주리 주와 '버진 하이퍼루프 원'과의 시범 운영을 위한 트랙 계약 비용만 3 ~ 5억 달러(3,549 ~ 5,913억 원)가 들고 전체 공사비가 100억 달러(약 12조 원)로 추정된다는 보도가 있었다. 전문가들은 초기 머스크 CEO가 추산한 60억 달러는 현실적으로 불가능하고 무려 1,000억 달러(약 118조 원)가 들 것이라고 예상하였다. 하이퍼루프의 안전성도 문제로 제기되고 있다. 음속에 가까운 속도로 운행하기 때문에 사고 발생 시 비행기 사고에 버금가는 위험을 초래할 가능성이 높다. 실제로 하이퍼루프는 진공 상태에서 작동하기 때문에 튜브에 약간의 틈만 생겨도 공기가 급격히 유입돼 치명적인 구조적 손상이 발생할 수 있기 때문이다. 또 승객들은 창문이 없고 밀폐된 진공 상태의 캡슐에서 여행을 하는 것에 갑갑함과 불안감을 가질 우려가 있다. 지형상 곡선으로 운행되면 회전에 의한 가속도가 너무 커 진동 문제 등으로 탑승객의 고통이 클 것이라는 것도 해결해야 할 문제. 이런 측면에서 최근에는 승객 수송뿐만 아니라 화물 수송 쪽으로 관심이 옮겨 가고 있기도 하다.

13. 윗글 (가) ~ (라) 문단의 중심 내용으로 적절하지 않은 것은?

① (가) – 하이퍼루프 기술 방식의 종류와 원리
② (나) – 하이퍼루프 기술의 장점과 기대효과
③ (다) – 하이퍼루프 기술의 상용화 사례
④ (라) – 하이퍼루프 기술의 한계와 예상 문제

14. 윗글을 읽고 추론한 내용으로 알맞은 것은?

① 자기 부상 방식이 공기 부상 방식보다 훨씬 더 효율적이겠군.
② 하이퍼루프 열차는 최대 승객이 28명 내외가 되겠군.
③ 일론 머스크의 하이퍼루프 건설비용도 실제로는 백억 달러에 가깝겠군.
④ 하이퍼루프 기술이 제대로 사용되려면 튜브의 안전성도 중요한 문제가 되겠군.

[15 ~ 16] 다음 기사를 읽고 이어지는 질문에 답하시오.

관광객 줄어든 제주, 재활용 쓰레기 배출은 급증
– '일회용품 사용규제' 목소리 높지만 코로나 장기화에 난항 –

　지난해 제주에서 재활용 쓰레기가 급증한 것으로 나타났다. 코로나19 이후 확산된 온라인 유통업체, 택배, 배달음식 등 비대면 소비문화로 일회용품 사용이 크게 증가했기 때문이다. 제주의 20X9년 생활폐기물량은 1천173톤으로 전년도인 20X8년 1천239.8톤보다 줄었지만, 재활용 쓰레기는 781.3톤으로 전년도 755.1톤보다 증가했다.

　다만 재활용률이 꾸준히 높아지고 있다는 점은 긍정적이다. 제주의 생활폐기물 재활용률은 20X5년 53.4%, 20X6년 57.0%, 20X7년 58.8%, 20X8년 60.9%, 20X9년 66.6%로 증가 추세에 있다.

　그러나 지난해 코로나 여파로 관광객이 크게 감소했음에도 생활폐기물을 크게 줄이지 못한 점은 아쉬움으로 남는다. 제주도관광협회에 따르면 20X9년 입도관광객은 약 1천23만 6천104명으로, 20X8년 1천528만 5천397명보다 504만 9천293명이 줄었다. 관광객은 33.0% 줄었지만, 쓰레기 발생량은 5.4% 줄어든 데 그친 점을 감안하면 쓰레기 배출량 감소폭은 크지 않았다. 김○○ 제주환경운동연합 국장은 "지난해 제주를 찾은 관광객이 많이 줄었음에도 불구하고 도내 쓰레기 감소가 크지 않았다는 것은 도내 정주인구가 배출하는 생활쓰레기가 그만큼 늘었다는 것을 의미한다."라고 지적했다.

　이에 제주특별자치도가 최근 '제주 환경보전을 위한 도정정책방향 도민 인식조사'를 실시한 결과, 도민들은 제주 환경문제 해결을 위해 가장 우선순위를 둬야 할 정책분야로 '생활쓰레기 문제 해결'을 꼽았다. '생활쓰레기 처리 대책'으로 가장 필요하다고 생각하는 정책은 '생활쓰레기 감량 및 일회용품 사용규제'가 40.9%로 가장 높게 나왔다.

　일회용품 폐기물 발생량을 줄여야 한다는 목소리가 높지만 쉽지 않은 게 현실이다. 코로나19 등 감염 위험성이 있는 다회용 용기의 사용을 꺼리고 있는데다 코로나19 이전까지 사용을 금지했던 카페와 식당에서도 일회용품 사용을 재개하고 있다.

　코로나19가 장기화되면서 앞으로도 플라스틱 컵 등의 사용량도 꾸준히 증가할 것으로 예상되는 만큼 환경 보전 대책 마련도 요구되고 있다.

---

15. 제시된 글에 대한 설명으로 적절하지 않은 것은?

① 최근 5년간 제주의 생활폐기물 재활용률은 해마다 꾸준히 증가하였다.

② 지난해 비대면 소비문화로 일회용품 사용이 크게 증가하면서 제주에서도 재활용 쓰레기가 급증했다.

③ 지난해 코로나의 여파로 제주도는 관광객이 크게 감소함에 따라 생활폐기물도 크게 줄었다.

④ 제주도민들은 제주 환경보전을 위해 가장 우선해야 할 정책으로 '생활쓰레기 문제 해결'을 꼽았다.

16. 제시된 글에 대한 이해를 돕기 위해 추가할 자료로 적절한 것은?

① 제주의 20X5 ~ 20X9년 생활폐기물 재활용률을 나타낸 막대그래프

② '도정정책방향 도민 인식조사'에 참여한 제주도민의 연령별 분포표

③ 한라산의 설경을 배경으로 찍은 관광객들의 단체 사진

④ 코로나19 선별진료소에서 수고하는 제주 의료진들의 인터뷰

www.gosinet.co.kr gosinet

1회 기출예상

2회 기출예상

3회 기출예상

4회 기출예상

5회 기출예상

6회 기출예상

7회 기출예상

[17 ~ 18] 다음은 IT회사인 ○○기업에서 직원들을 대상으로 한 강의 내용의 일부이다. 이어지는 질문에 답하시오.

지금까지 우리는 IT 환경을 안전하고 신뢰할 수 있는 내부와, 위험하고 신뢰할 수 없는 외부로 구분했습니다. 보안의 기본은 외부에서 내부로 가해지는 위협을 차단하는 방어위주의 전략이었지만 이제 한계에 도달했습니다. IT 인프라와 데이터는 내부에만 머무르지 않기 때문입니다. 물리적 경계는 의미가 없으며 시간 제약도 사라졌습니다. 사용자도 단말도 데이터도 절대 신뢰와 안전을 보증할 수 없는 Anytime, Anywhere, AnyDevice의 시대로 빠르게 바뀌고 있는 추세입니다. 이러한 변화 속에서 과거 IP 기반(영역기반)의 보안 모델은 힘을 잃어 가고 있으며, 일부 영역에는 여전히 의미가 있겠으나 전체 IT 환경을 위한 보안 모델로는 부적합할 수밖에 없습니다.

보안의 패러다임은 시스템과 시설 장비 중심에서 데이터 중심으로 변화되고 있으며, 무조건 막는 보안에서 중요한 것만 막는 전략적인 위험 관리, 전문가 또는 전문조직 중심의 보안에서 모든 구성원의 보안으로 변화하고 있습니다.

디지털 트랜스포메이션 환경은 시스템, 서비스, 데이터, 프로세스 등의 자원이 언제, 어디서든, 어떤 장치로든 접근이 가능해야 합니다. 그 핵심은 ZTNA(Zero Trust Network Access)에 있습니다. ZTNA는 (㉠   )의 보안 운영 방법으로, 클라우드 · IoT와 같이 물리적인 경계 없이 접근 가능한 보안 정책이며, IP 중심의 접근 통제가 아닌 데이터/서비스 중심의 접근 중심 철학입니다.

17. 위 강의를 들은 직원들의 반응 중 가장 적절하지 않은 것은?

① 이제 단말도 데이터도 함부로 신뢰할 수 없는 불확실성의 시대이군.

② IP 기반의 네트워크 보안 솔루션에 대한 수요와 투자가 더욱 증가하겠군.

③ 원격 교육이 확산된다면 데이터 노출을 보호해 주는 개인용 PC나 디바이스 진단 사업이 각광받겠군.

④ 보안부서에 속한 직원이 아니라도, 가능하면 모든 직원들을 위해 보안 교육 프로그램을 마련하는 것이 좋겠군.

18. 강의 내용의 문맥에 따라 빈칸 ㉠에 들어갈 내용으로 적절한 것은?

① IP를 기반으로 무엇이든 막는 보안의 개념

② 물리적인 장비의 보안을 확실하게 하는 개념

③ 모든 접근을 의심하고, 점검 및 모니터링 한다는 개념

④ 신뢰할 수 있는 내부와 신뢰할 수 없는 외부를 분명하게 구분하는 개념

1회 기출예상

2회 기출예상

3회 기출예상

4회 기출예상

5회 기출예상

6회 기출예상

7회 기출예상

[19 ~ 20] 다음은 ○○공사 A 사원이 받은 연수 내용의 일부이다. 이어지는 질문에 답하시오.

(가) 우리나라는 대부분의 천연가스를 수입에 의존하고 있으며, 장기계약을 맺은 천연가스 생산국에서 국내로 들어옵니다. 이때 나라마다 계약 시점이나 책정 가격 등이 달라 가격에 차이가 생기는데, 이 차이를 없애기 위해 ○○공사는 평균 가격으로 가스를 공급하는 '평균요금제'를 실시해 왔습니다. 하지만 구매자 우위 시장으로 변화하는 상황에서 20년 이상 장기계약을 평균가격으로 적용하는 요금제가 비효율적이라는 결론에 이르자 LNG 도입 계약을 각 발전기와 개별 연계해 발전사들의 선택권을 확대하는 '개별요금제' 도입의 필요성이 제기됩니다.

(나) ○○공사의 발전용 개별요금제는 발전사의 경우 자사의 발전기 사정에 맞게 경제적으로 LNG를 구매할 수 있다는 점과 대규모 사업자뿐 아니라 직접 수입이 어려운 중소규모의 발전사 간 공정경쟁 환경을 조성한다는 점 등의 이점이 있습니다. 또한 공사는 가스도매업자로서 적절한 LNG 비축 등으로 종합적인 천연가스 수급관리 안정에 기여할 수 있으며, 소비자에게는 전기 요금 인하라는 효과를 가져다 줄 것으로 기대됩니다. 전기 요금이 저렴해지는 것은 ○○공사의 구매력이 발휘돼 천연가스를 싸게 수입해 오는 것에 대해 LNG 원료비에 이윤을 추가하지 않아 발생되는 효과입니다.

19. A 사원은 위 글을 바탕으로 LNG 개별요금제에 대해 요약하려 한다. 다음 중 ㉠ ~ ㉣에 들어갈 단어가 바르게 연결된 것은?

> LNG 개별요금제란 ○○공사가 (㉠)와/과 직접 가격 협상을 진행하는 제도로, 동일 가격으로 전체 발전사에 공급하던 기존의 (㉡)와 달리 (㉢)의 선택권을 확대한 제도 이다. 개별요금제는 (㉣)에게도 영향을 미칠 것으로 보인다.

	㉠	㉡	㉢	㉣
①	천연가스 생산국	평균요금제	발전사	소비자
②	개별 발전사	평균요금제	천연가스 생산국	공급자
③	개별 발전사	평균요금제	발전사	소비자
④	천연가스 생산국	동일가격책정제	가스도매업자	공급자

20. A 사원이 (가)와 (나) 문단에 제목을 붙인다고 할 때 적절한 것은?

① (가)–개별요금제의 탄생 배경

② (가)–평균요금제와 개별요금제의 이점

③ (나)–LNG 비축으로 나타나는 천연가스 수급 안정

④ (나)–대규모 사업자와 중소규모 발전사 간의 경쟁

제2영역

21 ~ 40

✎ 평가시간은 영역별로 제한하지 않으나 각 영역별 15분을 권장합니다.

21. 다음 〈보기〉와 같은 종류의 논리적 오류를 범하고 있는 것은?

> 보기
>
> 사람들은 늘 자신의 이익을 우선한다. 사람들은 언제나 이기적이기 때문이다.

① 세상에 귀신은 있어. 귀신이 없다는 절대적 근거가 없기 때문이야.

② 사람들이 가치 있다고 말하는 것들은 모두 돈이야. 내가 만난 사람들은 다 그랬거든.

③ 신이 존재한다는 것은 성서에 적혀 있어. 성서는 신의 말이니까 신은 존재해.

④ 저 사람은 찬물을 싫어하니 반드시 뜨거운 물을 좋아할 거야.

22. 다음 글에 근거하여 논리적으로 추론할 때, 도출한 결론으로 적절하지 않은 것은?

> • R사 구내식당에서는 제육볶음, 돈가스, 비빔밥을 판매하고 있다.
> • 제육볶음은 돈가스보다 값이 1,000원 더 저렴하다.
> • 돈가스는 제육볶음의 판매량보다 20% 적게 팔리고, 비빔밥의 판매량보다 10% 많이 팔린다.
> • 돈가스와 비빔밥의 총 매출액은 같다.

① 제육볶음과 비빔밥의 가격은 1,000원 이상 차이난다.

② 가장 저렴한 메뉴는 제육볶음이다.

③ 비빔밥의 총 매출액은 제육볶음 총 매출액보다 크다.

④ 제육볶음의 판매량은 비빔밥의 약 1.4배이다.

23. 다음 〈보기〉의 명제가 모두 참일 때, 항상 참인 것은? (단, 자리는 창측과 내측만 있다)

> 보기
>
> • 지윤이가 창측에 앉으면 지인이는 내측에 앉는다.
> • 지현이가 내측에 앉으면 지인이는 창측에 앉는다.
> • 지은이가 창측에 앉으면 지숙이는 내측에 앉고, 지윤이는 창측에 앉는다.
> • 지한이가 내측에 앉으면 지은이는 창측에 앉는다.

① 지현이가 내측에 앉으면 지윤이는 내측에 앉는다.
② 지인이가 창측에 앉으면 지한이는 내측에 앉는다.
③ 지윤이가 내측에 앉으면 지은이는 창측에 앉는다.
④ 지한이가 내측에 앉으면 지인이는 창측에 앉는다.

24. 갑, 을, 병, 정, 무는 서로 다른 4개 지역에 위치한 공장에 배치되었다. 공장 배치에 대한 정보가 다음과 같을 때, 각 직원이 배치된 공장에 대한 설명으로 항상 옳은 것은?

> • 공장은 A 지역, B 지역, C 지역, D 지역에 하나씩 위치하고 있다.
> • 한 명도 배치되지 않은 공장은 없다.
> • 을은 A 공장에 배치되지 않았다.
> • 병은 A 공장과 B 공장에 배치되지 않았다.
> • 무는 B 공장과 C 공장에 배치되지 않았다.
> • 정이 배치된 공장에는 두 명이 배정되었다.
> • 갑은 A 공장에 배치되었다.
> • 무가 배치된 공장에는 한 명만 배정되었다.

① 을은 D 공장에 배치되었다.
② 병은 C 공장에 배치되었다.
③ 정은 병과 함께 B 공장에 배치되었다.
④ 정은 A 공장에 배치되었다.

25. 다음 (A) ~ (C)에 해당하는 문제 유형을 옳게 연결한 것은?

> (A) ◇◇헤어숍 직원들에게 고객만족도를 15% 올리라는 임무가 내려왔다.
>
> (B) ☆☆유치원 황 원장은 김 선생님에게 제기된 학부모들의 불만을 듣고 있다.
>
> (C) ○○전자의 영업 담당 송 주임에게 남미 시장 진출 사업이 계속될 경우 발생할 가능성이 있는 문제를 파악하라는 지시가 떨어졌다.

	(A)	(B)	(C)
①	설정형 문제	발생형 문제	탐색형 문제
②	탐색형 문제	설정형 문제	발생형 문제
③	설정형 문제	탐색형 문제	발생형 문제
④	탐색형 문제	발생형 문제	설정형 문제

26. 다음을 통해 파악할 수 있는 사고의 유형이 유용한 경우로 옳지 않은 것은?

이슈	Y 통신사의 10대 가입자 수가 지속적으로 줄고 있다.

⇩

가설	10대 청소년들이 가입할 만한 요금제가 없을 것이다.

⇩

분석	요금제별 가입자 수를 분석한다.

⇩

정보원 / 수집방법	요금 담당 부서 / 요금제를 관리하고 있는 부서에 관련 자료를 요청한다.

① 실험, 시행착오, 실패가 비교적 자유롭게 허용되는 경우에 사용한다.

② 여러 사안 및 여러 팀들이 감정적으로 대립하고 있는 경우에 사용한다.

③ 사내 커뮤니케이션이나 정보공유가 제대로 이루어지지 않는 경우에 유용하다.

④ 난해한 문제에 맞닥뜨려 원인을 명확히 알지 못해 찾아야 하는 경우에 유용하다.

27. 다음 자유연상법 진행 원칙과 관련된 기법에 대한 설명으로 적절하지 않은 것은?

- 다른 사람의 의견을 비판하지 말아야 한다.
- 어떤 아이디어도 수용할 수 있는 분위기를 만든다.
- 질적인 부분을 중시하기보다는 양적인 면을 더 우선시한다.
- 제출된 아이디어를 조합하고 개선하여 최종 아이디어를 도출해 낸다.

① 회의 구성원들의 발언 내용을 요약해서 잘 기록함으로써 내용을 구조화할 수 있어야 한다.

② 구성원들이 다양한 의견을 제시할 수 있는 편안한 분위기가 되도록 리더를 선출해야 하는데 이 때 직급이나 근무경력에 따라서 리더를 선출해야 한다.

③ 집단적, 창의적 발상 기법으로 집단에 소속된 인원들이 자발적으로 자연스럽게 제시된 아이디어 목록을 통해서 특정한 문제에 대한 해답을 찾고자 노력하는 것이다.

④ 집단의 특성을 살려 아이디어의 연쇄반응을 일으켜 자유분방한 아이디어를 내는 데 목표가 있다.

28. 다음 글을 바탕으로 한 추론으로 옳지 않은 것은?

A는 학교에서 문제 수가 총 20개인 시험을 보았다. 채점방식은 한 문제당 정답을 쓴 경우에는 2점, 오답을 쓴 경우에는 −1점, 아무런 답을 쓰지 않은 경우에는 0점을 부여한다. 시험 결과 A는 19점을 받았다.

① A가 오답을 쓴 문제가 반드시 있다.

② A가 정답을 쓴 문제는 9개를 초과한다.

③ A가 답을 쓰지 않은 문제가 반드시 있다.

④ A가 정답을 쓴 문제는 13개를 초과하지 않는다.

29. 다음 〈보기〉와 동일한 논리적 오류를 범하고 있는 것은?

> 보기
>
> A : 우리는 환경을 보존하기 위해 더 많은 일을 해야 한다고 생각합니다. 푸른 하늘, 맑은
>   공기를 가진 청정한 시골을 고속도로로 뒤덮을 게 아니라요.
> B : 그럼 고속도로를 아예 놓지 말자는 말인가요? 그럼 대체 어떻게 돌아다니라는 말인가요?

① H 영화에 출연하는 배우들은 인기가 정말 많은 배우들이야. 그렇기 때문에 H 영화는 천만 관객
으로 흥행에 성공할 거야.

② 술을 많이 마시면 오래 살 수 있어. 우리 할아버지는 술을 많이 마시는데 오래 살고 계시거든.

③ 넌 내 의견에 반박만 하고 있는데 넌 이만한 의견이라도 낼 실력이 되니?

④ 아이들이 도로에서 노는 것이 위험하다는 말은 아이들을 집 안에 가둬 키우라는 소리야.

30. 다음 중 ㉠에 나타나는 논리적 오류와 동일한 오류를 범하고 있는 것은?

> 인간이라면 대부분 만 세 살 정도밖에 안 되는 몽매(蒙昧)한 나이에 전화를 받을 수 있을
> 정도로 모어(母語)에 유창해진다. 나이가 든 뒤 외국어를 배우기 위해 쩔쩔맨 경험을 생각해
> 본다면 어린이의 언어 습득이 얼마나 신기한 능력인지를 알 수 있을 것이다. 이런 점에서
> ㉠인간의 두뇌 속에는 아주 어린 나이에 언어를 습득할 수 있는 특별한 장치가 있는 것이
> 아닌가 하는 가설이 제기되었다. 그리고 이러한 가설에 대해서 아무도 반증하지 않는 것을
> 보니 어린 아이의 두뇌 속에는 특별한 장치가 있는 것이 틀림없다.

① 한라산에 철쭉꽃이 만발했으니 보나마나 한반도 전체에 철쭉꽃이 피었을 것이다.

② 빨리 간다고 해서 좋은 시계는 아니다. 마찬가지로 남보다 한 발 부지런히 앞서 산다고 해서
바람직한 것은 아니다.

③ A 지방 출신 김 씨는 부지런하다. 같은 지방 출신인 이 씨도 그렇고 박 씨도 그렇다. 따라서
A 지방 출신 사람들은 모두 부지런하다.

④ 핵을 금지하자고 주장하는 사람들은 방사능 낙진이 인간의 생명에 위험하다는 것을 증명해 내지
못했다. 그러므로 핵무기 실험계획을 지속해도 괜찮다.

31. 다음 글에서 필자가 주장하는 바에 비추어 볼 때, ㉠에 들어갈 문장으로 적절한 것은?

전국에서 떼죽음이 벌어지고 있다. 11월 16일 전남 해남에서 처음 신고된 H5N6형 고병원성 조류인플루엔자(AI)가 전국에 퍼지면서 살처분된 닭과 오리가 2,000만 마리를 넘어섰다. 며칠 전엔 H5N8형 고병원성 AI까지 다시 나타났다. 역대 최악의 피해다. AI 확진 판정이 나면 반경 3km 내의 닭과 오리들은 모두 죽인다. 고병원성 바이러스의 확산을 막으려면 '예방적' 살처분이 불가피하다는 것이다. 살처분의 규모는 눈덩이처럼 불어난다. 2003년부터 2015년까지 모두 3,873만 마리, 한번 확진 때마다 26만 마리를 죽였다. 이번에는 하루 평균 60만 마리를 도살하고 있다.

가축은 살처분 후 매몰하게 되어있다. 하지만 실제 현장에서는 매몰이 살처분인 경우도 많다. 포대자루에 닭이나 오리를 몇 마리씩 집어넣고 구덩이에 파묻어 버린다. 생지옥이 따로 없다. 2010년 말의 구제역 때는 돼지 300만 마리가 대부분 생매장되었다.

이번 AI 사태를 재앙 수준으로 키운 정부의 방역대책, 특히 '골든타임'을 놓친 허술한 초동대응을 질타하는 목소리가 높다. 이웃 일본과 비교하면 백번 맞는 말이다. 하지만 엄청난 피해의 근원은 공장식 축산이다. 대규모 사육이 아니면 살처분 규모가 이토록 커질 리가 없다. 게다가 축산공장은 AI 바이러스의 온상으로 최적지이다. 일단 AI가 들어오면 방사 사육되는 닭들과 달리 공장식 축산의 밀폐된 축사에서 사육되는 닭들은 속수무책이다. 그런데도 AI를 막겠다며 정부는 바이러스의 진원지인 축산공장은 그대로 둔 채 멀쩡한 닭들만 엄청나게 죽이는 어처구니없는 일만 반복하고 있다. 공장식 축산의 근본 문제는 생명을 물건으로 여긴다는 것이다. 우리는 대부분 마트 진열대 위에 놓인 정갈한 포장육과 계란 같은 상품으로 가축을 접한다. 상품이 되기까지 가축이 겪는 사육 과정, 그들의 일생에 대해서는 무관심하거나 무지하다. 그래서인가, 우리는 엄연한 생명체인 가축에 대해 '공장'과 '살처분'이라는 말을 무심히 사용한다. (㉠   )

① 그러나 경제적 측면에서 대규모 공장식 축산은 중요하므로 범정부적 차원의 지원과 함께 관리와 감독도 강화하여야 하겠다.

② 이렇듯 바이러스 확산을 막기 위한 동물의 살처분을 당연하게 여기는 사회라면, 도덕성이 둔감해져 각종 사회 문제가 더욱 심화될지도 모르는 일이다.

③ 하지만 공장이란 물건을 생산하는 곳이지 생명을 낳고 기르는 곳이 아니며, 처분하는 것은 물건이지 생명이 아니다.

④ 따라서 대국민 홍보를 통해 육류소비를 줄이는 것이 AI 확산으로 인한 국민 건강의 위협을 막는 길이다.

32. 다음은 '브레인라이팅' 기법의 진행 단계이다. 〈보기〉의 내용이 이루어지는 단계로 적절한 것은?

> **Step 1**
> 주제를 명기하고 진행절차를 확인한다.

↓

> **Step 2**
> 개별적으로 아이디어를 작성하고 돌린다.

↓

> **Step 3**
> 타인의 아이디어를 검토하고 자기 의견을 기입한다.

↓

> **Step 4**
> 작성된 Sheet를 취합 게시한다.

↓

> **Step 5**
> 아이디어를 평가한다.

| 보기 |

- Sheet의 II란의 A, B, C 칸에 아이디어를 기입한다. 이미 작성된 타인의 아이디어에 편승하는 것도 장려되며 편승이 마땅치 않을 경우 자신의 독자적인 아이디어를 기입하는 것도 장려된다.
- 3분이 경과하면 Sheet를 왼쪽 편에 있는 사람에게 전달한다.

① 주제를 명기하고 진행절차를 확인하는 단계
② 개별적으로 아이디어를 작성하고 돌리는 단계
③ 타인의 아이디어를 검토하고 자기 의견을 기입하는 단계
④ 작성된 Sheet를 취합 게시하는 단계

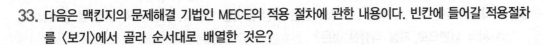

33. 다음은 맥킨지의 문제해결 기법인 MECE의 적용 절차에 관한 내용이다. 빈칸에 들어갈 적용절차를 〈보기〉에서 골라 순서대로 배열한 것은?

〈MECE의 적용 절차〉

| (1) | 중심 제목에 문제의 핵심을 정리한다. |

⇩

| (2) | |

⇩

| (3) | |

⇩

| (4) | |

⇩

| (5) | |

⇩

| (6) | |

⇩

| (7) | |

⇩

| (8) | 현 상태에서 할 수 있는 최선의 실행 가능한 해결책을 제시한다. |

⇩

| (9) | 최선의 선택이라고 판단하여 제시한 대책이 유효하지 않을 경우 선택하지 않은 방법 중에 최선의 방법을 다시 제시하고 실행한다. |

보기

Ⓐ 실행 가능 요소를 분해할 수 없을 때까지 반복해서 분해한다.

Ⓑ 분해된 요소 중 실행 가능한 요소를 찾아낸다.

Ⓒ 분해된 핵심 요소를 다시 하위 핵심 요소로 분해한다.

Ⓓ 실행 가능한 대책을 제시하여 가설을 정립한다.

Ⓔ 분해된 핵심 요소가 중복과 누락 없이 전체를 포함하고 있는지 확인한다.

Ⓕ 어떤 점이 문제의 핵심 요소인지 여러 가지 분류 기준으로 분해하여 기록한다.

① Ⓒ → Ⓔ → Ⓐ → Ⓕ → Ⓑ → Ⓓ   ② Ⓒ → Ⓕ → Ⓐ → Ⓑ → Ⓔ → Ⓓ

③ Ⓕ → Ⓒ → Ⓔ → Ⓑ → Ⓐ → Ⓓ   ④ Ⓕ → Ⓔ → Ⓒ → Ⓐ → Ⓑ → Ⓓ

34. 파티룸을 운영하는 A 씨는 〈보기〉와 같은 일정 문의를 받았다. 〈9월 예약 일정〉을 참고할 때,
    A 씨의 답변으로 가장 적절한 것은?

〈9월 예약 일정〉

일	월	화	수	목	금	토
	1	2	3	4	5	6
	(입) B 씨	(퇴) B 씨 (입) D 씨		(퇴) D 씨		
7	8	9	10	11	12	13
(입) C 씨	(퇴) C 씨				(입) H 씨	(퇴) H 씨
14	15	16	17	18	19	20
(입) E 씨	(퇴) E 씨	(입) G 씨	(퇴) G 씨			(입) I 씨
21	22	23	24	25	26	27
	(퇴) I 씨				(입) F 씨	(퇴) F 씨
28	29	30	31			
	(입) J 씨	(퇴) J 씨				

※ (입) : 입실, (퇴) : 퇴실
- 입실 시간은 15시이고 선예약이 없을 경우 우선 입실이 가능하며 퇴실 시간은 11시이다.
- 4인 1실 기준이며 대여료는 1일 70,000원이다.
- 인원이 기준을 초과할 경우 인당 10,000원을 당일에 지불해야 한다.

보기

　　안녕하세요. 9월 셋째 주나 넷째 주, 금 ~ 일요일 사이에 1박 2일 일정으로 파티룸을 대여
하려고 합니다. 첫날 10시에 입실할 예정이며 인원은 4명입니다. 가능한 날짜가 있나요?

① 9월에는 조건에 맞는 날짜가 없습니다.

② 19일 오전 10시에 입실 가능합니다.

③ 19일에 이용이 가능하지만 입실 시간 변경은 불가능합니다.

④ 27일 오전 10시에 입실 가능합니다.

35. 다음은 P 상품의 20X1년 상반기 온라인과 오프라인 판매량을 나타낸 자료이다. 상반기 판매량은 오프라인 66만 대, 온라인 29만 7천 대일 때, 이에 대한 설명으로 옳지 않은 것은?

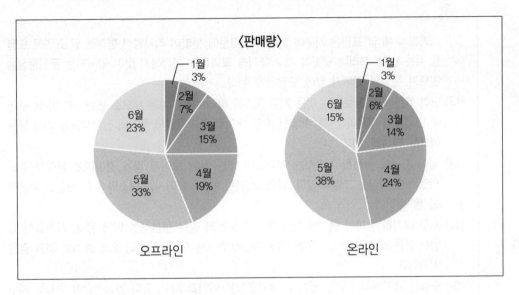

① 온라인 3월 판매량은 41,580대이다.

② 상반기 판매량이 가장 많은 달은 5월이다.

③ 4월은 오프라인보다 온라인 판매량이 더 많다.

④ 오프라인 6월 판매량은 오프라인 5월 판매량 대비 약 30% 감소했다.

36. L 공장에서는 가방을 생산하여 M 매장에 납품한다. 〈조건〉을 바탕으로 L 공장의 이윤이 최대가 될 때, L 공장과 M 매장의 이윤의 합은?

조건

• L 공장의 가방 생산비용은 한 개당 1만 원이다.

• L 공장이 설정한 납품가격에 따라 M 매장에서의 판매가격이 결정된다.

• M 매장에서의 판매량만큼 L 공장에서 생산한다고 가정한다.

• M 매장에서는 납품대금 이외의 다른 비용은 발생하지 않는다.

개당 납품가격(만 원)	1.5	2	3	3.5	4
개당 판매가격(만 원)	3	4	5	6	6.5
판매량(개)	68	40	28	21	18

① 105만 원 ② 112만 원 ③ 120만 원 ④ 136만 원

37. 다음 글의 (가) ~ (마) 문단을 문맥상 의미가 이어질 수 있도록 논리적인 순서에 따라 자연스럽게 나열한 것은?

(가) 개기월식 때 달 표면은 지구에 가려지기 때문에 햇빛이 직사광선 형태로 달 표면에 도달할 수는 없다. 그러나 햇빛이 지구 대기를 통과하는 과정에서 빛이 꺾어지는 굴절현상을 일으켜 햇빛의 일부가 달에 도달하게 된다.

(나) 달이 붉은 색으로 보이는 것은 지구 대기를 통과하면서 붉은 색으로 변한 햇빛이 달 표면에 반사되기 때문이다. 즉, 햇빛은 지구 대기를 통과하면서 공기의 산란작용에 의해 붉은 색으로 변하게 된다.

(다) 달이 지구에 완전히 가려지는 개기월식 때는 달이 보이지 않을 것이라고 생각할 수도 있겠지만, 사실은 그렇지 않다. 달의 모습은 여전히 보이지만 평소와 달리 선명한 붉은색을 띨 뿐이다.

(라) 지구 대기를 통과한 햇빛은 저녁 하늘의 노을과 같은 붉은색을 띠게 된다. 개기월식 때 달이 붉은 색으로 보이는 것은 결국 해돋이와 해넘이 때 태양이 붉게 보이는 것과 같은 이치이다.

(마) 오늘은 개기월식이 있는 날이다. 개기월식은 태양과 지구, 달이 일직선상에 위치해 지구의 그림자에 의해 달이 가려지는 현상이다. 이번 개기월식은 오후 6시 14분부터 지구 그림자에 의해 달이 서서히 가려지기 시작해 7시 24분부터 한 시간 동안 달이 완전히 가려지게 된다. 이후 달의 모습이 조금씩 나타나는 부분월식이 시작되고 2시간 10분 후인 9시 34분에는 달의 모습이 모두 보일 것이다.

① (마)-(가)-(나)-(라)-(다)
② (마)-(나)-(가)-(라)-(다)
③ (마)-(다)-(가)-(나)-(라)
④ (마)-(다)-(나)-(가)-(라)

38. 다음 〈조건〉을 바탕으로 〈보기〉에서 옳은 설명을 모두 고른 것은?

조건

• 인공지능 컴퓨터와 대결할 때마다 사람은 A, B, C 전략 중 하나를 선택할 수 있다.

• 대결에서 무승부는 일어나지 않는다.

• 각각의 전략을 사용한 횟수에 따라 각 대결에서 사람이 승리할 확률은 아래와 같다.

〈전략별 사용횟수에 따른 사람의 승률〉

(단위 : %)

전략별 사용횟수 전략종류	1회	2회	3회	4회
A 전략	60	50	40	0
B 전략	70	30	20	0
C 전략	90	40	10	0

보기

ㄱ. 사람이 총 3번의 대결을 하면서 각 대결에서 승리할 확률이 가장 높은 전략부터 순서대로 선택한다면 3가지 전략을 각각 1회씩 사용해야 한다.

ㄴ. 사람이 총 5번의 대결을 하면서 각 대결에서 승리할 확률이 가장 높은 전략을 순서대로 선택한다면 5번째 대결에서는 B 전략을 사용해야 한다.

ㄷ. 사람이 1개의 전략만을 사용하여 총 3번의 대결을 하면서 3번 모두 승리할 확률을 높이려면 A 전략을 선택해야 한다.

ㄹ. 사람이 1개의 전략만을 사용하여 총 2번의 대결을 하면서 2번 모두 패배할 확률을 가장 낮추려면 A 전략을 선택해야 한다.

① ㄱ, ㄴ
② ㄱ, ㄷ
③ ㄴ, ㄹ
④ ㄱ, ㄷ, ㄹ

[39 ~ 40] 다음 자료를 읽고 이어지는 질문에 답하시오.

〈공사입찰공고〉

1. 입찰내용
   가. 공사명 : 사옥 배관교체공사
   나. 공사개요
   - 추정가격 : 21,500,000원(부가세 별도)
   - 예비가격기초금액 : 23,650,000원(부가세 포함)
   - 공사기간 : 착공일로부터 25일 이내
   - 공사내용 : 폐수처리설비의 일부 부식취약부 배관 재질 변경

2. 입찰참가자격
   가. 건설산업기준법에 의한 기계설비공사업 면허를 보유한 업체
   나. 조달청 나라장터(G2B) 시스템 이용자 등록을 필한 자여야 합니다. 입찰참가자격을 등록하지 않은 자는 국가종합전자조달시스템 입찰자격등록규정에 따라 개찰일 전일까지 조달청에 입찰참가자격 등록을 해 주시기 바랍니다.

3. 입찰일정

구분	일정	입찰 및 개찰 장소
전자입찰서 접수개시	20XX. 05. 21. 10 : 00	국가종합전자조달시스템
전자입찰서 접수마감	20XX. 05. 30. 10 : 00	(https://www.g2b.go.kr)
전자입찰서 개찰	20XX. 06. 01. 11 : 00	입찰담당관 PC (낙찰자 결정 직후 온라인 게시)

4. 낙찰자 결정방법
   가. 본 입찰은 최저가낙찰제로, 나라장터 국가종합전자조달시스템 예가작성 프로그램에 의한 예정가격 이하의 입찰자 중에서 개찰 시 최저가격으로 입찰한 자를 낙찰자로 결정합니다.

5. 입찰보증금 및 귀속
   가. 모든 입찰자의 입찰보증금은 전자입찰서상의 지급각서로 갈음합니다.
   나. 낙찰자로 선정된 입찰자가 정당한 이유 없이 소정의 기일 내에 계약을 체결하지 않을 시 입찰보증금(입찰금액의 5%)은 우리 공사에 귀속됩니다.

6. 입찰의 무효
   가. 조달청 입찰참가등록증상의 상호 또는 법인의 명칭 및 대표자(수명이 대표인 경우 대표자 전원의 성명을 모두 등재, 각자 대표도 해당)가 법인등기부등본(개인사업자의 경우 사업자등록증)의 상호 또는 법인의 명칭 및 대표자와 다른 경우에는 입찰참가등록증을 변경등록하고 입찰에 참여하여야 하며, 변경등록하지 않고 참여한 입찰은 무효임을 알려 드리오니 유의하시기 바랍니다.

20XX. 3. 10. 한국○○공사 사장

---

39. ○○기업 건축사업 기획팀에서는 위의 입찰에 신청하기 위하여 준비 회의를 하려고 한다. 회의에 참가하기 전 공고문을 제대로 이해하지 못한 직원을 모두 고른 것은?

- 사원 A : 우리 회사 공사팀이 폐수처리설비 배관 공사를 25일 동안에 완료할 수 있는지 회의 전에 미리 확인해 봐야겠어.
- 과장 B : 조달청 입찰참가자격 등록을 6월 1일까지 해야 한다는 점을 기억해야지.
- 사원 C : 입찰참가자격 등록을 할 때, 혹시 우리 회사 법인의 명칭과 대표가 법인등기부등본과 다르지 않은지, 변경해야 하는지 점검해 보는 것이 좋겠어.
- 대리 D : 모든 입찰자는 입찰등록 시 입찰보증금을 ○○공사에 예치해야 하므로 입찰금액의 5%를 미리 준비해야 한다는 점을 말해 줘야지.

---

① 사원 A, 과장 B

② 사원 A, 사원 C

③ 과장 B, 사원 C

④ 과장 B, 대리 D

40. 한국○○공사의 직원 H는 위의 공고문을 바탕으로 해당 사업에 대한 질문에 답변을 해 주어야 한다. 다음 중 H가 답변할 수 없는 질문은?

① 기계설비공사업 면허가 있으면 어떤 회사든지 참가할 수 있는 것이지요?

② 낙찰자를 결정하는 기준은 무엇인가요?

③ 우리 회사가 낙찰될 경우, 낙찰 사실을 언제 알 수 있습니까?

④ 만약 우리 회사가 낙찰되었다면 며칠부터 공사를 시작해야 하는 거지요?

제3영역

41 ~ 60

↳ 평가시간은 영역별로 제한하지 않으나 각 영역별 15분을 권장합니다.

41. ○○기업에 근무하는 김 사원은 자재 보관 업무를 담당하고 있다. 다음 중 김 사원이 자재 보관을 위한 창고 레이아웃(Layout)을 설정할 때 지켜야 할 기본 원리로 적절하지 않은 것은?

① 자재의 취급 횟수를 감소시켜야 한다.

② 물품, 운반기기 및 사람의 역행 교차는 피하여야 한다.

③ 통로, 운반기기 등의 흐름 방향은 직진성에 중점을 둔다.

④ 여분의 공간을 충분히 확보하기 위해서 배수 관계를 고려한다.

42. 다음에서 설명하는 조직차원에서의 인적자원 특성으로 옳은 것은?

> 인적자원은 자연적인 성장과 성숙은 물론, 오랜 기간 동안에 걸쳐서 개발될 수 있는 많은 잠재능력과 자질을 보유하고 있다. 환경변화와 이에 따른 조직변화가 심할수록 현대조직의 인적자원관리에서 차지하는 중요성이 더욱 커지고 있다.

① 개발가능성   ② 전략적 중요성

③ 능동성   ④ 환경적응성

43. 다음은 자원낭비요인과 그 사례를 정리한 자료이다. ㉠ ~ ㉣에 해당하는 자원낭비요인을 바르게 연결한 것은?

자원낭비요인	사례
㉠	A 사원은 내일 오전에 외부미팅이 있어 일찍 출근해야 하는 상황에서 저녁에 친구들과 만나 늦은 시간까지 함께하다가 결국 다음 날 지각하였다.
㉡	프로젝트를 진행하는 B 사원은 자신의 능력으로 충분히 정해진 기일에 맞춰 완료가 가능할 것으로 생각하고 업무를 진행하였지만, 실제 업무진행에서 생각보다 과업의 범위가 넓어 결국 정해진 기일을 맞출 수 없었다.
㉢	처음으로 요리를 하던 C 사원은 인터넷으로 레시피를 확인하고 직접 음식을 만들어 보았다. 하지만 조리 중 여러 가지 변수상황이 발생하였고 완성된 음식을 먹어 보니 처음 기대했던 맛이 아니었다.
㉣	D 사원은 환경오염에 대한 인식을 가지고 있음에도 항상 일회용품을 사용하고 있다.

① ㉠ 자원에 대한 인식 부재, ㉢ 편리성 추구
② ㉠ 비계획적 행동, ㉢ 노하우 부족
③ ㉡ 자원에 대한 인식 부재, ㉣ 노하우 부족
④ ㉡ 비계획적 행동, ㉣ 편리성 추구

44. ○○산업에 근무 중인 김 부장은 건설현장 감독관들에게 〈보기〉와 같이 작업 순서를 지시하였다. 다음 중 옳은 것을 모두 고르면?

> **보기**
>
> ㄱ. 납기가 가장 급박한 순서부터 작업한다.
> ㄴ. 최대 공정 수를 가지는 것부터 작업한다.
> ㄷ. 작업 지시가 먼저 이루어진 것부터 작업한다.
> ㄹ. 작업에 소요되는 시간이 많은 것부터 작업한다.
> ㅁ. 납기일에서 잔여작업일수를 뺀 시간이 가장 적은 것부터 작업한다.

① ㄱ, ㄴ, ㄷ
② ㄱ, ㄷ, ㅁ
③ ㄴ, ㄷ, ㄹ
④ ㄷ, ㄹ, ㅁ

45. 다음 ○○기업의 매출액 증대를 위한 문제 해결 과정을 참고할 때, 해결 방안으로 적절한 것은?

상황분석	• 신상품 개발에 어려움을 겪고 있음. • 신규 매장인력 채용에는 한계가 있음. • 매장을 찾는 고객들은 굿즈(goods) 상품을 좋아함.

↓

대안 탐색	• 상호협력 관계에 있는 업체를 모색함. • 협업이 가능한 업체와 매출액 증대를 위한 방안 모색

↓

결론	협력업체와의 전략적 제휴를 통한 촉진전략을 수행함.

① 협력업체와 신제품을 공동으로 시장에 출시한다.

② 협력업체 유명 캐릭터가 포함된 본사 상품을 출시한다.

③ 본사 상품 배달 시 협력업체 배송차량을 같이 이용한다.

④ 협력업체와 제휴하여 상호간에 가격 할인상품을 공유한다.

46. 다음의 A ~ C와 인력배치 유형이 바르게 연결된 것은?

유형	내용
A	작업량과 조업도, 여유 또는 부족 인원을 감안하여 소요인원을 결정하여 배치하는 것
B	적성에 맞고 흥미를 가질 때 성과가 높아진다는 가정하에 팀원을 배치하는 것
C	팀의 효율성 제고를 위해 구성원의 성격이나 능력 등과 가장 적합한 위치에 배치하여 개개인의 능력을 최대로 발휘해 줄 것을 기대하는 것

	A	B	C
①	질적 배치	양적 배치	적성 배치
②	질적 배치	적성 배치	양적 배치
③	양적 배치	적성 배치	질적 배치
④	양적 배치	질적 배치	적성 배치

www.gosinet.co.kr

1회 기출예상
2회 기출예상
3회 기출예상
4회 기출예상
5회 기출예상
6회 기출예상
7회 기출예상

47. 다음은 ○○기업의 9월 예산 사용내역에 관한 자료이다. 예산 항목 중 간접비용은 총 얼마인가?

〈○○기업 9월 예산 사용내역〉

1) 재료비	2,288만 원	5) 광고비	2,450만 원
2) 인건비	5,321만 원	6) 공과금	721만 원
3) 보험료	138만 원	7) 시설비	1,167만 원
4) 출장비	695만 원	8) 비품비	127만 원

① 986만 원
② 3,436만 원
③ 5,724만 원
④ 6,016만 원

48. 다음 회의록을 참고할 때, 회의 결과를 반영할 수 있는 방법으로 옳은 것을 모두 고르면?

〈○○기업 회의록〉

일자 : 20XX년 8월 14일
장소 : 제1회의실
대상 : 박○○ 기획이사, 김○○ CFO, 박○○ CMO, 이○○ 관리실장
안건 : 재고관리전략
내용 : • 현재의 재고관리시스템은 상품의 실제 물량 흐름과 관계없이 먼저 구매한 상품을 먼저 판매하는 형태를 취하고 있음.
• 최근 인플레이션율이 상승함에 따라 매출액에 비하여 매출원가가 너무 낮게 책정되어 매출총이익이 과대 계상되고 있기에 자칫 연말 손익계산서상에 기업의 이익이 실제보다 과장되게 나타날 수 있음.
• 따라서 가능하면 현재의 인플레이션을 반영한 매출원가를 나타낼 수 있는 재고관리 방안으로 변경해야 함.

－하략－

ㄱ. 총평균법	ㄴ. 이동평균법
ㄷ. 후입선출법	ㄹ. 선입선출법

① ㄱ, ㄴ
② ㄱ, ㄹ
③ ㄴ, ㄷ
④ ㄴ, ㄹ

자재소요계획표의 일부이다. 빈칸 ㉠ ~ ㉢에 들어갈 값을 합한 계획 발주량으로 옳은 것은? (단, 부품의 조달 기간은 1주이고 발주량은 100의 배수로 한다)

〈자재소요계획표〉

(단위 : 개)

주		1	2	3	4	5	6
총 소요량		100		400	500		250
예상 가용량	180	80		80	80		30
순소요량							
계획 보충량				400	500		200
계획 발주량			(㉠)	(㉡)		(㉢)	

① 500
② 900
③ 1,100
④ 1,200

50. 다음은 ○○기업에서 사무용 데스크톱 컴퓨터를 구매하기 위한 결재안이다. 빈칸에 들어갈 결정안으로 옳은 것은?

• 목적 : 사무용 데스크톱 컴퓨터 구입
• 제품 비교

제품 속성	중요도	컴퓨터				
		S 브랜드	L 브랜드	H 브랜드	P 브랜드	K 브랜드
CPU	1	최상	최상	매우 양호	최상	매우 양호
RAM	2	매우 양호	양호	최상	보통	양호
A/S	3	양호	양호	양호	최상	양호
내구성	4	보통	양호	양호	양호	보통

– 결정기준 : 각 속성의 수용수준을 양호로 하고, 조건을 수용하는 제품을 대상으로 중요도를 가중치로 하는 평가점수의 총점으로 우수한 제품을 선정함(단, 숫자가 작을수록 중요도가 높다).
– 결정안 : (   )   – 계정과목 : 비품. 끝.

① S 브랜드
② L 브랜드
③ H 브랜드
④ K 브랜드

[51 ~ 52] 다음은 부서배치를 위해 A ~ E를 대상으로 실시한 시험 결과이다. 이어지는 질문에 답하시오.

〈시험 결과〉

구분	정보능력	문제해결능력	대인관계능력	희망 부서
A	80	86	90	홍보기획팀
B	84	80	92	경영지원팀
C	85	90	87	미래전략팀
D	93	88	85	홍보기획팀
E	91	94	80	미래전략팀

※ 평가점수의 총점은 각 평가항목 점수에 해당 가중치를 곱한 것을 합산하여 구한다.
  (평가항목별 가중치 : 정보능력=0.3, 문제해결능력=0.3, 대인관계능력=0.4)

〈부서별 결원 현황〉

• 경영지원팀 : 1명
• 전산관리팀 : 1명
• 홍보기획팀 : 2명
• 미래전략팀 : 1명

51. A ~ E 중 평가점수의 총점이 가장 높은 1명을 우수 인재로 선발한다고 할 때, 적절한 직원은?

① A
② C
③ D
④ E

52. 시험 결과에 따라 총점이 높은 순서대로 희망 부서에 배치한다고 할 때, 다음 중 자신의 희망 부서에 배치되지 못하는 직원은?

① B
② C
③ D
④ E

53. 다음은 판매 시점 정보 관리 시스템(POS)에 대한 설명을 하기 위해 제시된 두 종류 코드의 예시 자료이다. 이에 대한 설명으로 옳지 않은 것은?

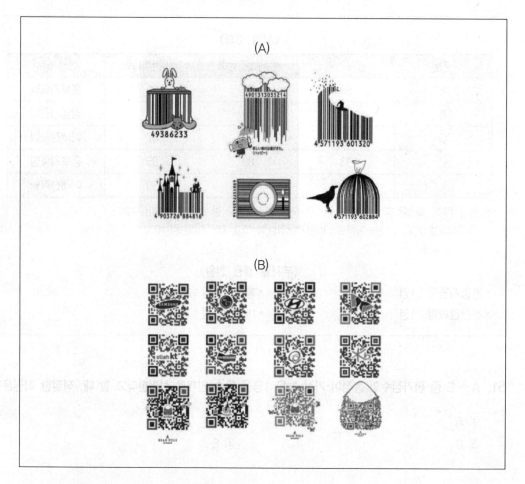

① A는 바코드, B는 QR 코드라고 한다.

② 이것을 이용하여 상품의 판매 시점, 판매 수량, 판매 가격, 재고의 양 등을 쉽게 파악하여 원활한 재고 관리를 할 수 있다.

③ B는 격자무늬 패턴을 이용해 A보다 많은 정보를 넣을 수 있어 최근에 많이 활용되고 있다.

④ 처음에는 흑백의 무늬만을 이용하던 것을 최근 다양한 디자인으로 구성하게 되었으나 정보를 인식하는 데 불편함을 초래하고 있다.

54. 다음 경영전략에 대한 설명으로 옳은 것을 모두 고르면?

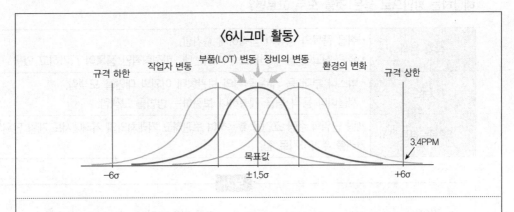

〈6시그마 활동〉

ㄱ. 측정 지표는 시그마(σ)이다. ㄴ. Bottom-Up 방식으로 추진한다.
ㄷ. 사내 전문가 중심으로 추진한다. ㄹ. 기본적인 관점은 기업의 관점이다.
ㅁ. 무결점 품질을 추구하는 물질 혁신 활동이다.

① ㄱ, ㄴ, ㄹ   ② ㄱ, ㄷ, ㅁ
③ ㄴ, ㄷ, ㄹ   ④ ㄴ, ㄹ, ㅁ

55. 다음은 박 씨가 A 기업을 설립한 후 이루어진 경영활동 내용이다. (가) ~ (다)의 경영활동에 대한 회계 처리로 옳은 내용을 〈보기〉에서 모두 고른 것은?

(가) 박 씨는 100,000,000원을 출자하여 A 기업을 설립하였다. 이 회사는 일용 잡화에 대한 도소매를 주로 하는 기업이다.
(나) A 기업은 사무용 책상과 의자를 현금 300,000원에 구입하였다.
(다) A 기업은 업무용 팩스와 복사 용지(소모품) 2상자를 외상으로 100,000원에 구입하였다.

보기

ㄱ. (가)는 자산이 100,000,000원, 자본이 100,000,000원으로 회계 등식이 성립한다.
ㄴ. (나)는 자산(책상)이 증가하였고, 자산(현금)이 감소하였다.
ㄷ. (나)는 재무 상태에 변화가 없다.
ㄹ. (다)는 자산에는 변동이 없으나 부채가 증가한 경우이다.

① ㄱ, ㄴ   ② ㄱ, ㄷ
③ ㄴ, ㄹ   ④ ㄷ, ㄹ

56. 다음은 A 기업이 취급하는 품목의 창고 보관에 대한 회의 내용이다. 〈보기〉에서 최종 결론에 해당하는 방안으로 옳은 것을 모두 고르면?

상황 분석	• 취급 품목의 종류가 급속하게 증가함. • 물류 창고에 상자 단위로 적재하는데, 비정형적인 품목이 증가하고 있음.
대안	• 박스나 부대 등 개수 단위의 보관형태 이외의 대안을 모색함. • 저울이나 용적 등을 계측하여 보관하는 방법을 모색함.
최종 결론	계량 단위의 수량 조건을 활용하여 보관하고 거래처와의 거래에서도 계량 단위의 거래를 추가하기로 함.

보기

ㄱ. 길이   ㄴ. 그로스(Gross)
ㄷ. 면적   ㄹ. 다스(Dozen)

① ㄱ, ㄷ   ② ㄱ, ㄹ
③ ㄴ, ㄹ   ④ ㄷ, ㄹ

57. 다음은 ○○기업 신입사원들의 대화이다. ㉠에 대한 설명으로 옳지 않은 것은?

A : 잘 지내셨나요? 전 이번에 받은 첫 월급으로 부모님께 작은 선물을 드렸어요.
B : 네, 저도 마찬가지예요. 그런데 급여명세서를 보니까 (㉠)하고 퇴직연금을 제외하고 난 실수령액은 생각보다 적더라고요.
A : 맞아요. 그래도 (㉠)에 대하여 사업주도 동일한 금액만큼 부담을 하고 있어서 퇴직이나 병원치료, 부득이한 실업 상황에 대해 보장받을 수 있으니 어쩌면 아주 적은 부담으로 미래에 대한 사회적 보장을 받는 제도라고 할 수 있죠.
B : 네, 그렇죠.

① 국민연금, 건강보험, 고용보험, 산재보험이 포함된다.
② 산재보험은 사업주가 100% 부담한다.
③ 보험요율이 가장 큰 것은 건강보험이다.
④ 국민연금과 건강보험은 하한가와 상한가가 정해져 있다.

58. 다음은 A 기업 회의록의 일부 내용이다. 〈보기〉 중 A 기업이 거래처에 화물을 운송하는 최적의 방안을 모두 고른 것은?

---

1. 일시 : 20X1. 06. 11.

2. 안건 : 신제품 'AG1201' 운송 방법 선택

3. 주요내용

   −개요 : 'AG1201'의 운송 관련 특징
   - 차량이나 선박보다는 열차를 이용하는 것이 유리함.
   - 기차 1량의 단위로 전세를 낼 정도의 주문은 발생하지 않음.
   - 개인이 소지하여 운송하기에는 크기와 중량 면에서 부피가 있음.

4. 결정내용
   - 철도 운송에서 최적의 운송 조건을 선택하기로 함.
   - 단, 적재 운임과 같은 낭비적 요소가 없어야 함.
   - 여객차 안에서의 운송도 가능함.

보기

| ㄱ. 소급 | ㄴ. 차급 | ㄷ. 소화물 | ㄹ. 수하물 |

① ㄱ, ㄴ   ② ㄱ, ㄷ   ③ ㄴ, ㄹ   ④ ㄷ, ㄹ

59. 다음은 ○○기업 총무팀 김 사원이 온라인 화상회의에 필요한 비품을 구매하기 위해 작성한 비품 구매신청서이다. 아래 신청서로 결재를 받은 후 카메라 1대와 마이크 5개가 더 필요하여 추가로 결재를 받았다고 할 때, 비품 구매를 위해 필요한 총 예산은 얼마인가?

비품 구매신청서				부서명 : 총무팀 작성자 : 김○○ 일자 : 202X년 XX월 XX일
청구번호		◇◇−◇◇	결제	총무팀 박○○ 부장
청구일자		XX월 XX일	용도	화상회의 장비
번호	품명	수량	금액	용도
1	카메라	2대	530,000원/개	온라인 화상회의

2	스피커	2set	120,000원/set	온라인 화상회의
3	화이트보드	1개	80,000원/개	온라인 화상회의
4	마이크	4개	110,000원/개	온라인 화상회의

위 내용의 비품 구매를 신청합니다.

20△△년 △△월 △△일

신청인 : 김 ○ ○ (인)

① 1,900,000원

② 2,400,000원

③ 2,900,000원

④ 3,200,000원

60. 다음은 A 기업 최 사원이 작성한 국내 출장 여비 정산서이다. 이를 제출받은 총무부의 회계처리 후 차변에 나타날 계정과목으로 옳은 것은?

〈국내 출장 여비 정산서〉

소속	사업부	직위	사원	성명	최○○
출장 내역	일시	20△△년 7월 4일 ~ 20△△년 7월 5일			
	출장지	부산 B 박람회 및 거래처			
	출장목적	행사지원 및 거래처 상담			
출장비	지급받은 금액	400,000원	실제소요액	300,000원	원금회수액	100,000원
지출 내역	숙박비	70,000원	식비	60,000원	교통비	120,000원
	거래처 기념품구입	50,000원				

20△△년 7월 6일

신청인   성명   최 ○ ○ (인)

① 여비교통비

② 가지급금, 여비교통비

③ 현금, 여비교통비

④ 현금, 여비교통비, 접대비

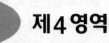
제4영역

61 ~ 80

↳ 평가시간은 영역별로 제한하지 않으나 각 영역별 15분을 권장합니다.

61. 어떤 일을 A 사원이 혼자 하면 4시간이 소요되고, B 사원이 혼자 하면 6시간이 소요된다고 한다. A 사원과 B 사원이 함께 작업할 때, 일이 끝나는 데 걸리는 시간은?

① 1시간 12분　　　　　　　　　② 1시간 24분

③ 2시간 24분　　　　　　　　　④ 2시간 30분

62. 아이스크림 가게에서 월 임대료가 8만 원인 기계를 20대 임대하려고 한다. 기계 한 대당 하루 매출이 1만 원일 때, 한 달 순수익은 얼마인가? (단, 한 달은 30일로 한다)

① 160만 원　　　　　　　　　② 400만 원

③ 440만 원　　　　　　　　　④ 600만 원

63. 10% 농도의 소금물 250g과 8% 농도의 소금물 200g을 섞은 후 소금을 추가로 더 넣었더니 12% 농도의 소금물이 되었다. 이때 추가로 넣은 소금의 양은? (단, 소수점 아래 첫째 자리에서 반올림한다)

① 10g　　　　　　　　　② 13g

③ 15g　　　　　　　　　④ 17g

64. ○○공사의 올해 채용인원이 작년보다 19% 감소한 162명일 때, 작년 채용인원은 몇 명인가?

① 186명　　　　　　　　　② 192명

③ 200명　　　　　　　　　④ 214명

1회 기출예상

2회 기출예상

3회 기출예상

4회 기출예상

5회 기출예상

6회 기출예상

7회 기출예상

65. ○○기업 체육대회에서 7전 4선승제로 배드민턴 경기가 진행되고 있다. 경기에 출전한 A, B의 3번째 경기까지 진행된 결과 A가 2승 1패로 앞서고 있다고 한다. 두 사람이 각각 이길 확률은 서로 $\frac{1}{2}$로 같고 비기는 경우는 없다고 할 때, B가 우승할 확률은?

① $\frac{1}{4}$

② $\frac{3}{16}$

③ $\frac{5}{16}$

④ $\frac{2}{5}$

66. ○○호텔에서 90개의 수건을 객실에 나누어 배치하려고 한다. 수건을 4개씩 배치하면 수건이 남고 5개씩 배치하면 부족하다고 할 때, 다음 중 ○○호텔의 객실 수가 될 수 없는 것은?

① 18개

② 19개

③ 20개

④ 21개

67. 다음은 한국사능력검정시험에 대한 자료이다. 이에 대한 설명으로 옳지 않은 것은?

〈한국사능력검정시험 응시자 및 합격자 수〉

(단위 : 명)

구분	응시자 수	합격자 수
여자	12,250	2,825
남자	14,560	1,588

① 한국사능력검정시험의 전체 합격률은 15% 이상이다.
② 전체 응시자 중 남자의 비율은 50% 이상이다.
③ 전체 합격자 중 남자의 비율은 40% 이하이다.
④ 전체 합격자 중 여자의 비율은 약 61%이다.

[68 ~ 69] 다음은 가 ~ 라 기업이 고속도로 중앙분리대 부품 납품에 입찰하고자 하는 가격을 나타낸 것이다. 부품은 A ~ D 네 가지로 구성되며, 각 부품마다 최저가 입찰을 한 기업과 납품계약이 체결된다. 이어지는 질문에 답하시오.

〈부품별 입찰가격〉

각 기업은 서로의 입찰가격을 알 수 없고, 자신의 최소 생산비 이상으로 입찰 가격을 결정하므로 입찰 참여 시 순손실을 입는 기업은 없다. 부품 A ~ D를 각 1,000개씩 납품한다고 한다.

(단위 : 만 원)

구분	가 기업	나 기업	다 기업	라 기업
부품 A	5	4	4	3
부품 B	7	10	9	8
부품 C	6	6	5	7
부품 D	10	11	12	11

68. 위 표의 상황대로 입찰을 하였다고 가정할 때, 납품계약이 성사된 기업 중 총 계약금액의 차가 가장 큰 기업끼리 묶은 것은?

① 가, 나 기업
② 가, 라 기업
③ 나, 다 기업
④ 다, 라 기업

69. 나 기업이 부품별 입찰가격을 위 표에 주어진 가격에서 20%씩 인하하기로 하였다. 이 경우 나 기업의 총 계약 금액은?

① 8,800만 원
② 1억 3,600만 원
③ 1억 6,800만 원
④ 1억 7,000만 원

1회 기출예상
2회 기출예상
3회 기출예상
4회 기출예상
5회 기출예상
6회 기출예상
7회 기출예상

70. 다음 그림과 같이 원 모양의 무선청소기가 오른쪽으로 a만큼 평행이동한 후, 위쪽으로 b만큼 평행이동하였다. 이 무선청소기가 지나간 색칠된 부분의 넓이가 $9+\dfrac{5}{4}\pi$일 때, $a+b$의 값은?

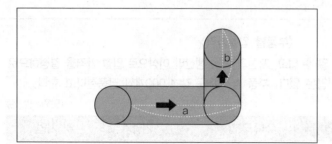

① 5

② 6

③ 7

④ 8

71. 다음은 어느 회사 직원들의 근속 기간을 정리한 자료이다. 근속 기간이 3년 이상 15년 미만인 직원은 몇 명인가?

근속 기간	0 ~ 1년 미만	0 ~ 3년 미만	0 ~ 5년 미만	0 ~ 10년 미만	0 ~ 15년 미만
직원 수(명)	32	126	328	399	(?)

- 근속 기간이 3년 미만인 직원의 수는 전체의 24%이다.
- 근속 기간이 10년 이상 15년 미만인 직원의 수는 근속 기간이 15년 이상인 직원 수의 2배이다.

① 345명

② 349명

③ 353명

④ 357명

72. A 기관 신입사원 채용시험의 기술직 지원자와 사무직 지원자의 비는 7 : 4였다. 합격자 중 기술직과 사무직의 비가 11 : 3이고 불합격자 중 기술직과 사무직의 비가 3 : 5라면, 기술직의 합격률로 적절한 것은?

① $\dfrac{3}{8}$

② $\dfrac{5}{8}$

③ $\dfrac{11}{14}$

④ $\dfrac{6}{7}$

73. 다음은 20X0 ~ 20X4년 동안 에너지기술개발 사업에 사용한 정부지원금 및 민간부담금의 현황을 나타낸 자료이다. 이에 대한 올바른 설명을 〈보기〉에서 모두 고른 것은?

(단위 : 백만 원)

구분	총사업비 (A=B+C)	정부지원금		민간부담금					
		금액(B)	비율 (B÷A)	합계		현금부담		현물부담	
				금액 (C=D+E)	비율 (C÷A)	금액 (D)	비율 (D÷C)	금액 (E)	비율 (E÷C)
합계	561,710	408,747	72.8%	152,963	27.2%	48,257	31.5%	104,706	69.0%
20X0년	110,913	79,386	71.6%	31,527	28.4%	7,665	24.3%	23,862	75.7%
20X1년	109,841	77,136	70.2%	32,705	29.8%	8,885	27.2%	23,820	72.8%
20X2년	92,605	69,020	74.5%	23,585	25.5%	5,357	22.7%	18,228	77.3%
20X3년	127,748	94,873	74.3%	32,875	25.7%	12,972	39.5%	19,903	60.5%
20X4년	120,603	88,332	73.2%	32,271	26.8%	13,378	41.5%	18,893	58.5%

보기

㉠ 총사업비 중 민간부담금의 비율은 20X2년에 가장 낮았다.
㉡ 민간부담금 중 현금부담은 20X3년에 가장 큰 폭으로 상승했다.
㉢ 20X1년 민간부담금 중 현물부담금은 총사업비의 25% 이상이다.
㉣ 20X4년 민간부담금 중 현금부담금은 정부지원금 대비 20% 이상이다.

① ㉠, ㉡　　　　　　　　　② ㉠, ㉣
③ ㉡, ㉢　　　　　　　　　④ ㉢, ㉣

74. 다음은 20X1년 주요국가의 석유 생산 및 소비를 나타낸 자료이다. 이에 대한 설명으로 옳지 않은 것은?

구분	석유 생산			구분	석유 소비		
	국가	백만 ton	20X1년 비중(%)		국가	백만 ton	20X1년 비중(%)
	전세계	4,474.4	100.0		전세계	4,662.1	100.0
	OECD	1,198.6	26.8		OECD	2,204.8	47.3
	Non-OECD	3,275.8	73.2		Non-OECD	2,457.3	52.7
	OPEC	1,854.3	41.4		OPEC	–	–
	Non-OPEC	2,620.1	58.6		Non-OPEC	–	–
	유럽연합	72.7	1.6		유럽연합	646.8	13.9
1	미국	669.4	15.0	1	미국	919.7	19.7
2	사우디아라비아	578.3	12.9	2	중국	641.2	13.8
3	러시아	563.3	12.6	3	인도	239.1	5.1
4	캐나다	255.5	5.7	4	일본	182.4	3.9
5	이라크	226.1	5.1	5	사우디아라비아	162.6	3.5
6	이란	220.4	4.9	6	러시아	152.3	3.3
7	중국	189.1	4.2	7	브라질	135.9	2.9
8	아랍에미리트	177.7	4.0	8	한국	128.9	2.8
9	쿠웨이트	148.4	3.3	9	독일	113.2	2.4
10	브라질	140.3	3.1	10	캐나다	110.0	2.4

① 20X1년 한국의 석유 소비량은 OECD 대비 5% 이상이다.

② 20X1년 중국의 석유 생산량은 OECD 대비 15% 이상이다.

③ 20X1년 한국의 석유 소비량은 유럽연합 대비 20% 이상이다.

④ 20X1년 미국은 석유 생산량과 소비량 모두 가장 많은 비중을 차지한다.

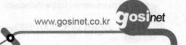

75. A 씨가 이번 달에 내야 하는 전기요금이 93,822원이라고 할 때, A 씨의 전력사용량(kWh)과 전력산업기반기금(원)을 합한 값은?

구간	기본요금(원)	전력량 요금(원/kWh)
200kWh 이하	1,030	80
200kWh 초과 ~ 400kWh 이하	1,700	210
400kWh 초과	6,300	360

- 전기요금＝기본요금＋사용요금＋부가가치세＋전력산업기반기금
- 기본요금과 사용요금은 다음과 같은 방법으로 계산한다.
  예 전력사용량이 250kWh인 경우
  - 기본요금 : 1,700원
  - 사용요금 : 200(kWh)×80(원/kWh)＋50(kWh)×210(원/kWh)
    ＝16,000(원)＋10,500(원)＝26,500(원)
- 부가가치세＝(기본요금＋사용요금)×0.1
- 전력산업기반기금＝(기본요금＋사용요금)×0.04

① 3,192
② 3,365
③ 3,578
④ 3,742

76. 다음 중 자료에 대한 설명으로 옳지 않은 것은?

구분	2020. 12.	2021. 7.	2021. 8.	2021. 9.	2021. 10.	2021. 11.	2021. 12.
취업자 수 (천 명)	7,030	6,803	6,387	6,900	6,920	6,987	6,833
전년 동월 대비 증감 (천 명)	266	−86	−110	−91	−122	−91	−197
고용률(%)	61.9	60.4	60.0	60.0	60.1	60.4	59.1
(15 ~ 64세)	(67.9)	(65.8)	(65.3)	(65.2)	(65.4)	(65.8)	(64.9)

※ ( )는 15 ~ 64세 고용률이다.

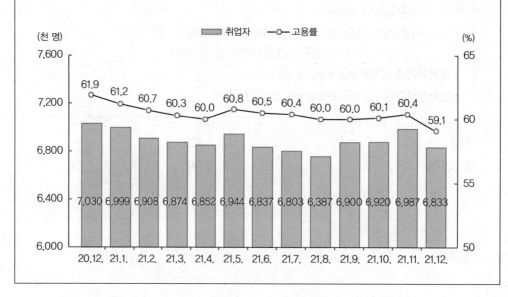

① 조사 기간 중 전월 대비 고용률이 증가한 구간은 총 3개이다.

② 조사 기간 중 전월 대비 고용률이 가장 크게 감소한 구간은 2021년 11월에서 2021년 12월 구간이다.

③ 2021년 12월 고용률은 59.1%로 전년 동월 대비 2.8%p 하락했고, 취업자 수는 683만 3천 명으로 전년 동월 대비 19만 7천 명 감소했다.

④ 2021년 11월에서 2021년 12월 사이의 고용률 감소율은 2020년 12월에서 2021년 1월 사이의 고용률 감소율의 2배 이상이다.

77. 다음 자료를 바탕으로 할 때, 적절하지 않은 설명은?

〈전자부품업계 주요 기업 폐기물 재활용률〉

(단위 : %)

기업	20X7년	20X8년	20X9년
A	82.3	75.5	73.3
B	95.9	64.6	–
C	88.5	86.3	86.7
D	86.0	83.0	83.0

〈A 기업 폐기물 처리방법〉

(단위 : 톤)

구분	20X7년	20X8년	20X9년
총 발생량	113,366	92,453	117,688
재활용	93,346	69,837	86,267
매립	11,064	12,704	20,040
소각	8,956	9,912	11,381

① A 기업에서 20X9년에 발생된 폐기물 중 17.0%가 소각됐다.

② B 기업의 20X8년 폐기물 총 발생량이 10만 1,324톤이라면 재활용으로 처리된 폐기물은 약 6만 5,455톤이다.

③ C 기업의 20X9년 재활용률은 20X8년 대비 0.4%p 증가했다.

④ D 기업의 20X7년 폐기물 총 발생량이 11만 2,468톤이라면 재활용으로 처리된 폐기물은 약 9만 6,722톤이다.

1회 기출예상
2회 기출예상
3회 기출예상
4회 기출예상
5회 기출예상
6회 기출예상
7회 기출예상

78. 다음은 어느 나라의 발전원별 발전전원구성을 나타낸 표이다. 이를 바탕으로 작성한 그래프로 옳은 것은?

(단위 : GW, %)

구분		계	원자력	석탄	LNG	신재생	석유	양수
2017년	정격용량	117.0(100)	22.5(19.2)	36.9(31.5)	37.4(32.0)	11.3(9.7)	4.2(3.6)	4.7(4.0)
	피크기여도	107.8(100)	22.5(20.9)	36.1(33.5)	37.4(34.7)	3.1(2.9)	4.0(3.7)	4.7(4.4)
2018년	정격용량	142.3(100)	27.5(19.3)	42.0(29.5)	42.0(29.5)	23.3(16.4)	2.8(2.0)	4.7(3.3)
	피크기여도	122.7(100)	27.5(22.4)	41.0(33.4)	42.0(34.2)	4.8(3.9)	2.7(2.2)	4.7(3.8)
2019년	정격용량	152.8(100)	23.7(15.5)	39.9(26.1)	44.3(29.0)	38.8(25.4)	1.4(0.9)	4.7(3.1)
	피크기여도	119.2(100)	23.3(19.5)	38.9(32.6)	44.3(37.2)	6.7(5.6)	1.3(1.1)	4.7(3.9)
2020년	정격용량	173.8(100)	20.4(11.7)	39.9(23.0)	47.5(27.3)	58.5(33.7)	1.4(0.8)	6.1(3.5)
	피크기여도	123.0(100)	20.4(16.6)	38.9(31.6)	47.5(38.6)	8.8(7.2)	1.3(1.1)	6.1(5.0)
2021년	정격용량	174.5(100)	20.4(11.7)	39.9(22.9)	47.5(27.2)	58.6(33.6)	1.4(0.8)	6.7(3.8)
	피크기여도	123.7(100)	20.4(16.5)	38.9(31.4)	47.5(38.4)	8.8(7.1)	1.4(1.1)	6.7(5.4)

① 연도별 원자력에너지 정격용량

(단위 : GW)

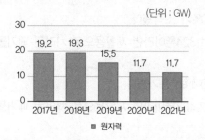

② 연도별 석유에너지 피크기여도 비율

(단위 : %)

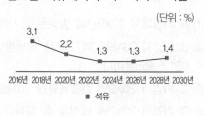

③ 연도별 신재생에너지 정격용량, 피크기여도 비율 비교

(단위 : %)

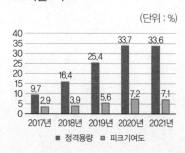

④ 2020년 에너지원별 피크기여도 비율

(단위 : %)

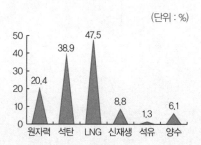

79. P 씨는 일주일에 7일 모두 버스로 출퇴근한다. P 씨는 1월 1일 퇴근길에 새로운 버스카드에 5만 원을 충전하여 한 차례 사용했다. 1월 6일부터 다음과 같이 버스 요금이 인상된다고 할 때, 버스 카드를 충전하지 않고 언제까지 사용할 수 있는가? (단, 추가요금과 환승은 고려하지 않는다)

1월 1일 버스 요금	1월 6일 버스 요금
1,200원	1,300원

① 1월 19일   ② 1월 20일
③ 1월 21일   ④ 1월 22일

80. 다음은 (가) ~ (라) 박물관별 입장료와 방문할 단체 입장객 인원을 나타낸 것이다. 총 입장료가 제일 낮은 박물관은?

〈박물관별 입장료와 방문할 단체 입장객 수〉

박물관	1인당 입장료(원)	단체 입장객 인원(명)
(가) 박물관	1,500	48
(나) 박물관	1,700	42
(다) 박물관	2,800	24
(라) 박물관	2,200	29

※ 모든 박물관은 30명 이상 단체의 총 입장료를 10% 할인해 준다.

① (가) 박물관   ② (나) 박물관
③ (다) 박물관   ④ (라) 박물관

유형분석

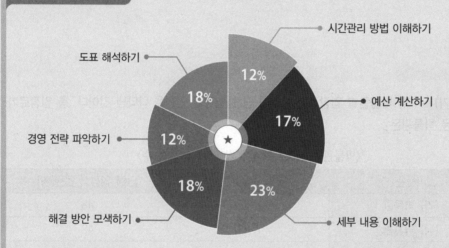

- 도표 해석하기 ◀━ 18%
- 경영 전략 파악하기 ◀━ 12%
- 해결 방안 모색하기 ◀━ 18%
- 시간관리 방법 이해하기 ━▶ 12%
- 예산 계산하기 ━▶ 17%
- 세부 내용 이해하기 ━▶ 23%

출제분석

사람인형 자원관리능력에서는 시간을 관리하는 방법에 대해 묻는 문제, 제시된 정보를 토대로 관세금액을 산출하는 문제 등이 출제되었다. 의사소통능력에서는 직장에서 작성하는 문서에 대해 이해하고 있는지를 확인하는 문제, 보고서를 구성하는 방법에 대해 묻는 문제, 제시된 글을 읽고 적절한 내용을 추론하는 문제 등이 출제되었다. 문제해결능력에서는 논리적 오류를 찾아내는 문제, 문제에 대해 분석하고 그에 따른 적절한 해결 방안을 모색하는 문제, 조건을 모두 충족하는 시간을 찾아내는 문제 등이 출제되었다. 조직이해능력에서는 경영에 필요한 사업전략을 이해하고 있는지 확인하는 문제, 경영자의 역할에 대해 묻는 문제, 조직문화에 대해서 묻는 문제 등이 출제되었다. 수리능력에서는 연산기호를 적용해 계산을 하는 문제, 지불해야 하는 금액을 계산하는 문제, 도표를 분석하여 적절한 식을 사용하는 문제 등이 출제되었다.

3회 사람인

출제유형모의고사

영역	총 문항 수
자원관리능력	
의사소통능력	
문제해결능력	50문항
조직이해능력	
수리능력	

01. 홍보팀에서 사보 제작 업무를 담당하는 김 대리는 매번 마감일에 쫓겨 일을 처리하곤 한다. 이에 대해 이 팀장이 다음과 같이 조언하였을 때 김 대리가 해야 할 행동으로 적절한 것은?

> 저는 매일 출근하기 2시간 전에 일어나서 30분 정도 명상과 요가를 합니다. 헬스장에서 하는 운동과 다르게 명상과 요가를 통한 적절한 수준의 운동을 함과 동시에 스트레칭을 통해 몸의 근육을 풀어 주면 육체적으로 안정적인 리듬을 찾을 수가 있어요. 그리고 노트북을 열고 30분 정도 이번 달 사보 주제에 대한 주요 이슈와 당사 관련 금일 이슈를 정리하여 회사 메일로 송부해요. 모든 일은 닥쳐서 하는 것보다 자신의 생활리듬 속에서 꾸준히 하는 것이 중요해요.
>
> 출근 준비가 끝나면 자기개발을 위해 매월 최신 트렌드에 맞는 책을 읽어요. 책을 읽다 보면 사보와 관련한 새로운 아이디어를 창출할 수 있습니다. 또한, 저는 업무시간의 스케줄을 10분 단위로 정하고 온라인 스케줄러를 통해 팀원들과 공유하죠. 사보를 만드는 일은 협업이 중요한 일입니다. 서로가 맡은 일에 대한 진도를 매일 확인하고 진행이 잘 되지 않는 경우 도움을 요청하거나 도움을 자연스럽게 줄 수 있어요. 시간에 대한 집중을 최우선으로 하고, 그 다음으로는 주별로 자신의 목표를 정해 놓고 진도를 스스로 관리해야 합니다.

① 시간 관리를 통해 하나의 업무를 꾸준히 해나간다.
② 하루간의 일정은 사정에 따라 수시로 변경한다.
③ 아침에 일찍 일어나 그날그날의 일정을 정리한다.
④ 팀원과의 일정 공유를 통해 업무를 적절히 분배한다.
⑤ 지속적인 팀원과의 소통과 협업을 통해 업무 완성도를 높인다.

02. 다음 〈사례〉에서 김 과장에게 해줄 수 있는 시간관리 방법에 대한 조언으로 적절한 것은?

> ──── 사례 ────
>
> 김 과장은 일을 할 때 의미 없는 활동에 계속 시간을 사용하고 있다. 전화가 오면 잘못 걸린 전화인데도 끝까지 대답을 하며 계속 전화를 하고 있다. 이메일 답장을 보낼 때도 제목에서 이미 질문에 대한 대답을 하고서도 안부 인사부터 시작해서 끝인사까지 길고 긴 이메일을 쓴다. 그리고 프로젝트가 종결되었음에도 여전히 그 일과 관련된 작업을 하고 있다.

① A : 시간 관리에 있어 불필요하게 낭비되는 시간을 줄이는 것이 중요해.
② B : 여러 일 중에서 가장 우선적으로 처리해야 할 일을 결정해야 해.
③ C : 시간계획을 정기적으로 체크하고 일관성 있게 일이 끝나도록 마감시간을 설정하도록 해.
④ D : 불의의 방문객, 예상치 못한 전화 등의 상황이 발생할 것을 대비하여 여유시간을 설정하는 것도 중요해.
⑤ E : 꼭 해야 하는데 완료하지 못한 일은 현재의 업무에 집중하기 위해 잠시 중단해야 해.

03. 다음은 ○○사에서 도입하고자 하는 시스템을 도식화한 자료이다. 이에 대한 설명으로 옳지 않은 것은?

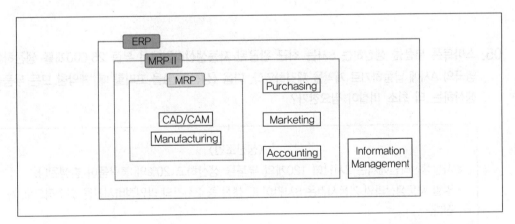

① 각 업무의 연계 시스템으로 인해 절차가 간소화되고 신속한 업무진행이 가능하다.
② 구축하는 시간과 비용이 적게 들고, 구축한 이후에 시간 단축을 통해 비용을 절감할 수 있다.
③ 지속적이고 정확한 데이터의 업데이트가 이루어져 정보접근이 용이한 통합 데이터베이스 관리 시스템이다.
④ 축적된 데이터를 통계로 활용하여 기업의 생산성 향상에 기여할 수 있다.
⑤ 기업 전반의 정보를 실시간으로 파악 · 공유함으로써 투명한 업무처리를 실현할 수 있다.

04. 다음은 조직의 수명주기를 나타낸 도식이다. 이 중 '성숙기'의 인적자원관리에 대한 설명으로 적절한 것은?

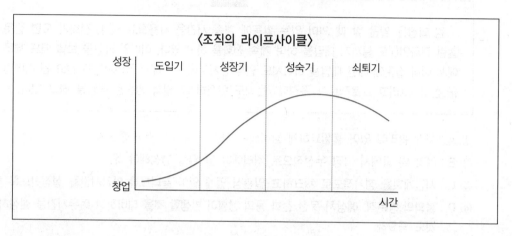

〈조직의 라이프사이클〉

① 인력을 감축하고 남은 인력은 능력에 맞춰 재배치해야 한다.
② 양적인 수요와 질적인 수요를 모두 고려하여 인력을 공급해야 한다.
③ 파격적인 유인책을 제공하여 우수한 인력과 전문가를 적극 영입한다.
④ 인력의 효율적인 운용을 위해 배치전환과 이직을 관리하는 게 중요하다.
⑤ 소규모 조직으로의 개편을 통해 조직 혁신과 내부합리화를 실시한다.

05. 스마트폰 부품을 생산하는 S사는 최근 완공된 자동생산라인에서 부품 25,600개를 생산하여 영국의 A사에 납품하기로 계약을 체결하였다. 다음 〈생산조건〉을 고려할 때, 계약한 모든 부품을 생산하는 데 최소 며칠이 필요한가?

〈생산조건〉
• 자동생산라인에서는 2시간에 120개의 부품을 생산하고 20%의 불량품이 발생된다.
• 일일 자동생산라인 가동시간은 8시간이고, 생산 중 2시간의 라인정비시간을 필수적으로 가진다.
• 불량품은 폐기한다.

① 65일　　　　　　② 71일　　　　　　③ 77일
④ 83일　　　　　　⑤ 89일

06. 총무팀 A 사원과 B 대리는 해외 직구를 통해 업무 및 행사 비품을 구매하였다. 구매품목과 관세율 표를 참고하여 구매자와 관세금액을 바르게 연결한 것을 고르면?

〈구매품목〉

A 사원	품목	노트북	무선 마이크	등산용 신발	모니터 스탠드	외장 하드
	가격	120만 원	120만 원	80만 원	12만 원	13만 원
B 대리	품목	빔 프로젝터	단체 체육복	LED TV	카메라	문서 세단기
	가격	200만 원	100만 원	90만 원	40만 원	30만 원

〈품목별 관세율〉

제품	관세율(%)	제품	관세율(%)
노트북	7	무선 마이크	12
카메라	11	등산용 신발	9
빔 프로젝터	8	모니터 스탠드	13
LED TV	9	문서 세단기	10
단체 체육복	8	외장 하드	8

	구매자	관세		구매자	관세
①	A 사원	315,000원	②	B 대리	370,000원
③	A 사원	325,000원	④	B 대리	395,000원
⑤	A 사원	336,000원			

www.gosinet.co.kr gosinet

1회 기출예상

2회 기출예상

3회 기출예상

4회 기출예상

5회 기출예상

6회 기출예상

7회 기출예상

07. 다음은 ○○기업의 제품 X에 대한 공장별 생산과 수요 및 공급에 관한 자료이다. 이를 바탕으로 〈보기〉에서 옳지 않은 내용을 모두 고르면?

〈제품 X에 대한 공장별 일일 최대생산량과 생산비〉

공장	생산량(개/1일)	생산비(원/1개)
1	20	200
2	20	180
3	30	160
4	20	140
5	20	120
6	20	100
7	40	80
8	100	60

〈공급원칙〉

• 공장은 1일 단위로 가동되며, 다음 날의 예측수요량만큼만 생산한다.

• 공장은 개당 생산비가 저렴한 순서대로 가동된다.

• 제품 X의 시장가격은 가동되는 공장 중 생산비가 가장 비싼 공장의 생산비와 같다.

〈제품 X에 대한 요일별 예측수요량 변화〉

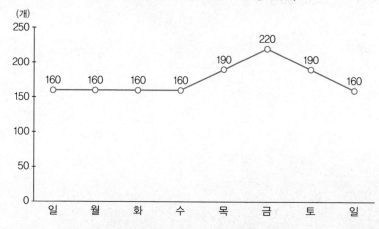

www.gosinet.co.kr **gosi**net

1회 기출예상

2회 기출예상

3회 기출예상

4회 기출예상

5회 기출예상

6회 기출예상

7회 기출예상

보기

㉠ 화요일 제품 X의 시장 가격은 개당 80원이다.

㉡ 목요일에 가동되지 않는 공장은 3개이다.

㉢ 토요일에 6번 공장에서 생산하는 제품 X의 순이익은 개당 20원이다.

㉣ 7번 공장에서 생산하는 제품 X 순이익의 최댓값은 개당 80원이다.

① ㉢, ㉣   ② ㉠, ㉡, ㉢   ③ ㉠, ㉡, ㉣

④ ㉡, ㉢, ㉣   ⑤ ㉠, ㉡, ㉢, ㉣

08. B 공사 재무팀에서는 공사 산하 빙상장 건립 예산계획을 다음과 같이 수립하려 한다. 직접비의 총액이 1,200만 원이라고 할 때, 인건비 예산은 얼마인가?

〈빙상장 건립 예산계획〉

항목	예산 금액
인건비	
건물관리비	100만 원
광고비	700만 원
출장비	150만 원
통신비	70만 원
PC구입비	500만 원
건물임대료	200만 원

① 150만 원   ② 200만 원   ③ 250만 원

④ 300만 원   ⑤ 350만 원

09. 갑 공단은 주민들의 체육시설 만족도 향상을 위해 추가적인 체육시설 건립을 추진하고자 한다. 갑 공단이 보유하고 있는 체육시설과 가용예산이 다음과 같을 때, 이 중 옳지 않은 것은?

〈갑 공단 보유 체육시설 및 예산 현황〉

1. 체육시설 현황

(단위 : 개소)

구분	스포츠센터	야구장	축구장	풋살장	수영장
○○공단 보유 현황	1	1	2	1	0
문체부 권고 기준	1	2	1	2	1
시설당 건립비용	100억 원	30억 원	80억 원	20억 원	60억 원

※ 주민들이 가장 원하는 체육시설은 수영장이다.

2. 갑 공단 예산 현황
- 갑 공단에서 확보한 올해 체육시설 건립 예산은 50억 원이다.
- 갑 공단은 목적이 지정되지 않은 예비비가 70억 원이 있다.
- 내년도 예산은 현재 100억 원으로 구의회에서 심의 중이다.

---

① 예비비 예산 적용 시 문체부 권고 기준을 충족할 수 있다.

② 올해 확보된 예산만으로 주민들이 가장 원하는 체육시설을 건립할 수 있다.

③ 올해 확보된 예산으로는 문체부 권고 기준의 체육시설을 건립할 수 없다.

④ 올해 확보된 예산으로는 야구장, 풋살장을 각 1개소씩 건립할 수 있다.

⑤ 문체부 권고 기준으로 체육시설을 확보하려면 110억 원의 예산이 필요하다.

10. 갑 공사 총무팀에 근무하는 수민 씨는 사내 체육대회에서 제공할 간식으로 왕만두를 준비하고자 한다. 다음 〈조건〉에 근거하여 필요한 왕만두를 최소 양으로 주문할 때, 지불해야 할 비용은?

조건

- 한 사람당 2개씩은 먹을 수 있도록 준비한다.
- 왕만두는 한 상자에 8개씩 포장되어 있고, 상자 단위로 팀에 전달한다.
- 왕만두 20상자당 한 상자를 덤으로 받을 수 있다.
- 왕만두 가격은 한 상자에 5,000원이다.

팀명	인원수(명)	팀명	인원수(명)
경영기획팀	8	경영지원팀	10
인사기획팀	6	IR팀	5
회계팀	11	홍보팀	5
재무팀	8	구매팀	5
총무팀	6	영업1팀	10
법무팀	7	영업2팀	12

① 60,000원 ② 90,000원 ③ 135,000원
④ 140,000원 ⑤ 155,000원

11. 직장에서의 문서작성은 일반 글에 비해 형식이 중요시된다. 다음 중 직장에서 문서를 작성할 때의 기본원칙에 대한 설명으로 적절하지 않은 것은?

① 문서의 의미를 전달하는 데 오류가 없다면 가능한 문장은 짧고 간결하게 작성한다.
② 문서를 읽는 사람이 글을 순서대로 파악할 수 있도록 결론을 가장 나중에 쓴다.
③ 부정문, 의문문의 형식은 되도록 피하고 긍정문의 형식으로 쓴다.
④ 문서의 의미를 전달하는 데 그다지 중요하지 않다면 한자나 영어 등의 사용은 삼간다.
⑤ 문서를 전달받는 이를 고려하여 상대방이 이해하기 쉽게 작성한다.

[12 ~ 13] 다음 글을 읽고 이어지는 질문에 답하시오.

부자들은 일반 대중들이 자신의 소비 행태를 따라 하는 것을 싫어한다. 이를 '스놉 효과(Snob Effect)'라고 하는데 스놉 효과는 물건을 살 때 남과 다르게 나만의 개성을 추구하는 의사 결정 현상을 말한다. 스놉이란 잘난 척하는 사람을 비꼬는 말인데, 자신이 줄곧 사용하던 물건이라 하더라도 그것이 대중화가 되면 사람들이 잘 모르는 상품으로 소비 대상을 바꾸는 것이다. 우리나라 말로는 왜가릿과에 속하는 새 이름을 따서 '백로 효과'라고 한다. 마치 까마귀들이 몰려들면 백로가 멀리 떨어지려 하는 것과 같아 보여서 이러한 이름을 얻게 되었다.

1950년 미국 경제학자 하비 레이번슈타인(Harvey Leibenstein)은 타인의 사용 여부에 따라 구매 의도가 증가하는 효과인 '밴드왜건 효과(Bandwagon Effect)'와 함께 타인의 사용 여부에 따라 구매 의도가 감소하는 효과인 스놉 효과도 같이 발표했다. 어떤 상품이 인기 있는 상품이라고 알려지면 사람들이 너도나도 사려고 하는데 이런 현상을 밴드왜건 효과라고 한다. 밴드왜건은 길거리 행사 대열에서 앞서서 행렬을 주도하는 악대차를 말하는데 보통 길거리에서 사람들은 밴드왜건을 보면 무슨 재미있는 일이 있는 줄 알고 무작정 따라가 보는 데서 유래한 용어이다. 즉, 무작정 남을 따라 하는 소비 행태를 말한다. 스놉 효과는 이러한 밴드왜건 효과와 반대 현상이다.

그러나 스놉 효과의 진정한 의미는 대중적으로 소비하는 제품을 사지 않는다는 것에 그치지 않는다. 스놉 효과는 비대중적인 제품에 대한 구매 효과로도 해석되기 때문이다. 간단히 말해 스놉 효과는 고급 지향적 개성 추구 경향이라고 할 수 있다.

스놉 효과는 두 가지 상황에서 발생한다. 첫째, 무언가 고급스러운 제품이 시장에 처음 나왔을 때 그 제품을 신속하게 구매하는 형식으로 나타난다. 그 순간에는 해당 제품을 소비하는 '영광'을 아무나 누릴 수 없기 때문이다. 둘째, 아무리 열광적으로 '찬양'하던 제품이라도 그 제품의 시장점유율이 어느 수준 이상으로 늘어나서 일반 대중이 아무나 다 사용하는 제품이 돼 버리면 그 제품을 더 이상 구매하지 않는 모습으로 나타난다. '아무나 다' 사용할 수 있는 제품을 사용하는 것은 영광스럽지도, 고급스럽지도 않게 느껴지기 때문이다.

12. 윗글의 스놉 효과로 설명할 수 있는 현상으로 적절하지 않은 것은?

① 개성적일수록 잘 팔린다.

② 신제품일수록 잘 팔린다.

③ 대중적이지 않을수록 잘 팔린다.

④ 한정 수량일수록 잘 팔린다.

⑤ 시장점유율이 낮을수록 잘 팔린다.

13. 윗글을 바탕으로 스놉 효과를 활용한 마케팅 전략을 세우고자 할 때, 그 내용으로 적절하지 않은 것은?

① 제품을 고급화, 차별화시키고 다품종을 소량 생산한다.

② 고객 수의 확대보다는 기존 고객의 유지에 초점을 맞춘다.

③ 가격을 낮추는 것은 그 제품의 희소성을 낮추어 기존의 소비자를 잃을 수 있으므로 피해야 한다.

④ 한 제품의 판매량을 늘려 무리한 매출 증대를 꾀하기보다 다양한 상품을 준비한다.

⑤ 고급스러운 이미지의 유명 연예인을 모델로 하여 제품을 적극 홍보한다.

14. 다음은 보고서의 논리 구성이다. ㉠ ~ ㉢에 들어갈 구성항목으로 적절한 것은?

내용		논리 패턴	구성항목
시작	설득	왜 이 사업을 하는가? (왜 보고를 하는가?)	㉠
	WHY	왜 이런 과제가 주어졌을까?	
중간	설명	어떻게 이 사업을 할 것인가? (어떤 내용을 보고할 것인가?)	㉡
	HOW	어떻게 해결할 것인가?	
마무리	결정	무엇을 결정해야 하는가? (무엇을 판단해야 하는가?)	㉢
	WHAT	무엇을 결정하고 판단할 것인가?	

① ㉠-제목, 개요, 추진 배경

② ㉡-개요, 문제점과 원인, 기대효과

③ ㉡-문제점과 원인, 기대효과, 조치 사항

④ ㉢-해결방안, 기대효과, 조치 사항

⑤ ㉢-조치 사항, 해결방안

1회 기출예상
2회 기출예상
3회 기출예상
4회 기출예상
5회 기출예상
6회 기출예상
7회 기출예상

15. 다음 글의 빈칸 ㉠ ～ ㉣에 들어갈 말을 〈보기〉에서 골라 바르게 연결한 것은?

가상현실 속에서 나만의 콘텐츠를 꾸준히 쌓아 나가는 것은 현대 개인 미디어 시대에서의 성공 조건이다. 퍼스널브랜드 구축 프로세스는 4단계로 정리할 수 있다.

1단계. (㉠)

브랜드란 내가 남들에게 보여 주고 싶은 모습과 남들이 나를 봤을 때 느껴지는 모습이 일치해야 제대로 만들어졌다고 할 수 있다. 그래서 가장 먼저 내가 어필하고 싶은 모습, 재능, 전문분야 등이 어떤 것인지를 확정해야 할 것이다. 그러기 위해서는 자신의 과거를 글로 써 봐야 한다. 사람들은 바쁘게 살다 보니 과거의 성과, 스토리 등을 기록해 두지 않는데 자신의 과거를 돌아보고 흐름을 보지 못하면 진정 본인이 가지고 있는 강점을 발견하기가 쉽지 않다.

2단계. (㉡)

첫 단계에서 자신의 강점을 발견했다면 다음은 강점이 잘 드러날 수 있도록 약간의 포장도 필요하고 남들이 봤을 때도 강점이 잘 보이도록 만들어야 한다. 과거에는 오프라인에서 자신의 이미지를 관리하는 것이 중요했지만 이제 사람들이 온라인과 모바일에서 활동하는 시간이 길어짐에 따라 가상현실 속에서 자신의 이미지를 관리하는 것이 매우 중요해지고 있다. 그래서 활용할 수 있는 도구가 바로 SNS(Social Network Service)이다. 즉, 가상현실 속에서 자신을 이미징하기 위해 중요한 것은 나를 표현할 수 있는 콘텐츠를 가공 생산하는 공장이 필요하고 이러한 공장에서 생산된 콘텐츠를 널리 유통시키기 위해 채널이 필요한 것이다.

3단계. (㉢)

현실에서는 나를 직접 보여 줄 수 있지만 그렇지 못한 가상현실에서는 간접적으로 나를 표현하는 방법밖에 없다. 이를 위한 방법이 바로 글쓰기다. 물론 여기서 글쓰기는 텍스트만을 이야기하는 것은 아니다. 텍스트부터 사진, 동영상 등을 올리는 글쓰기도 모두 포함된다. 이처럼 다양한 나만의 콘텐츠를 가상현실에서 가공해서 생산하고 퍼트리는 작업을 통해 가상현실 속에서 본인의 컬러를 만들어 가는 작업이 반드시 필요하다. 흔히 파워블로거라고 하는 사람들이 좋은 사례라고 할 수 있다.

4단계. (㉣)

네트워크 효과는 쉽게 말하면 흔히 우리가 알고 있는 복리 효과와 동일하다. 초기에는 그 효과가 미약하지만 시간이 지나고 네트워크가 연결되면 될수록 기하급수적으로 효과가 증가하는 것을 말한다. 경제학에서는 수확체증의 법칙이라고도 한다. 내가 생산한 스토리 콘텐츠를 다양한 네트워크를 통해 공유하게 되면 다른 이들에 의해서 링크되기도 하고, 콘텐츠에 공감을 하면 상대방의 네트워크에도 공유가 됨으로써 하나의 스토리 콘텐츠를 생산해 많은 이들에게 제공해 줄 수 있는 것이다. 그리고 콘텐츠를 통해 궁금증을 유발하게 되면 나의 블로그나 SNS로 방문하게 함으로써 나를 알리고 내가 하는 일, 제공하는 서비스 등을 자연스럽게 알릴 수 있는 것이다.

1회 기출예상

2회 기출예상

3회 기출예상

4회 기출예상

5회 기출예상

6회 기출예상

7회 기출예상

> 보기

a. 네트워크 효과 활용하기	b. 자기 강점 찾기
c. 스토리 콘텐츠 개발하기	d. 이미징하기

	㉠	㉡	㉢	㉣
①	a	b	c	d
②	a	d	b	c
③	b	c	d	a
④	b	d	c	a
⑤	c	b	d	a

16. 평소 동료들의 말을 경청하지 않는다는 평가를 받는 김 주임은 경청에 대한 강의를 듣고 내용을 정리하였다. 다음 ㉠ ~ ㉢에서 설명하는 경청 후 반응의 규칙을 바르게 짝지은 것은?

〈경청을 위한 세 가지 규칙 정리〉

㉠ 시간을 낭비하지 않는 것이다. 다시 말하기를 통해 상대방의 말을 이해했다고 생각하자마자 명료화하여 바로 당신의 피드백을 주는 것이 좋다.

㉡ 당신이 진정하게 느낀 반응뿐만 아니라 조정하고자 하는 마음 또는 보이고 싶지 않은 부정적인 느낌까지 보여 주어야 함을 의미한다.

㉢ 상대방에게 잔인한 태도를 갖춰서는 안 된다. 부정적인 의견을 표현할 때도 상대방의 자존심을 상하게 하거나 약점을 이용하거나 위협적인 표현방법을 택하는 대신에 부드럽게 표현하는 방법을 발견할 필요가 있다.

	㉠	㉡	㉢
①	지지함	즉각적	정직함
②	즉각적	지지함	정직함
③	즉각적	정직함	지지함
④	정직함	즉각적	지지함
⑤	정직함	지지함	즉각적

17. 다음 글을 읽고 맹그로브 나무가 사라질 경우 발생할 수 있는 상황에 대하여 추론한 내용으로 적절하지 않은 것은?

◎ 맹그로브 나무란?

　맹그로브는 꽃이 피는 육상식물로서 동남아시아와 열대, 아열대 해안가와 갯벌에서 자라는 식물입니다. 넓은 의미로 열대 해안의 맹그로브 식물 군락을 일컬을 때 사용하기도 합니다.

　맹그로브 나무는 뿌리가 밖으로 노출되어 있는 것이 특징이며 물고기의 산란장소, 은신처가 되어 줍니다. 또한, 해안 지반을 지지하고 수질을 맑게 유지해 주어 멸종위기종의 서식지가 되고, 태풍이 왔을 때 바람을 막아 주는 역할을 하는 유용한 식물입니다.

◎ 이산화탄소를 흡수하는 맹그로브

　우리나라 나무 중 소나무, 상수리나무, 잣나무는 이산화탄소 흡수량이 높은 나무로 알려져 있습니다. 맹그로브 나무는 소나무에 비해 3배 정도 높은 이산화탄소 흡수량을 가지고 있습니다. 전 세계에 있는 맹그로브 숲은 연간 약 2,280만 톤의 이산화탄소를 흡수합니다.

◎ 점차 사라지고 있는 맹그로브

　다양한 역할을 하는 고마운 식물 맹그로브! 그런데 맹그로브 군락지가 점점 사라지고 있다고 합니다. 특히 동남아 지역에서 맹그로브 숲이 빠르게 파괴되고 있는데요. 그 원인으로 무분별한 새우 양식이 꼽히고 있습니다. 맹그로브 숲은 천연 영양분이 많아 새우를 양식하는 데 적합한 장소입니다. 이 때문에 동남아 지역에서는 저렴한 가격으로 수출용 새우를 양식하기 위해 맹그로브 숲을 벌목하고 그 자리에 양식장을 세우고 있습니다.

　또한, 지구온난화로 해수면이 높아짐에 따라 맹그로브 나무가 살기 어려워지고 있습니다. 맹그로브 나무가 살아남으려면 연간 해수면 상승이 5mm 미만이어야 하는데, 지금과 같은 수준으로 지구온난화가 계속될 경우 해수면 상승 속도는 연간 약 7mm가 되어 맹그로브 나무가 살기 어려워지게 됩니다.

　맹그로브는 해양생태계에서 중요한 역할을 하고 있을 뿐 아니라 많은 양의 이산화탄소 흡수에 도움을 주기 때문에 지구 환경에 중요한 식물입니다. 이에 유네스코는 맹그로브 숲 복원을 위해 매년 7월 26일을 국제 맹그로브 생태계 보전의 날로 지정하고 있습니다. 더 이상 맹그로브 숲이 파괴되지 않도록 지속적인 관심과 보전이 필요한 시점입니다.

---

① 멸종되는 생물이 늘어날 수 있다.

② 태풍이 왔을 때 큰 피해를 입을 수 있다.

③ 해안가 주변에 모래가 퇴적되어 사막화가 진행될 수 있다.

④ 맹그로브 나무가 있던 지역의 어업이 피해를 입을 수 있다.

⑤ 이산화탄소 흡수량이 저조해진다.

18. 다음 보도 자료를 이해한 내용으로 적절한 것은?

> ▫ P시는 반려견의 유실·유기 예방에 효과적인 내장형 동물등록을 1만 원에 지원한다. 지원 사업에 참여하는 P시 내 600여 개 동물병원에 반려견과 함께 방문하여 1만 원을 지불하면 마이크로칩을 통한 내장형 동물등록을 할 수 있다. P시 시민이 기르는 모든 반려견이 지원 대상이며, 한 해 3만 2천 마리에 대해 선착순으로 지원한다.
>
> ▫ 내장형 동물등록 지원사업은 내장형 동물등록제 활성화를 위하여 P시와 손해보험 사회공 헌협의회, P시 수의사회가 함께 추진하는 사업이다. P시 소재 800여 개 동물병원 중 600여 개가 P시 내장형 동물등록 지원사업에 참여하고 있으며, 사업참여 동물병원은 'P시 수의사 회 내장형 동물등록 지원 콜센터(070-8633-○○○○)'로 문의하면 안내받을 수 있다.
>
> ▫ 「동물보호법」에 따라 주택·준주택에서 기르거나, 반려 목적으로 기르는 월령 2개월 이상 의 개는 등록대상동물로 동물등록 의무대상이다. 「동물보호법」 제47조에 따라 등록대상동 물의 동물등록을 하지 않을 경우 60만 원 이하의 과태료가 부과된다.
>
> ▫ '내장형 동물등록'은 쌀알 크기의 무선식별장치(마이크로칩)를 동물의 어깨뼈 사이 피하에 삽입하는 방식으로, 칩이 체내에 있어 체외에 무선식별장치를 장착하는 외장형 등록방식 에 비해 훼손, 분실, 파기 위험이 적기 때문에 반려견이 주인을 잃어버린 경우 칩을 통해 쉽게 소유자 확인이 가능하여 빠르게 주인을 찾는 데 효과적이다.
>
> ▫ 또한 2월 12일부터 동물판매업소(펫숍)에서 소비한 반려견 구매(입양) 시 판매업소가 구매 자 명의로 동물등록 신청을 한 후 판매(분양)하도록 의무화되었다. 이 경우에도 P시 내장 형 동물등록 지원사업에 따라 1만 원으로 내장형 동물등록이 가능하므로 동물판매업소에 서 반려견을 구매(입양)하고자 하는 시민은 내장형 방식으로 동물등록할 것을 권장한다.

① 내장형 동물등록이 외장형보다 유기견을 찾는 데 더 효과적이겠군.
② 내장형 동물등록이 의무이니 외장 인식표는 이제 사용할 수 없겠군.
③ P시에 있는 동물병원이라면 어디든 가까운 곳으로 가면 되겠군.
④ 펫숍에서 반려견을 구매(입양)할 경우 구매(입양)자의 내장 인식표 등록이 의무화되었군.
⑤ Q시에서 반려견을 키우며 살고 계신 부모님께도 알려 드려 등록할 수 있게 해야겠어.

[19 ~ 20] 다음 글을 읽고 이어지는 질문에 답하시오.

> 2018년 여름에는 기록적인 폭염이 한반도를 덮쳤다. 지구온난화로 티베트 고원에서 달아오른 공기가 북태평양 고기압과 합세해 한반도를 비롯한 지구 북반구에 고온다습한 '열돔'을 형성했다. 이는 2018년에만 일어난 이상현상은 아니다. 미국 국립해양대기국(NOAA)의 2016년 기후현황보고서에 따르면 2016년이 기상관측 이래 가장 더운 해로 기록됐다. 해수면 높이는 6년 연속 최고치를 경신했다. 폭염은 폭염만으로 끝나지 않았다. 겨울에는 혹독한 한파와 여름의 폭염이 번갈아 반복되면서 2018년의 경우 서울의 연교차는 57.4도를 기록했다. 기상청 자료에 의하면 한반도를 둘러싼 해수면 온도 역시 상승하고 있다. 매년 0.34도씩 상승했고, 해수면 온도 상승은 포획 어종까지 바꿔 놓고 있어 생태계의 변화를 실감할 수 있다.
>
> 그렇다면 지구온난화 대책으로 무엇이 있을까? 인류는 1992년 리우회의에서 유엔기후변화협약, 1997년 교토의정서 이후 많은 논의를 통해 2015년 파리협약을 체결했다. 2020년 만료된 교토의정서를 대체한 이 협약은 2020년 이후의 기후변화 대응을 담았다. 한국은 2050년 온실가스 배출전망치 대비 37%를 감축하기로 했다. 정부나 지자체의 정책적 규제나 노력이 반드시 선행되어야 하겠지만, 우리 각자의 자발적인 고민 역시 필수적이다.

19. 다음 중 글쓴이가 윗글을 작성할 때 고려한 사항이 아닌 것은?

① 근거 내용의 출처를 제시해야겠군.
② 질문을 던져 주의를 환기시켜야겠군.
③ 2018년 폭염이 나타난 원인을 제시해야겠군.
④ 정부에서 추진하는 구체적인 규제방법을 제시해야겠군.
⑤ 지구온난화에 대응하기 위한 국제적 협약을 제시해야겠군.

20. 윗글을 회의 자료로 사용할 수 있는 기관으로 적절한 것은?

① 화력발전량의 일정비율을 신재생에너지로 공급하는 기관
② 담배사업의 내수 안정화와 해외 수출에 앞장서는 기관
③ 국민이 믿고 탈 수 있는, 안전한 철도를 만드는 기관
④ 국민주거생활의 향상 및 국토의 효율적인 이용을 도모하는 기관
⑤ 국민의 먹을거리 생산 기반을 확충하고 농어촌 생활환경 개선에 앞장서는 기관

21. 업무수행 과정에서 발생하는 문제의 유형 중 다음 유형과 가장 거리가 먼 것은?

> 탐색형 문제(찾는 문제)는 현재의 상황을 개선하거나 효율을 높이기 위한 문제이다. 또한 탐색형 문제는 눈에 보이지 않는 문제로, 별도의 조치 없이 방치하면 뒤에 큰 손실이 따르거나 결국 해결할 수 없는 문제로 나타나게 된다.

① 재고 감축   ② 신규 사업 창출   ③ 생산성 향상

④ 영업이익 향상   ⑤ 조직 제도 개선

22. 다음은 A 기업의 시장 분석과정 중 문제 해결 방안을 도출한 것이다. 대응 방안을 충족시킬 수 있는 내용을 〈보기〉에서 모두 고른 것은?

상황 분석	• 모든 시장을 상대할 수 없기에 본사 제품을 투입할 시장을 찾아야 함. • 본사의 제품을 원하는 소비자를 찾아 집중적으로 공략해야 함.

↓

조건 모색	• 소비자들이 유사한 구매행동을 가지고 있어야 하며, 소득수준이나 주거지역 등이 비슷해야 함. • 다른 소비자들과 차이를 가지는 집단이어야 함.

↓

채용 방안	시장의 규모나 구성원 등에 대하여 측정할 수 있어야 하며, 경제성을 가진 시장을 모색하기로 함.

보기

ㄱ. 만성피로에 지친 소비자들의 시장 규모를 찾아본다.

ㄴ. 거동이 불편한 사람을 위한 버튼형 자가운전 자동차를 생산한다.

ㄷ. 모든 고객의 원하는 바를 충족시키기 위해 첨단 연구진을 대거 투입한다.

① ㄱ   ② ㄴ   ③ ㄷ

④ ㄱ, ㄴ   ⑤ ㄱ, ㄴ, ㄷ

23. 다음 〈예시 1 ~ 4〉는 인터넷에서 볼 수 있는 댓글들이다. 이들이 공통적으로 범하고 있는 논리적 오류는 어느 것인가?

〈예시 1〉

A : 나는 …라고 주장해.

B : 쟤는 평소에도 말이 안 되는 주장을 많이 하잖아. 방금 A가 한 주장은 안 봐도 분명 틀렸을 거야!

〈예시 2〉

A : 어떤 사람이 같은 성별을 사랑한다는 이유만으로 차별하는 것은 옳지 않아.

B : 그런 말을 하다니, 너 동성애자냐?

〈예시 3〉

A : … 이유 때문에 히딩크가 한국으로 다시 오는 걸 반대해.

B : 우리나라 축구의 영웅인 히딩크가 오는 걸 반대해? 너는 분명히 축구를 싫어하는구나.

〈예시 4〉

A : MSG라고 무조건 다 몸에 해로운 건 아니야!

B : MSG가 몸에 해롭지 않다고? 알겠으니까 너나 먹어.

---

① 무지에 호소하는 오류 　　　　　② 애매성의 오류

③ 허수아비 공격의 오류 　　　　　④ 원천봉쇄의 오류

⑤ 인신공격의 오류

24. 장미아파트 관리소장은 아파트 입주민들에게 승강기 안전사고와 관련하여 주의사항을 공지하려고 한다. 목적에 부합하는 내용 조직방법으로 적절한 것은?

① 서로 협력하며 살아가는 동물을 예로 들며 흥미를 유발하고 이를 바탕으로 입주민들이 협력의 필요성을 자연스럽게 인식하도록 한다.

② 기존 승강기보다 현재 이용하고 있는 승강기의 품질이 더 우수하다는 것을 보여 주기 위해 구체적인 통계자료와 사진을 활용한다.

③ 승강기 회사의 경영 방침, 인재관 등에 대한 안내 자료를 배부하고 관련된 질의를 입주민에게 받았을 때 당황하지 않도록 준비한다.

④ 먼저 승강기 안전사고의 실험 목적을 밝힌 후, 실험 과정을 일목요연하게 정리한 표와 실험 사진을 보여 주어 입주민들이 이해하기 쉽도록 한다.

⑤ 최근 승강기 사고가 많이 발생한다는 사실을 알려 누구에게나 일어날 수 있는 일임을 환기시키고 사고를 예방하기 위한 행동 요령을 항목별로 제시한다.

25. A 공사는 내년도 사업계획 수립을 위해 해외지사들과 화상회의를 진행하려고 한다. 업무시간 중 1시간 동안만 회의를 진행하려고 할 때, 다음 조건을 참고하여 모든 지사가 가능한 회의 시간을 구하면? (단, 모든 지사의 업무시간은 오전 9시 ~ 오후 7시이고, 회의시간은 서울시간을 기준으로 정한다)

> • 호주는 서울보다 1시간 빠르다(매일 자체 회의시간이 오후 3시 ~ 오후 4시에 있음).
> • 마드리드는 서울보다 2시간 느리다.
> • 마닐라는 서울보다 3시간 빠르다.
> • 두바이는 서울보다 5시간 빠르다.
> • 호주, 두바이는 서머타임이 적용된다(서머타임으로 인해 기존시간보다 1시간이 빨라짐).
> • 서울 포함 모든 지사의 점심시간은 오전 11시 ~ 오후 12시이다.

① 오전 09시 ~ 오전 10시
② 오전 10시 ~ 오전 11시
③ 오전 11시 ~ 오후 12시
④ 오후 12시 ~ 오후 01시
⑤ 오후 01시 ~ 오후 02시

26. □□공사 총무팀에서는 겨울철 건조한 실내 근무환경을 개선하기 위해 매년 겨울에 팀 내 공용 가습기를 가동한다. 다음의 〈조건〉에 따라 당번제로 가습기 관리를 한다고 할 때, 11월 29일부터 12월 3일까지 당번을 맡을 사람은 누구인가?

조건

- 팀 내 공용 가습기 가동 시작일은 매년 11월 첫째 주 월요일이다.
- 당번제에 따라 정해진 당번이 월요일부터 금요일까지 5일간 가습기를 관리한다.
- 당번 순서는 이름 가나다 순으로 한다.
- 당번을 맡은 주에 개인 휴가가 예정되어 있다면, 다음 당번과 당번 맡는 주의 순서를 맞바꾼다(단, 휴가가 두 주에 걸쳐 있는 경우, 다다음 당번과 순서를 맞바꾼다).
- 인턴은 당번에서 제외된다.

〈달력〉

11월						
일	월	화	수	목	금	토
	1	2	3	4	5	6
7	8	9	10	11	12	13
14	15	16	17	18	19	20
21	22	23	24	25	26	27
28	29	30				

12월						
일	월	화	수	목	금	토
			1	2	3	4
5	6	7	8	9	10	11
12	13	14	15	16	17	18
19	20	21	22	23	24	25
26	27	28	29	30	31	

〈총무팀 팀원 현황〉

이름	김○○	이○○	박○○	최○○	송○○
직급	부장	과장	과장	대리	인턴
휴가예정일	–	11/19, 11/22	–	–	11/15

① 김 부장 ② 이 과장 ③ 박 과장
④ 최 대리 ⑤ 송 인턴

27. 다음 그림자료를 보고 제기한 의문 사항에 대한 답변으로 적절하지 않은 것은?

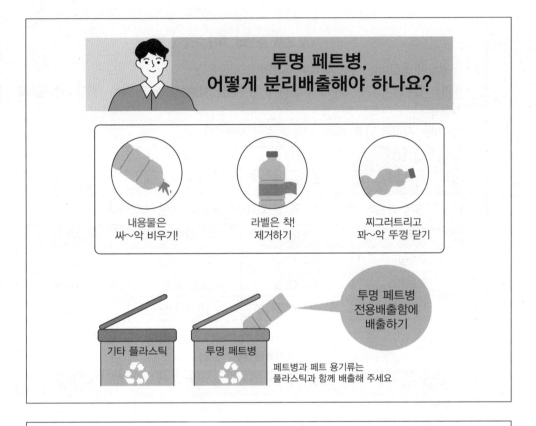

왜 투명 페트병에 대한 분리배출을 강조하나요?

① 투명 페트병으로 생산된 고품질 재활용 원료는 다른 제품으로 재생산이 가능합니다.

② 일반 플라스틱은 불순물이 많아 고품질 재생원료 확보에 제약이 있습니다.

③ 투명 페트병을 유색 페트병과 혼합 배출하면 고품질 재활용 원료 확보에 어려움이 있습니다.

④ 폐플라스틱을 회수하면 판매자가 이를 재사용하여 제품의 가격을 낮출 수 있습니다.

⑤ 투명 페트병 분리배출로 연 2.9만 톤에서 10만 톤의 고품질 재활용 원료를 확보할 수 있습니다.

1회 기출예상 · 2회 기출예상 · 3회 기출예상 · 4회 기출예상 · 5회 기출예상 · 6회 기출예상 · 7회 기출예상

28. 다음 A 공사 출장비 지급 기준을 참고할 때, 기획팀에 지급해야 할 총 출장비는?

〈A 공사 출장비 지급 기준〉

- A 공사의 출장비는 식비, 숙박비, 교통비로 구분된다.
- 식비는 영수증에 나온 실비를 지급하나, 영수증을 제출하지 않은 경우 1일당 5만 원으로 책정한다.
- 숙박비는 지역에 따라 1박당 다음과 같이 지급한다.

지역	부산	대전	광주
금액	90,000원	70,000원	80,000원

- 다음은 왕복 교통비이며, 출장지역 및 교통수단에 따라 차등 지급한다.

구분	부산	대전	광주
고속철도	150,000원	120,000원	130,000원
고속버스	70,000원	50,000원	60,000원
개인차량	120,000원	100,000원	110,000원

〈기획팀 출장내역〉

구분	갑 대리	을 대리	병 차장
출장기간	2박 3일	3박 4일	1박 2일
출장지역	부산	대전	광주
식비내역	1일-50,000원 2일-100,000원 3일-60,000원	1일-60,000원 2일-120,000원 3일-100,000원 4일-50,000원	1일-100,000원 2일-120,000원
교통수단(왕복)	고속버스	개인차량	고속철도
비고	1, 2일 식비 영수증 제출 3일 식비 영수증 미제출	1, 2일 식비 영수증 제출 3, 4일 식비 영수증 미제출	식비 영수증 모두 제출

① 1,270,000원 ② 1,370,000원 ③ 1,470,000원
④ 1,550,000원 ⑤ 1,670,000원

[29 ~ 30] 다음은 갑 공사의 기록물관리규정 중 일부이다. 이어지는 질문에 답하시오.

제15조(기록물의 보존) ① 처리부서로부터 인수한 기록물은 기록물의 형태, 처리부서, 보존기간 및 생산연도 등으로 구분하여 보존서고에 배치하여야 한다.

② 기록관의 장은 기록물의 안전한 보존을 위하여 서고별로 관리책임자를 지정하여야 하며, 기록물의 정수점검, 상태점검 실시, 항온항습 환경 구축 등을 위하여 필요한 조치를 취할 수 있다.

제16조(보존기간) ① 기록물의 보존기간은 영구, 준영구, 30년, 10년, 5년, 3년, 1년의 7종으로 구분하며, 보존기간별 책정 기준은 [별표 2]와 같다.

② 기록물의 보존기간은 기록물분류기준표에 정한 보존기간을 기준으로 처리부서의 장이 기록물의 정리 시에 기록물질단위로 정한다. 다만, 특별히 보존할 필요가 있다고 인정되는 기록물에는 기록관장이 보존기간을 직접 정할 수 있다.

③ 보존기간의 기산일은 해당 기록물의 처리가 완결된 날이 속하는 다음 연도의 1월 1일로 한다. 다만, 여러 해에 걸쳐서 진행되는 경우에는 해당 과제가 종결된 날이 속하는 다음 연도의 1월 1일부터 보존기간을 기산한다.

제17조(기록물의 평가 및 폐기) ① 기록관에서의 기록물의 평가 및 폐기는 「공공기록물법」 제27조 제1항, 동법 시행령 제43조, 동법 시행규칙 제35조의 규정에 따라 시행하되, 기록물평가심의회의 구성 및 운영에 관하여는 본 운영규정 제4장 「기록물평가심의회」로 정한다.

② 처리부서에서는 모든 문서를 일체 폐기할 수 없으며, 폐기 대상 문서는 기록관으로 이관하여 폐기하여야 한다.

③ 처리부서의 장은 보존기간이 경과한 기록물에 대하여 별지 제4호 서식의 기록물평가심의서를 작성하고 담당자의 의견을 기재하여 기록물관리부서의 장에게 제출하여야 하며, 전문요원은 자체 심사 후 기록물평가심의회의 심의를 거쳐 보존기간 재책정, 폐기 또는 보류로 구분하여야 한다.

④ 폐기보류로 구분된 기록물은 5년마다 보존가치를 재평가하여야 한다.

[별표 2] 기록물의 보존기간별 책정 기준(제16조 관련)

보존기간	대상기록물
영구	1. 공사의 핵심적인 업무수행을 증명하거나 설명하는 기록물 중 영구 보존이 필요한 기록물 2. 공사 및 소속 임직원, 퇴직자 등의 지위, 신분, 재산, 권리, 의무를 증명하는 기록물 중 영구보존이 필요한 기록물 3. 공사의 역사경험을 증명할 수 있는 기록물 중 영구보존이 필요한 기록물 4. 공사의 수행 업무 중 국민의 건강증진, 환경보호 등과 관련한 기록물 중 영구보존이 필요한 기록물 5. 공사에 중대한 영향을 미치는 주요한 정책, 제도의 결정이나 변경과 관련된 기록물 중 영구보존이 필요한 기록물 6. 인문·사회·자연 과학의 중요한 연구성과와 문화예술분야의 성과물로 국민이나 기관 및 단체, 조직에 중대한 영향을 미치는 사항 중 영구보존이 필요한 기록물

영구	7. 공사의 조직구조 및 기능의 변화, 권한 및 책무의 변화, 사장 등 주요 직위자의 임면 등과 관련된 기록물 중 영구보존이 필요한 기록물 8. 일정 규모 이상의 국토의 형질이나 자연환경에 영향을 미치는 사업·공사 등과 관련된 기록물 중 영구보존이 필요한 기록물 9. 조사·연구서 또는 검토서 중 영구보존이 필요한 기록물 10. 회의록 중 영구보존이 필요한 기록물 11. 시청각기록물 중 영구보존이 필요한 기록물 12. 공사의 연도별 업무계획과 이에 대한 추진과정, 결과 및 심사분석 관련 기록물, 외부기관의 공사에 대한 평가에 관한 기록물 13. 공사 및 주요 직위자의 지시사항과 관련된 기록물 중 영구보존이 필요한 기록물 14. 정책자료집, 백서, 그 밖에 공사의 연혁과 변천사를 규명하는 데 유용한 중요 기록물 15. 공사 사장, 주요 직위자 관련 기록물 및 외국의 공사 관련 기록물 16. 공사 사장 및 주요직위자의 공식적인 연설문, 기고문, 인터뷰 자료 및 공사의 공식적인 브리핑 자료 17. 공사 소관 업무분야의 통계·결산·전망 등 대외 발표 혹은 대외 보고를 위하여 작성한 기록물 18. 사장이 정하는 사항에 관한 기록물 19. 다른 법령, 내규에 따라 영구 보존하도록 규정된 기록물
준영구	1. 공사 및 소속 임직원, 퇴직자의 신분, 재산, 권리, 의무를 증빙하는 기록물 중 관리대상 자체가 사망, 폐지, 그 밖의 사유로 소멸되기 때문에 영구보존할 필요성이 없는 기록물 2. 비치기록물로서 30년 이상 장기보존이 필요하나, 일정기간이 경과하면 관리대상 자체가 사망, 폐지, 그 밖의 사유로 소멸되기 때문에 영구보존의 필요성이 없는 기록물 3. 관계 법령에 따라 30년 이상의 기간 동안 민·형사상 책임 또는 시효가 지속되거나, 증명자료로서의 가치가 지속되는 사항에 관한 기록물
30년	1. 영구·준영구적으로 보존할 필요는 없으나 공사의 설치목적을 구현하기 위한 주요업무와 관련된 기록물 2. 공사의 사장, 본부장 등의 결재를 필요로 하는 일반적인 사항에 관한 기록물 3. 관계 법령에 따라 10년 이상 30년 미만의 기간 동안 민·형사상 또는 행정상의 책임 또는 시효가 지속되거나, 증명자료로서의 가치가 지속되는 사항에 관한 기록물 4. 다른 법령에 따라 10년 이상 30년 미만의 기간 동안 보존하도록 규정한 기록물 5. 그 밖에 10년 이상의 기간 동안 보존할 필요가 있다고 인정되는 기록물

29. 제시된 규정을 바르게 이해한 것은?

① 모든 기록물의 보존기간은 기록관장이 결정하되, 필요 시 처리부서장에게 의견을 구한다.

② 담당 부서장이 필요없다고 판단하는 문서는 문서분쇄기 등을 활용하여 파쇄하여 정리한다.

③ 폐기보류로 구분된 기록물은 5년이 지날 때마다 그 보존가치를 다시금 평가해야 한다.

④ 보존기간이 경과된 문서는 기록물관리부서의 장이 기록물평가심의서를 작성해야 한다.

⑤ 상반기에 완료된 사업 관련 문서는 정리하여 7월부터 보존기간을 책정하고 기록물 관리 부서로 이관한다.

30. 제시된 규정을 참고할 때, 기록물에 따른 보존기간을 바르게 연결한 것은?

① 전임 사장의 퇴임사 – 준영구

② 담당 본부장의 결재 서류 – 준영구

③ 외부기관의 공사에 대한 평가 – 30년

④ 공사의 조직구조 및 기능의 변화에 관한 기록물 – 영구

⑤ 공사의 정책자료집 및 백서 – 30년

31. 회사의 신규 프로젝트 책임을 맡게 된 김 이사는 새로운 팀을 구성하여 팀원들과 함께 회의를 진행하였다. 다음 중 회의에서 적절하지 않은 발언을 한 팀원은?

① A 과장 : B 대리는 운전면허가 없으니, 타 지역에 있는 협력업체 현장점검은 제가 하겠습니다.

② B 대리 : A 과장님께서 현장점검을 맡아 주신다고 하니 감사합니다. 그러면 저는 점검 결과를 책임지고 문서로 정리하겠습니다.

③ C 차장 : 프로젝트 일정이 촉박하고 이해관계가 복잡해 보입니다. 납기 내에 일을 마치려면 힘들더라도 서로 도와서 잘해 봅시다.

④ D 차장 : 저는 매주 목요일 일과 후에 개인 일정이 있어서 목요일 주간 업무 회의 참석이 어렵습니다. 대신 제 업무 내용은 정리해서 이사님께 메일로 보고하겠습니다.

⑤ E 차장 : 프로젝트를 위해 각자 맡은 일을 진행하면서 의사소통을 잘 해야 할 것 같습니다. 성공적으로 일을 마치려면 정보 공유가 중요하겠네요.

32. A 기업의 외부 시장환경을 분석하였을 때, 〈보기〉와 같은 특징을 도출할 수 있었다. 향후 자사의 제품을 서비스하기 위해 갖춰야 할 본원적 경쟁전략으로 적절한 것은?

> **보기**
>
> • 자사 제품이 판매될 시장 내에선 이미 기존 제품 간 경쟁이 치열하다.
> • 제품의 수요보다 공급되는 서비스와 제품이 더 많기 때문에 기존 수요를 적극적으로 활용할 것이 요구된다.
> • 일부 제품은 기술 등에서 차별화를 시도하였으나 기존 판매 제품에 비해 수익성이 현저하게 떨어져 결국 시장에서 사라졌다.
> • 자사의 경우 특정 소비자 집단과 지역을 바탕으로 제품을 서비스하기 위해서는 소비자 조사를 선행적으로 시행해야 하는 물리적 어려움이 존재한다.

① 경쟁 서비스 업체보다 뛰어난 제품 디자인을 통해 경쟁우위를 확보해야 한다.

② 시장세분화를 통해 특정 소비자의 욕구를 발굴하여 그 욕구에 맞춰 제품을 판매해야 한다.

③ 제조과정의 원가절감을 통해 다른 업체보다 저렴한 가격으로 경쟁우위를 확보해야 한다.

④ 고객의 소득 수준 등을 분석하여 소득 수준이 높은 고객을 대상으로 경쟁우위를 확보해야 한다.

⑤ 브랜드의 인지도 향상이 필요하므로 차별화된 이미지를 발굴하여 광고 등을 통해 경쟁우위를 확보해야 한다.

33. 다음 표는 민츠버그의 경영자 역할을 회사의 경영 상황에 맞게 작성한 내용이다. A ~ C에 들어갈 내용을 바르게 나열한 것은?

A	B	C
• 회사를 대표해서 공식적 역할을 수행한다. • 종업원에게 동기를 부여하며, 갈등을 조정한다. • 종업원을 채용하고 교육한다.	• 기업 내·외부 정보를 수집한다. • 투자를 유치하고 홍보한다. • 내부의 객관적 강점을 외부에 알린다.	• 조직 내 혁신적 문화를 구축한다. • 외부의 환경변화에 대응한다. • 외부 협상에서 자사의 유리한 결과를 위해 노력한다.

	A	B	C
①	대인관계역할	정보전달역할	의사결정역할
②	의사결정역할	정보전달역할	대인관계역할
③	정보전달역할	대인관계역할	의사결정역할
④	정보전달역할	의사결정역할	대인관계역할
⑤	대인관계역할	의사결정역할	정보전달역할

34. 다음은 '도요타의 성공사례'에 대한 내용이다. (가)에 들어갈 조직설계의 핵심요소로 가장 적합한 것은?

도요타는 수만 개의 사내 규정, 명확한 업무구성표, 체계적인 문서관리로 인해 세계적인 기업이 될 수 있었다. 다음 그림은 도요타의 문서화된 업무 절차이다.

1918년 '문서취급규정'이 마련된 이래 매년 개정을 거쳐 현재는 수만 개의 규정이 존재한다. 도요타의 관리자는 600쪽 이상의 문서를 읽지 않으면 업무가 불가능하다고 한다. 이를 통해 사무관리의 효율화, 데이터 관리의 표준화 등의 효과를 거두고 있다.

이러한 (가   )가 있었기 때문에 도요타는 바람직한 경영사상의 연속성을 확보하고, 끊임없는 개선(카이젠)을 통해 세계적 자동차 제조업체가 될 수 있었던 것이다.

① 공식화   ② 집권화   ③ 부서화
④ 분권화   ⑤ 모듈화

1회 기출예상 2회 기출예상 3회 기출예상 4회 기출예상 5회 기출예상 6회 기출예상 7회 기출예상

35. 다음 조직 관리에 대한 글의 밑줄 친 ㉠, ㉡에 대응하는 현대의 법률로 가장 적절한 것은?

> 고대 바빌론의 제6대 왕 함무라비가 B.C. 1700년경에 제정해서 돌에 새겨 놓은 함무라비 법전은 1901년 페르시아의 옛 수도에서 발견되어 현재 프랑스 루브르 박물관에 원형 그대로 보존되어 있다. 높이 2.25m의 돌기둥에 쐐기문자로 새겨진 282항의 법조문 중에는 ㉠노동 생산성이 낮은 부녀자들에게도 최소한 8구르의 곡물을 하루 일당으로 지급하라는 내용이 명시되어 있고, ㉡집을 건축하다가 노동자가 사고로 죽으면 건축주에게 책임이 있는 만큼 그 주인도 죽여야 한다는 강력한 내용도 명시하고 있다.

	㉠	㉡
①	고용보험법	노사협의회법
②	최저임금법	산업재해보상보험법
③	근로기준법	노동조합 및 노동관계조정법
④	노동조합 및 노동관계조정법	국민건강보험법
⑤	산업안전보건법	건설산업기본법

36. 다음은 경영 전략에 관한 강연내용이다. 두 회사의 전략이 실패한 가장 큰 이유는?

> 한때 패스트푸드 업체 1위인 맥도날드는 버거킹과 치열한 경쟁을 벌였습니다. 버거킹이 99센트짜리 세트를 내놓으면 맥도날드는 1달러짜리 세트를 내놓아서 경쟁하는 식이었습니다. 또 맥도날드가 '고객의 주문에 언제나 대비하고 있다'고 광고를 하면 버거킹은 '어떤 주문도 즉시 소화할 수 있다'는 콘셉트로 광고를 했습니다.
>
> 그 후 웰빙에 대한 관심이 높아지면서 사람들이 패스트푸드를 멀리하기 시작했지만 맥도날드와 버거킹은 서로를 누른다는 생각으로 햄버거에만 집중하였고 이로 인해 두 회사는 갈수록 매출이 떨어졌습니다. 결국 맥도날드의 매장은 2011년 웰빙 샌드위치 전문점인 서브웨이에 밀렸고, 버거킹은 웰빙 버거를 앞세운 웬디스에게 2위 자리를 내주었습니다.

① 두 기업이 비윤리적인 방법으로 담합을 했기 때문이다.

② 규모를 늘리는 데 치중하여 무리하게 사업을 확장했기 때문이다.

③ 전략적 성패는 고객만족에 있음을 간과했기 때문이다.

④ 단기 전략보다 장기 전략을 더 중시했기 때문이다.

⑤ 기업 간 네거티브 광고 경쟁이 과열되면서 부정적 이미지가 발생했기 때문이다.

37. 다음 글을 통해 알 수 있는 이케아의 두 가지 성공 경영 전략은?

스웨덴의 가구 제조 기업 이케아(IKEA)가 세계적인 기업으로 성장할 수 있었던 이유는 그들이 경영을 하면서 고수했던 몇 가지 전략에서 찾아볼 수 있다.

이케아는 먼저 '가격 전략'을 고수했다. 이케아의 창립자 잉바르 캄프라드(Ingvar Kamprad)는 낮은 가격을 유지하기 위해 어떤 노력도 두려워해서는 안 된다고 말했을 정도로 경쟁자들과의 확실한 가격 격차를 강조했다. 이를 위해 새로운 제품을 만들기 전에 먼저 가격표를 디자인 하는 것이 이케아의 방침이다. 일반적으로 가구는 부피가 커서 운송에 많은 인력이 필요하지만 작게 포장을 하게 되면 지게차 한 대로도 많은 운반이 가능하게 된다. 따라서 이케아는 낮은 가격을 유지하기 위해 가구를 가능한 작고 납작하게 포장한다. 이러한 포장은 공간을 작게 차지하기 때문에 운송비와 노동비를 줄일 수 있었다.

다음으로 '육각렌치 전략'이다. 육각렌치는 이케아의 가구를 조립할 때 가장 기본이 되는 공구다. 이케아는 스스로를 서비스 업체라고 생각하지 않기 때문에 가구 판매에서 발생하는 작업량의 80%를 고객 부담으로 돌린다. 즉, 가구를 집까지 운송해 주고 집 안에 옮겨와 설치까지 해주는 여느 가구업체들과는 달리 고객이 가구를 구매하면 집에서 직접 조립하게 하는 방식을 취한다. 고객은 좀 불편할지 모르겠지만, 이전에는 느껴보지 못했던 성취감과 가구에 대한 애정을 자신의 가구를 조립하는 과정 속에서 느끼게 된다.

마지막은 '카탈로그 전략'이다. 매년 출간되는 카탈로그에 연간 마케팅 예산의 3분의 2를 사용할 정도로 카탈로그는 이케아가 마케팅에서 가장 공을 들이는 분야이다. 약 300쪽에 달하는 카탈로그는 만여 개에 달하는 제품을 수록하고 있으며 세계 각국의 언어로 번역되어 고객에게 무료로 배포된다. 소비자들은 카탈로그에서 제품을 미리 찾아보고 쇼핑리스트를 작성할 수 있다.

---

① 원가우위 전략과 차별화 전략
② 원가우위 전략과 집중화 전략
③ 차별화 전략과 다각화 전략
④ 집중화 전략과 모방 전략
⑤ 차별화 전략과 집중화 전략

38. 마트를 운영하는 A는 마이클 포터의 원가우위 전략을 사용하려 한다. ㄱ ~ ㄹ 중 원가우위 전략이 효과를 거둘 수 없는 상황을 모두 고른 것은?

> ㄱ. 마트의 선택 기준 중 브랜드를 가장 중요한 요소로 고려한다.
> ㄴ. 동일 제품인 경우 소비자들은 가격을 제일 먼저 고려한다.
> ㄷ. 전환비용이 낮아서 구매자들이 가장 낮은 가격을 찾는다.
> ㄹ. 인근에서 큰 식당 등을 운영하는 대규모 구매자들이 가격에 대한 강한 협상력을 가지고 있다.

① ㄱ   ② ㄱ, ㄴ   ③ ㄱ, ㄴ, ㄷ
④ ㄴ, ㄷ, ㄹ   ⑤ ㄱ, ㄴ, ㄷ, ㄹ

39. 다음 중 조직구조의 특징에 대한 설명으로 적절하지 않은 것은?

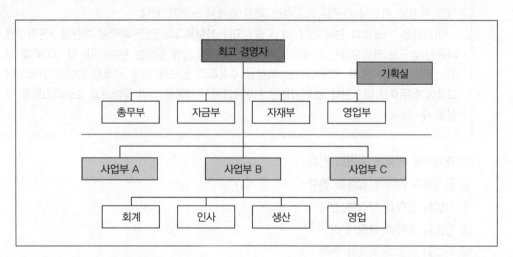

① 직계 조직과 참모 조직의 단점을 보완하고 장점을 살릴 수 있는 조직구조이다.
② 명령일원화 원칙에 위배되는 특징을 가진다.
③ 종업원은 한 명의 감독자를 가지고, 상급관리자는 기능적인 여러 명의 하급관리자를 가진다.
④ 기업 규모가 클 때 효과적인 조직구조이다.
⑤ 직계 조직의 폭탄을 방지하는 참모 조직에 의해 의사 결정의 합리성이 확보된다.

40. 다음은 조직문화와 관련된 기사내용 중 일부이다. 기사의 제목으로 적절한 것은?

> 고객만족도 조사에서 디즈니는 '매우 만족'한 고객에게만 관심을 갖는다. 그들에게 중요한 것은 '매우 만족'한 고객이 많아지는 것이다. 고객을 단순히 '만족'시키는 수준으로는 충성도와 입소문의 효과를 얻을 수 없다는 사실을 그들은 잘 알고 있다. 디즈니는 고객이 특별한 기억과 즐거운 경험으로 '매우 만족'을 선택하고 충성고객이 될 수 있도록 노력한다. 그리고 그 핵심은 고객의 '경험'을 최우선 가치로 여기는 것이며 만약 디즈니가 병원을 경영한다 해도 이 원칙은 변함없이 지켜질 것이다.
>
> 한편 대부분의 병원은 환자에 대한 서비스보다 임상 결과와 업무 프로세스 개선에 초점을 맞춘다. 그러나 실제 환자 만족도와 충성도에 가장 밀접한 상관관계를 갖는 요소는 '환자의 인식과 경험'들이다. 예를 들면 환자에게 보이는 관심, 의료진들의 팀워크, 치료 과정에 대한 상세하고 친절한 설명, 불편 사항에 대한 신속하고 적절한 대처 등이다. '환자들은 질병이 치료된 방식이 아니라 한 인간으로서 자신이 돌보아진 방식을 가지고 자신의 경험을 판단한다'는 통찰은 깊은 울림을 전해 준다.

① 세계에서 가장 위대한 기업들은 대부분 큰 목적을 가지고 있다.

② 승리에 대한 강한 열망을 가지고 잃을 것에 대한 두려움을 제거하라.

③ 당신이 현재 하고 있는 일을 즐겨라.

④ 사람에 대한 배려는 믿기 힘들 정도로 중요하다.

⑤ 소수의 열정적인 집단이 만드는 트렌드에 집중하자.

41. 연산 ◆를 다음과 같이 정의할 때, [{(1◆7)◆8}◆9]×2+5를 계산하면?

$$a \diamond b = (a를\ b로\ 나눈\ 나머지)$$

① 5   ② 6   ③ 7
④ 8   ⑤ 9

42. ○○공사 이 대리는 사무실에서 사용할 볼펜 31개를 구매하기 위해 판매처를 알아보았다. 판매처별 가격 정보가 다음과 같을 때, 이 대리가 볼펜 구매에 지불할 최소 금액은 얼마인가?

구분	볼펜 개당 가격	택배비
판매처 A	1,560원	4,300원
판매처 B	1,550원	4,500원
판매처 C	1,540원	5,000원

① 52,480원   ② 52,550원   ③ 52,660원
④ 52,740원   ⑤ 52,810원

43. 다음은 20XX년 월별 · 도시별 미세먼지(PM2.5) 대기오염도에 관한 자료이다. 이에 대한 설명으로 옳은 것은?

<미세먼지(PM2.5) 대기오염도>

(단위 : $\mu g/m^3$)

구분	1월	2월	3월	4월	5월
서울	29	28	25	21	19
인천	27	23	21	16	15
부산	21	22	16	17	17
대구	26	26	20	18	20
광주	27	21	18	17	18

① 조사기간 동안 미세먼지(PM2.5) 대기오염도는 항상 부산이 가장 낮았다.

② 조사기간 동안 미세먼지(PM2.5) 대기오염도는 항상 서울이 가장 높았다.

③ 조사기간 중 미세먼지(PM2.5) 대기오염도는 평균적으로 1월에 가장 높았다.

④ 조사기간 동안 5개 지역의 미세먼지(PM2.5) 대기오염도는 지속적으로 감소했다.

⑤ 조사기간 중 가장 낮은 미세먼지(PM2.5) 대기오염도를 기록한 지역은 광주다.

44. 시침과 분침으로 이루어진 아날로그 시계가 있다. 12시 정각에 시침과 분침의 위치가 동일한 것을 확인한 후 일정 시간이 지나 다시 시계를 보니 시침과 분침 사이의 각도가 231°였다면, 그때의 시각은?

① 12시 39분   ② 12시 42분   ③ 12시 45분

④ 12시 48분   ⑤ 12시 51분

1회 기출예상 2회 기출예상 3회 기출예상 4회 기출예상 5회 기출예상 6회 기출예상 7회 기출예상

45. 다음은 엔진 종류별 행정 체적과 연소실 체적에 관한 자료이다. 압축비가 가장 큰 엔진과 가장 작은 엔진을 순서대로 바르게 나열한 것은? (단, 소수점 아래 둘째 자리에서 반올림한다)

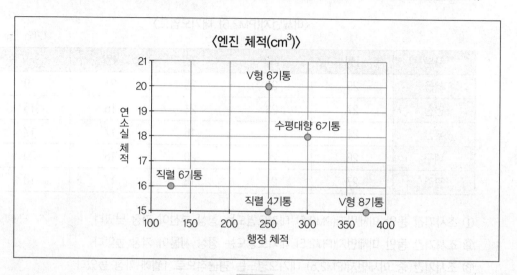

〈엔진 체적(cm³)〉

공식

$$압축비 = \frac{행정\ 체적 + 연소실\ 체적}{연소실\ 체적}$$

---

① V형 8기통, 직렬 6기통
② V형 8기통, V형 6기통
③ V형 8기통, 수평대향 6기통
④ 직렬 4기통, V형 6기통
⑤ 직렬 4기통, 수평대향 6기통

46. 다음은 20XX년 5월 전체 영화 박스오피스 상위 10위에 관한 자료이다. 이에 대한 설명으로 적절하지 않은 것은? (단, 12 · 15세 등급 영화는 만 12 · 15세부터 관람할 수 있다)

집계기간 : 20XX년 5월 1일~31일						
순위	영화제목	배급사	개봉일	등급	스크린수(관)	관객 수(명)
1	신세계	C사	4. 23.	15세	1,977	4,808,821
2	위대한 쇼맨	L사	4. 9.	12세	1,203	2,684,545
3	날씨의 아이	M사	4. 9.	15세	1,041	1,890,041
4	킬러의 보디가드	A사	5. 13.	전체	1,453	1,747,568
5	패왕별희	B사	5. 1.	12세	1,265	1,545,428
6	비커밍제인	C사	5. 1.	12세	936	697,964
7	오퍼나지	C사	5. 1.	15세	1,081	491,532
8	동감	A사	5. 17.	15세	837	464,015
9	이별의 아침에	W사	5. 10.	전체	763	408,088
10	언더워터	L사	4. 1.	12세	1,016	393,524

① 20XX년 5월 박스오피스 상위 10개 중 C사가 배급한 영화가 가장 많다.

② 20XX년 5월 박스오피스 상위 10개 중 20XX년 5월 6일에 갑(만 12세)과 을(만 13세)이 함께 볼 수 있었던 영화는 총 4편이다.

③ 20XX년 5월 '신세계'의 관객 수는 '언더워터'의 관객 수보다 10배 이상 많다.

④ 20XX년 5월 스크린당 관객 수는 '오퍼나지'가 '동감'보다 많다.

⑤ 해당 집계기간 동안 4월 개봉작의 총 관객 수가 5월 개봉작의 총 관객 수보다 많다.

47. 다음은 20X9년 유럽 주요 국가의 보건부문 통계 자료이다. 이에 대한 설명으로 옳은 것을 〈보기〉에서 모두 고르면?

구분	기대수명(세)	조사망률(명)	인구 만 명당 의사 수(명)
독일	81.7	11.0	38.0
영국	79.3	10.0	27.0
이탈리아	81.3	10.0	37.0
프랑스	81.0	9.0	36.0
그리스	78.2	12.0	25.0

※ 조사망률 : 인구 천 명당 사망자 수

보기

ㄱ. 유럽에서 기대수명이 가장 낮은 국가는 그리스이다.

ㄴ. 인구 만 명당 의사 수가 많을수록 조사망률은 낮다.

ㄷ. 20X9년 프랑스의 인구가 6,500만 명이라면 사망자는 약 585,000명이다.

① ㄱ   ② ㄷ   ③ ㄱ, ㄴ

④ ㄱ, ㄷ   ⑤ ㄴ, ㄷ

48. ○○회사는 지난 체육대회에서 변형된 점수 부여 방식으로 야구 경기를 진행하였다. 다음 자료를 참고할 때 안타를 더 많이 친 팀(A)과 그 팀의 홈런 개수(B)는?

<변형된 점수 부여 방식>

• 3아웃으로 공수가 교대되며, 5회까지 경기를 한다(단, 루상에서의 아웃은 없다고 가정한다).
• 1번 타자부터 9번 타자까지 있고 교체 인원은 없으며, 1 ~ 9번이 타석에 한 번씩 선 후 1번부터 다시 타석에 선다.
• 홈런의 경우 점수 5점을, 안타(홈런을 제외한 단타, 2루타, 3루타)의 경우 2점을, 아웃의 경우 −1점을 부여한다.

구분	1회	2회	3회	4회	5회
청팀	5점	7점	5점	4점	2점
홍팀	3점	6점	8점	7점	4점

구분	청팀		홍팀	
	이름	타수	이름	타수
1번	조**	4	이**	4
2번	정**	4	장**	4
3번	양**	4	김**	3
4번	이**	4	장**	3
5번	박**	3	정**	3
6번	한**	3	윤**	3
7번	안**	3	전**	3
8번	변**	3	김**	3
9번	안**	3	이**	3

	A	B			A	B
①	청팀	2개		②	청팀	5개
③	홍팀	2개		④	홍팀	5개
⑤	홍팀	7개				

49. 다음은 20XX년 남성의 육아휴직에 관한 자료이다. 이에 대한 설명으로 옳지 않은 것은?

〈육아휴직 사용자 중 남성의 비중〉

(단위 : %)

국가	남성의 비중	국가	남성의 비중
아이슬란드	45.6	캐나다	13.6
스웨덴	45.0	이탈리아	11.8
노르웨이	40.8	한국	4.5
포르투갈	43.3	오스트리아	4.3
독일	24.9	프랑스	3.5
덴마크	24.1	일본	2.3
핀란드	18.7	벨기에	25.7

〈아빠전속 육아휴직 기간과 소득대체율〉

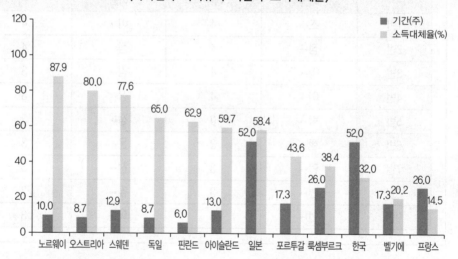

※ 아빠전속 육아휴직 기간 : 육아휴직기간 중 할당 또는 그밖의 방법으로 아빠에게 주어지며 엄마에게
　양도하거나 공유할 수 없는 기간을 말함.

① 육아휴직 사용자 중 남성의 비중이 가장 큰 국가와 가장 작은 국가의 차이는 43.3%p이다.
② 육아휴직 사용자 중 남성의 비중이 높다고 해서 아빠전속 육아휴직 기간이 긴 것은 아니다.
③ 아빠전속 육아휴직 기간이 길수록 소득대체율이 높다.
④ 아빠전속 육아휴직 기간은 일본이 포르투갈보다 3배 이상 길다.
⑤ 아빠전속 육아휴직 기간이 가장 긴 국가와 가장 짧은 국가의 차이는 46주이다.

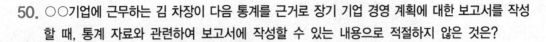

50. ○○기업에 근무하는 김 차장이 다음 통계를 근거로 장기 기업 경영 계획에 대한 보고서를 작성할 때, 통계 자료와 관련하여 보고서에 작성할 수 있는 내용으로 적절하지 않은 것은?

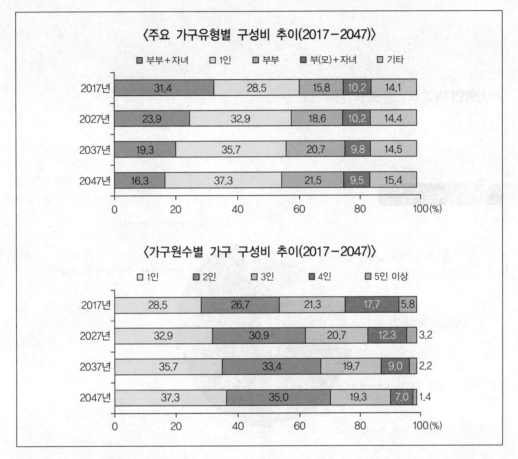

〈주요 가구유형별 구성비 추이(2017-2047)〉

■ 부부+자녀　□ 1인　■ 부부　■ 부(모)+자녀　□ 기타

연도	부부+자녀	1인	부부	부(모)+자녀	기타
2017년	31.4	28.5	15.8	10.2	14.1
2027년	23.9	32.9	18.6	10.2	14.4
2037년	19.3	35.7	20.7	9.8	14.5
2047년	16.3	37.3	21.5	9.5	15.4

〈가구원수별 가구 구성비 추이(2017-2047)〉

□ 1인　■ 2인　■ 3인　■ 4인　□ 5인 이상

연도	1인	2인	3인	4인	5인 이상
2017년	28.5	26.7	21.3	17.7	5.8
2027년	32.9	30.9	20.7	12.3	3.2
2037년	35.7	33.4	19.7	9.0	2.2
2047년	37.3	35.0	19.3	7.0	1.4

① 3인 가구의 가구 구성비는 다른 유형에 비해 줄어드는 폭이 완만한 편이다.

② 출산율이 낮아지고 고령화가 급속도로 진행되면서 1인 가구는 빠르게 증가할 것이다.

③ 2017년에 이미 1인 가구의 가구 수는 부부와 자녀로 이루어진 가구 수를 넘어섰다.

④ 자식을 낳지 않는 맞벌이 부부들이 증가할 것이다.

⑤ 장기적으로는 1 ~ 2인으로 구성된 소형 가구 중심의 경영 전략을 설정할 것이 요구된다.

사람인 NCS 직업기초능력평가

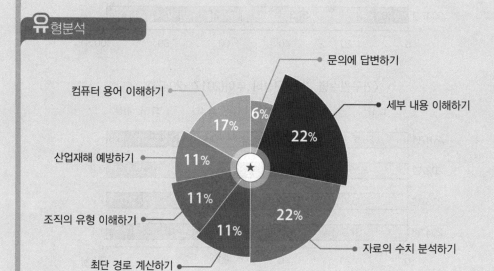

문의에 답변하기

세부 내용 이해하기

컴퓨터 용어 이해하기

17%

6%

22%

산업재해 예방하기

11%

★

조직의 유형 이해하기

11%

22%

최단 경로 계산하기

11%

자료의 수치 분석하기

사람인형 의사소통능력에서는 질문에 대해 적절한 답변을 할 수 있는지를 확인하는 문제, 제시된 글을 읽고 세부적인 내용을 이해하고 있는지 확인하는 문제, 단어의 유의어를 찾아내는 문제 등이 출제되었다. 수리능력에서는 적절한 공식을 적용해 계산하는 문제, 적절한 경우의 수를 도출하는 문제, 도표를 분석하는 문제 등이 출제되었다. 자원관리능력에서는 시간을 적절하게 사용하는 방법에 대해 묻는 문제, 인적자원에 대한 관리 방법을 묻는 문제, 초과근무에 대한 수당을 계산하는 문제 등이 출제되었다. 조직이해능력에서는 조직구조의 특징을 이해하고 있는지 묻는 문제, 조직의 유형에 대해 파악하는 문제 등이 출제되었다. 기술능력에서는 적정기술과 거대기술에 대해 파악하는 문제, 산업재산권의 종류를 이해하고 있는지 묻는 문제 등이 출제되었다. 정보능력에서는 IoT에 대해 이해하고 있는지 묻는 문제, 전자금융사기 예방에 대해 파악하는 문제 등이 출제되었다.

4 회 사람인

출제유형모의고사

영역	총 문항 수
의사소통능력	
수리능력	
자원관리능력	50문항
조직이해능력	
기술능력	
정보능력	

01. 다음 설문 결과를 참고하여 자기소개서를 작성할 때 고려할 사항으로 적절하지 않은 것은?

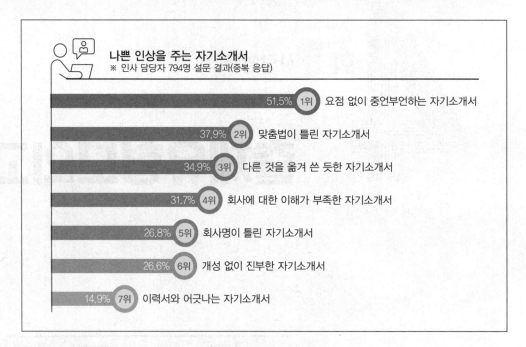

나쁜 인상을 주는 자기소개서
※ 인사 담당자 794명 설문 결과(중복 응답)

51.5%	1위	요점 없이 중언부언하는 자기소개서
37.9%	2위	맞춤법이 틀린 자기소개서
34.9%	3위	다른 것을 옮겨 쓴 듯한 자기소개서
31.7%	4위	회사에 대한 이해가 부족한 자기소개서
26.8%	5위	회사명이 틀린 자기소개서
26.6%	6위	개성 없이 진부한 자기소개서
14.9%	7위	이력서와 어긋나는 자기소개서

① 자기소개서 내 회사명이 정확히 기재되어 있는지 확인하기

② 지원한 회사에 관한 다양한 정보 수집하고 분석하기

③ 지원한 회사에 입사한 선배의 자기소개서 모방하기

④ 이력서에 있는 사실들을 바탕으로 자신을 어필하는 내용 쓰기

⑤ 맞춤법에 어긋난 표현이 있는지 확인하기

02. 다음은 A 도서관에서 운영하는 직장인 독서동아리 강의 계획서의 일부이다. 이를 보고 알 수 없는 것은?

강좌명	직장인 독서동아리 '○○○ 작가의 독서와 글쓰기'		
일정	202X. 6. 20. ~ 9. 12. (10회) 18:00 ~ 20:00	장소	A 도서관 3층
교육 내용	독서와 글쓰기가 어렵게 느껴지는 직장인들이 쉽고 간단하게 독서와 글쓰기를 생활화하는 방법을 현직 작가와 함께 실습을 통해 알아봅니다. 어렵게만 느껴졌던 독서와 글쓰기를 생활 속에서 실천할 수 있는 기회를 제공합니다.		
강사 소개	• 15년차 방송작가, 콘텐츠 디렉터 • B 학교, C 기업 글쓰기 강의(201X ~ 202X년) • 저서 : 『하루 10분 메모, 글쓰기의 시작』, 『어쩌면 쉽게 쓰게 될지도...』		
비고	• 준비물 : 필기도구, 강의 회차별 선정도서 • 모집 인원 : 25명		

① 독서동아리 강의의 주요 내용
② 강사의 경력 및 주요 저서
③ 직장인 독서동아리 모집 인원
④ 독서동아리 운영 시간과 장소
⑤ 강의 회차별 선정 도서 목록

03. 면접에서의 예상 질문에 대한 답변 계획으로 적절한 것은?

① Q. 평소에 자주 즐겨 찾는 인터넷 사이트를 소개해 주세요.
 A. 시간을 얼마나 계획적이고, 효율적으로 사용하는지 파악하려는 것이니 인터넷을 사용하지 않는다고 해야지.

② Q. 후배에게 추천하고 싶은 책이 있다면 무엇인가요?
 A. 사회적 활동 범위를 알고자 하는 것이니 다양한 동아리 활동에서 만난 후배들을 소개해야지.

③ Q. 회사 조직에서 자신이 어떤 역할을 할 수 있을지 설명해 보세요.
 A. 나의 장점이 어떤 업무에 도움이 될 수 있는지 설명하며 조직원으로서 업무를 수행할 준비가 되어 있다는 것을 표현해야지.

④ Q. 어떤 목표를 세우고 그 목표를 달성하기 위해 노력한 경험을 말해 주세요.
 A. 도전적인 사람인 것을 드러내기 위해 다양한 분야에 관심을 가지고 도전했지만 작심삼일로 끝난 경험들을 나열해야지.

⑤ Q. 주변에서 개선이 필요한 것을 발견하고 개선한 사례를 말해 주세요.
 A. 주변에 개선할 것을 찾는다는 것은 불평불만이 많거나 예민한 사람이라는 인상을 줄 수 있으므로 없다고 해야지.

[04 ~ 05] 다음은 어린이용 해열제에 대한 글이다. 이어지는 질문에 답하시오.

어린이용 약은 어른들이 먹는 제형과 다른 데다 아이들에게 사용해선 안 되는 성분이 따로 있기 때문에 반드시 어른용과 구분해서 사용해야 한다. 또한, 연령별, 체중별로 사용 방법에 맞게 투여해야 안전하고 효과적이다.

아이는 해열제 복용 시 교차복용을 하는 경우가 많다. 일반의약품의 해열제는 크게 아세트아미노펜 성분의 해열진통제와 이부프로펜 또는 덱시부프로펜 성분의 비스테로이드성 소염진통제 두 가지로 나뉜다. 시럽 형태를 가장 많이 사용하고, 츄어블정(알약)과 좌약 형태가 있는데, 아이가 약을 먹고 토하거나 다른 이유로 먹이지 못할 경우 해열 좌약을 사용할 수 있다.

아이마다 먹는 용량이 정해져 있기 때문에 약 복용 시 용법·용량에 더욱 주의해야 한다. 해열제를 보관할 때는 복약지시서나 케이스를 함께 보관하고, 복용 전 성분명을 반드시 확인해 중복복용하지 않도록 해야 한다. 복용 시간도 매우 중요하다. 보통 아세트아미노펜과 덱시부프로펜은 4 ~ 6시간 간격, 이부프로펜은 6 ~ 8시간 간격으로 복용하는 것이 일반적이며, 교차 복용을 하더라도 투여 간격은 최소 2 ~ 3시간을 유지하는 것이 좋다. 그리고 교차 복용 시에도 각 성분의 일일 섭취량을 꼭 지켜야 한다.

마지막으로 아이가 열이 난다는 것은 감염성 질환의 증후일 수 있으니 통증이 5일 이상, 발열이 3일 이상 지속되어 해열진통제를 복용하게 될 경우 반드시 소아과를 방문해야 한다.

04. 제시된 글을 참고할 때 아이의 해열제 보관 및 복용 시 주의사항으로 옳지 않은 것은?

① 약의 복약지시서나 케이스는 버리지 않고 약과 같이 보관한다.

② 발열로 3일 이상 해열진통제를 복용하는 경우 반드시 소아과 진료가 필요하다.

③ 아이가 약을 먹고 토할 경우 시럽 형태보다 좌약을 사용하는 것이 좋다.

④ 해열진통제와 소염진통제의 교차 복용 시 투여 간격은 최소 2 ～ 3시간을 유지한다.

⑤ 이부프로펜과 덱시부프로펜은 비스테로이드성 소염진통제로 4 ～ 6시간 간격을 두고 복용한다.

05. 제시된 글에 해열제를 언제 먹여야 하는지에 대한 내용을 추가하고자 한다. 다음 ㉠ ～ ㉤을 순서대로 바르게 나열한 것은?

> ㉠ 통상적인 체온의 정상 범위는 36.0 ～ 37.7℃ 사이이다.
>
> ㉡ 아이가 힘이 없고 구토를 한다면 지체 없이 해열제를 복용해야 한다.
>
> ㉢ 하지만 감염이 많이 되었거나 염증이 심하게 났을 경우 고열이 지속되기도 한다.
>
> ㉣ 38℃ 이상인 경우 열이 난다고 보지만 38℃를 넘었다고 해서 바로 해열제를 먹여야 한다고 말할 수는 없다.
>
> ㉤ 열이 난다는 것은 우리 몸의 면역체계에 감염이 발생했을 때 세균이나 바이러스와 맞서 싸우기 위해 열을 내는 과정이기 때문이다.

① ㉠-㉡-㉤-㉢-㉣   ② ㉠-㉣-㉤-㉢-㉡   ③ ㉠-㉤-㉣-㉢-㉡

④ ㉡-㉢-㉤-㉣-㉠   ⑤ ㉣-㉤-㉢-㉡-㉠

1회 기출예상

2회 기출예상

3회 기출예상

4회 기출예상

5회 기출예상

6회 기출예상

7회 기출예상

[06 ~ 07] 다음 글을 읽고 이어지는 질문에 답하시오.

1896년(고종 33) 미국인 모스(Morse, J. R.)에게 경인선 부설권이 특허되어 ⊙이듬해 3월 22일 기공식이 거행되었다. 이후 1899년 9월 18일 노량진 ~ 인천 간 최초의 영업을 개시하였고 1900년 7월 8일 경인철도합자회사가 완공시켜 경인선이 개통되었다. 처음에는 회사 이름을 따서 경인철도라고 불리다가 일본으로의 국유화가 진행된 1906년 이후부터 경인선으로 불리기 시작했다. 경인선의 개통은 근대적 교통 기관의 도입과 함께 구미 열강과 일본의 제국주의가 본격적으로 침투하게 되는 구체적 발판이 마련된 일이었다.

이 철도의 부설권이 미국 상인 모스에게 특허된 것은 경인선을 부설할 때 일본의 철도체계인 협궤식을 채택하지 않고 영국이나 미국의 표준형을 택한 것과 함께 주미대리공사(駐美代理公使) 이하영(李夏榮) 등을 통한 미국의 영향이 일본의 주장을 압도하였던 것으로 볼 수 있다. 그러나 실제로는 을미사변과 아관파천 등으로 우리나라에 대한 일본의 영향력이 실추된 역사적 사실도 중요한 변수로 작용하였다.

철도 부설 공사는 결국 일본인의 손으로 넘어갔는데, 그 이유는 모스가 본국으로부터의 자금 조달에 실패하였기 때문이다. 이를 간파한 경인철도인수조합은 조선 정부를 무시한 채 불법적으로 모스와 경인철도 양도계약을 체결하고 1898년 12월 17일 모스에게 사정 가격 170만 2천 원을 지불함으로써 경인철도의 부설권은 일본에 넘어가고 말았다.

모스로부터 일체의 권한을 인수한 일본은 1899년 4월 23일 두 번째 기공식을 인천에서 가졌다. 공사는 급속히 진행되어 그해 전반부에 이미 인천 ~ 한강 간의 토목공사가 끝났고, 6월 10일부터 궤도를 부설하기 시작하여 19일 철도 건설 열차가 운행되기 시작하였다. 또한, 그해 9월 18일 마침내 노량진 ~ 인천 간 약 33.8km 구간에서 임시 영업을 개시함으로써 우리나라 철도의 효시가 되었다.

이어 한강 북안에서 경성역(이후 1905년 서대문역으로 명칭 변경)까지 약 3km의 공사는 1900년 5월 26일에 착수되어 7월 5일 한강철교의 준공과 함께 완성되었고, 7월 8일 경성역 ~ 인천역 간의 전 구간이 개통되었다. 이리하여 1900년 11월 12일 경성역 인근에서 경인선 전 구간의 개통식이 거행되었다.

오늘날 경인선은 경인국도 및 경인고속도로와 함께 확대된 수도권으로의 서울 ~ 인천을 잇는 운송체계에 있어 중추적 기능을 담당하고 있다. 경인전철은 모두 20개의 역이 있고, 구로역에서 서울 ~ 신창 간의 전철과 분기한다. 전동차는 매 6분(출퇴근 시간에는 매 3분)마다 배치되어 있으며 소요 시간은 40분으로 인천까지 서울의 통근권을 확대시켜 놓았다.

06. 제시된 글을 이해한 내용으로 옳지 않은 것은?

① 경인선의 개통으로 구미 열강과 일본의 제국주의가 본격적으로 침투하게 되었다.

② 경인선은 고종 때 부설권이 특허된 이후 4년 만에 개통되었다.

③ 경인선은 1900년 11월 12일 개통식 이후에 최초로 영업을 개시하였다.

④ 경인선의 부설권은 모스에게 특허되었으나 모스가 자금 조달에 실패하여 일본인의 손으로 넘어갔다.

⑤ 경인철도가 경인선으로 불린 것은 일본으로의 국유화가 진행된 1906년 이후이다.

07. 제시된 글의 ㉠과 같은 의미를 지닌 단어는?

① 후년   ② 거년   ③ 명년
④ 익년   ⑤ 내년

1회 기출예상

2회 기출예상

3회 기출예상

4회 기출예상

5회 기출예상

6회 기출예상

7회 기출예상

[08 ~ 09] 다음 바이오가스에 대한 글을 읽고 이어지는 질문에 답하시오.

최근 우리가 버리는 음식물 쓰레기, 동물들의 배설물을 에너지로 바꾸어 사용하는 기술이 주목받고 있다. 이 기술을 활용해 생산한 에너지를 바이오가스라고 하는데, 바이오가스는 석유 소비의 일부를 대신할 수 있을 것으로 기대돼 미래의 에너지원으로 주목받고 있다. 때문에 우리나라도 친환경에너지 생산 촉진에 관한「가축분뇨의 관리 및 이용에 관한 법률」을 발의하는 등 바이오가스를 활용하기 위해 노력 중이다.

◎ 바이오가스란?

바이오가스는 바이오매스*(유기성폐기물)를 분해할 때 생산되는 수소, 메탄과 같은 가스들을 의미한다. 바이오매스의 종류에는 음식물 쓰레기, 동물들의 분뇨, 폐목재 등이 있는데, 이를 활용해 에너지를 생산하므로 쓰레기와 분뇨로 인한 악취나 동물의 분뇨를 처리하는 데에도 도움이 된다.

* 바이오매스 : 화학적 에너지로 사용 가능한 식물, 동물, 미생물 등의 생물체, 즉 바이오에너지의 에너지원을 의미한다.

◎ 바이오가스화의 필요성

우리나라는 1993년과 2009년에 각각 가입한 런던협약과 런던의정서에 따라 2006년 이후로는 폐기물의 해양 배출을 단계적으로 금지해 왔다. 구체적으로 산업폐기물은 2006년, 동물들의 분뇨는 2012년, 음식물 쓰레기는 2013년, 산업폐수는 2016년부터 해양 투기가 금지됐다. 따라서 유기성폐기물의 육상처리 및 재활용처리가 시급한 실정이다.

한편 하루에 약 15,000톤씩 배출되며 전체 생활폐기물 발생량의 약 30%를 차지하는 음식물류 폐기물의 바이오가스화는 육상처리 방법인 동시에 에너지 자원이 부족한 우리나라의 신재생에너지원이 되어 줄 기술로서 주목받고 있다.

◎ 바이오가스의 생성 과정

먼저 하수구, 축산분뇨, 음식물 쓰레기 등의 유기성 물질을 유입하고, 혐기성 소화를 통해 메탄가스를 생성한다. 혐기성 소화란 산소가 없는 상태에서 메탄을 생성하는 미생물들이 유기물을 분해하는 것을 의미한다. 혐기성 소화를 거친 후 생성된 메탄가스를 발전기의 연료로 사용한다.

08. 제시된 글을 읽고 알 수 있는 내용으로 옳지 않은 것은?

① 바이오가스는 음식물 쓰레기, 동물들의 분뇨, 폐목재 등을 분해할 때 생산되는 수소, 메탄 등의 가스를 의미한다.

② 바이오가스는 에너지의 생산뿐만 아니라 쓰레기와 분뇨로 인한 악취나 동물의 분뇨처리 문제 해결에도 도움이 된다.

③ 바이오가스는 하수구, 축산분뇨, 음식물 쓰레기 등 유기성 물질을 유입한 후 혐기성 소화를 통해 생성된 메탄가스를 발전기의 연료로 사용한다.

④ 「가축분뇨의 관리 및 이용에 관한 법률」의 발의는 바이오가스 활용을 위한 노력의 일환이다.

⑤ 혐기성 소화란 메탄을 생성하는 미생물들이 산소를 이용하여 유기물을 분해하는 것을 의미한다.

09. 제시된 글을 보완함에 있어, 다음 중 적절하지 않은 의견은?

① 음식물 쓰레기, 동물들의 분뇨, 폐목재 등의 처리 방법을 알려 주면 어떨까요?

② 「가축분뇨의 관리 및 이용에 관한 법률」에 대해 좀 더 설명해 주면 좋겠습니다.

③ 다른 미래 에너지원과 비교하여 어떤 장점과 단점이 있는지도 알려 주면 어떨까요?

④ 바이오가스가 생성되는 과정을 이해하기 쉽게 그림으로 나타내 주면 좋겠습니다.

⑤ 바이오가스가 어느 분야에 활용되고 있는지 실제 사례를 소개해 주면 어떨까요?

10. ○○회사 황 부장은 하반기 목표 매출액을 정하기 위해 상반기 실적을 분석하고 있다. 상반기의 매출액은 240억 원, 매출총이익률은 9%였고 연초에 계획을 세울 당시에는 연 매출총이익률 12%가 목표였다. 하반기 매출총이익률을 14%로 설정하고자 한다면, 하반기의 목표 매출액은 얼마인가? (단, 매출총이익률 = $\dfrac{\text{매출총이익}}{\text{매출액}} \times 100$)

① 300억 원　　　　　② 330억 원　　　　　③ 360억 원
④ 390억 원　　　　　⑤ 420억 원

11. 지하철에서 25분 동안 내부 온도를 측정하였더니 측정을 시작한 지 t분이 지났을 때의 온도(℃)가 $Y(℃) = 2\sin\dfrac{\pi}{10}(t+5) + 24$로 나타났다. 온도가 내려가는 구간이 냉방이 가동될 때라면 25분 동안 냉방이 가동된 시간은 총 몇 분인가?

① 5분　　　　　② 10분　　　　　③ 15분
④ 20분　　　　　⑤ 25분

12. A 씨는 출퇴근을 위해 하루에 두 번 자전거를 대여한다. A 씨의 집에서 회사까지의 거리는 30km이고 자전거 대여 요금은 다음과 같을 때, A 씨가 하루에 지불해야 하는 금액은? (단, A 씨는 출퇴근 시 자전거를 15km/h의 속력으로 타고 간다)

기본요금(30분)	1,000원
추가요금	10분당 400원

① 9,000원　　　　　② 9,200원　　　　　③ 9,400원
④ 9,500원　　　　　⑤ 9,600원

13. 여름휴가를 떠난 황민규 씨는 A ~ F 관광지 중 4곳 이상을 방문할 계획이다. A 관광지는 B, C, E 관광지와 연결되어 있고, B 관광지는 A, C, E, F 관광지와 연결되어 있으며, C 관광지는 모든 관광지와 연결되어 있다. 그리고 D 관광지는 C 관광지와만 연결되어 있고, E 관광지는 A, B, C, F 관광지와 연결되어 있으며, F 관광지는 B, C, E 관광지와 연결되어 있다. A 관광지를 가장 먼저 방문하고, D 관광지를 가장 마지막에 방문하려고 할 때, 다음 중 옳지 않은 것은? (단, 한 번 방문한 관광지는 다시 방문하지 않으며, 관광지 방문 순서가 다를 경우 다른 코스로 본다)

관광지	입장료
A 관광지	2,000원
B 관광지	3,000원
C 관광지	5,000원
D 관광지	2,000원
E 관광지	3,000원
F 관광지	5,000원

① 4개의 관광지를 방문하는 경우의 수는 2가지이다.
② 4개의 관광지를 방문하는 경우 가능한 코스의 평균 비용은 12,000원이다.
③ 5개의 관광지를 방문하는 경우의 수는 4가지이다.
④ 5개의 관광지를 방문하는 경우 가능한 코스의 평균 비용은 17,000원이다.
⑤ 6개의 관광지를 방문하는 경우의 수는 4가지이다.

14. 다음은 이유현 씨의 4월 인바디 측정 결과이다. A ~ D에 들어갈 수치의 합과 3월 체지방량을 바르게 연결한 것은? (단, 이유현 씨의 키는 170cm이며, BMI와 체지방률은 소수점 아래 둘째 자리에서 반올림한다)

〈4월 인바디 측정 결과〉

〈체성분 분석〉		〈골격근 지방 분석〉	
체수분(L)	34.4	체중(kg)	A
단백질(kg)	9.3	골격근량(kg)	26.1
무기질(kg)	3.1	체지방량(kg)	8.8
체지방량(kg)	8.8	제지방량(kg)	B
체중(kg)	A		

〈비만 분석〉		〈신체 변화〉		
		구분	3월	4월
BMI(kg/m^2)	C	체중(kg)	60.0	A
체지방률(%)	D	체지방률(%)	18.0	D

※ 체중(kg) = 체수분 + 단백질 + 무기질 + 체지방량

※ 제지방량(kg) = 체중 − 체지방량

※ BMI = $\dfrac{체중(kg)}{키(m)^2}$

※ 체지방률(%) = $\dfrac{체지방량(kg)}{체중(kg)} \times 100$

	A ~ D의 합	3월 체지방량(kg)
①	136.4	10.5
②	136.4	10.8
③	137.4	10.2
④	137.4	10.5
⑤	137.4	10.8

15. 다음은 20X1 ~ 20X3년의 우리나라 10대 수출품목에 대한 자료이다. 이에 대한 설명으로 옳은 것을 〈보기〉에서 모두 고르면?

〈10대 수출품목〉

(단위 : 백만 달러)

구분	20X1년		20X2년		20X3년	
	품목명	금액	품목명	금액	품목명	금액
1위	반도체	97,937	반도체	127,706	반도체	93,930
2위	선박 등	42,182	석유제품	46,350	자동차	43,036
3위	자동차	41,690	자동차	40,887	석유제품	40,691
4위	석유제품	35,037	디스플레이	24,856	자동차부품	22,536
5위	디스플레이	27,543	자동차부품	23,119	디스플레이	20,657
6위	자동차부품	23,134	합성수지	22,960	합성수지	20,251
7위	무선통신기기	22,099	선박 등	21,275	선박 등	20,159
8위	합성수지	20,436	철강판	19,669	철강판	18,606
9위	철강판	18,111	무선통신기기	17,089	무선통신기기	14,082
10위	컴퓨터	9,177	컴퓨터	10,760	플라스틱제품	10,292
소계	–	337,346	–	354,671	–	304,240
총수출액 대비 비중(%)	–	59.0	–	58.5	–	56.1

보기

㉠ 전년 대비 순위가 상승하면 수출금액도 증가한다.
㉡ 20X2년 대비 20X3년에 총수출금액은 감소하였다.
㉢ 20X2년 대비 20X3년에 수출금액 감소율이 가장 큰 품목은 디스플레이이다.
㉣ 20X2년 대비 20X3년에 수출 금액이 가장 많이 상승한 품목의 증가율은 5% 이상이다.

① ㉠, ㉡　　　　　　② ㉠, ㉣　　　　　　③ ㉡, ㉢
④ ㉡, ㉣　　　　　　⑤ ㉢, ㉣

16. 다음 자료에 대한 설명으로 옳지 않은 것을 〈보기〉에서 모두 고르면?

〈전공과 직업의 일치 여부〉

(단위 : %)

구분		일치한다	보통이다	일치하지 않는다	계
성별	남	33.3	40.4	26.3	100
	여	33.7	32.1	34.2	100
연령대별	10~20대	31.6	38.0	30.4	100
	30~40대	33.0	38.3	28.7	100
	50대 이상	36.7	30.7	32.6	100
직종별	전문직	45.3	30.5	24.2	100
	사무직	29.7	41.9	28.4	100
	서비스직	22.3	25.2	52.5	100
	기타	31.0	51.9	17.1	100

보기

㉠ 전공과 직업이 일치한다고 응답한 비율이 가장 높은 항목은 성별에서는 여성, 연령대별에서는 50대 이상, 직종별에서는 전문직으로 나타났다.

㉡ 만약 조사대상이 600명, 남녀 비율이 2 : 3이라면, 여성 중 전공과 직업이 일치한다고 응답한 사람은 120명 이하이다.

㉢ 만약 조사대상이 1,000명이고 그중 서비스직에 종사하는 사람이 35%라면, 서비스직에 종사하는 사람 중 전공과 직업이 일치하지 않는다고 응답한 사람은 185명 이상이다.

① ㉠   ② ㉡   ③ ㉢
④ ㉠, ㉢   ⑤ ㉡, ㉢

17. 다음은 A 도시의 육아휴직자를 조사한 자료이다. 이에 대한 설명으로 옳지 않은 것은? (단, 자료의 수치는 소수점 아래 둘째 자리에서 반올림한 값이다)

〈연도별 남성 육아휴직자〉

(2016년=100)

구분	2010년	2012년	2014년	2016년	2018년	2020년
남성 육아휴직자	16.4	29.3	67.5	100.0	184.4	275.0

〈연도별 육아휴직자 중 남성의 비율〉

(단위 : %)

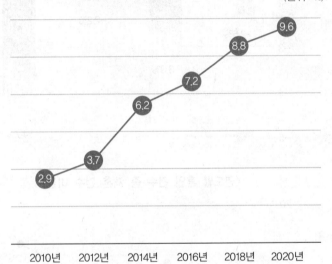

〈2020년 연령별·성별 육아휴직자 수〉

(단위 : 명)

구분	30세 이하	31 ~ 35세	36 ~ 40세	41세 이상	계
남성	4,960	10,465	21,876	5,788	43,089
여성	75,678	( )	128,682	53,438	( )

① 2010년 육아휴직자 수는 88,000명 이상이다.

② 2012년 남성 육아휴직자(=100) 기준 2018년 남성 육아휴직자는 600 이상이다.

③ 2014년 여성 육아휴직자 수는 180,000명 이상이다.

④ 2018년 대비 2020년 육아휴직자 수의 증감률은 40% 이하이다.

⑤ 2020년 31 ~ 35세의 여성 육아휴직자 수는 147,000명 이상이다.

1회 기출예상

2회 기출예상

3회 기출예상

4회 기출예상

5회 기출예상

6회 기출예상

7회 기출예상

18. 다음은 A 도시의 전년 대비 혼인 건수 증감률과 연도별 혼인 건수 중 재혼이 차지하는 비율을 나타낸 자료이다. 20X0년 혼인 건수가 15,300건일 때, 자료에 대한 설명으로 옳은 것을 〈보기〉에서 모두 고르면? (단, 증감률과 비율은 소수점 아래 둘째 자리에서 반올림한 값이다)

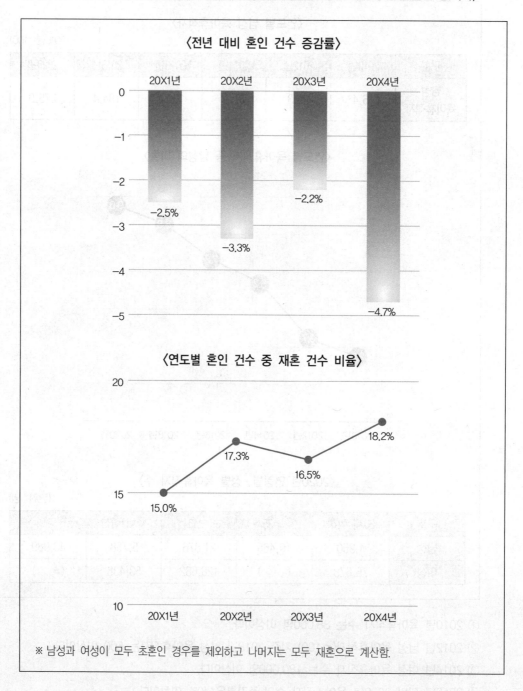

※ 남성과 여성이 모두 초혼인 경우를 제외하고 나머지는 모두 재혼으로 계산함.

1회 기출예상

2회 기출예상

3회 기출예상

4회 기출예상

5회 기출예상

6회 기출예상

7회 기출예상

> 보기
>
> ㉠ 20X4년 혼인 건수는 13,000건 미만이다.
> ㉡ 20X2년 남성과 여성이 모두 초혼인 건수는 11,000건 이상이다.
> ㉢ 20X3년의 재혼 건수가 2,330건이면 혼인 건수는 14,000건 이상이다.
> ㉣ 20X1년의 재혼 건수 중 남성의 재혼 비율이 63%라면 남성의 재혼 건수는 1,500건 이상이다.

① ㉠, ㉢   ② ㉡, ㉢   ③ ㉡, ㉣

④ ㉠, ㉡, ㉢   ⑤ ㉡, ㉢, ㉣

19. 다음 글에 나타나는 제도의 특징으로 옳지 않은 것은?

> B사는 중점전략부문으로 PC비즈니스를 채택하고 마케팅과 제품기획, 시장개발에 관한 사업영역을 담당할 인재를 회사 내에서 모집하고자 공고를 냈다. PC비즈니스는 B사에서 가장 유망한 분야이며 회사 내에서도 이에 대한 의욕과 능력이 있는 적임자가 적지 않았으나 현실적으로 PC비즈니스에 필요하다고 인정받는 직원은 상사가 가장 아끼며 밑에 두려고 하는 사람이어서 보직이동이 어려운 경향이 있다. 따라서 전체적으로 회사의 발전을 위하여 사내 모집절차를 도입한 것이다. 총 25명 모집에 응모한 지원자 수는 약 80여 명이나 되었으며 연령대는 20대에서 50대까지 다양했다. PC비즈니스에 응모한다는 사실을 동료 또는 상사가 알았을 때 발생할 수 있는 직원 간의 불화를 방지하기 위해 철저히 비밀로 진행하였다.

① 인력수요를 양적으로는 충족시킬 수 없다.

② 모집에 많은 비용과 시간이 소요된다.

③ 승진기회 확대로 조직원의 동기부여가 향상된다.

④ 인재선택의 폭이 좁아지고 조직의 폐쇄성이 강화될 수 있다.

⑤ 능력이 충분히 검증된 사람을 뽑을 수 있다.

20. 다음 기사를 본 A~E가 일중독에 대해 대화를 나누고 있다. A~E 중 틀린 설명을 하고 있는 사람을 모두 고르면?

〈한국을 대표하는 키워드 일중독(Workaholic)〉

지난 10월 18일 만화 사이트 '도그하우스 다이어리'가 지구촌 각 나라의 특성을 대표 키워드로 정리한 것이 화제가 됐다. 예를 들어 미국은 '노벨상 수상자'와 '잔디 깎기 기계로 인한 사망자 수'에서 세계 최고다. 일본은 '로봇', 러시아는 '라즈베리'와 '핵탄두', 인도는 '영화', 북한은 '검열' 이라는 키워드에서 세계 1위를 차지했다. 여기서 한국을 대표하는 키워드는 바로 '일중독'이었다. 몰랐던 것은 아니지만 이런 식으로 세계에 알려지는 것이 썩 유쾌한 일은 아니다.

A : 일중독은 몰입과는 달리 내재적인 동기요인보다 경쟁에서의 승리, 목표나 사명에 대한 동일시, 해고 또는 경제적 어려움에 대한 두려움 등 외재적 요인에 의해 강화되는 경우가 대부분이다.

B : 피터 베르거의 주장에 따르면 일중독에 빠지면 자기 의지로 일을 조절하는 것이 불가능하거나 어려워진다.

C : 일중독은 일과 개인 생활의 다른 영역과의 균형을 파괴한다.

D : 일중독자는 대개 우월감이 강하여 남을 무시하고 팀워크를 해치기도 한다.

E : 다른 중독과 비교했을 때 일중독은 본인 또는 타인이 알아채기 쉽다.

① E   ② A, E   ③ B, C
④ A, C, D   ⑤ A, D, E

21. 시간관리능력은 직업인으로서 반드시 갖추어야 할 능력이다. 시간관리 유형을 다음과 같이 나눌 때, 시간 창조형과 시간 절약형 직업인이 거둘 수 있는 효과로 적절하지 않은 것은?

〈시간관리 유형〉

1. 시간 창조형(24시간형 인간)
   긍정적이며 에너지가 넘치고 빈틈없는 시간계획을 통해 비전과 목표 및 행동을 실천하는 사람

2. 시간 절약형(16시간형 인간)
   8시간의 회사 업무 이외에도 8시간을 효율적으로 활용하고 8시간을 자는 사람, 정신없이 바쁘게 살아가는 사람

3. 시간 소비형(8시간형 인간)
   8시간 일하고 16시간을 제대로 활용하지 못하며 빈둥대면서 살아가는 사람, 시간이 많음에도 불구하고 마음은 쫓겨 바쁜 척하고 허둥대는 사람

4. 시간 파괴형(0시간형 인간)
   주어진 시간을 제대로 활용하지 않고 시간관념 없이 자신의 시간은 물론 남의 시간마저 낭비하는 사람

---

① 같은 기간 내에 비슷한 양의 과제가 주어져도 늘 기대했던 것 이상의 결과를 얻어내며 업무 완성 시간도 남보다 빠르다.

② 영업력 향상으로 이어져 제품이나 서비스 등의 시장 내 점유율 제고에도 기여하게 된다.

③ 노사 간의 갈등을 획기적으로 줄일 수 있어 원만하고 건전한 노사 협의체가 유지될 수 있다.

④ 예기치 않은 상황이 발생해도 당황하지 않고 계획을 적절히 수정하여 문제를 잘 해결할 수 있다.

⑤ 과업의 순서와 중요도에 따라 업무를 수행하기 때문에 늘 제시간에 일을 끝낸다.

22. ○○식품은 새로 수립된 하반기 글로벌 투자전략을 위해 외국지사와 온라인 워크숍을 진행하려고 한다. 한국시간으로 오후 4시 ～ 5시에 워크숍을 진행하고자 할 때, 다음 중 회의 참석이 어려운 외국지사는?

〈각 국가별 한국과의 시차〉

국가명	시차	국가명	시차
남아프리카 공화국	−07:00	호주(멜버른)	+01:00
베트남	−02:00	러시아(모스크바)	−06:00
싱가포르	−01:00	태국	−02:00

※ 모든 국가 공통으로 12시 ～ 1시는 점심시간이므로 회의 참석을 못한다.

※ 모든 국가의 업무 시간은 현지 시간으로 오전 9시부터 오후 6시까지이다.

※ 현재 호주는 서머타임이 시행되고 있어 표준시보다 1시간 빠른 상태다(위 시차표에는 반영되어 있지 않다).

① 남아프리카 공화국   ② 호주   ③ 베트남
④ 러시아   ⑤ 싱가포르

23. 다음은 ○○유통 영업부의 각 직급별 초과근무 현황을 조사한 자료이다. 이에 대한 설명으로 옳은 것은?

〈202X년 ○○유통 영업부 직급별 초과근무 현황〉

(단위 : 일, 시간)

직급	부장	차장	과장	대리	사원
월 평균(일)	1.2	2.1	3.0	1.8	1.2
주 평균(시간)	2.8	3.3	4.4	5.3	4.2

※ 1시간 미만 초과근무는 1시간으로 초과근무 수당을 계산한다.

① ○○유통 직원들의 월 평균 초과근무 일수는 1.98이다.

② 영업부에서 주 평균 가장 긴 시간동안 초과근무를 한 직급은 과장이다.

③ 영업부 사원들은 한 주 동안 평균 4시간 12분 초과근무를 하고 있다.

④ ○○유통 직원들은 주 평균 4시간 초과근무를 한다.

⑤ 초과근무 수당이 시간당 8,000원이라면 영업부 부장의 주 평균 수당은 25,000원이다.

24. ○○상사 회계팀에 근무하는 정 사원은 이번 무역박람회에 참석하는 직원들의 이동수단 선택 및 관련 예산 지원 업무를 담당하였다. 다음 자료를 참고했을 때, 정 사원의 업무를 평가한 내용으로 바르지 않은 것은?

〈무역박람회 지원 업무〉

구분	내용	비고
시작 시간	오전 11시	오전 9시 30분 회사에서 일괄 출발
종료 시간	오후 4시	전원 회사 복귀
참석 인원	8명	
점심식대 예산	80,000원	
교통비 예산	40,000원	

〈이동수단 및 항목〉

항목\이동수단	1인당 교통 요금	교통 기준	소요시간
지하철	1,600원	편도	80분
버스	1,300원	편도	100분
택시	5,000원	편도	60분

※ 선택한 이동수단 : 버스
※ 총 교통비 소요비용 예상 : 1,300(원)×8(명)×2=20,800(원)

① 교통비 소요비용은 올바르게 계산하였다.
② 박람회 참석 직원들의 선호도를 고려하지 않았다.
③ 점심식대에 맞는 식당을 검색하지 않았다.
④ 시간 자원을 고려하여 이동 수단을 선택하였다.
⑤ 주어진 교통비 예산을 초과하지 않고 계획하였다.

1회 기출예상

2회 기출예상

3회 기출예상

4회 기출예상

5회 기출예상

6회 기출예상

7회 기출예상

[25 ~ 26] ○○은행 최 과장은 국가지원 대출상품 상담을 위해 1박 2일간 5개 고객사와 미팅을 하기로 하고 은행을 출발하였다. 다음 자료를 참고하여 이어지는 질문에 답하시오. (단, 한 번 지나친 길은 다시 지나갈 수 없다)

1. 방문경로

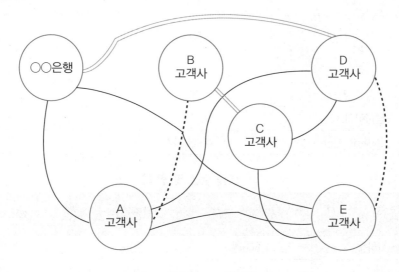

====== 국도 ———— 고속도로 · · · · · 시도

2. 경로별 거리

(단위 : km)

구분	○○은행	A 고객사	B 고객사	C 고객사	D 고객사	E 고객사
E 고객사	130	60		60	80	
D 고객사	90	100		40		
C 고객사			50			60
B 고객사						
A 고객사	65		45			

3. 도로별 평균연비

구분	평균연비
국도	15km/1L
고속도로	22km/1L
시도	13km/1L

25. 최 과장은 5개 고객사와의 미팅을 성공적으로 마치고 ○○은행으로 복귀하였다. 1박 2일 동안 김 과장이 최단 거리로 이동했을 때의 거리로 옳은 것은?

① 375km ② 390km ③ 410km

④ 415km ⑤ 475km

26. 최 과장이 1박 2일 동안 유류비가 가장 적게 소모되는 경로로 이동하였을 때 소요된 유류비는? (단, 휘발유는 1L당 1,300원이며, 소수점 이하 둘째 자리에서 반올림하여 계산한다)

① 29,210원 ② 30,160원 ③ 30,810원

④ 32,110원 ⑤ 33,670원

27. 다음은 ○○그룹 신입사원 Off-JT 교안의 일부이다. (가)에 들어갈 내용으로 옳지 않은 것은?

「프레젠테이션 이미지 메이킹의 이해」 교안

학습주제	프레젠테이션에 대한 이해
학습목표	프레젠테이션에서 중요한 이미지 메이킹 방법을 바르게 사용할 수 있다.
준비물	빔프로젝터, PPT 자료, 동영상 자료
학습 내용	

1. 프레젠테이션과 이미지 메이킹
   • 프레젠테이션을 할 때는 발표 내용과 같은 언어적 요소도 중요하지만 청중에게 더 큰 영향력을 가지고 있는 비언어적 요소를 토대로 청중을 설득하고 청중의 공감을 이끌어 낼 수 있어야 한다.
   • 비언어적 요소의 이미지 메이킹
   (가   )

－하략－

① 비즈니스 관련 발표 시에는 정장을 입어서 예의를 갖추는 것이 좋다.

② 한 사람씩 대화하듯 자연스러운 시선처리로 청중의 집중을 높이는 것이 좋다.

③ 자신감 있는 표정으로 청중들과 자연스럽게 눈 맞춤을 실시하는 것이 좋다.

④ 생동감을 주기 위해 적절한 제스처의 사용이 필요하다.

⑤ 발음과 목소리 크기에 유의하여 안정적이고 분명하게 말하는 것이 좋다.

1회 기출예상 2회 기출예상 3회 기출예상 4회 기출예상 5회 기출예상 6회 기출예상 7회 기출예상

28. 다음 〈보기〉에서 설명하고 있는 개념이 조직에 기여하는 효과로 옳지 않은 것은?

> **보기**
>
> 하나의 조직체 구성원들이 모두 공유하고 있는 가치관, 신념, 이데올로기와 관습, 규범과 전통 및 지식과 기술 등을 모두 포함한 종합적인 개념으로, 조직 전체와 구성원들의 행동에 영향을 미친다.

① 조직의 안정성 유지에 기여한다.
② 조직 구성원들의 조직 몰입도를 높여 준다.
③ 조직 구성원들에게 일체감과 정체성을 부여한다.
④ 조직이 존재하는 정당성과 합법성을 제공한다.
⑤ 조직 구성원들의 행동에 대한 지침으로 작용하며, 일탈 행동을 통제한다.

29. 다음은 조직구조의 한 형태를 비유적으로 표현한 글이다. 이 글에서 설명하고 있는 조직구조의 장점을 〈보기〉에서 모두 고르면?

> 개미는 지구상에 가장 널리 퍼져 있는 종으로 전체 곤충 개체 수의 약 80%를 차지하고 있다. 집단생활을 하는 개미는 엄격한 신분계층에 따라 생활한다. 번식의 중앙에 있는 여왕개미는 15년 동안 100만 개의 알을 낳아 종족을 번식시키고, 수개미는 암개미의 교미 상대가 되고 나서 죽음을 맞는다. 다른 종을 향해 더듬이를 치켜세우고 공격적인 행위만을 수행하는 전투개미, 새 구성원인 알들을 지키고 양육하는 유모개미, 왕국 백성들을 먹여 살릴 먹이만을 찾아다니는 탐험개미, 여왕개미가 사는 여왕처소의 통로를 지키는 문지기개미 등 각자 자신의 위치에서 역할을 수행한다.

> **보기**
>
> ㉠ 같은 일을 반복함으로써 업무의 전문성이 향상되어 작업속도가 빨라진다.
> ㉡ 업무가 세분화되어 조직 내 유동성이 높아지고 변화에 쉽게 대응할 수 있다.
> ㉢ 전문성을 가진 이들의 교류를 통해 경력개발과 기술개발을 동시에 이뤄낼 수 있다.
> ㉣ 상사와 부하 간의 소통이 원활하고 자원을 중복되지 않게 효율적으로 사용할 수 있다.

① ㄱ, ㄷ ② ㄴ, ㄹ ③ ㄷ, ㄹ
④ ㄱ, ㄴ, ㄷ ⑤ ㄱ, ㄷ, ㄹ

30. 다음 〈보기〉의 밑줄 친 ㉠ ~ ㉆에 대한 설명으로 옳지 않은 것은?

> 보기
>
> ㉠T 전자에 근무하는 이 사원은 오전 7시 40분에 집 앞에서 출발하는 ㉡버스를 타고 출근하였다. 오전 11시 인사과로부터 주민등록등본이 필요하다는 연락을 받고 점심시간을 이용하여 ㉢주민센터에 들렀다. 그리고 회사로 돌아오는 길에 ㉣은행에 들러서 밀린 전기세를 납부하였다. 오후가 되자 갑자기 배가 아파 근처 ㉤병원에서 진료를 받았다. 퇴근 이후에는 사내 동호회인 ㉥클라이밍 모임에 참석하였다.

① 공식성을 기준으로 조직을 분류하면 ㉠은 공식조직에 해당된다.

② 이 사원이 자신의 역량을 발휘하여 업무를 수행하면 ㉠은 인정 및 연봉과 같은 보상을 제공한다.

③ 조직은 2인 이상이 공동의 목표를 달성하기 위해 의식적으로 모인 집단이므로 ㉡에 함께 탄 사람들은 조직이라고 볼 수 없다.

④ 영리성을 기준으로 조직을 분류하면 ㉢, ㉣, ㉤은 비영리조직에 해당된다.

⑤ ㉥은 인간관계에 따라 형성된 자발적인 집단으로 ㉠의 기능을 보완해 준다.

31. 다음 각 조직 유형에 대한 설명으로 적절하지 않은 것은?

구분	부과조직	팀조직	사업부조직	매트릭스조직	네트워크조직
조직 형태	부 / A과 B과 C과 / 갑계 을계	팀 / 담당 담당 담당	CEO Corp. Center / 사업부 A 사업부 B 사업부 C / PLAN DO SEE	CEO / 기능 A 기능 B 기능 C / 제품1 제품2 제품3	A D B G E C F

① 부과조직 : 정확하고 세분화된 과업을 기준으로 단위조직을 구성하며, 의사결정 단계를 세분화하고 공식화해 운영하는 관료제 조직

② 팀조직 : 각 조직들이 상대방의 보유자원을 자신의 것처럼 활용하기 위한 수직적, 수평적, 공간적, 신뢰관계로 연결된 조직

③ 사업부조직 : 제품이나 고객 또는 지역별로 나눠진 사업부들이 본사로부터 사업 활동에 필요한 권한을 부여받아 이익 책임단위로서 자율적으로 구매, 생산, 판매 활동을 수행하는 분권적 조직

④ 매트릭스조직 : 각 기능 활동과 제품라인을 동일한 비중을 두고 관리해야 할 필요가 있는 경우 조직 내에서 종적 관리와 횡적 관리가 효율적으로 이루어질 수 있도록 기능조직과 제품조직이 동시에 한 부서에 속하도록 설계된 조직

⑤ 네트워크조직 : 업무적으로 상호의존성이 큰 편이나, 조직들 간의 독립성이 유지되는 구조

1회 기출예상 / 2회 기출예상 / 3회 기출예상 / 4회 기출예상 / 5회 기출예상 / 6회 기출예상 / 7회 기출예상

32. 다음은 점포 창업을 계획 중인 김민수 씨가 작성한 자료이다. 김민수 씨가 선택할 지역으로 적절한 곳은?

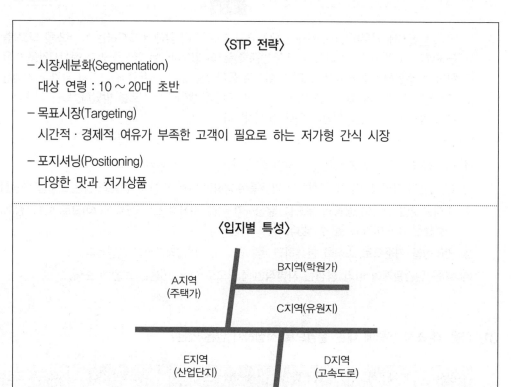

〈STP 전략〉

- 시장세분화(Segmentation)
  대상 연령 : 10 ～ 20대 초반

- 목표시장(Targeting)
  시간적 · 경제적 여유가 부족한 고객이 필요로 하는 저가형 간식 시장

- 포지셔닝(Positioning)
  다양한 맛과 저가상품

〈입지별 특성〉

A지역 (주택가)
B지역(학원가)
C지역(유원지)
E지역 (산업단지)
D지역 (고속도로)

① A 지역
② B 지역
③ C 지역
④ D 지역
⑤ E 지역

33. 장 사원은 올해 S 기업의 기획팀에 입사한 신입사원으로, 입사 첫날 천 과장과 함께 다음과 같은 대화를 나누었다. 이때 빈칸 (A), (B)에 들어갈 대답을 바르게 짝지은 것은?

> 장 사원 : 안녕하십니까? 오늘부터 기획팀에서 일하게 된 장○○입니다. 열심히 하겠습니다.
> 천 과장 : 그래요, 반가워요. 처음이라 모르는 게 많겠지만 선배들에게 잘 배우도록 해요.
> 장 사원 : 네, 열심히 배우고 익히겠습니다. 잘 부탁드립니다.
> 천 과장 : 파이팅이 넘치네요. 그런데 장○○ 씨, 우리 팀이 정확히 무슨 업무를 하는지 알고 있나요?
> 장 사원 : 알고 있습니다. (A   )
> 천 과장 : 아주 잘 알고 있네요. 그렇다면 우리 기업의 총무팀에서는 무슨 업무를 담당하는지 알고 있나요?
> 장 사원 : 네, 총무팀은 (B   )
> 천 과장 : 하하, 좋아요. 아주 잘 알고 있군요. 앞으로 기대할게요.

① (A) 조직의 비전 및 경영 목표를 달성하기 위해 전략을 수립하고 효율적으로 자원을 배분합니다.
  (B) 집기비품 및 소모품의 구입과 관리, 복리후생 업무를 담당합니다.
② (A) 행사지원, 출장관리, 문서관리 등의 지원업무를 합니다.
  (B) 조직 직무 및 인력운용을 위한 업무지원과 관련된 제반 업무를 담당합니다.
③ (A) 재무상태 및 영업실적을 보고하고 재무제표를 분석합니다.
  (B) 마케팅 전략수립 및 다양한 홍보매체 운영 및 팀 기획, 콘텐츠 개발을 담당합니다.
④ (A) 기관 운영과 관련된 결산 등 회계실무 및 자금 관리 등 지원에 관한 업무를 합니다.
  (B) 사업 환경 분석, 타당성 조사 등을 통해 연간 사업계획을 수립하는 업무를 담당합니다.
⑤ (A) 급여, 상여, 제수당의 계산 및 지급, 4대 보험 신고 업무를 담당합니다.
  (B) 부서별로 매출을 취합해 보고하고 손익을 관리합니다.

1회 기출예상

2회 기출예상

3회 기출예상

4회 기출예상

5회 기출예상

6회 기출예상

7회 기출예상

34. 변혁적 리더십은 사고의 틀 자체를 바꾸어 새로운 기회를 창출하고 목표를 달성하도록 변화시키는 리더십이다. 다음 ⊙ ～ ⊜에 해당하는 변혁적 리더십의 하위 구성요소를 바르게 짝지은 것은?

> ⊙ 구성원들에게 비전과 사명감을 제공하고 자긍심을 고취시키며 관습에 얽매이지 않는 행동 등으로 직원들로부터 존경과 신뢰를 받는다.
>
> ⓛ 이해력과 합리성을 드높이고 새로운 방식을 활용한 문제해결을 고안하도록 돕는다.
>
> ⓒ 구성원 각각에게 관심을 보여 주고 직원들을 독립적인 존재로 대우하고 지도한다.
>
> ⓔ 비전을 제시하고 구성원의 노력에 대한 칭찬, 격려 등 감정적인 지원과 활기를 불어넣어 업무에 열심히 매진하게 한다.

	⊙	ⓛ	ⓒ	ⓔ
①	카리스마	지적 자극	개별적 배려	동기부여
②	카리스마	동기부여	개별적 배려	지적 자극
③	동기부여	지적 자극	카리스마	개별적 배려
④	동기부여	카리스마	개별적 배려	지적 자극
⑤	개별적 배려	지적 자극	카리스마	동기부여

35. 〈보기〉 중 경영전략 추진과정의 (가) ～ (다)에 대한 설명으로 옳지 않은 것은 몇 개인가?

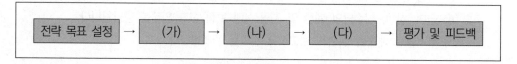

전략 목표 설정 → (가) → (나) → (다) → 평가 및 피드백

> **보기**
>
> ⊙ (가) 단계에서는 조직이 도달하고자 하는 비전을 규명하고, 미션을 설정한다.
>
> ⓛ (가) 단계에서는 SWOT 분석을 주로 이용한다.
>
> ⓒ (나) 단계에서는 (가) 단계를 토대로 조직의 경영전략을 도출한다.
>
> ⓔ (나) 단계에서 조직의 경영전략은 부문전략, 사업전략, 조직전략으로 구분할 수 있다.
>
> ⓜ (다) 단계에서는 경영전략의 최상위단계인 사업전략부터 조직전략, 부문전략 순으로 실행한다.
>
> ⓗ (다) 단계에서 사용되는 차별화전략은 특정시장이나 고객에게 한정된 전략이다.

① 0개   ② 1개   ③ 2개   ④ 3개   ⑤ 4개

36. 다음과 같은 업무수행시트에 대한 설명으로 적절한 것은?

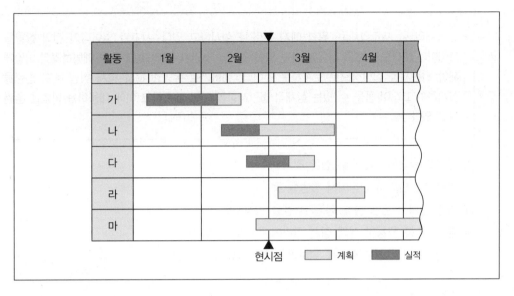

활동	1월	2월	3월	4월
가				
나				
다				
라				
마				

현시점 ☐ 계획 ■ 실적

① 일의 흐름을 동적으로 보여 주는 데 효과적이다.

② 사용하는 도형을 다르게 표현함으로써 수행해야 하는 일을 구분해서 표시할 수 있다.

③ 업무의 시작과 끝을 막대형식으로 나타내어 전체 일정을 한눈에 볼 수 있다.

④ 조직이 사전에 설정한 원칙에 따라 업무가 진행될 수 있으며 조정과 통제가 용이하다.

⑤ 업무의 세부 단계를 제대로 수행했는지 스스로 점검하고 확인하는 데 효과적이다.

37. 기술과 관련된 다음 진술 중 옳지 않은 내용을 말하고 있는 사람은?

① 김사랑 : 물리적 · 사회적인 것으로서 지적인 도구를 특정 목적에 사용하는 지식 체계를 기술이라고 합니다.

② 정대현 : 기술을 설계하고 생산하기 위해 필요한 정보와 절차를 갖는 데 노하우(Know-how)가 필요합니다.

③ 이다운 : 기술은 원래 노하우의 개념이 강하였으나 시대가 지남에 따라 노하우와 노와이(Know-why)가 결합하게 되었습니다.

④ 한여울 : 노와이는 어떻게 기술이 성립하고 작용하는가에 관한 원리적 측면에 중심을 두고 있습니다.

⑤ 주기쁨 : 노하우는 이론적인 지식으로 과학적인 탐구에 의해 얻어집니다.

38. 다음 사례에서 알 수 있는 실패를 다루는 방식의 핵심은 무엇인가?

> 국내의 한 제조업체는 '위험 예지 훈련'을 실시하고 있다. 사고가 일어나기 전의 상황을 그림이나 비디오로 보고 다음에 어떤 일이 일어날 것인지, 그리고 그 일을 예방하려면 어떻게 해야 하는지를 집단적으로 토론하는 것이다. 햄버거로 유명한 M사 역시 위험 예지 훈련을 실시하여 고객이 품을 수 있는 잠재적 불만사항을 미리 예측하고 이에 대응하는 방법을 훈련하고 있다.

① 실패를 학습의 대상으로 삼을 것
② 경영자는 반드시 현장에서 활동할 것
③ 가상 실패 체험을 통해 성공가능성을 향상시킬 것
④ 감성지수를 활용한 실패 정서 관리에 초점을 맞출 것
⑤ 단 한 번의 우연한 실패를 위하여 실패 DB를 활용할 것

39. 적정기술은 삶의 질을 향상시키는 환경 친화적인 인간 중심의 기술이다. 다음 적정기술과 거대기술 관련 표의 ㉠에 들어갈 내용으로 옳지 않은 것은? (단, 빈칸은 고려하지 않는다)

거대기술		적정기술
	• 따뜻한 자본주의 • 정보통신기술 발전 • 거대기술의 위험과 기술 민주주의 • MDG, 지속가능한 발전 • 기업의 사회적 책임 • 사회적 경제	㉠

① 민주주의
④ 가치와 편익의 집중
② 수요자의 필요
⑤ 삶의 질 향상
③ 단순, 소규모

40. 다음 사례에서 침해당한 ⊙의 종류는?

> A 의류회사에 근무하는 전○○ 씨는 판매가 부진한 블라우스의 소매 끝부분에 독특한 문양을 새겨 넣어 포인트를 주었다. 새롭게 탄생한 블라우스는 판매량이 급증하였고 그 해 가장 많은 이익을 남겼다. 이를 지켜 본 경쟁사 B는 A 회사의 블라우스와 거의 유사한 상품을 출시했고 이후 A 회사의 해당 블라우스의 판매량은 감소하기 시작했다. 전○○ 씨는 ⊙<u>산업재산권</u>을 침해당했다고 판단하여 관련 조치를 취할 계획이다.

① 상표권　　　　　　② 특허권　　　　　　③ 디자인권
④ 실용신안권　　　　⑤ 저작권

41. 〈산업안전보건기준에 관한 규칙〉에 따르면 사업주는 근로자에게 작업조건에 맞는 보호구를 지급하고 착용하도록 해야 한다. 다음 중 ⊙ ~ ㊈에 들어갈 보호구의 이름이 바르게 연결되지 않은 것은?

⊙	물체가 떨어지거나 날아올 위험 또는 근로자가 추락할 위험이 있는 작업
ⓛ	높이 또는 깊이 2미터 이상의 추락할 위험이 있는 장소에서 하는 작업
ⓒ	물체의 낙하·충격, 물체에의 끼임, 감전 또는 정전기의 대전(帶電)에 의한 위험이 있는 작업
ⓔ	물체가 흩날릴 위험이 있는 작업
ⓜ	용접 시 불꽃이나 물체가 흩날릴 위험이 있는 작업
ⓗ	감전의 위험이 있는 작업
ⓢ	고열에 의한 화상 등의 위험이 있는 작업
ⓞ	선창 등에서 분진(粉塵)이 심하게 발생하는 하역작업
㊈	섭씨 영하 18도 이하인 급냉동어창에서 하는 하역작업

① ⊙ : 안전모　　　　② ⓛ : 안전대　　　　③ ⓔ : 방열복
④ ⓗ : 절연용 보호구　　⑤ ⓞ : 방진마스크

42. ○○기업에서는 급변하는 기술변화에 직원들의 대응력을 높여 주기 위해 '전문 연수원을 통한 기술교육', 'e-Learning', '상급학교 진학을 통한 기술교육' 중 하나를 도입하고자 한다. 다음 중 자신이 원하는 교육 형태에 대하여 잘못 설명하고 있는 사람은?

A : 저는 전문 연수원을 통한 기술교육이 좋을 것 같습니다. 우리 회사는 연수 시설이 없어서 체계적인 교육을 받기 어려운 점이 있는데, 전문 연수원이 생기면 양질의 교육을 받을 수 있고 회사 입장에서도 훌륭한 인재를 육성할 좋은 기회가 될 것입니다.

B : 저는 사실 혼자 e-Learning을 활용하는 것이 편할 것 같아요. 다른 사람 눈치를 안 봐도 되고, 진도도 스스로 정하게 되어 좋을 것 같습니다.

C : 원래 입사 전부터 대학원에 대한 미련이 있었는데, 만일 상급학교 진학을 통한 기술교육을 받을 기회가 생긴다면 정말 좋겠습니다.

D : 저는 A 씨의 의견에 동의합니다. 각 분야의 전문가들로 구성된 실무중심의 교육을 받을 수 있다는 것은 e-Learning 교육에선 생각하기 어려운 것이니까요.

E : B 씨와 같이 e-Learning을 선호합니다. 제가 원하는 시간에 학습을 할 수 있거든요. 사실 일찍 자고 새벽에 일어나는 편이라서요.

A : 제가 선호하는 교육방식의 경우 최신 실습장비, 시청각 시설 등의 부대시설을 활용할 수 있어서 좋은 것 같습니다.

B : 제가 선호하는 교육방식도 비디오, 사진, 영상 등 멀티미디어를 활용할 수 있어요.

C : 제가 선호하는 교육방식은 무엇보다 인적 네트워크 형성에 도움이 되고, e-Learning 처럼 학습을 스스로 조절하거나 통제할 수도 있습니다.

D : 일단 제가 선호하는 교육방식의 경우 무엇보다 연수비가 자체적으로 교육하는 것보다 저렴합니다.

E : 제가 선호하는 교육방식은 이메일, 토론방, 자료실 등을 통해 의사교환과 상호작용이 자유롭게 이루어질 수 있습니다.

---

① A   ② B   ③ C

④ D   ⑤ E

43. 다음 기사에 대한 이해로 적절하지 않은 것은?

소방당국은 지난달 31일 오전 ○○빗물저류배수시설 확충 공사 현장에서 작업하던 협력업체 직원 김 씨 등 2명과 이들을 구하기 위해 배수 터널에 뒤늦게 진입했던 시공사 직원 박 씨가 갑자기 들이닥친 빗물에 휩쓸려 숨졌다고 밝혔다.

사고 당시 해당 지역에는 호우주의보가 발령됐고, 해당 시설은 시운전 기간중이라 평소 70% 수준이던 수문의 자동 개폐 기준 수위를 50%로 낮춘 상태였다. 그럼에도 유지 · 관리를 맡은 Y 구와 시공사인 H 건설은 소통 부재로 초기 대응에 실패하며 작업자들을 구출할 골든타임을 놓쳤다. 더욱이 긴급 알림벨 등 외부 터널과 내부 간 의사소통 수단뿐만 아니라 구명조끼와 같은 기본적인 안전장치마저 구비되지 않았던 것으로 확인됐다. 대다수 전문가와 국민들이 이번 사고가 인재(人災)라는 지적에 공감하는 이유다.

이번 사고가 20X3년 7명의 생명을 앗아갔던 S 시 배수지 수몰 사고와 비슷하다는 지적도 나온다. 당시 배수지 지하 상수도관에서 작업을 하던 근로자 7명은 갑자기 들이닥친 강물에 휩쓸려 목숨을 잃었다. 공사 관계자들은 장마철에 폭우가 이어지는 상황에서도 무리하게 작업을 강행하며 인명피해를 자초한 것으로 조사됐다. 해당 공사의 발주기관이었던 S 시도 부실한 관리 · 감독에 따른 비판을 피할 수 없었다.

불과 한 달여 전인 지난달 4일 D 구에서 철거 건물 붕괴 사고가 발생해 4명의 사상자가 발생했다. 현재 정확한 사고원인에 대한 조사가 진행 중이지만 이번 사고와 같이 D 구와 건축주, 시공업체 등 관계 주체들의 부실한 관리 · 감독 · 시공이 참사의 유력한 원인으로 꼽히는 상황이다. 특히 D 구는 사고가 발생하기 불과 3개월 전 S 시로부터 공사장 안전점검 권고 공문을 받았으나 이를 이행하지 않은 것은 물론, 철거현장 관리 · 감독에 대한 구청의 책임을 강조해 놓고 막상 사고가 터지자 책임을 회피하는 모습을 보여 빈축을 사고 있다. 앞서 20X7년 1월에는 J 구에서 철거 중인 숙박업소 건물이 무너져 매몰자 2명이 숨졌고, 같은 해 4월 G 구 5층 건물 철거현장에서는 바닥이 내려앉아 작업자 2명이 매몰됐다가 구조되었다. 지난해 3월에는 C 동 철거 공사장에서 가림막이 무너져 행인 1명이 다치는 사고도 있었다.

① 위와 같은 산업 재해는 근로자와 그 가족에게 정신적 · 육체적 고통에 이르게 하는 등의 개인적 영향을 미친다.
② 위와 같은 산업 재해는 현장 담당자를 강력하게 처벌함으로써 재해의 직접적 원인을 제거할 수 있다.
③ D 구 철거 건물 붕괴 사고는 작업 관리상의 원인으로 발생한 산업 재해로 볼 수 있다.
④ 두 수몰 사고 모두 위험한 환경에서 작업을 강행한 불안전한 행동이 원인이다.
⑤ 이와 같은 산업 재해의 예방 대책은 안전 관리 조직, 사실의 발견, 원인 분석, 시정책의 선정, 시정책 적용 및 사후 관리의 5단계로 이루어진다.

44. ○○기업에서는 최근 각광받고 있는 'IoT(사물인터넷)'에 대한 설명회를 준비하였다. 다음 중 설명회의 내용에 대한 이해로 적절하지 않은 것은?

> IoT는 'Internet of Things'로 정의되며, 사물에 센서를 부착하여 인터넷을 통해 실시간으로 데이터를 주고받는 기술이나 환경을 일컫는다. 인터넷에 연결된 기기는 사람의 도움이 개입되지 않아도 서로 알아서 정보를 주고받으며 대화를 나눌 수 있다. 이를 돕기 위해서는 블루투스나 근거리무선통신(NFC), 센서데이터, 네트워크가 자율적인 소통의 핵심적인 기술이 된다. 사물인터넷은 사람과 사람 간의 통신을 넘어 사물에 IP 주소를 부여하고 사람과 사람 혹은 사물과 사물 간의 통신을 이끌어 내는 기술을 의미하기도 한다. 흔히 원격에서 조작하는 기기를 사물인터넷으로 생각하는데, 사물인터넷은 그 기기에 설정된 인터넷시스템까지도 포함하는 개념인 것이다.

① IoT 기술을 활용하면 수집된 데이터를 분석해 사물 스스로 의사결정을 내릴 수 있다.
② 귀에 꽂으면 자동으로 연결되는 블루투스 이어폰도 IoT라고 할 수 있다.
③ 화분의 습도를 측정한 다음 알아서 물을 주는 화분은 IoT에 해당한다.
④ 최근에는 자동차에도 IoT를 도입해서 교통사고가 나면 알아서 구급차를 부르는 기능도 생겼다.
⑤ 우리가 사용하는 스마트폰은 인터넷 연결은 되지만 사람의 도움 없이는 작동하지 않기 때문에 IoT라고 볼 수 없다.

45. ○○공사 김 팀장은 팀원들의 전자금융사기 예방을 위한 교육 자료를 정리하고 있다. 다음 내용에 해당하는 용어는?

> • 은행을 사칭하여 저금리 대출상품 안내 문자메시지를 보내거나 은행 직원을 사칭하여 가짜 재직증명서를 보내는 경우
> • 고금리 대출을 먼저 상환해야 저금리 대출을 받을 수 있다며 개인명의 계좌로 입금을 요구하는 경우
> • 검찰 · 경찰 · 금융감독원 직원인 척하여 계좌 도용, 대포통장 개설, 개인정보 유출 등이 되었다며 안전계좌로 입금을 요구하는 경우

① 피싱(Phishing)   ② 파밍(Pharming)   ③ 스미싱(Smishing)
④ 스니핑(Sniffing)   ⑤ 스푸핑(Spoofing)

46. 다음 코딩조건을 참고할 때, 로봇이 청소를 완료하기 위해 필요한 코드 순서로 적절한 것은?

〈이동〉		〈행동〉	
↑	Up	일어나기	Stand
↓	Down	앉기	Sit
←	Left	청소하기	Clean
→	Right	넣기	Put

조건

1. 코드를 입력할 때 이동은 Move(code1, code2..), 행동은 Act(code1, code2..)로 입력해야 하며, 이동 코드와 행동 코드는 따로 입력해야 한다.
2. Robot은 로봇의 위치, ■는 쓰레기, U는 쓰레기통을 의미한다.
3. 쓰레기를 청소하기 위해서는 로봇이 쓰레기가 있는 위치에 가서 앉은 후 청소를 하고 일어나야 한다.
4. 쓰레기는 한 번에 한 개씩만 주울 수 있으며, 주운 후 쓰레기통에 가서 넣어야 다시 청소가 가능하다.
5. 코드 입력 시 같은 동작을 연속할 경우 코드 앞에 숫자를 붙이면 인식할 수 있다(예) 3Up : 위로 3칸 이동).

① Move(Left, Up, 2Left), Act(Sit, Clean, Stand), Move(3Down), Act(Sit, Put, Stand), Move(2Up, Right), Act(Sit, Clean, Stand), Move(Left, 2Down), Act(Sit, Put, Stand)

② Move(2Left), Act(Sit, Clean, Stand), Move(Down, Left, Down), Act(Put), Move(3Up), Act(Sit, Clean, Stand), Move(3Down), Act(Put)

③ Move(Up, 3Left), Act(Sit, Clean, Stand), Move(Down, Right), Act(Sit, Clean, Stand), Move(2Down, Left), Act(Put)

④ Move(2Down, 2Left, 2Up), Act(Sit, Clean, Stand), Move(Left, 2Down), Act(Put), 3Up, Act(Sit, Clean, Stand), Move(3Down), Act(Put)

⑤ Move(Left, Up, 2Left), Act(Clean), Move(3Down), Act(Put), Move(2Up, Right), Act(Clean), Move(Left, 2Down), Act(Put)

1회 기출예상 2회 기출예상 3회 기출예상 4회 기출예상 5회 기출예상 6회 기출예상 7회 기출예상

47. 멀웨어에 대한 설명을 참고할 때, 다음 〈상황〉에서 J 사원의 노트북이 감염된 멀웨어의 종류는?

멀웨어(Malware)란 컴퓨터 사용자 시스템에 침투하기 위해 설계된 소프트웨어를 뜻하며 컴퓨터 바이러스, 웜, 트로이 목마, 스파이웨어, 랜섬웨어 등 종류가 다양합니다.

컴퓨터 바이러스(Computer Virus)는 한 컴퓨터에서 다른 컴퓨터로 확산되며 컴퓨터 작동을 방해하는 작은 소프트웨어 프로그램입니다. 컴퓨터 바이러스는 컴퓨터의 데이터를 손상시키는데, 전자 메일 프로그램을 사용해서 다른 컴퓨터로 바이러스를 퍼뜨리거나 하드 디스크의 모든 내용을 삭제하기도 합니다. 컴퓨터 바이러스는 보통 전자 메일 메시지 첨부 파일이나 인스턴트 메시징 메시지를 통해 확산됩니다. 바이러스는 재미있는 이미지, 인사말 카드, 오디오 및 비디오 파일 등 첨부 파일로 위장할 수 있습니다. 또한, 컴퓨터 바이러스는 인터넷 다운로드를 통해 퍼지기도 합니다. 컴퓨터 바이러스는 불법 복제 소프트웨어나 기타 다운로드한 파일 또는 프로그램 안에 숨어 있을 수 있습니다.

웜(Worm)은 사용자 개입 없이 확산되는 컴퓨터 코드입니다. 대부분의 웜은 열었을 때 컴퓨터를 감염시키는 전자 메일 첨부 파일로 시작됩니다. 웜은 감염된 컴퓨터에서 전자 메일 주소록 포함하는 주소록 또는 임시 웹 페이지와 같은 파일을 검색합니다. 웜은 이 주소를 사용하여 감염된 전자 메일 메시지를 보내고 다른 전자 메일 메시지에서 '보낸 사람' 주소를 자주 모방하여 감염된 메시지가 아는 사람으로부터 전송된 것처럼 보이게 합니다. 그런 다음, 전자메일 메시지, 네트워크 또는 운영 체제 취약성을 통해 자동으로 확산되어 원인이 밝혀지기 전에 시스템을 무력화시킵니다. 웜은 항상 컴퓨터에 파괴적인 결과를 가져오지는 않지만 일반적으로 컴퓨터 및 네트워크 성능과 안정성에 문제를 유발합니다.

트로이 목마(Trojan Horse)는 다른 프로그램 내에 숨어 있는 악성 소프트웨어 프로그램입니다. 화면 보호기와 같은 합법적인 프로그램 내에 숨어서 컴퓨터에 침입하여 해커가 감염된 컴퓨터에 액세스할 수 있도록 하는 코드를 운영 체제에 심습니다. 트로이 목마는 일반적으로 스스로 확산되지는 않고 바이러스, 웜 또는 다운로드 된 소프트웨어에 의해 확산됩니다.

스파이웨어(Spyware)의 주요 감염 경로는 P2P 파일공유 프로그램, 각종 무료 유틸리티 프로그램, 스팸메일, 다른 유해 프로그램, 특정 사이트 등입니다. 이러한 프로그램은 컴퓨터의 구성을 변경하거나 광고성 데이터 및 개인 정보를 수집할 수 있습니다. 스파이웨어는 인터넷 검색 습관을 추적하고 웹 브라우저를 사용자가 의도하지 않은 다른 웹 사이트로 리디렉션할 수도 있습니다.

랜섬웨어(Ransomware)는 악성 프로그램으로, 사용자의 동의 없이 시스템에 설치해 파일을 모두 암호화하여 컴퓨터의 작동이 중단되게 만듭니다. 보통 이를 재가동할 수 있게 해 주는 조건으로 비트코인과 같은 금전을 요구합니다. 랜섬웨어 종류에 따라 백신 프로그램이 랜섬웨어의 암호화를 사전에 차단해 주기도 하지만, 완벽하게 방어할 수는 없습니다. 또한, 복구를 진행했다 하더라도 컴퓨터가 이상 작동하는 경우가 있어 운영체제를 재설치해야 할 수도 있습니다.

1회 기출예상

2회 기출예상

3회 기출예상

4회 기출예상

5회 기출예상

6회 기출예상

7회 기출예상

상황

J 사원은 어제 퇴근 후 노트북으로 지인이 보낸 간단한 인사말과 첨부 파일이 있는 전자 메일을 받았다. J 사원은 의심 없이 해당 첨부 파일을 다운로드 받아 실행했는데, 첨부 파일에 별 내용이 없어 당황했지만 대수롭지 않게 여겼다. 그런데 다음날 출근하여 노트북을 켰더니 컴퓨터의 속도와 성능이 눈에 띄게 저하되어 있었고 네트워크가 안정적으로 연결되지 않는 문제가 발생했다. J 사원은 혼자서 원인을 파악해 보려고 했으나 시스템이 무력화되어 결국 수리를 맡기기로 하였다.

① 컴퓨터 바이러스　　② 웜　　③ 트로이 목마

④ 스파이웨어　　⑤ 랜섬웨어

48. 다음 설명과 그에 해당하는 용어가 바르게 연결된 것은?

A : 인공위성의 신호를 수신하는 장치로, 위치 · 정보 서비스 등에 사용된다.

B : 실제 사물이나 환경에 3D의 가상 이미지를 중첩하여 부가 정보를 보여 주는 기술로, 카메라로 주변을 비추면 인근 상점의 위치, 전화번호 등의 정보가 입체영상으로 표시된다.

C : 인터넷에 연결된 기기를 활용해 다른 기기에서 인터넷 접속이 가능하도록 해 주는 기술이다. 인터넷에 연결된 기기와 그렇지 않은 기기를 USB나 블루투스로 연결한다.

D : 10cm 이내의 가까운 거리에서 무선으로 데이터를 전송하는 무선 태그 기술이다. 보안성이 우수하고 가격이 저렴하며 블루투스처럼 매번 기기 간 설정을 하지 않아도 된다.

ㄱ 증강현실(AR)　　ㄴ 테더링(Tethering)

ㄷ NFC(Near Field Communication)　　ㄹ GPS(Global Positioning System)

① A-ㄴ　　② B-ㄴ　　③ B-ㄹ

④ C-ㄱ　　⑤ D-ㄷ

[49 ~ 50] 다음은 자주 사용되는 엑셀 단축키이다. 이어지는 질문에 답하시오.

〈유용한 엑셀 단축키〉

단축키	기능	단축키	기능
[Ctrl]+[W]	열린 문서 닫기	[Ctrl]+[U]	텍스트(글꼴) 밑줄
[Ctrl]+[O]	파일 열기	[Ctrl]+[P]	인쇄 미리 보기
[Ctrl]+[N]	새로 만들기	[Ctrl]+[L] or [T]	표 만들기 창
[Ctrl]+[R]	좌측(왼쪽) 값 복사	[Ctrl]+[X]	셀 잘라내기
[Ctrl]+[D]	위쪽 값 복사	[Ctrl]+[C]	셀 복사
[Ctrl]+[Z]	실행 취소	[Ctrl]+[V]	셀 붙여넣기
[Ctrl]+[Y]	다시 실행	[Ctrl]+[G]	이동 창
[Ctrl]+[B]	텍스트(글꼴) 굵게	[Ctrl]+[K]	하이퍼링크 창
[Ctrl]+[I]	텍스트(글꼴) 기울임	[Ctrl]+[;]	현재 날짜 입력
[Ctrl]+[F1]	탭 메뉴 숨기기/보이기	[Ctrl]+[F6]	다른 문서로 이동
[Ctrl]+[F2]	인쇄 미리 보기	[Ctrl]+[F9]	창 최소화
[Ctrl]+[F3]	이름 관리자 창 열기	[Ctrl]+[F10]	창 최대화/창 복원
[Ctrl]+[F4]	현재 문서 닫기	[Ctrl]+[F11]	새 매크로 시트 삽입

49. 다음 L 대리의 지시에 따라 R 사원이 활용할 단축키를 모두 고른 것은?

> R 사원,
> 이번에 엑셀 작업한 것을 봤는데요.
> 전체적으로 우리 회사 양식에 안 맞는 부분이 있네요.
> 수정해서 다시 제출하도록 하세요.
> 작성했던 파일을 열어서 제목 텍스트는 굵게 바꾸세요.
> 맨 아래 있는 각주는 밑줄을 쳐서 강조하도록 하고요.
> 좌측 열에 있는 종류에 해당하는 내용은 기울임을 주세요.
> 그리고 모든 서류는 가급적이면 인쇄했을 때
> 한 페이지 안에 들어가는 것이 좋아요.
> 인쇄했을 때 어떻게 나오는지도 꼭 확인해 보세요.
>
> −L 대리−

① [Ctrl]+[B], [Ctrl]+[I], [Ctrl]+[U], [Ctrl]+[P], [Ctrl]+[V]

② [Ctrl]+[O], [Ctrl]+[B], [Ctrl]+[U], [Ctrl]+[I], [Ctrl]+[P]

③ [Ctrl]+[G], [Ctrl]+[U], [Ctrl]+[N], [Ctrl]+[I], [Ctrl]+[P]

④ [Ctrl]+[O], [Ctrl]+[P], [Ctrl]+[U], [Ctrl]+[V], [Ctrl]+[B]

⑤ [Ctrl]+[O], [Ctrl]+[V], [Ctrl]+[P], [Ctrl]+[G], [Ctrl]+[N]

50. 다음은 L 대리가 작업 중인 서류이다. L 대리가 활용했을 것으로 추측할 수 있는 엑셀 단축키가 아닌 것은?

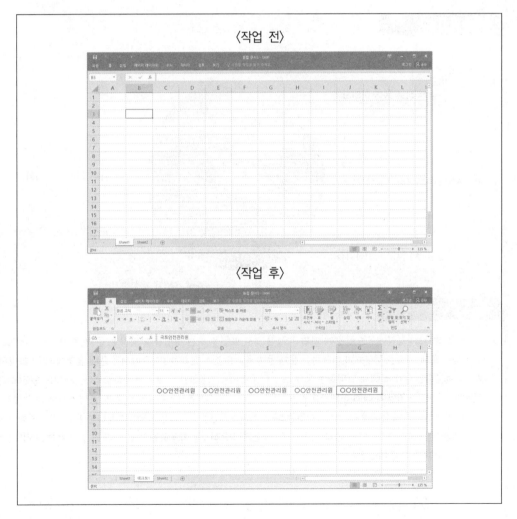

① [Ctrl]+[R]　　　　② [Ctrl]+[V]　　　　③ [Ctrl]+[F1]

④ [Ctrl]+[F11]　　　⑤ [Ctrl]+[L]

유형분석

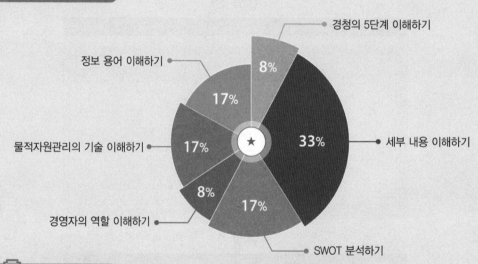

- 경청의 5단계 이해하기 — 8%
- 정보 용어 이해하기 — 17%
- 물적자원관리의 기술 이해하기 — 17%
- 경영자의 역할 이해하기 — 8%
- SWOT 분석하기 — 17%
- 세부 내용 이해하기 — 33%

출제분석

사람인형 의사소통능력에서는 상황에 따라 적절한 의사 표현을 하는 방법을 파악하는 문제, 의사소통 네트워크 유형에 대해 묻는 문제, 자료를 적절하게 이해하는 문제 등이 출제되었다. 문제해결능력에서는 문제 유형에 대해 파악하는 문제, 문제를 해결하는 절차에 대해 파악하는 문제, 모순되는 명제를 도출하는 문제 등이 출제되었다. 조직이해능력에서는 집단구성원에게 주어지는 역할에 대해 이해하고 있는지 묻는 문제, SWOT 분석을 활용하는 문제, 조직 변화에 대한 조직 구성원의 반응을 파악하는 문제 등이 출제되었다. 자원관리능력에서는 시간을 관리하는 유형을 구분하는 문제, 조건에 따라 가장 적절한 업체를 찾는 문제 등이 출제되었다. 정보능력에서는 한컴오피스를 활용하는 방법에 대해 묻는 문제, 해킹 기법에 대해 파악하는 문제 등이 출제되었다.

5 회 사람인

출제유형모의고사

영역	총 문항 수
의사소통능력	
문제해결능력	
조직이해능력	60문항
자원관리능력	
정보능력	

01. 다음 표는 스티븐 코비의 경청 5단계를 나타낸 것이다. 이 중 〈보기〉에서 설명하는 단계는?

단계	메시지 습득 정도	경청 수준
1	0%	무시하기
2	10%	듣는 척하기
3	30%	선택적 듣기
4	50 ~ 60%	적극적 듣기
5	90 ~ 100%	공감적 듣기

보기

▶ 단계의 특징 : 수신자가 전달자의 이야기를 듣고 있기는 하지만 커뮤니케이션이 완료되면 전달자가 전달하는 내용과 수신자가 들은 내용에 차이가 발생하게 된다. 메시지의 의미를 오해하거나 일부 메시지는 기억하지 못하게 된다.

▶ 대화 상황 이후 전달자의 반응
"내 이야기를 듣기는 했어요?"
"제 말은 그런 의미가 아니예요!"
"당신은 듣고 싶은 이야기만 골라 듣는군요!"

① 1단계 - 무시하기
② 2단계 - 듣는 척하기
③ 3단계 - 선택적 듣기
④ 4단계 - 적극적 듣기
⑤ 5단계 - 공감적 듣기

02. 다음 중 상황에 따른 의사표현법으로 적절하지 않은 것은?

① 상대방에게 부탁해야 할 때 : 구체적으로 부탁하고, 자신의 다급함을 우선적으로 호소한다.

② 상대방의 요구를 거절할 때 : 모호한 태도를 보이는 것보다 단호하게 거절하는 것이 좋다.

③ 상대방의 잘못을 지적할 때 : 상대방이 알 수 있도록 명확하게 지적하되, 지적하는 사항에만 한정한다.

④ 상대방에게 충고를 할 때 : 직접적으로 말하기보다는 비유를 통해 상대가 이해할 수 있도록 깨우쳐 주는 것이 바람직하다.

⑤ 명령해야 할 때 : 강압적으로 말하기보다는 '~ 해 주는 것이 어떻겠습니까?'와 같이 부드럽게 표현하는 것이 훨씬 효과적이다.

03. 다음 혐오표현에 대한 국민의식 조사 결과 자료를 이해한 내용으로 적절하지 않은 것은?

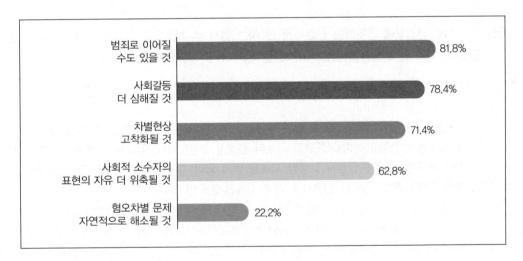

① 혐오차별의 문제는 자연적으로 해소될 것이다.

② 사회 구성원 중 소수자의 표현의 자유가 더 위축될 수 있다.

③ 혐오표현 사용으로 일부 구성원에 대한 차별현상이 고착화될 가능성이 있다.

④ 혐오로 인한 갈등은 범죄로 이어질 수도 있다.

⑤ 상대를 향한 혐오표현들로 구성원 간의 갈등이 더 심해질 수 있다.

1회 기출예상

2회 기출예상

3회 기출예상

4회 기출예상

5회 기출예상

6회 기출예상

7회 기출예상

04. 다음 중 보도자료 작성 시 주의해야 할 사항으로 알맞은 것을 모두 고르면?

> ㉠ 중요한 사실부터 되도록 간결하게 기술한다.
> ㉡ 사진이나 그래픽·영상 자료는 제공하지 않는 것이 좋다.
> ㉢ 형용사나 부사 등 수식어를 사용하여 다채롭게 표현해야 한다.
> ㉣ 관련 전문용어를 가능한 많이 사용하여 자료의 신뢰성을 높여야 한다.
> ㉤ 보도 자료에는 문의에 응할 홍보담당자의 연락처를 넣어야 한다.
> ㉥ 무리하게 기사화할 것을 요구하거나 기사의 크기를 묻지 않는다.
> ㉦ 사실만을 간단명료하고 정확히 표현하고 전달할 내용의 핵심을 부각시켜야 한다.

① ㉠, ㉡, ㉤, ㉦   ② ㉠, ㉤, ㉥, ㉦   ③ ㉡, ㉣, ㉤, ㉥
④ ㉢, ㉣, ㉥, ㉦   ⑤ ㉣, ㉤, ㉥, ㉦

05. ○○기업 영업부에 근무하는 신입사원 한 씨는 입사 후 처음으로 안전사고 예방 교육을 받게 되었다. 다음 안내 방송을 들은 직후에 한 씨가 취할 행동으로 적절한 것은?

> 안내 말씀 드립니다.
> 오늘은 안전사고 예방 교육이 있는 날입니다. 이번 교육은 일반 안전사고 예방 교육과 담당 업무별 안전사고 예방 교육으로 나누어 진행할 예정입니다. 따라서 일반 안전사고 예방 교육 후 담당 업무별 안전사고 예방 교육을 받게 되며, 이전에 일반 안전사고 예방 교육을 받은 직원은 담당 업무별 안전사고 예방 교육만 받으면 됩니다.
> 일반 교육은 1회의실에서 진행할 예정이고, 입사 2년 차 이상 사원 중 일반 교육 대상자는 2회의실로 이동해 주시기 바랍니다. 담당 업무별 교육은 부서에 따라 영업부는 3회의실, 마케팅부는 4회의실, 연구개발부는 5회의실에서 실시합니다.
> 이상 안내를 마치겠습니다.

① 담당 업무별 안전사고 예방 교육을 받기 위해 5회의실로 이동한다.
② 담당 업무별 안전사고 예방 교육을 받기 위해 4회의실로 이동한다.
③ 담당 업무별 안전사고 예방 교육을 받기 위해 3회의실로 이동한다.
④ 일반 안전사고 예방 교육을 받기 위해 2회의실로 이동한다.
⑤ 일반 안전사고 예방 교육을 받기 위해 1회의실로 이동한다.

[06 ~ 07] 다음은 ○○공사 신입사원 연수 자료의 일부이다. 이어지는 질문에 답하시오.

MBTI는 융의 심리유형론을 근거로 캐서린 쿡 브릭스와 이사벨 브릭스 마이어스가 고안한 자기보고서 성격유형 자료이다. ㉠MBTI에 따르면 개인은 4가지 양극적 선호경향을 가지고 있다. 자신의 기질과 성향에 따라 에너지의 방향과 주의 초점이 외향형(E)이거나 내향형(I)이며, 정보를 수집하는 인지기능이 감각형(S)이거나 직관형(N)이며, 판단기능이 사고형(T)이거나 감정형(F)이고, 이행/생활양식이 판단형(J)이거나 인식형(P)에 해당한다. MBTI는 이와 같은 4가지 선호성향에 따라 개인을 여러 성격유형으로 구분한다.

MBTI 결과는 인터넷 등을 통한 간이 테스트가 아닌 MBTI를 전문적으로 다루는 기관에서 검사를 받고 전문가의 해석을 듣는 것이 가장 좋다. MBTI는 자기를 이해하는 도구이자 다른 유형의 타인을 이해하고 존중하기 위한 목적을 가지고 있기 때문에 MBTI 결과에 따라 타인을 특정 집단 안에 집어넣고 판단하는 도구로 쓰여서는 안 된다.

MBTI의 유행은 코로나19 영향 중 하나로 설명할 수 있다. 코로나19로 집에 머무는 시간이 많아지고 코로나19 이전에 당연시했던 '일상의 소중함'을 인식하게 되면서 '나'라는 사람의 본질에 집중하려는 흐름이 생겨나고 이것이 MBTI의 유행으로 이어졌다고 볼 수 있다. '어느 직장·학교에 다니는 나'가 아닌 있는 그대로의 나를 설명하고 이해하는 도구로써 MBTI가 사용되고 있는 것이다.

06. 윗글을 읽고 MBTI에 대해 추론한 내용으로 적절하지 않은 것은?

① 사회적 상황의 변화에 따라 유행하게 되었다고 볼 수 있다.
② 자신의 본질뿐 아니라 나를 설명하고 이해하는 도구로 유용하다고 볼 수 있다.
③ 자신을 정확히 이해하기 위해서는 인터넷보다 전문가의 해석을 듣는 것이 낫다.
④ 캐서린 쿡 브릭스와 이사벨 브릭스 마이어스의 이론을 바탕으로 만들어 졌다.
⑤ MBTI 결과에 따라 타인에 대해 선입견을 가지는 것은 MBTI의 의미를 훼손하는 것이다.

07. 윗글의 밑줄 친 ㉠을 참고할 때, MBTI 검사 결과로 나올 수 있는 모든 성격유형의 개수는?

① 8개   ② 12개   ③ 16개
④ 18개   ⑤ 24개

1회 기출예상 2회 기출예상 3회 기출예상 4회 기출예상 5회 기출예상 6회 기출예상 7회 기출예상

[08 ~ 09] 다음은 ○○기업에서 진행된 IT 강의 내용이다. 이어지는 질문에 답하시오.

블랙박스 암호란 물리적인 하드웨어로 만들어진 암호화 장치를 기반으로 작동되는 암호 기술을 말합니다. 하드웨어로 구성된 암호화 장치가 외부의 공격으로부터 보호받을 수 있다는 가정하에 암호 키를 암호 장치 내부에 두고 보안하도록 설계하는 방식입니다. 언뜻 보면 완벽한 보안 장치로 보이지만 공격자에게 그 내부가 공개되는 순간 암호와 키가 모두 유출될 위험이 있습니다.

화이트박스 암호는 이런 블랙박스 암호의 한계를 보완하기 위해 등장한 기술로 암호화 기술에 소프트웨어 개념을 도입하여 암호 알고리즘의 중간 연산 값 및 암호 키를 안전하게 보호할 수 있다는 장점이 있습니다. 암호와 키에 대한 정보가 소프트웨어로 구현된 알고리즘 상태로 화이트박스에 숨겨져 있기 때문에 내부 해킹을 시도해도 알고리즘을 유추할 수 없는 것입니다. 또한 화이트박스 암호는 다른 저장 매체에 비해 운용체계에 따른 개발과 관리가 용이합니다. 애플리케이션 업데이트를 통해 원격으로 암호 알고리즘에 대한 오류 수정 및 보완이 가능하기 때문에 블랙박스 암호의 한계를 더욱 보안할 수 있습니다. 최근에는 패스(PASS), 모바일 결제 시스템, 전자지갑, 모바일 뱅킹의 주요 보안 수단으로 활용되고 있습니다.

(㉠   ) 화이트박스 암호도 변조 행위나 역공학에 의한 공격을 받는다면 노출될 가능성이 있습니다. 그래서 더욱 다양한 플랫폼과 콘텐츠를 통해 안정성을 확보하는 것이 중요하며 그 과정에서 새롭게 등장한 플랫폼이 화이트크립션입니다. 화이트크립션은 화이트박스 암호 보안을 위해 애플리케이션 보호 기능을 제공하는 플랫폼으로, 기존의 암호화 기능을 더욱 강화하여 암호 실행 중에도 암호 키를 활성화하여 보호하는 기술을 가지고 있습니다.

08. 위 강의를 들은 청중의 반응으로 적절하지 않은 것은?

① 화이트박스 암호는 전자 서명 서비스나 핀테크 산업에도 사용될 수 있겠군.

② 외부의 공격으로 내부가 뚫리더라도 화이트박스 암호는 쉽게 유출될 수 없겠군.

③ 해킹의 성공 여부에 있어 중요한 포인트는 암호화 키가 어떻게 숨겨져 있는지겠어.

④ 화이트박스 암호는 블랙박스 암호를 보완하기 위해 등장한 기술로 외부 공격에 노출될 위험이 전혀 없겠군.

⑤ 화이트박스 암호는 애플리케이션의 업데이트를 통해 원격으로 암호 알고리즘에 대한 오류 수정 및 보완이 가능하겠군.

09. 문맥상 빈칸 ㉠에 들어갈 접속어는?

① 물론 ② 그러나 ③ 게다가

④ 다시 말해 ⑤ 그러므로

10. 의사소통 네트워크 유형은 집단구성원 간에 이루어지는 정보교환의 흐름에 따라 5가지 모양으로 구분된다. 다음 ㉠에 해당하는 유형과 그에 대한 설명으로 옳은 것은?

구분	㉠	
권한의 집중 정도	높음	
의사소통의 속도	중간	
의사소통의 정확도	서면 : 고	언어 : 저
구성원의 만족도	낮음	
의사결정 속도	빠름	
의사결정 수용도	낮음	
조직구조 형태	수직적	

① X자형 : 모든 정보가 팀장에게 집중되며, 팀장이 주변 팀원들에게 지시하고 보고를 받는 형태이다.

② Y자형 : 공식적 지휘 계통의 채널이나 강력한 리더가 있는 것은 아니지만 어느 정도 대표성이 있는 중심인물을 통해 의사소통이 이루어진다.

③ 완전연결형 : 주로 비공식 집단에서 회원끼리 의사소통하는 형태로, 모든 구성원이 자유롭게 의사소통을 한다.

④ 원형 : 테스크포스팀의 팀원끼리 긴밀하게 정보를 주고받는 형태로, 집단 구성원의 서열이나 지위가 서로 비슷하여 동등한 입장에서 의사소통이 이루어진다.

⑤ 연쇄형 : 사장이 이사에게, 이사가 부장에게, 부장이 과장에게 직접 지시하고 보고를 받으며 의사소통이 이루어진다.

[11 ~ 12] 다음은 우 박사가 ○○공사 신입사원 연수에서 '코로나19 시대, 디지털 문명의 주역이 되자'라는 주제로 강의를 한 후 질의응답한 내용이다. 이어지는 질문에 답하시오.

Q1. 세계 7대 기업이 죄다 디지털 플랫폼 기업이다. 결국 우리의 삶 전체가 디지털로 옮겨간다는 신호일까.

A1. 모든 경험이 디지털화되지는 않을 것이다. 가령 분위기 좋은 카페에서 커피 한 잔 마시는 경험은 커피배달로 절대 대체될 수 없다. 현실 세계를 통해서만 느낄 수 있는 고유한 경험은 디지털로 옮겨가는 순간 완전히 다른 차원으로 바뀌기 때문이다. 따라서 플랫폼의 성공여부는 디지털화를 통해 특별하고 새로운 경험을 창조해낼 수 있느냐에 달렸다.

Q2. 지금껏 당연하다고 여겼던 상식과 기준이 흔들린다.

A2. 대표적인 게 음악이다. 미래학자 자크 아탈리는 음악의 소비변화가 미래 소비문화 변화를 예측하는 지표라고 언급한 바 있다. 인류의 가장 오래된 소비재이자 보편적 사랑을 받아 온 음악에 대한 사람들의 소비가 바뀌면 다른 영역의 소비 방식도 그처럼 바뀐다는 뜻이다. 음악을 듣고 싶을 때 어떻게 행동하는가. 아무 생각 없이 애플리케이션을 열면 그 욕구가 순식간에 해결된다. 그렇게 문제 해결을 하면 다른 것도 요구하게 된다. 돈을 부칠 때도 송금 애플리케이션을 열지 않나. 감염 위험이 커지니 떡볶이 먹을 때도 애플리케이션을 쓸 만큼 소비가 급격하게 디지털 플랫폼으로 이동하게 됐고, 그 경험이 점점 표준이 되어 간다. 이 위기가 누군가에겐 기회가 될 텐데, 위기를 기회로 잡으려면 내 마음의 표준부터 바꿔야 한다.

Q3. 아날로그가 미덕인 예술이나 스포츠 분야까지 표준이 바뀔까.

A3. 그런 경험은 대체하기 어렵지만 두려움 때문에 못 가는 상황이라면 어떻게든 온라인으로 양식을 옮겨 대리 만족할 기회를 제공해야 한다. 그렇지 못하면 영속성을 유지할 수 없을 것이다. 내 아이디어는 이렇다. 예컨대 뮤지컬 공연에 휴대폰 제조사가 협업해 휴대폰 1만 개로 객석을 채우고 티켓을 산 1만 명이 영상통화로 보게 하는 거다. 일괄적인 영상이 아니라 내가 보고 싶은 각도로 찍게 할 수 있고, 좌석 등급제도 가능하다. 영상통화 방식이니 내 얼굴도 배우에게 보이게 된다. 관중이 보이면 배우에게도 감흥이 다르다. 그런 식의 새로운 아이디어로 방법을 찾자면 무궁무진하다. 공연도 기술을 통해 발전할 수 있다.

Q4. 올해 대중음악계엔 복고열풍이 불었다. 변화에 대한 기성세대의 저항심리라고 볼 수 있을까.

A4. 시장의 부족사회화를 보여 주는 거다. 마케팅 전문가 구루 세스 고딘의 말처럼 인간에게는 작은 단위로 뭉치는 부족본능이 있다. 취미도 옛날에는 낚시, 등산회 정도였다면, 디지털로 커뮤니케이션하면서 아주 다양한 모임이 생겼다. 음악에도 트로트 부족, 아이돌 부족이 다 있다. 트로트의 잠재력을 알면서도 못 끌어냈던 건 '트로트 가수는 누구'라는 기존 상식을 버리지 않아서다. 아이돌 뽑듯 고객이 선택하게 했더니 팬덤이 폭발하지 않았나. 소수의 만화가가 주도하던 과거 출판시장과 달리 현재의 웹툰은 어마어마하게 크고 다양한 시장이 생겼는데, 디지털 커뮤니케이션이 새로운 시장을 만든 셈이다. 국내의 한 작가가 동남아 최고스타가 됐듯 최근 세대의 팬덤에는 국가나 언어의 경계가 없는 게 특징이고, 그래서 가능성도 엄청나다.

Q5. 팬덤의 힘이 세지니 패싸움하듯 과격해지기도 한다.

A5. 부족사회는 내 편을 보호하고 남의 편을 공격하려는 성향이 강한데, 인간의 내재된 본성이 드러나는 거다. 그래도 다행인 건 인류의 보편적 잣대란 게 있고, 그걸 건드리면 엄청난 분노를 일으킨다는 걸 아니까 조심한다. 연예인들이 악플러들을 고소하면서 자정되고 있듯이 결국 보편적 가치에 의해 판단될 거다. 디지털 문명의 특징은 문제를 드러내는 거니까, 결국 보편적 가치가 승리할 것이다.

11. 다음 중 윗글을 통해 알 수 있는 사실만을 모두 고른 것은?

> ㄱ. 우리가 경험하는 모든 삶은 디지털로 이동하게 된다.
> ㄴ. 아직 많은 영역에서 아날로그적 감성이 대세를 이룬다.
> ㄷ. 디지털 커뮤니케이션으로 인해 다양한 모임이 온라인에 생겨나고 있다.
> ㄹ. 코로나19로 디지털 플랫폼에서의 소비 영역이 확장될 수 있다.

① ㄱ, ㄴ   ② ㄱ, ㄷ   ③ ㄴ, ㄷ
④ ㄴ, ㄹ   ⑤ ㄷ, ㄹ

12. 윗글에서 제시하고 있는 사회의 변화 방향과 거리가 먼 사례를 제시한 사람은?

① 상엽 : 극장에 가지 않더라도 오늘 개봉한 영화를 집에서 편하게 볼 수 있기도 해.

② 나라 : 나는 가끔 교외에 있는 아기자기한 카페에 가서 음료를 마시며 휴식을 취하고 사진을 찍기도 해.

③ 제시 : 해외여행을 갈 때 과거에는 직접 은행에 가서 환전을 했다면 지금은 모바일 앱을 통해 편리하게 환전 신청을 할 수 있어.

④ 미주 : 평일 저녁 야구장에 직접 가지 못해도 퇴근길에 스마트폰으로 경기 실황을 볼 수 있어.

⑤ 소민 : 배달 음식을 먹을 때 과거에는 직접 전화로 메뉴와 주소 등을 불러 주문하였다면, 이제는 배달 플랫폼 애플리케이션을 통해 편리하게 주문을 하고 있어.

13. 다음 중 업무수행 과정 중 발생한 문제에 대한 설명으로 옳지 않은 것은?

① 탐색형 문제란 현재는 문제가 발견되지 않았으나 진행 상황을 바탕으로 예측했을 때 충분히 일어날 수 있는 문제이다.

② 탐색형 문제는 더 잘해보고자 하는 목표에 따르는 문제로 '발생형 문제'와 '설정형 문제'가 동시에 얽혀 있을 수 있다.

③ 설정형 문제는 주로 상부 경영층의 전략적 관점을 요구하는 문제의식으로 기계 고장, M/S 저하 등이 그 예가 될 수 있다.

④ 설정형 문제란 미래의 조건을 상정했을 때 생성되는 문제로 완전히 새로운 목표를 설정하는 개발형 문제와 장래의 위험을 회피하기 위한 사전대비 문제가 있다.

⑤ 발생형 문제란 잘 되고 있다가 틀어져 실제로 발생한 문제, 즉 이미 발생하여 원상 복귀가 필요한 문제를 말한다.

14. 기업의 경쟁력에 영향을 미칠 수 있는 외부 환경요인 분석의 방법으로 STEEP 분석이 있다. 다음 〈보기〉에서 설명하는 STEEP 분석항목과 그 예로 알맞은 것은?

> **보기**
>
> 정부가 경제에 개입하는 방법과 정도에 관한 것이며 세금 정책, 노동법, 환경법, 무역 제한, 관세, 정치적 안정과 같은 영역을 포함한다.

① Social : 대중의 트렌드, 소비자 생활방식, 교육배경, 사회 활동 등

② Technological : IT Trends, 혁신 기술, 과학기술 보급 등

③ Ecological : 지구온난화, 재순환, 전문환경 등

④ Economic : GDP 성장, Inflation&CPI(소비자 물가지수), 환율

⑤ Political : 정치적 협의, 이해집단과 NGO 등

15. 다음 〈문제해결 5단계〉에서 〈보기〉가 설명하는 단계는?

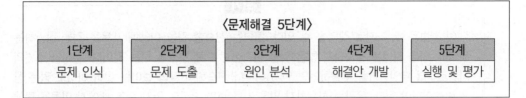

〈문제해결 5단계〉

1단계	2단계	3단계	4단계	5단계
문제 인식	문제 도출	원인 분석	해결안 개발	실행 및 평가

보기

　선정된 문제를 분석하며 해결할 것이 무엇인지를 명확히 하는 단계로, 현상에 대하여 문제를 분해하여 인과관계 및 구조를 파악하는 단계

문제 구조 파악	▶	핵심 문제 선정
문제를 작게 다룰 수 있는 이슈들로 세분화		문제에 영향력이 큰 이슈를 핵심이슈로 선정

① 문제 인식　　　　② 문제 도출　　　　③ 원인 분석

④ 해결안 개발　　　⑤ 실행 및 평가

16. '민형이는 시계를 차지 않았다'와 모순이 되는 명제를 도출하기 위해 필요한 전제를 모두 고른 것은?

　㉠ 민형이는 팔씨름을 좋아한다.
　㉡ 민형이가 시계를 차지 않았다면 철수는 공대 출신이다.
　㉢ 민형이가 장갑을 꼈다면 철수는 공대 출신이다.
　㉣ 민형이가 팔씨름을 좋아한다면 철수는 공대 출신이 아니다.
　㉤ 민형이는 팔씨름을 좋아하거나 장갑을 꼈다.

① ㉠, ㉡, ㉢　　　　② ㉠, ㉡, ㉣　　　　③ ㉠, ㉡, ㉤

④ ㉠, ㉢, ㉣　　　　⑤ ㉠, ㉢, ㉤

1회 기출예상
2회 기출예상
3회 기출예상
4회 기출예상
5회 기출예상
6회 기출예상
7회 기출예상

17. 다음 〈보기〉에서 설명하고 있는 집단 아이디어 발상법으로 옳은 것은?

> **보기**
>
> 이 기법은 두 가지로 설명될 수 있다. 하나는 친숙한 것을 이용해 새로운 것을 창안하는 것이고, 다른 하나는 친숙하지 않은 것을 친숙한 것으로 보도록 하는 것이다. 우리가 주변의 사물로부터 무엇인가를 추출하려면 먼저 너무나 친숙해서 달리 보이는 것이 하나도 없는 상황을 벗어나야 한다. 우리는 친숙하지 않은 것을 보면 기존의 인지 구조 내에서 이들을 탐색한 후에 무관심의 영역으로 내던져 버리는 때가 많다. 그러나 창의적인 사고를 하기 위해서는 주변에서 접하게 되는 친숙하지 않은 상황도 수용할 수 있어야 한다는 것이다. 이 기법에는 ① 직접적 유추 ② 의인적 유추 ③ 상징적 유추 ④ 공상적 유추 등 4가지 방법이 있다.

① NM법   ② 시네틱스   ③ 로직트리
④ 체크리스트   ⑤ 피라미드 구조화

18. 다음 〈보기〉에서 설명하는 논리적 오류의 예로 적절한 것은?

> **보기**
>
> 참이 증명되지 않은 전제에서 결론을 도출하거나, 전제와 결론이 순환적으로 서로의 논거가 될 때 나타나는 오류이다.

① 이 옷은 유명 연예인이 입었으니 분명 좋은 브랜드일 거야.
② 왜 네가 살이 찐 줄 알아? 운동을 안 해서 살이 찐 거야.
③ 저 사람은 전과자이니 그가 말하는 것은 들을 가치가 없다.
④ 그놈은 나쁜 놈이니 사형을 당해야 해. 사형을 당하는 걸 보면 나쁜 놈이야.
⑤ 흡연이 암을 유발한다는 결정적인 증거가 없으므로 담배는 암을 유발하지 않는다.

19. 다음 글에서 김 사원이 놓치고 있는 논리적 사고의 요소로 적절한 것은?

> 김 사원은 오늘 상사에게 제출한 기획안을 거부당했다. 이에 의문이 생긴 김 사원은 하루 종일 '왜 그럴까?', '왜 내 생각처럼 되지 않았을까?'에 대해 고민하며 늦은 시간까지 잠자리에 들지 못하고 뒤척거리다 결국 자신만의 생각에 깊이 빠져 버렸다.

① 타인에 대한 이해　　　　　　② 구체적인 생각
③ 생각하는 습관　　　　　　　④ 상대 논리의 구조화
⑤ 설득

20. 다음은 어린이의 창의적인 학습 경험을 위한 새로운 기술과 전략에 관한 글이다. ㉠ ~ ㉣에 들어갈 말로 적절하지 않은 것은?

> 〈학습의 4P 요소〉
>
> 1. (　㉠　) : 이것은 학생들이 도달해야 할 목표점을 설정해 주고 열정을 가지고 동료들과 학습할 수 있게 해 주는 역할을 한다. 이것이야말로 다른 모든 P들의 시작점이자 기반이 되는 것이다. 이것과 놀이는 일정하게 연관되어 있다. 이러한 방식의 수업이 아니면 아이들의 놀이는 말 그대로 방치된 놀이에 그치게 될 가능성이 높다.
> 2. (　㉡　) : 자신이 좋아하는 것이 아니면 열심히 할 수가 없고 즐길 수도 없다. 아이들에서도 이것이 없는 학습은 어렵고 지겹다. 수업에서 이것이 중요한 이유는 어려운 과제를 끈기 있게 지속할 수 있는 원천이 학생들의 감정과 관련이 있기 때문이다. 학습에 집중한다는 건 감정의 문제이며 그런 감정을 불러일으킬 수 있는 수업을 설계하는 것이 교사의 몫이다.
> 3. (　㉢　) : 아이들은 동료들을 많이 의식한다. 다른 아이들은 어떻게 하고 있는지 궁금해 하는 것이다. 동료들의 작업을 관찰하고 함께 뭔가를 하면서 서로의 것들을 공유하는 것이야말로 창의적인 학습을 가능하게 한다.
> 4. (　㉣　) : 아이들은 어른들이 실패라고 생각하는 사건을 실패라고 여기지 않는다. 블록으로 성을 쌓다가 성이 무너져 내리는 일은 실패가 아니라 놀이에서 떨어진 하나의 사건일 뿐이다. 이처럼 놀이 활동으로 인식될 수 있다면 아이들은 실패를 두려워하지 않을 것이다.

① Play　　　　　　　② Pride　　　　　　　③ Project
④ Passion　　　　　　⑤ Peers

1회 기출예상 2회 기출예상 3회 기출예상 4회 기출예상 5회 기출예상 6회 기출예상 7회 기출예상

21. A ~ E 다섯 팀이 야구 리그전을 펼쳤다. 다음 〈결과〉를 바탕으로 4위에 오른 팀을 고르면?

> **결과**
>
> - A ~ E 모든 팀이 각각 한 경기씩 펼쳤고, 무승부 없이 승패가 갈렸다.
> - A팀은 D팀을 이겼다.
> - B팀은 A팀을 이겼고, E팀에 졌다.
> - C팀은 4승을 거두었다.
> - 모든 팀은 승률이 다르다.

① A   ② B   ③ C
④ D   ⑤ E

22. 다음 글에서 갈등상황을 해결하기 위해 사용된 전략은 어느 것인가?

> 전남 광양지역에서 주민의 반발로 착공이 지연됐던 알루미늄 제조 공장 조성 사업이 본격화될 것으로 보인다. 대기오염물질이 배출된다는 것을 이유로 반대했던 주민들이 환경관리감독 강화 약속 등을 받아들인 덕분이다.
>
> 주요 내용은 대기오염 배출 시설로 알려진 용해주조공장 운영 시 국내 환경법과 기준에 따라 필요한 집진 시설과 환경오염방지장치 등을 설치하기로 한 것이 대표적이다. 또한, 환경오염 유발 재료를 사용하지 않고, LNG 천연 가스를 연료로 사용하도록 했다. 더불어 용해주조설비 운영 시 대기오염물질 배출에 따른 확산지역 예측 모델링 용역을 실시하고 그 결과를 지역 주민에게 공표하기로 했다.

① 수용(Accommodation)   ② 경쟁(Competition)
③ 협력(Collaboration)   ④ 회피(Avoidance)
⑤ 타협(Compromise)

23. A 기업은 이번에 새로 입사하게 된 신입사원 갑을 대상으로 교육을 진행하고자 한다. 교육과정이 다음과 같을 때, 갑이 202X년 1월 중 모든 교육과정을 가장 빨리 이수할 수 있는 날은 언제인가?

교육과정	이수조건	선행과정	후행과정
자기개발	1회 수강		
예산수립	2회 수강		
문서작성	3회 수강	커뮤니케이션	실무운영
실무운영	5회 수강	문서작성	
직업윤리	2회 수강		정보보안
정보보안	2회 수강	직업윤리	
커뮤니케이션	3회 수강	직업윤리	

※ 7개의 교육과정은 매일 교육이 실시되며, 토, 일요일에만 휴강한다. 갑은 자신이 원하는 요일에 여러 교육과정을 수강할 수 있지만 동일한 교육과정은 하루에 1회만 수강할 수 있다.

202X년 1월						
일	월	화	수	목	금	토
			1	2	3	4
5	6	7	8	9	10	11
12	13	14	15	16	17	18
19	20	21	22	23	24	25
26	27	28	29	30	31	

① 1월 17일   ② 1월 20일   ③ 1월 23일

④ 1월 28일   ⑤ 1월 31일

1회 기출예상   2회 기출예상   3회 기출예상   4회 기출예상   5회 기출예상   6회 기출예상   7회 기출예상

24. 다음 조건과 상황을 바탕으로 할 때, 반드시 참이라고 할 수 없는 진술은?

> 가, 나, 다, 라 네 사람이 OX 퀴즈를 풀었다. 문제는 총 10문제이며, 한 문제당 맞히면 10점을 가점하고 틀리면 5점을 감점한다고 한다. 모든 문제를 푼 뒤 네 사람의 답변과 점수는 다음과 같았다.
>
> ※ 답안 내용은 네 사람이 각각 O 또는 X를 적었다는 뜻이며, 정답 또는 오답의 의미는 아니다.

문항	가의 답안 내용	나의 답안 내용	다의 답안 내용	라의 답안 내용
1	O	X	X	O
2	X	O	O	X
3	O	O	O	O
4	O	O	X	X
5	X	X	O	O
6	X	X	X	X
7	O	O	O	O
8	X	X	X	X
9	O	O	O	O
10	O	O	O	O
점수(점)	55	25	55	85

① 1번 문제의 정답은 O이다.　　　　② 2번 문제의 정답은 X이다.

③ 3번 문제의 정답은 O이다.　　　　④ 나는 5개의 문제를 맞혔다.

⑤ 다는 7개의 문제를 맞혔다.

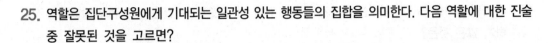
25. 역할은 집단구성원에게 기대되는 일관성 있는 행동들의 집합을 의미한다. 다음 역할에 대한 진술 중 잘못된 것을 고르면?

① A : 역할모호성이 때로는 조직의 상위계층에서 심각한 문제로 나타나기도 한다.

② B : 역할 갈등 중 역할 모순은 한 개인이 가지고 있는 하나의 지위에 대하여 기대되는 역할들이 서로 대립될 때 발생한다.

③ C : 역할 기대란 특정 상황에서 개인이 어떻게 행동할 것인지에 대한 주변의 기대와 요구이다.

④ D : 역할 지각이란 주어진 상황에서 어떻게 행동할 것인가에 대한 개인의 주관적 인식을 말한다.

⑤ E : 역할은 선천적으로 부여되는 것과 개인의 능력이나 노력에 따라 얻어지는 것으로 나눌 수 있다.

26. 다음은 김민수 씨의 직장 동료가 회의 중 발표한 내용의 일부이다. 이에 대해 김민수 씨가 맞장구를 치고자 할 때, 그 내용으로 적절하지 않은 것은?

> 직장 동료 : 일본의 수출규제가 반도체 관련 국내 기업에 직격탄이 될 우려가 있었지만 오히려 또 다른 기회가 되어 반도체 핵심 소재 부품의 국산화라는 성과를 내고 있습니다. 이처럼 위기는 오히려 기회일 수 있다는 경영학의 오랜 명언처럼 위기의 순간은 한층 더 도약하는 순간이 될 수 있음을 다시 한번 확인하게 되었습니다.

① 이번 기회로 일본에 대한 의존도가 한층 낮아졌겠군.

② 역사를 잊은 민족에게 미래는 없다는 말이 떠오르는군.

③ 위기의 순간을 기회로 만들기 위해서는 사전에 철저한 준비가 필요하겠네.

④ 국내 상황뿐만 아니라 국외 상황도 기업 경영에 커다란 영향을 미치는군.

⑤ 위기를 기회로 삼은 사례는 이 외에도 많으니 위기의 순간에 쉽게 좌절할 필요는 없겠군.

27. Q 라면 회사를 SWOT 분석한 결과가 다음과 같을 때, 도출할 수 있는 경영 전략 방법으로 적절하지 않은 것은?

S	브랜드 파워	W	마케팅 약화
	• 그룹 내 위상, 역할 강화 • 신제품의 성공적 개발 • 종합식품 기업으로서의 입지		• 잦은 신상품 개발 • 경쟁사의 공격적 마케팅 대응 부족 • 유통업체의 영향력 확대 • 히트, 대박 상품 부재
O	웰빙 시장 확대	T	사회적 이슈
	• 건강에 대한 관심 증대 • 1인 가구 증대(간편식, 편의식) • 다이어트 식품 시장의 확대		• 저출산, 고령화로 취식인구 감소 • 라면에 대한 부정적 인식 • 유사상품의 출시

① SO 전략 : 다이어트 라면의 개발을 통해 종합식품기업으로서의 입지를 강화한다.

② ST 전략 : 저열량, 저나트륨 등의 성분을 이용한 신제품 개발을 통해 라면이 가진 부정적 인식을 개선한다.

③ WO 전략 : 건강라면을 주력 상품으로 설정하고 마케팅을 강화하여 고객들에게 제품에 대한 이미지를 각인시킨다.

④ WT 전략 : 고객들에게 반응이 좋은 경쟁사 제품을 모방하여 개발해 자사 제품으로의 구입을 유도한다.

⑤ WT 전략 : 연령을 기준으로 주요 타켓층을 정하여 그에 따른 새로운 마케팅 전략을 수립 및 시행한다.

28. 다음 중 퇴니스의 조직 분류에 따라 공동사회와 이익사회로 분류한 내용으로 잘못된 것은?

	구분	공동사회	이익사회
①	전형	가족, 취미모임	기업, 관공서
②	조직의 추구	목적 달성	결속
③	인재평가의 척도	내적평가에 따른 인격	최적평가에 따른 능력과 실적
④	이상적 상태	공평과 안주감	최소 비용으로 최대 달성
⑤	목적	내부 목적의 달성	외적 목적의 달성

29. ○○지방자치단체에서 관광자원 개발을 위해 수집한 정보를 기반으로 SWOT 분석을 실시하려 한다. (가)와 (나)에 들어갈 내용을 모두 골라 바르게 연결한 것은?

〈수집된 정보〉

Ⓐ 남한강이라는 자연관광자원

Ⓑ 세종대왕, 명성황후 관련 유적지

Ⓒ 관광 및 여가에 대한 의식 변화

Ⓓ 관광홍보 및 정보체계 구축 미흡

Ⓔ 대형, 고급 및 다양한 숙박시설 부족

Ⓕ 주 5일 근무제 확산

Ⓖ 인근 도시의 공격적인 관광객 유치 정책

Ⓗ 전염병 등 질병으로 인한 국내외 관광객 수 급감

〈SWOT 분석〉

강점	약점
기회	위협
(가)	(나)

	(가)	(나)		(가)	(나)
①	Ⓐ, Ⓖ	Ⓕ, Ⓗ	②	Ⓑ, Ⓒ	Ⓓ, Ⓔ
③	Ⓒ, Ⓕ	Ⓖ, Ⓗ	④	Ⓓ, Ⓔ	Ⓒ, Ⓕ
⑤	Ⓔ, Ⓖ	Ⓓ, Ⓗ			

30. ○○기업의 개발팀 팀장 J 씨가 신입사원에게 기안서 작성법을 알려주고 있다. 다음 중 J 씨가 조언할 내용으로 적절하지 않은 것은?

① 애매하거나 확실하지 않은 표현은 지양하세요.

② 읽기 쉽게 표현하고 정확한 용어를 사용하는 것이 좋습니다.

③ 안건이 많으면 오히려 복잡할 수 있으니 딱 하나의 안건만 제시하도록 하세요.

④ 5W1H(Who, When, Where, What, Why, How)에 따라 작성해 보세요.

⑤ 약칭 사용은 지양하고 공식 명칭을 사용하세요.

31. 레빈(Lewin)은 조직 변화의 과정을 해빙, 변화, 재동결로 설명하였다. 다음 중 조직 변화에 대한 조직 구성원의 반응인 (가) ~ (다)에 해당하는 내용을 바르게 연결한 것은?

해빙	조직 변화를 위한 준비단계	
변화	– 변화담당자가 의도하는 바람직한 방향으로 조직을 변화시키는 단계 – 조직 구성원의 반응	
	(가)	다른 사람의 호감을 받기 위해서 영향력을 수용
	(나)	다른 사람과의 관계가 만족스럽다고 믿으며 변화를 수용
	(다)	다른 사람의 주장을 자신의 가치체계에 합당하다고 받아들임.
재동결	변화가 영구적인 행동패턴으로 정착될 수 있도록 지원하고 강화시키는 단계	

	(가)	(나)	(다)
①	순종	내면화	동일화
②	순종	동일화	내면화
③	동일화	순종	내면화
④	동일화	내면화	순종
⑤	내면화	순종	동일화

32. 다음은 조직에 대한 설명이다. ㉠ ~ ㉣에 관한 설명으로 적절하지 않은 것은?

> 조직은 ㉠공동의 목표를 달성하기 위해 의식적으로 구성된 두 사람 이상의 상호작용의 집합체이다. 조직은 일반적으로 ㉡경제적 기능과 ㉢사회적 기능을 갖는다. 사람들은 조직에 속하거나, 다른 조직에서 생산한 상품이나 서비스를 이용하고 다른 조직과 함께 일을 하면서 관계를 맺는다.
>
> 현대사회에서 인간의 생활은 조직 내에서 또는 조직과의 관계 속에서 이루어진다. 특히 일을 하는 직업인으로서의 조직이란 직장을 의미한다. 직장은 사람들이 일을 하는데 필요한 ㉣물리적 장소이며 심리적 공간이다.

① 출근길 같은 지하철에 열차에 탄 사람들은 ㉠의 기준에서 보면 조직에 해당된다.
② ㉡은 재화나 서비스의 생산을 담당하는 기능을 의미한다.
③ ㉢은 조직구성원들에게 만족감을 주고 협동을 지속시키는 기능을 의미한다.
④ 업무공간으로 활용되고 있는 사무실, 공장 등의 외형적인 건물은 ㉣에 해당한다.
⑤ 재택근무의 활성화로 ㉣의 개념이 점차 확대되고 있다.

33. 다음 글을 통해 파악할 수 있는 경영자의 역할로 옳은 것은?

> 세계 스마트폰의 선두주자 애플의 최고경영자(CEO) 팀 쿡은 현지시간으로 지난 8일 온라인으로 진행된 신제품 발표회를 통해 애플의 자체 반도체 기술을 앞세운 초고성능 칩을 공개했다. 이날 팀 쿡은 프레젠테이션 초반부터 '애플실리콘'을 언급하며 애플은 물론 정보기술 및 반도체 업계 전체에 영향을 줄 것이라고 자평했다. 관계자들은 곧 출시될 신제품에 첨단 카메라 기능을 탑재하여 사진 편집부터 게임, 증강현실(AR)에 이르기까지 다양한 기능이 개선될 것으로 기대하고 있다. 애플은 자체 개발한 고성능 칩을 통해 스마트폰뿐만 아니라 데스크톱과 아이패드에도 혁신을 가할 것을 강조했다.

① 자원분배자의 역할　　　　　　② 분쟁조정자의 역할
③ 대변인의 역할　　　　　　　　④ 청취자의 역할
⑤ 리더의 역할

34. 프로젝트 팀원 구성을 두고 유 팀장과 진 팀장의 의견이 다르다. 두 사람의 의견을 다음의 개인과 사회의 관계를 보는 두 가지 관점에서 올바르게 설명한 사람은?

〈유 팀장과 진 팀장의 의견〉

유 팀장 : 프로젝트를 성공시키기 위해서는 무엇보다 팀원 개인의 실력이 중요해. 실력이 뛰어난 팀원을 프로젝트 팀에 합류시키는 것이 좋은 성과를 올리기 위한 최선의 방향이야.

진 팀장 : 팀에서 가장 중요한 것은 조직력이야. 개인의 실력이 아무리 뛰어나도 팀의 성장에 기여하지 못하면 의미가 없어. 성공을 위해서는 팀워크를 잘 맞출 수 있는 팀원을 선발해야 해.

■ 사회실재론

1) 개념

사회를 사회 구성원 각각의 행위와 이해관계의 집합 이상의 고유한 실체라고 생각한다. 사람들은 사회에서 통용되는 보편적 방식을 따를 뿐이며, 사회는 사회적 처벌이나 사회적인 거절 등을 통해 개인의 행위를 규제하거나 강제한다.

2) 개념도

■ 사회명목론

1) 개념

사회는 개인들의 단순한 집합체에 불과하며 개인만이 실재하는 존재라고 생각한다. 그리고 사회는 개인들이 만든 것이고 개인을 떠나서는 존재할 수 없다. 따라서 사회 현상은 개인의 심리적 요소나 행위 양식을 통해서만 설명할 수 있다.

2) 개념도

① A : 유 팀장의 관점에서 개인은 자신의 선택에 의해 살아가는 것처럼 보이지만 사실은 집단 내에 통용되는 보편적 방식을 따르는 것이라고 생각해.

② B : 유 팀장의 관점에서 조직은 구성원의 집합체를 넘은 하나의 실체로 기능하고 있어.

③ C : 진 팀장의 관점에서 개인의 개선은 곧 사회의 개선을 의미하지.

④ D : 진 팀장의 관점에서 조직은 개인의 목적을 위한 수단에 불과하다고 보고 있어.

⑤ E : 유 팀장의 관점에서 개인이 조직을 위해 희생하는 것은 정당화된다고 봐.

35. 다음은 김 과장이 프로세스 관리능력에 대해 강의한 내용이다. 김 과장이 말하는 업무효율화 도구 중 밑줄 친 도구에 대한 설명으로 잘못된 것은?

> 하루가 다르게 변화하고 있는 정보기술의 발달로 인해 지식기반 사회는 더욱 빠르게 진행되고 있습니다. 이러한 시대에 발맞추어 주어진 시간 내에 업무의 효율성을 상승시키기 위한 저만의 노하우는 바로 '업무효율화 도구 5총사'를 적극적으로 활용하는 것입니다.
>
> 첫째, WBS라고 하는 세부업무추진구조도를 작성함으로써 업무를 결정할 때 이용할 수 있습니다.
>
> 둘째, WBS를 바탕으로 책임분석표를 작성해 업무책임을 명확히 해 둡니다.
>
> 셋째, 일의 순서와 소요기간을 결정하기 위해 PERT/Critical Path를 작성하여 업무를 달성하는 데 필요한 모든 작업을 작업내용과 순서를 기초로 네트워크상으로 표시해 둡니다.
>
> 넷째, <u>간트 차트</u>를 작성하여 업무가 계획대로 진행되고 있는가를 체크하며 업무의 진행도를 인지해 둡니다.
>
> 다섯째, SWOT 분석표를 작성하여 자사와 경쟁사를 비교하여 강점과 약점을 분석하고 외부환경을 분석하여 기회요인과 위협요인을 파악해 두는 것입니다.

① 전체 일정을 한눈에 볼 수 있고, 단계별로 소요되는 시간과 각 업무활동 사이의 관계를 보여 준다.

② 작업공정이나 제품별로 계획된 작업이 실제로 어떻게 진행되고 있는가를 보여 주어 시간적 일정 관리를 가능하게 한다.

② 미국의 간트가 1919년에 창안한 작업진도 도표로 단계별로 업무의 시작과 끝 시점을 알 수 있다.

④ 일의 흐름을 동적으로 보여주는 데 효과적이며 특히 도표에 사용하는 도형을 다르게 표현함으로써 업무를 구분해서 표현할 수 있다.

⑤ 업무의 시작과 끝을 막대 모양으로 표시하여 업무 일정을 관리한다.

36. 다음은 갈등 발생의 원인을 도표로 나타낸 것이다. 〈사례〉에서 발생한 갈등의 원인과 도표상의 위치를 바르게 짝지은 것은?

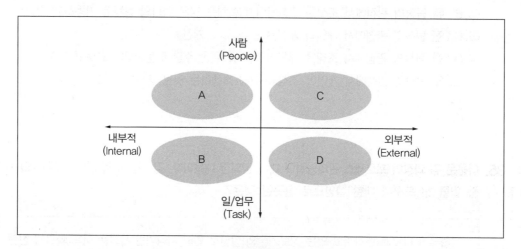

〈사례〉

　　신제품 출시를 앞두고 영업팀과 재무팀 사이에 갈등이 발생하였다. 영업팀장은 매출 성장률을 높이려면 가격을 최대한 낮춰야 한다고 주장하는 반면, 재무팀장은 영업이익을 올리려면 가격을 올려야 한다고 주장한다. 그들의 주장은 다음과 같다.

영업팀장 : 현재 책정한 가격은 경쟁사 제품과 비교해 비싼 편입니다. 매출 성장률을 높이려면 가격을 더 낮춰야 합니다. 요즘 영업 현장이 얼마나 치열한지 아십니까? 가격을 올리면 매출 성장은커녕 오히려 매출이 떨어질 겁니다.

재무팀장 : 많이 팔기만 하면 뭐 합니까? 요즘 영업이익률이 점점 떨어지고 있습니다. 그러니 신제품 가격을 좀 더 올려 이익률을 높여야 합니다.

① 해석의 충돌, A
② 이해관계의 충돌, B
③ 다름의 충돌, C
④ 책임의 충돌, D
⑤ 구조의 충돌, D

37. 다음 사례에서 자원 낭비가 발생한 요인은 무엇인가?

> ○○자동차에 근무하는 신입사원 A는 인턴 기간이 지나고 처음으로 자동차 판매 대리점에 배속되어 의욕적으로 근무를 시작하였다. 그러나 많은 고객들이 한꺼번에 몰리자, 다른 직원들과는 달리 연달아 실수를 하게 되었다.

① 편리성 추구　　　　　　　　　② 자원의 과잉 활용
③ 자원에 대한 인식 부재　　　　　④ 노하우 부족
⑤ 비계획적 행동

38. ○○기업 광고를 하기 위해 A ~ E 광고업체의 현수막 광고와 전단지 광고 비용을 비교하고자 한다. 다음 중 최소 30일의 현수막 광고와 전단지 10,000부의 계약을 가장 저렴한 비용으로 체결할 수 있는 광고업체는?

구분	현수막	전단지
A	- 처음 7일은 총 30만 원 - 7일 단위로 연장 가능 - 7일당 추가비용은 25만 원	- 처음 5,000부 : 30만 원 - 1,000부 단위로 추가 가능 - 1,000부 추가비용은 5만 원
B	- 처음 7일은 하루에 5만 원 - 그 이후 추가되는 날짜는 하루에 3만 원	- 처음 3,000부까지는 1,000부당 8만 원 - 그 다음 3,000부까지는(총 6,000부까지) 　1,000부당 6만 원 - 그 이후는 1,000부당 4만 원
C	- 5일 단위로 계약 가능 - 5일당 18만 원	- 2,000부 단위로 계약 가능 - 2,000부당 12만 원
D	- 3일 단위로 계약 가능 - 3일당 11만 원	- 처음 3,000부 : 20만 원 - 1,000부 단위로 추가 가능 - 1,000부당 추가비용은 5만 원
E	- 처음 10일은 하루에 4만 원 - 그 이후 추가되는 날짜는 하루에 2.5만 원	- 3,000부 단위로 계약 가능 - 3,000부당 비용은 17만 원

① A　　　　　　　　② B　　　　　　　　③ C
④ D　　　　　　　　⑤ E

39. 다음 〈보기〉에서 설명하는 시간 관리의 유형으로 적절한 것은?

> 보기
>
> • 중요하지 않은 일은 분배해서 한다.
> • 시간을 나누어서 업무를 배정하여 집중한다.
> • 동시에 여러 가지 일을 같이 진행한다.
> • 모든 일을 신속하고 정확하게 진행한다.
> • 일은 분명한 마감시간을 가지고 한다.
> • 바로 결정 내리고 바로 실행한다.
> • 창의성이 높으며 항상 새로운 일에 도전한다.
> • 자신의 비전과 목표에 맞는 행동을 실천한다.

① 시간 창조형　　　　　② 시간 절약형　　　　　③ 시간 소비형
④ 시간 파괴형　　　　　⑤ 시간 발굴형

40. 인적자원관리란 조직의 목적을 달성하기 위하여 구성원들을 효율적이고 효과적으로 관리하는 것
이다. 효과적인 인력배치의 원칙 중 다음 〈그림〉과 같은 분석 기준을 적용해야 하는 원칙은?

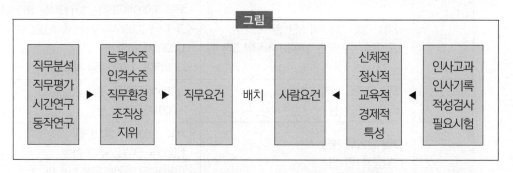

① 능력주의　　　　　　② 균형주의　　　　　　③ 합리주의
④ 적재적소주의　　　　⑤ 인재개발주의

41. H사는 업무 과정에서 낭비되는 시간을 줄이기 위해 컨설팅 회사에 조직진단을 의뢰하여 다음과 같은 진단보고서를 받았다. 〈보고서〉의 밑줄 친 내용 중 잘못된 것은?

보고서

1. 문제점

회사의 경영진들의 낭비되는 시간을 파악하여, 시간관리 방식을 개선하려 해도 조직의 요구와 관행 등 여러 가지 문제점으로 인해 실행이 어려운 경우가 많다.

2. 해결책

최근 일부 기업들이긴 하지만 새로운 접근방식을 취하는 경우가 늘어나고 있다. 이들 기업들은 시간을 희소한 자원으로 취급하고 자본예산만큼이나 시간 예산에도 많은 규율을 도입하기 시작했다.

3. 상세사항

새로운 접근 방식은 아래와 같은 8가지 방법에 따른다.

> ① 제로 기준의 시간 예산을 사용한다.
> ② 각각의 업무과제에 대한 사업안을 요구한다.
> ③ 조직을 정밀하고 복잡하게 설계한다.
> ④ 시간 투자를 위한 권한을 위임한다.
> ⑤ 의사결정 과정을 표준화한다.
> 의제를 신중하게 선별한다.
> 조직 차원의 시간 규율을 확립한다.
> 조직의 업무량 관리를 위한 피드백을 활용한다.

이러한 방법을 적용하면 회사는 임원들의 시간 압박감을 줄이고 비용을 낮추며 생산성을 끌어올릴 수 있을 것이라 판단된다.

42. ○○기업은 소속 직원들의 역량 강화를 위한 정기 해외 파견근무 대상자를 선정하고자 한다. 다음 내용을 참고할 때, 20X4년 10월 해외 파견근무에 선발될 직원은?

□ 파견 인원 및 기간

　지원자 중 3명을 선발하여 1년간 이루어지며, 파견 기간은 변경되지 않는다.

□ 선발 조건

　1) 업무능력에 대한 근무 평점이 80점(보통) 이상인 경우만 선발하고 업무능력 우수자가 반드시 1명 이상 선발되어야 한다.

　2) 직전 해외 파견근무가 종료된 이후 2년이 경과하지 않은 직원은 선발할 수 없다.

　3) 총무부 직원은 1명 이상 선발한다.

　4) 동일 부서에 근무하는 2명 이상의 팀장을 선발할 수 없다.

　5) 과장을 선발하는 경우 동일 부서에 근무하는 직원을 1명 이상 함께 선발한다.

□ 지원자 현황

직원	직위	근무부서	업무능력	직전 해외 파견근무 종료 시점
갑	과장	총무	보통	20X1년 3월
을	과장	기획	미흡	20X2년 8월
병	팀장	총무	보통	20X2년 11월
정	팀장	영업	우수	20X1년 8월
무	팀장	영업	보통	20X2년 5월
기	사원	총무	보통	20X2년 5월
경	사원	기획	미흡	20X1년 7월

---

① 갑, 을, 병　　　　② 갑, 정, 기　　　　③ 병, 정, 경

④ 정, 기, 경　　　　⑤ 무, 기, 경

43. ○○공제회 지역본부는 대출규모가 큰 10개 기업들 중 코로나바이러스 대유행으로 전년 대비 매출액이 50% 이상 감소한 기업을 대상으로 대출규모의 10%의 추가 대출자금을 지원하고자 한다. 자금지원 대상 기업의 매출액과 대출규모가 다음 표와 같고 대출자금 지원에 가용할 수 있는 예산이 1억 원이라면 공제회는 최대 몇 개의 기업을 지원할 수 있는가?

〈자금지원 대상 기업의 매출 현황〉

(단위 : 만 원)

대상기업	전년도 매출액	올해 매출액	대출 규모
A	30,000	10,000	20,000
B	50,000	20,000	20,000
C	10,000	8,000	20,000
D	10,000	4,000	18,000
E	40,000	21,000	17,000
F	30,000	12,000	15,000
G	25,000	10,000	15,000
H	20,000	22,000	13,000
I	10,000	2,000	10,000
J	8,000	3,000	8,000

① 4개   ② 5개   ③ 6개
④ 7개   ⑤ 8개

44. 다음 글의 내용과 관련이 깊은 물품 보관의 원칙은?

"수산물 유통을 전문으로 하는 저희 (주)아쿠아통운은 수산물을 보관함에 있어서 이 원칙을 철저히 준수합니다. 이 원칙은 주로 수명주기가 짧은 제품을 보관할 때 또는 보관 시 파손이나 감모가 생기기 쉬운 제품 등에 주로 사용됩니다."

① 중량특성의 원칙   ② 회전대응보관의 원칙
③ 선입선출의 원칙   ④ 유사성의 원칙
⑤ 통로대면보관의 원칙

1회 기출예상

2회 기출예상

3회 기출예상

4회 기출예상

5회 기출예상

6회 기출예상

7회 기출예상

45. 다음 〈그림〉은 기업의 이익을 최대화하기 위해 각 부서별 정보를 통합적으로 실시간 공유할 수 있도록 돕는 시스템의 개념을 나타낸 것이며 〈보기〉는 해당 시스템의 정의를 나타낸 것이다. 빈칸 ㉠에 들어갈 용어로 적절한 것은?

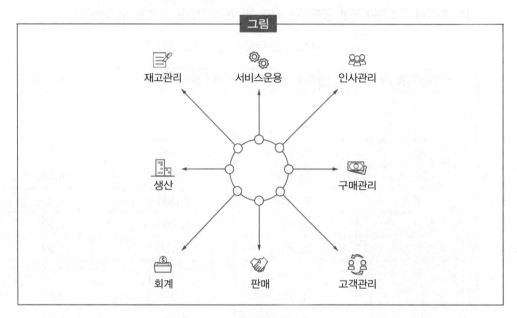

〈보기〉

(㉠)은/는 회사의 모든 정보뿐만 아니라 공급 사슬관리, 고객의 주문정보까지 포함하여 통합적으로 관리하는 시스템이다. 경영, 인사, 재무, 생산 등 기업의 전반적 시스템을 하나로 통합함으로써 효율성을 극대화하는 경영 전략이다. (㉠)을/를 도입하면 생산부분이 마케팅을 실시간으로 조회하여 생산일정을 변경할 수 있어 비용 낭비 요인이나 생산 지연 요인을 사전에 제거할 수 있다.

① EKP   ② ERP   ③ KPI
④ MBO   ⑤ SCM

[46 ~ 47] 다음 〈그림〉은 데이터 입력장치의 일종으로 개발된 무선인식 기술의 활용 개념도를 나타 낸 것이다. 이어지는 질문에 답하시오.

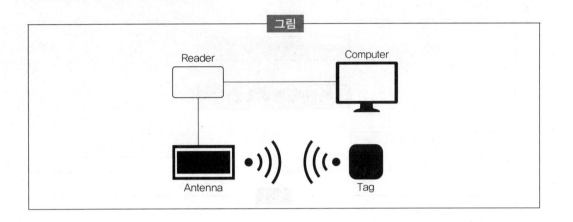

그림

46. 위 〈그림〉에서 나타낸 시스템의 특징으로 알맞지 않은 것을 〈보기〉에서 모두 고르면?

보기

㉠ 반복 재사용이 불가능   ㉡ 반영구적 사용 가능

㉢ 데이터 신뢰도 낮음.   ㉣ 대용량의 메모리 내장

㉤ Tag/Label의 가격이 낮음.   ㉥ 다수의 Tag/Label 정보를 동시 인식 가능

㉦ 공간 제약이 없이 동작 가능

① ㉠, ㉢, ㉤   ② ㉡, ㉣, ㉥   ③ ㉢, ㉣, ㉦

④ ㉣, ㉤, ㉥   ⑤ ㉤, ㉥, ㉦

47. 위 〈그림〉의 시스템을 물적자원관리에 도입할 경우 기대되는 효과로 알맞지 않은 것은?

① 사용자와 물품 등에 대하여 많은 정보를 제공하여 관리의 편리성과 경영 및 관리상 다양한 정보를 획득할 수 있다.

② 편리하고 신속하게 데이터를 수집하여 물품의 확인 작업을 효율적으로 개선할 수 있다.

③ 전자동으로 데이터를 인식하고 집계, 분류, 추적이 가능하여 인건비를 절감할 수 있다.

④ 작업자가 육안으로 데이터를 식별할 수 있어 현장 작업자들의 업무 편리성이 향상된다.

⑤ 상품제조상의 운영비와 생산비의 감소, 물류상의 작업공정 자동화로 비용을 절감할 수 있다.

1회 기출예상

2회 기출예상

3회 기출예상

4회 기출예상

5회 기출예상

6회 기출예상

7회 기출예상

48. 다음 그림은 조직차원에서의 인적자원의 특성을 나타낸 것이다. 〈보기〉는 그림의 ㉠에 대한 설명이라고 할 때, ㉠에 들어갈 인적자원의 특성으로 알맞은 것은?

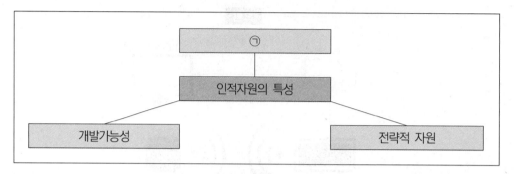

> **보기**
>
> 자원 자체의 양과 질에 따라 성과에 기여하는 정도가 다른 물적자원과 달리 인적자원은 그 욕구와 동기, 태도와 행동, 만족감 등에 의해 성과가 결정된다.

① 다양성   ② 보편성   ③ 자의성
④ 능동성   ⑤ 수동성

49. 다음 중 개인정보의 오·남용 피해를 방지하기 위하여 생활 속에서 실천해야 할 개인정보보호 수칙으로 알맞지 않은 것은?

① 회원가입을 하거나 개인정보를 제공할 때에는 개인정보취급방침 및 약관을 꼼꼼히 살핀다.

② 중요한 정보의 보관은 분실 위험이 있는 USB나 외장하드보다는 공유폴더를 사용하고, 비밀번호는 영어 알파벳, 숫자, 특수문자 등 3가지 종류 이상을 조합하는 것이 안전하다.

③ 자신이 가입한 사이트에 타인이 자신인 것처럼 로그인하기 어렵도록 비밀번호를 주기적으로 변경한다.

④ 금융거래 시 신용카드 번호와 같은 금융정보를 저장할 경우 암호화하여 저장하고 되도록 PC방 등의 개방된 환경에서 이용하지 않는다.

⑤ 아이핀(i-PIN)과 같이 가급적 안전성이 높은 주민번호 대체수단으로 회원가입을 하고, 꼭 필요하지 않은 개인정보는 입력하지 않는다.

50. 다음 〈보기〉는 조직 내 정보 자산에 대한 현재의 관리 체제를 혁신하여 앞으로의 개선방안을 도출하기 위한 AS-IS, TO-BE 분석이다. 이러한 정보 자산 관리에 대한 개선이 이루어지기 위해 진행되어야 할 내용으로 알맞지 않은 것은?

보기

AS-IS(현재 관리 체제)	TO-BE(앞으로의 개선 방안)
개인 PC 내 존재하는 문서로부터 업무 정보 유출	중요 문서의 등록관리 및 통합 로그 관리
PC 문서의 공유와 협업의 어려움 발생	비정형 정보 통합관리를 위한 단일 저장소를 구현하고 신속한 검색 환경 구축
문서유통, 사용에 대한 관리 및 통제의 부재	생성, 유통, 배포, 폐기에 대한 이력 추적관리
문서에 허가되지 않은 사용자로 인한 유출 피해 발생	문서에 대한 접근통제 및 권한 부여 가능

① 정보 자산의 보안 정책 위반에 대해 즉각적인 리프트를 받을 수 있게 하여 실시간으로 자산 유출을 파악할 수 있어야 한다.

② 문서를 출력할 때마다 워터마킹을 실시하되 작성자 개인 정보, IP의 기록 등이 출력물에 나타나지 않게 해야 한다.

③ 문서 중앙화를 통한 부서 간 자료 공유, 원활한 커뮤니케이션으로 중요 의사결정 지연을 방지하고 효과적인 고객 서비스를 제공하여 조직 경쟁력을 강화시켜야 한다.

④ 정보 자산을 만들고 저장할 때마다 실시간으로 암호화되어 잠금 설정이 되도록 하고, 유출되더라도 외부에선 절대 그 정보와 데이터를 확인할 수 없도록 해야 한다.

⑤ 문서나 파일의 반출을 요청할 때 기록하고, 어떤 문서와 파일을 생성했는지, 또 파일은 저장했는지, 수정했는지, 인쇄는 했는지와 같은 로그기록을 남겨 사내 파일의 유통과정이 다 파악되도록 해야 한다.

51. 다음은 신문기사의 내용 중 일부이다. 빈칸 ㉠에 공통으로 들어갈 내용으로 적절한 것은?

> 코로나 바이러스 확산과 변이로 인한 국내 확진자 증가세가 연일 기록을 갱신하는 가운데 비대면 무인 (㉠) 이용이 증가 추세다. 사람을 직접 대면하지 않아도 결제를 할 수 있는 비대면 무인 (㉠) 플랫폼은 코로나 발생 이전부터 맥도널드, 버거킹 등 글로벌 브랜드를 중심으로 국내에 도입됐다. 코로나 바이러스 이후에는 장기간 지속된 경기침체에 따른 임대료, 인건비 등의 고정 비용 증가 부담을 낮추기 위해 무인 (㉠)을/를 이용하는 프랜차이즈, 카페, 병·의원, 주유소, 골프장 등이 급격히 늘어났다. (㉠)은/는 소비자가 외식업, 병원, 극장 등의 장소에서 간편하게 상품과 서비스를 주문할 수 있는 무인기기다. 오프라인 매장 사업자는 (㉠)와/과 연동된 프로그램을 통해 매출, 재고 등을 비롯한 다양한 현황 파악과 동영상 광고 송출 등이 가능하다.

① ATM(Automated Teller Machine)
② AVM(Automatic Vending Machine)
③ POS(Point of Sale)
④ 키오스크(Kiosk)
⑤ OTT(Over the Top) 서비스

52. 다음 중 〈보기〉와 관련된 6T 산업분야로 적절한 것은?

> **보기**
>
> • 유전공학, 단백질공학, 세포공학, 효소공학, 생물공정 등
> • 바이오신약, 의료생체공학, 뇌 과학, 유전자치료, 유전자 변형 생물체, 유전체 이용 육종기술, 식품생명공학기술 등 생명공학 응용기술
> • 바이오칩기술, 생물정보학기술 등 생명공학기술 위주의 융합기술

① BT
② ET
③ NT
④ ST
⑤ CT

53. 한컴오피스에서 다음 〈그림〉과 같은 '다른 이름으로 저장하기' 화면을 출력하기 위하여 사용할 수 있는 단축키는?

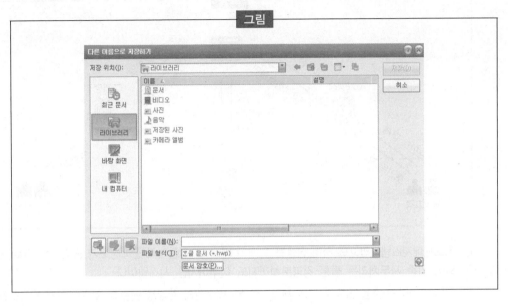

① Ctrl+X   ② Ctrl+Z   ③ Alt+C

④ Alt+O   ⑤ Alt+V

54. 다음 중 컴퓨터 바이러스 예방법으로 바람직하지 않은 것은?

① 중요한 자료는 별도의 보조 기억 장치에 백업해 둔다.

② 정품 소프트웨어를 구입하여 사용하고 프로그램을 복사할 때는 반드시 바이러스 감염 여부를 확인한다.

③ 사용 중인 백신 프로그램을 최신형으로 업데이트하고 수시로 점검하여 사전에 바이러스를 제거한다.

④ 공유폴더의 공유기능을 이용하여 바이러스를 유포하는 경우가 있으므로 공유폴더는 무조건 해제한다.

⑤ 수상한 전자메일은 확인 즉시 삭제하고 실수로 읽었어도 첨부파일을 열지 말고 곧바로 삭제한다.

1회 기출예상 2회 기출예상 3회 기출예상 4회 기출예상 5회 기출예상 6회 기출예상 7회 기출예상

55. 다음 〈그림〉이 나타내는 시스템의 특징과 장단점에 대한 설명으로 알맞지 않은 것은?

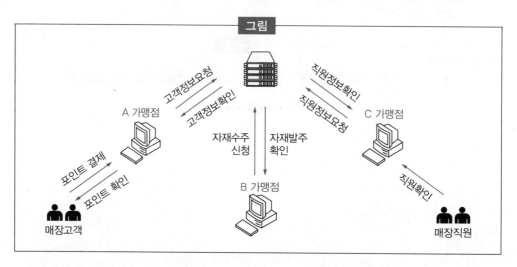

① 점포판매시스템이라고도 하며 상품을 판매한 바로 그 시장에서 판매정보가 중앙 컴퓨터로 전달되어 각종 사무처리는 물론 경영분석까지도 이루어지는 시스템이다.

② 일일이 사람의 손을 필요로 했던 재고 · 발주 · 배송관리 체계를 단순화, 표준화시켜 원가절감을 구현했다.

③ 주로 광학적인 방식으로 판독하는 QR코드를 이용한 자동판독방식의 레지스터를 통해 매입, 배송 등의 활동에서 발생하는 정보들을 컴퓨터로 처리하여 각 부분이 유용하게 활용할 수 있는 정보로 전달한다.

④ 자사제품의 판매흐름을 단위품목별로 확인할 수 있을 뿐 아니라 신제품과 판촉제품의 판매경향과 시간대, 매출부진 상품, 유사품이나 경쟁제품과의 판매경향 등을 세부적으로 파악할 수 있다.

⑤ 외식업, 유통업, 서비스업 등 각종 분야에서 활용하며 실시간으로 매출을 등록하고 등록된 매출 자료의 자동 정산 및 집계를 가능하게 해 준다.

www.gosinet.co.kr

1회 기출예상

2회 기출예상

3회 기출예상

4회 기출예상

5회 기출예상

6회 기출예상

7회 기출예상

56. 다음 중 정보처리과정에 맞게 각 단계에 대한 설명인 ㉠ ~ ㉣을 순서대로 바르게 나열한 것은?

> ㉠ 윤리의식을 바탕으로 합법적으로 활용 가능한 정보를 선정하고, 찾은 정보를 문제해결에 적용한다.
>
> ㉡ '무엇을', '어디에서', '언제까지', '왜', '누가', '어떻게', '얼마나' 등을 기준으로 정보활동을 기획한다.
>
> ㉢ 수집된 다양한 형태의 정보를 문제해결 및 결론 도출에 사용하기 쉬운 형태로 바꾼다.
>
> ㉣ 다양한 정보원으로부터 목적에 적합한 정보를 입수한다.

① ㉠-㉡-㉢-㉣   ② ㉠-㉢-㉣-㉡   ③ ㉡-㉠-㉣-㉢
④ ㉡-㉣-㉢-㉠   ⑤ ㉢-㉣-㉡-㉠

57. 다음 〈보기〉의 ㉠ ~ ㉢에 공통적으로 사용된 ICT의 명칭으로 알맞은 것은?

> **보기**
>
> ㉠ 최근 자동차 내비게이션은 무선 네트워크를 통해 주요 정보를 확보하기 때문에 초기 설치 용량을 최소화했으며, 별도의 업데이트 없이 최신 지도를 유지하고, 실시간 주행환경정보를 동시다발적으로 수집해 교통상황을 예측하고 대응할 수 있게 해 준다.
>
> ㉡ OTT 서비스는 스마트 디바이스를 통해 다양한 멀티미디어 콘텐츠를 실시간 관람할 수 있는 서비스이다. OTT 서비스를 이용하면 콘텐츠를 디바이스에 저장하지 않아도 된다는 것과 월정액 이용료만으로 무수한 콘텐츠를 즐길 수 있다는 장점이 있다.
>
> ㉢ ○○서비스는 콘솔이나 PC에 게임을 설치하지 않고도 서버에서 직접 게임을 구동하며 실시간으로 정보를 송수신하는 방식으로 게임을 즐길 수 있는 서비스이다. 데이터의 저장과 공유 역시 서버를 통해서 직접 처리하기 때문에 추가적인 비용 부담을 크게 줄일 수 있다.

① GPS   ② 블록체인   ③ 빅데이터 분석
④ 인공지능(AI)   ⑤ 클라우드 서비스

58. 시각적 정보의 중요성은 계속 증가하고 있고 우리가 시각 정보를 사용하는 방식도 빠르게 진화하고 있으며, 이를 통해 우리는 주변의 물리적 세계에 더 몰입할 수 있게 되었다. 다음 중 가상현실(VR ; Virtual Reality), 증강현실(AR ; Augmented Reality), 혼합현실(MR ; Mixed Reality)에 대한 설명으로 적절하지 않은 것은?

① VR은 인공현실(Artificial Reality), 사이버공간(Cyberspace), 가상세계(Virtual World)라고도 하는데, 이러한 가상현실은 의학 분야에서는 수술 및 해부 연습에 사용되고 항공·군사 분야에서는 비행조종 훈련에 이용되는 등 각 분야에 도입, 활발히 응용되고 있다.

② VR은 현실이 아닌 가상의 이미지를 사용해 '새로운 디지털 환경'을 구축하는 기술로, 현실과는 연계성이 없는 새로운 가상환경을 제공하는 기술이며 몰입도가 높다는 장점이 있다.

③ AR은 현실에 가상 이미지를 겹쳐 하나의 영상으로 보여 주므로 현실감이 뛰어나고 편리하다는 측면에서 방송은 물론 게임, 교육, 오락, 쇼핑 같은 다양한 분야에서 활용되고 있다.

④ MR은 VR과 AR의 단점을 극복하고자 한 기술이지만 이질감이 심하고 낮은 몰입도, 시야의 제한과 어지러움 등의 단점이 있다.

⑤ MR은 현실과 가상이 자연스럽게 연결된 스마트 환경을 제공하여 사용자는 풍부한 체험을 할 수 있는데, 예를 들어 사용자의 손바닥에 놓인 가상의 애완동물과 교감한다거나, 현실의 방 안에 가상의 게임 환경을 구축해 게임을 할 수 있다.

59. 〈보기〉는 A 씨가 보고서를 작성하는 과정을 서술한 것이다. ㉠ ~ ㉤ 중 2차 자료에 해당하는 것은?

> 보기
>
> A 씨는 보고서를 작성하기 위해 여러 가지 정보원을 통해 정보를 수집하고자 한다. 먼저 관련 주제에 대한 ㉠논문을 검색하기 위해 K 사이트 논문 데이터베이스에 접속하였고, 인터넷 검색 엔진을 이용해 관련 ㉡신문기사와 해당 분야의 ㉢특허 관계를 검색하였다. 또한 사무실에 비치되어 있는 정기구독 중인 관련분야의 ㉣잡지와 기관에서 발행하고 있는 ㉤색인지를 통해 관련 정보를 최대한 수집하였다.

① ㉠   ② ㉡   ③ ㉢

④ ㉣   ⑤ ㉤

60. 다음을 통해 알 수 있는 해킹 기법에 대한 설명으로 옳은 것은?

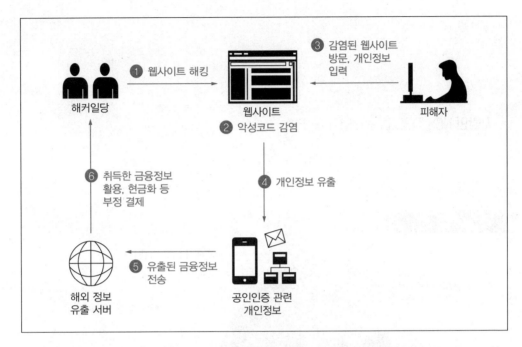

① 금융기관을 사칭한 위장 주소로 불특정 다수에게 이메일을 전송하고 위장된 홈페이지로 유인하여 인터넷상에서 신용카드번호, 사용자 아이디, 패스워드 등 개인의 금융정보를 획득하는 방법이다.

② 백도어 프로그램을 설치하고 컴퓨터 메모리에 상주하는 데이터를 변조하여 비밀번호를 빼내는 것뿐 아니라 데이터를 조작하여 받는 계좌와 금액까지 변경할 수 있는 해킹 방법이다.

③ 문자메시지(SMS)와 피싱(Phishing)의 합성어로, 문자메시지에 연결된 인터넷 주소로 접속하면 악성코드가 설치되어 버리며 이 악성코드를 통해 피해자가 모르는 사이에 소액결제가 이뤄지거나 개인 정보를 훔쳐가는 기법이다.

④ 합법적으로 소유하고 있던 사용자의 도메인을 탈취하거나 도메인 네임 시스템(DNS) 또는 프록시 서버의 주소를 변조함으로써 사용자들로 하여금 진짜 사이트로 오인하여 접속하도록 유도한 뒤에 개인정보를 훔치는 수법이다.

⑤ 주로 웹페이지, 이메일, P2P 다운로드 사이트 등에서 유용한 프로그램으로 가장해 업로드되어 사용자의 실행을 기다리는 방식으로 신용카드 번호나 게임 비밀번호를 빼내가기도 하고 파일을 지우거나 PC 성능을 저하시킬 수도 있다.

유형분석

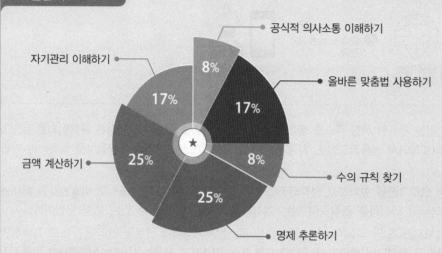

공식적 의사소통 이해하기

자기관리 이해하기

올바른 맞춤법 사용하기

8%

17%

17%

8%

25%

25%

금액 계산하기

수의 규칙 찾기

명제 추론하기

출제분석

사람인형 의사소통능력에서는 문서의 종류를 구분하는 문제, 의사소통에서 경청하는 방법을 파악하는 문제, 제시된 글을 읽고 단어의 쓰임이 적절한지 파악하는 문제 등이 출제되었다. 수리능력에서는 숫자들의 배열 규칙을 파악하는 문제, 방정식을 활용하여 적절한 값을 도출하는 문제, 도표의 내용을 해석하는 문제 등이 출제되었다. 문제해결능력에서는 결과를 토대로 추론하는 문제, 유사한 논리적 오류의 유형을 찾아내는 문제, 조건에 따라 각각의 유형에 해당하는 특징을 판별하는 문제 등이 출제되었다. 자원관리능력에서는 자원을 효과적으로 관리하는 방법에 대해 이해하고 있는지 묻는 문제, 인맥을 관리하는 방법에 대해 묻는 문제, 물적자원을 관리하는 원칙에 대해 파악하는 문제 등이 출제되었다. 자기개발능력에서는 기업 내에서의 역할을 파악하는 문제, 생산성을 향상시키는 방법에 대해 묻는 문제, 경력 개발과 관련된 문제 등이 출제되었다.

6회 사람인

출제유형모의고사

영역	총 문항 수
의사소통능력	
수리능력	
문제해결능력	60문항
자원관리능력	
자기개발능력	

01. 다음 ○○발전 운영시스템 안내서를 이해한 내용으로 옳은 것을 〈보기〉에서 모두 고르면?

1. 시스템 개요

　　○○발전에서 계약 건별 데이터 입력 및 제출 분석 업로드/확인, 품질검사 승인 요청 건에 대한 검토/승인, 승인 완료된 품질검사 건에 대한 공장검사 요청/승인 구축과 SMTP서버 및 SMS서버 연계를 구축함으로써 문서접수 창구 일원화로 협력업체와 발주부서의 업무에 기여하는 시스템

2. 시스템 구성

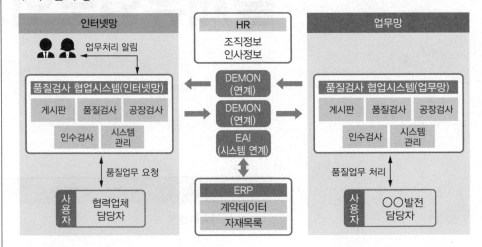

3. 단위시스템별 주요 기능

■ 품질문서 제출
　• ERP 계약데이터를 연계하여 계약업체 확인
　• 사업자 등록번호 관리를 통한 계약업체 및 담당자 관리
　• 계약체결 후 구매·공사 건에 대한 품질검사 요청 서류 업로드
　• 품질검사 요청 건에 대하여 진행상황 확인 및 승인완료 여부 확인

■ 품질검사 검토/승인
　• 감독자에게 상신된 품질검사 검토 및 승인 요청 확인/승인 기능
　• R 등급의 자재일 경우 품질부서 확인 요청 기능

www.gosinet.co.kr gosinet

1회 기출예상

2회 기출예상

3회 기출예상

4회 기출예상

5회 기출예상

6회 기출예상

7회 기출예상

보기

ㄱ. 품질검사 협업시스템 구축에 대한 사용자 안내서이다.

ㄴ. 모든 제품은 품질 담당부서의 품질에 대한 검토나 승인을 받는다.

ㄷ. 협력업체 담당자는 인터넷망을 통하여 품질업무를 요청할 수 있다.

ㄹ. ○○발전과 거래하고자 하는 업체는 우선 수의계약으로 담당자에게 승인을 받아야 한다.

① ㄱ, ㄴ   ② ㄱ, ㄷ   ③ ㄴ, ㄷ

④ ㄴ, ㄹ   ⑤ ㄷ, ㄹ

02. 다음 ㉠, ㉡에 들어갈 문서의 종류를 바르게 연결한 것은?

㉠	㉡
○ 리모컨의 올바른 사용법 아래의 리모컨 사용상의 주의사항을 읽고 올바르게 사용해 주시기 바랍니다. • 리모컨에 충격을 주지 마십시오. 습기가 많은 곳에 보관하지 마십시오. • 리모컨과 본체의 신호부 사이에 장애물이 있으면 오작동을 일으킬 수 있습니다. • 배터리가 소모되면 조작할 수 있는 거리가 점차 짧아지므로 신속히 새 배터리로 교환해 주십시오. • 형광등이 가까이 있는 경우에는 리모컨이 오작동을 일으킬 수 있습니다.	제1조 이는 A 회사(이하 "회사"라 한다)의 조직관리 및 사무분장을 대상으로 한다. 제2조 회사의 직제에 관하여 A 회사 설립 및 운영에 관한 조례 및 정관에 정하지 아니한 사항은 이 조문에 의한다. 제3조 ① 각 부서의 장은 소관 부서의 기구, 업무의 분장 및 직무 권한의 행사와 인력을 효율적으로 관리할 책임이 있다. ② 조직의 주관부서장은 제1항의 관리에 대하여 수시로 지도 · 감독하여야 하며 회사 전체의 조직 · 기구와 관련 체계의 개선에 관한 업무를 총괄한다.

      ㉠   ㉡   ㉠   ㉡

① 설명서   공고문   ② 설명서   규정집

③ 규정집   설명서   ④ 규정집   기안문

⑤ 기획서   규정집

03. 조언은 다른 사람에게 해 달라고 부탁하는 것보다 해주는 게 더 어렵다. 너무 가볍게 조언을 해주면 자신의 고민을 진지하게 들어주지 않는다고 생각할 수 있고, 반대로 진지하게 조언을 해주면 상대가 부담감을 느낄 수도 있기 때문이다. 다음 중 도움이 되는 조언을 하기 위해 알아두어야 할 사항이 아닌 것은?

① 가장 좋은 조언은 상대가 원하는 것을 스스로 찾을 수 있도록 도움을 주는 조언이다.

② 상대가 원치 않을 때 조언하려는 행동은 상대에게 잔소리나 참견이 될 수 있다.

③ 상대에게 도움이 되고 싶다는 생각에 과거의 일까지 언급하는 것은 적절한 조언 태도가 아니다.

④ 상대에게 도움이 되는 조언을 하고 싶다면 자신의 입장에서 상대의 이야기를 귀담아 들어야 한다.

⑤ 상대를 위해 조언해 주는 것은 좋지만 상대의 말을 제대로 다 듣지 않고 자신의 생각을 말하는 것은 상대의 기분을 상하게 할 수 있어 주의가 필요하다.

04. 경청은 대화 과정에서 신뢰를 쌓을 수 있는 최고의 방법이다. 다음 중 경청의 방해 요인이 아닌 것은?

① 상대방의 말을 듣기는 하지만 상대방의 메시지를 온전하게 듣지 않는 것

② 상대방에 대한 부정적인 판단 때문에 상대방의 말을 제대로 듣지 않는 것

③ 상대방에게 관심을 기울이는 것을 힘들어하고 상대방이 말을 할 때 자꾸 다른 생각을 하는 것

④ 상대방이 말하는 의미 전체를 이해하기 위해 상대의 몸짓이나 표정에 관심을 기울이는 것

⑤ 상대방이 말할 때 자신이 다음에 할 말을 생각하느라 상대방의 말을 잘 듣지 않는 것

[05 ~ 06] 다음 글을 읽고 이어지는 질문에 답하시오.

(가) 인간에게서 육체적인 부분이나 육체를 이용한 행동들을 다 배제하고 나면 인간이라는 존재는 도대체 무엇일까? 프랑스의 철학자 데카르트는 "생각이야말로 나에게 속하는 것임을 발견한다."라고 결론 내린다. 이것만은 자신에게서 떼어 낼 수 없다. 감각이나 자연적 요소, 즉 육체적 요소는 떼어 낼 수 있지만 생각과 같은 정신적인 요소는 떼어 낼 수 없다. 이 생각만은 '존재한다'고 할 수 있고, '확실하다'고 할 수 있다. 인간이라는 존재는 오직 '하나의 생각', '하나의 정신', '하나의 이성'일 뿐임을 데카르트는 명확하게 규정한다. 인간의 정신과 이성만이 인간의 고유한 특성일 수 있다는 이야기다. 그가 말한 유명한 "(A)"가 그의 주장이 가장 잘 드러나 있는 예이다.

(나) 인간을 정신과 육체로 분리하는 사고는 더 나아가 인간과 자연을 분리하는 사고로 연결된다. 육체의 세계, 자연의 세계는 일종의 기계적 세계로, 이는 인간의 정신으로 하는 수학적 탐구에 종속된다. 정신을 특징으로 하는 인간은 주체가 되는데 비해 자연은 객체, 관찰과 이용의 대상이 되어 버린다. 정신과 육체, 인간과 자연을 분리한다는 의미에서 이러한 사고방식을 기계적 이원론이라고 부르기도 한다.

05. 윗글의 (가) 문단에 있는 빈칸 A에 들어갈 내용으로 옳은 것은?

① 의식은 반드시 경험을 전제하지만, 경험은 의식을 전제로 하지 않는다.

② 아는 것이 힘이다.

③ 나는 내가 모른다는 사실을 안다.

④ 나는 생각한다. 고로 존재한다.

⑤ 이 세상에서 영원히 변하지 않는 것은 변한다는 사실뿐이다.

06. (나) 문단을 환경보호단체에서 비판한다면 어떤 주장을 내세울 수 있겠는가?

① 자연은 사람을 기다려 주지 않습니다. 더 손쓸 수 없게 되기 전에 자연을 보호합시다.

② 자연은 잠시 후손에게 빌려 쓰는 것일 뿐, 우리만의 소유물이 아닙니다.

③ 환경을 아끼는 마음이 자연보호 문제를 해결하는 데 무엇보다 중요합니다.

④ 선진화된 기술로 환경문제를 해결할 수 있습니다. 위대한 인간의 지성을 믿읍시다.

⑤ 자연과 인간은 따로 살 수 없습니다. 자연은 인간이 이용해야 할 대상이 아닙니다.

1회 기출예상

2회 기출예상

3회 기출예상

4회 기출예상

5회 기출예상

6회 기출예상

7회 기출예상

[07 ~ 08] ○○기업 마케팅팀에서는 경쟁회사와의 협상전략 수립을 위해 다음 글을 참고하였다. 이어지는 질문에 답하시오.

상호성의 법칙은 다른 사람이 우리에게 호의를 베푼 대로 우리도 그에게 되갚아야 한다는 것이다. 같은 개념으로 호의는 아니지만 상대방이 양보하면 우리도 양보해야 한다는 부담감을 이용하여 일 보 후퇴, 이 보 전진 전략이 가능하다. 일 보 후퇴, 이 보 전진 전략은 사람들로 하여금 요청에 쉽게 응하게 만들 뿐만 아니라 자신들의 구두 약속을 보다 ⊙충실히 이행하게 하고 한 걸음 더 나아가서 미래의 요청에도 ⓒ기꺼히 응하게 한다.

ⓒ도데체 이 전략의 어떤 면이 사람들로 하여금 그 전략에 한 번 빠지면 헤어나지 못하게 만든단 말인가? 그 이유를 찾기 위해 우리는 이 전략의 핵심인 요청자의 양보 행위를 세심히 관찰할 필요가 있다. 상대방이 양보하면 그것이 ⓔ계상된 행동이라는 인상을 주지 않는 한 나도 양보해야 한다는 의무감을 불러일으킨다는 사실은 상호성의 법칙을 통해 이미 설명했다.

그러나 상대방이 양보하면 그로 인해 두 가지의 긍정적 부산물이 발생한다는 사실은 아직 정확하게 설명되지 않았다. 일 보 후퇴, 이 보 전진 전략의 마력에 대한 열쇠인 이들 두 가지의 긍정적 부산물이란 '자신의 결정에 대한 책임감'과 '합의된 사항에 대한 만족감'이다.

(중략)

일 보 후퇴, 이 보 전진 전략은 상대방에게 승낙을 받아내는 ⓜ확율이 높을 뿐 아니라 그들에게 합의된 최종결과에 대해서 더 책임감을 느끼게 할 수도 있다. 부탁이나 요구를 받는 쪽에서는 상대방을 성공적으로 설득하여 무리한 요구를 포기하게끔 만들었다고 생각하기 때문이다. 일 보 후퇴, 일 보 전진 전략으로 설득을 당한 사람들이 약속을 성실하게 이행하는 것도 이런 이유이다. 그 계약의 책임이 자신에게 있다고 느끼는 사람은 계약을 수행할 가능성이 더 높다.

07. 윗글의 밑줄 친 ⊙ ~ ⓜ 중 맞춤법이 올바른 것은?

① ⊙   ② ⓒ   ③ ⓒ
④ ⓔ   ⑤ ⓜ

08. 제시된 글의 내용을 바탕으로 직원들이 협상전략을 세울 때, 이 중 적절하지 않은 것은?

① A 사원 : 양보의 크기와 대상을 점점 줄여 나가며 양보가 더 이상 쉽지 않다는 것을 자연스럽게 상대 회사에게 알려야 해.

② B 사원 : 일 보 후퇴, 이 보 전진 전략을 통해 합의된 사항에 대한 만족감과 동시에 다음 요청에 대한 긍정적 결과를 이끌어 내야 해.

③ C 사원 : 거래처와의 계약 협상에서 단가를 양보하는 대신 수량이나 기간을 늘려 받고, 다음번 에는 다시 할 수 없는 어려운 결정이라는 점을 인식시켜야 해.

④ D 사원 : 협상은 싸움이며 상대와의 경쟁에서 승리해야 하는 게임이므로 한 쪽이 양보하면 다른 한 쪽도 반드시 양보해야 한다는 점을 약속받아야 해.

⑤ E 사원 : 고민의 시간을 길게 가지며 '쉽지 않은 결정'이라는 메시지와 함께 힘들게 얻어 낸 양보 라는 느낌을 주어 상대방에게 책임감과 성취감을 주는 게 필요해.

09. 의사소통에는 공식적인 경로와 과정을 거쳐 공식적으로 행하는 의사소통 방식과 공식적인 직책을 떠나 조직 구성원 간의 친분, 상호 신뢰와 현실적인 인간관계 등을 통하여 이루어지는 비공식적 의사소통 방식이 있다. 다음 중 공식적 의사소통의 특징을 모두 고른 것은?

> ㉠ 개인적 욕구를 충족할 수 있으나, 자칫 잘못하면 개인 목적에 역이용될 수도 있음.
> ㉡ 의사 전달의 융통성이 부족하고, 배후 사정을 소상히 전달하기 곤란함.
> ㉢ 정보의 사전 입수로 의사 결정이 용이하고 정보나 근거의 보존이 용이함.
> ㉣ 전달자와 피전달자가 분명하고 책임 소재가 명확하며 의사 전달이 확실하고 편리함.
> ㉤ 신속한 전달이 가능하며 외적으로 나타나지 않는 배후 사정을 자세히 전달함.
> ㉥ 변동하는 사태에 신속히 적응하기가 어렵고 기밀 유지가 곤란함.
> ㉦ 책임 소재가 불분명하고 수직적 계층하에서 상관의 권위가 손상될 수 있으며 조정, 통제가 곤란함.
> ㉧ 관리자에 대한 조언의 역할이 가능하고 의견 교환의 융통성이 높아 일반적인 의견 전달을 보완할 수 있음.

① ㉠, ㉡, ㉢, ㉣　　② ㉠, ㉢, ㉥, ㉧　　③ ㉡, ㉢, ㉣, ㉥
④ ㉡, ㉤, ㉥, ㉦　　⑤ ㉢, ㉤, ㉥, ㉧

[10 ~ 11] 다음 ○○전자의 회의 자료를 보고 이어지는 질문에 답하시오.

1. 회의 목적

가. 수리 서비스 고객 불만 증가로 고객 수 감소가 우려됨.

나. 대책의 토대를 마련하기 위해 수리직 업무 현황을 분석하고자 함.

2. 현재 실태

가. 수리 건수의 증가

－전년 대비 수리 기사 1인당 약 10건 증가(월평균)

(단위 : 건)

연도	20X1	20X2	20X3
수리 건수(월평균)	3,492	3,641	4,065
수리 건수(1인당 평균)	85.2	95.8	107.0

나. 서비스 평가 점수의 감소

－전년 대비 약 4점씩 평균 점수 감소(월평균)

(단위 : 점)

연도	20X1	20X2	20X3
서비스 총점	94.3	89.9	85.6

3. 주요 원인

가. 인력이 감소하고, 건당 소요 시간이 증가함.

－수리 업무직 전체 인력 감소(41명→38명)

－수리 곤란 제품이 늘어나 건당 소요 시간 증가(20X2년 40분→20X3년 50분)

나. 처리 절차가 비효율적임.

－처리시간 제한제도에 따른 수리 기사들의 시간 압박

－수리 요청이 같은 지역에서 발생하여도 배당된 것만 처리

4. 의견

가. ＿＿＿＿＿＿＿(가)＿＿＿＿＿＿＿

나. ＿＿＿＿＿＿＿(나)＿＿＿＿＿＿＿

다. ＿＿＿＿＿＿＿(다)＿＿＿＿＿＿＿

라. ＿＿＿＿＿＿＿(라)＿＿＿＿＿＿＿

10. 제시된 회의 자료의 제목으로 적절한 것은?

① ○○전자 불만 고객 대응 계획

② ○○전자 서비스 점수 향상 방안

③ ○○전자 수리 업무 실태 보고

④ ○○전자 처리 절차 개선 상황

⑤ ○○전자 수리직 업무 효율 개선 방안

11. 제시된 회의 자료의 (가) ~ (라)에 들어갈 수 있는 내용으로 적절하지 않은 것은?

① 출장 시스템 개선 방안이 시급함.

② 수리를 고려한 제품 생산 방안이 필요함.

③ 필요 인력 산정 및 업무 적정화 방안을 마련해야 함.

④ 수리 기사의 피로도 증가로 업무 품질 저하가 우려됨.

⑤ 수리 기사의 고객 응대 기술에 대한 교육이 시급함.

12. 최근에 입사한 K 기업의 신입사원들이 공문서 작성에 대한 교육을 받고 아래와 같은 규정을 참고하여 문서를 작성하였다. 다음 중 이 규정에 맞게 쓴 문장은?

> 의존 명사는 띄어 쓴다.

① 김 사원은 프로젝트를 마치는 데 삼 일이 걸렸다.

② 회사를 창립한지 벌써 십년이 지났다.

③ 직원들 모두 하는데 우리도 할수 있다.

④ 나는 사과 두개를 사서 주머니에 넣었다.

⑤ 부장님은 그저 웃고 있을뿐이었다.

1회 기출예상 2회 기출예상 3회 기출예상 4회 기출예상 5회 기출예상 6회 기출예상 7회 기출예상

13. 다음 숫자들의 배열 규칙을 찾아 '?'에 들어갈 알맞은 숫자를 고르면?

| 1 | 4 | 14 | (?) | 139 |

① 36　　　　　　　② 41　　　　　　　③ 45
④ 51　　　　　　　⑤ 55

14. ☆☆백화점에서는 창립 80주년을 맞아 VIP고객들에게 감사 인사를 전할 엽서를 제작하였다. 엽서 디자인 선정을 위해 선별된 직원은 총 70명이었다. 1안, 2안에 대한 선호도 조사를 했더니 1안을 고른 직원은 28명, 2안을 고른 직원은 56명이었다. 1안과 2안을 모두 고른 직원 수의 최댓값을 x, 최솟값을 y라고 할 때, $\dfrac{x}{y}$의 값을 바르게 구한 것은? (단, 직원들은 둘 다 고르지 않을 수도 있다)

① 2　　　　　　　② 3　　　　　　　③ 5
④ 7　　　　　　　⑤ 9

15. 김 대리는 10만 원으로 개당 가격이 각각 4,500원인 A 제품과 3,500원인 B 제품을 구매하려고 한다. A 제품을 B 제품보다 8개 적게 구매하고자 할 때, 김 대리가 구매할 수 있는 A 제품은 최대 몇 개인가?

① 6개　　　　　　　② 7개　　　　　　　③ 8개
④ 9개　　　　　　　⑤ 10개

16. ○○페인트 공장에서는 빨간색, 노란색, 파란색 페인트를 혼합하여 여러 가지 색의 페인트를 제조한다. 빨간색 페인트 2L와 노란색 페인트 1L를 섞으면 주황색 페인트 3L가 만들어지고, 파란색 페인트 1L와 빨간색 페인트 1L를 섞으면 보라색 페인트 2L가 만들어지며, 파란색 페인트 2L와 노란색 페인트 3L를 섞으면 초록색 페인트 5L가 만들어진다. 빨간색, 노란색, 파란색 페인트의 가격이 다음과 같을 때, 주황색 페인트 15L, 보라색 페인트 10L, 초록색 페인트 25L를 만드는 데 드는 페인트 원료의 비용은 총 얼마인가? (단, 제시된 조합으로만 새로운 페인트 색을 만든다고 전제한다)

페인트 색	비용(원/L)
빨간색	5,000
노란색	3,000
파란색	4,500

① 202,500원 ② 217,500원 ③ 220,000원
④ 222,500원 ⑤ 225,000원

17. 다음 〈보기〉에서 G 국가의 초고령사회가 시작되는 해는 언제인가?

보기

총 인구 중 65세 이상 인구의 비율을 나타내는 고령화율이 7% 이상일 때 고령화 사회, 14% 이상일 때 고령사회, 20% 이상일 때 초고령사회라 한다.

G 국가는 출생률 감소, 평균 수명 연장 등의 이유로 2021년부터 매년 고령화율이 급격하게 증가하고 있다.

다음 표는 G 국가의 연도별 고령화율을 나타낸 것이다.

2021년	2022년	2023년	2024년	2025년	2026년
12%	12.7%	13.4%	14.1%	14.8%	15.5%

많은 전문가들은 G 국가의 고령화율은 2040년까지 매년 0.8%p씩 증가할 것으로 전망하고 있다.

① 2032년 ② 2033년 ③ 2034년
④ 2035년 ⑤ 2036년

www.gosinet.co.kr
1회 기출예상
2회 기출예상
3회 기출예상
4회 기출예상
5회 기출예상
6회 기출예상
7회 기출예상

18. S 기업의 판매사원 장 씨는 Y 기업의 구인광고를 보고 이직을 고민하고 있다. Y 기업으로 이직하는 것이 장 씨에게 더 유리한 조건이 되려면, 장 씨의 월 판매액이 최소 얼마를 초과해야 하는가? (단, S 기업과 Y 기업에서의 월 판매액은 같고, 급여 외에 다른 조건들은 동일하다)

〈S 기업의 판매사원 급여〉 매달 160만 원의 기본급 + 월 판매액의 9%의 수당 지급	〈Y 기업의 판매사원 급여〉 매달 140만 원의 기본급 + 월 판매액의 14%의 수당 지급

① 350만 원 ② 370만 원 ③ 400만 원
④ 450만 원 ⑤ 470만 원

19. Q 씨는 가로의 길이가 6m, 높이가 2.5m인 벽에 타일을 붙이기 위해 제품을 살펴보고 있다. 벽에 빈 공간이 없게 하면서도 되도록 적은 수의 타일을 구입하고자 할 때, Q 씨가 구입할 제품으로 적절한 것은? (단, 타일의 가로와 세로를 바꿀 수 없으며 타일을 쪼갤 수 없다)

구분	가로	세로
A 제품	30cm	25cm
B 제품	40cm	40cm
C 제품	50cm	50cm
D 제품	55cm	55cm
E 제품	45cm	60cm

① A 제품 ② B 제품 ③ C 제품
④ D 제품 ⑤ E 제품

20. 다음은 어느 연구소의 채용 직무분야별 지원 현황이다. 경쟁률이 가장 낮은 분야는?

직무분야	채용인원(명)	지원인원(명)
기계	4	130
토목	5	207
건축	5	159
화공	7	232
전산	9	292
전기	12	380

① 기계　　　　　　② 건축　　　　　　③ 화공
④ 전산　　　　　　⑤ 전기

21. 다음은 A 시의 에너지 사용량을 가구원 수에 따라 정리한 자료이다. 이에 대한 설명으로 옳지 않은 것은?

구분 ＼ 가구원 수	1인	2인	3인	4인	5인 이상
전기(Mcal)	6,117	7,138	7,280	7,839	8,175
가스(Mcal)	3,797	4,126	4,270	4,651	5,629
수도(m^3)	95	118	144	172	219
지역난방(Mcal)	515	617	1,070	1,461	1,523
탄소배출량(kg-CO_2)	1,943	2,131	2,213	2,370	2,669

① 5인 이상 가구의 가스 사용량은 1인 가구의 가스 사용량의 약 1.5배인 것으로 나타났다.

② 5인 이상 가구의 전기 사용량은 1인 가구의 전기 사용량의 약 1.3배인 것으로 나타났다.

③ 가구원 1인당 전기 사용량, 탄소배출량은 각각 1인 가구가 5인 이상 가구의 3배 이상인 것으로 나타났다.

④ 5인 이상 가구의 수도와 지역난방 사용량은 각각 1인 가구의 약 2.3배, 약 3.0배인 것으로 나타났다.

⑤ 가구원 수가 증가할수록 1인당 에너지 사용량은 증가하며, 1인 가구의 증가는 전체 에너지 사용량 감소로 이어질 것이다.

1회 기출예상
2회 기출예상
3회 기출예상
4회 기출예상
5회 기출예상
6회 기출예상
7회 기출예상

[22 ~ 24] ○○공사는 직원들을 위해 다음 자료를 참고하여 원두커피 기계를 구입 혹은 렌탈하려고 한다. 이어지는 질문에 답하시오. (단, ○○공사에서 한 달에 소모하는 원두는 3kg이다)

구분	구입	A 렌탈업체	B 렌탈업체
기계값	800,000원	70,000원/월	90,000원/월
원두값	13,000원/kg	5,000원/kg	무료 제공

22. 원두커피 기계를 6개월 동안 사용하는 데 필요한 비용에 대한 설명으로 옳은 것은?

① 기계를 구입한다면 비용은 839,000원이다.

② A 렌탈업체를 이용한다면 비용은 510,000원이다.

③ B 렌탈업체를 이용한다면 비용은 560,000원이다.

④ B 렌탈업체를 이용하는 것이 기계를 구입하는 것보다 비싸다.

⑤ A 렌탈업체를 이용하는 것이 B 렌탈업체를 이용하는 것보다 50,000원 더 저렴하다.

23. 위 자료를 분석한 내용 중 옳지 않은 것은?

① 1개월 동안 사용한다면 A 렌탈업체를 이용하는 것이 가장 저렴하다.

② 3개월 동안 사용한다면 A 렌탈업체와 B 렌탈업체의 비용이 같다.

③ 3개월 동안 사용한다면 기계를 구입하는 것보다 렌탈하는 것이 더 저렴하다.

④ 1년 동안 사용한다면 기계를 구입하는 것보다 렌탈하는 것이 더 저렴하다.

⑤ 매달 5kg 이상의 원두를 소모하면서 3개월 동안 사용한다면 A 렌탈업체보다 B 렌탈업체를 이용하는 것이 더 저렴하다.

24. 기계를 구입하는 것이 A 렌탈업체를 이용하는 것보다 이득이 되려면 기계를 최소 몇 개월 사용해야 하는가?

① 16개월   ② 17개월   ③ 18개월

④ 19개월   ⑤ 20개월

25. 분석적 사고는 전체를 각각의 요소로 나누어 그 요소의 의미를 도출한 다음 우선순위를 부여해 구체적인 문제해결 방법을 실행하는 것으로, 문제의 성격에 따라 세 가지 사고가 요구된다. 세 가지 사고 중 〈보기〉에서 설명하고 있는 사고가 적용될 수 있는 상황이 아닌 것은?

> **보기**
>
> 문제 접근 방법에서 개연성이 높은 가설을 설정함으로써 문제 해결을 시도한다. 아무 생각 없이 들여다보거나 무작정 정보를 수집하는 것이 아니라 현실타당성이 높은 가설을 미리 추론한다. 그리고 그 가설의 검증에 노력을 집중함으로써 분석의 초점을 맞추고 정보수집 비용과 시간을 절약하며, 문제 해결의 성공 가능성도 높일 수 있다. 이 사고는 시급한 문제를 신속하게 해결하고자 하는 시도로 문제 해결을 위한 일종의 선택과 집중 전략으로 이해할 수 있다. 핵심성공요인(CSF, Critical Success Factor)을 파악하는 기법이 여기에 근거하고 있다.

① 실험, 시행착오, 실패가 비교적 자유롭게 허용되는 경우
② 일반적으로 나타나는 정형적인 문제의 원인 분석이 필요한 경우
③ 여러 사안 및 그룹들이 감정적으로 대립하고 있는 경우
④ 사내 커뮤니케이션이나 정보공유가 제대로 이루어지지 않는 경우
⑤ 문제 해결을 위한 시간적 제약으로 인해 빠르게 해결방안을 수립해야 하는 경우

26. ○○기업 마케팅팀은 프랜차이즈 사업을 준비하는 창업지원자들을 대상으로 초기사업비용, 인지도, 제품 원가, 평균수익에 대하여 조사하였다. 조사 결과가 다음과 같을 때, 옳은 추론은?

> • 평균수익에 관심 없는 사람은 인지도에도 관심 없다.
> • 제품 원가를 따지지 않는 사람은 평균수익에도 관심 없다
> • 초기사업비용을 중시하는 사람은 제품 원가도 따진다.

① 제품 원가를 따지지 않는 사람은 인지도에도 관심 없다.
② 평균수익에 관심 있는 사람은 초기사업비용을 중시하지 않는다.
③ 초기사업비용을 중시하는 사람은 인지도에는 관심 없다.
④ 인지도에 관심 없는 사람도 제품 원가는 따진다.
⑤ 인지도에 관심 없는 사람은 평균수익에도 관심 없다.

1회 기출예상

2회 기출예상

3회 기출예상

4회 기출예상

5회 기출예상

6회 기출예상

7회 기출예상

27. 다음 중 〈보기〉에 나타난 오류와 같은 종류의 오류를 범하고 있는 것은?

보기

김천은 경상북도의 도시이다.
김 대리는 김천에 살지 않는다.
그러므로 김 대리는 경상북도에 살지 않는다.

---

① 컴퓨터 게임에 몰두하면 눈이 나빠진다.
　 양 사원은 컴퓨터 게임에 몰두하지 않는다.
　 그러므로 양 사원은 눈이 나빠지지 않는다.
② 우리 팀원들이 회식 메뉴로 한식보다 중식을 선호하는 걸 보니 직장인들은 한식보다 중식을 더 선호한다.
③ 똥 묻은 개가 겨 묻은 개 나무란다더니, 몇십억대를 횡령한 사람이 내가 몇백만 원 받았다고 비리라고 할 수 있어?
④ 운동을 열심히 하는 사람은 건강합니다.
　 왜냐하면 건강한 사람은 운동을 열심히 하기 때문입니다.
⑤ 아버지는 흰색을 좋아하지 않는다.
　 그러므로 아버지는 검정색을 좋아한다.

28. A, B, C 세 명의 면접관이 앉아 있다. 이들 면접관의 넥타이 색깔은 물방울무늬, 줄무늬, 물결무늬이며 한 피면접자가 면접관을 바라볼 때 다음의 조건을 만족한다. 항상 참인 것은?

• 물결무늬 넥타이는 맨 오른쪽에 있는 면접관이 하고 있다.
• B 면접관은 A 면접관 옆에 앉아 있다.
• C 면접관의 넥타이 무늬는 물방울무늬이다.

---

① A 면접관 넥타이는 줄무늬이다.
② A 면접관은 가운데 앉아 있다.
③ C 면접관은 맨 왼쪽에 앉아 있다.
④ B 면접관 넥타이는 물결무늬이다.
⑤ B 면접관은 A 면접관 왼쪽에 앉아 있다.

[29 ~ 30] SWOT 분석은 기업 내부의 강점과 약점, 외부 환경의 기회와 위협 요인을 분석·평가하고 이들을 서로 연관 지어 전략과 문제해결 방안을 개발하는 방법이다. 이어지는 질문에 답하시오.

29. 다음 중 WO 전략에 해당하는 예시로 적절한 것은?

내부환경 외부환경	강점(Strengths)	약점(Weaknesses)
기회(Opportunities)	SO	WO
위협(Threats)	ST	WT

① 사업 분야의 다각화   ② 고수익 중심의 차별화 전략

③ 사업 다변화와 기술개발   ④ 신규 유통채널 발굴 노력

⑤ 저수익 사업 철수 및 매각

30. 다음 중 SWOT 분석을 할 때 주의해야 할 사항으로 적절하지 않은 것은?

① 목표가 모호하면 정확한 분석이 이뤄질 수 없으므로 SWOT 분석에 앞서 목적과 목표를 명확히 세워야 한다.

② SWOT 분석을 할 때 강점은 경쟁우위에 있는 요소여야 하므로 경쟁사도 잘하고 우리도 잘하는 걸 강점이라고 불러서는 안 된다.

③ SWOT 분석은 현재 시점에서 환경과 우리를 바라보는 관점이기 때문에 시계열적인 변화나 가능성을 담을 수 없다.

④ SWOT 분석에는 여러 가지 상황이 펼쳐질 수 있는 시나리오가 들어가야 여러 가능성을 반영할 수 있다.

⑤ 기회는 시장과 소비자의 경향을 나타내는 외부 요인으로 기업이 통제할 수 없는 영역이므로 기업 내부 요소인 강점과 혼동하지 않는다.

31. 다음 〈보기〉는 사업 환경 분석을 위한 3C 분석의 요소에 대한 상세 기준을 나타낸 것이다. 빈칸 ⓒ에 해당되는 분석 요소는?

분석 요소	상세 기준
(⊙)	• 해당 서비스 · 상품 시장규모가 충분히 큰가? • 성장가능성이 높은 시장인가? • 시장의 성숙도는 어떠한가?
(ⓒ)	• 시장에서 경쟁이 치열한가? • 경쟁사의 시장점유율과 재무현황, 핵심경쟁력은 무엇인가? • 새로운 경쟁자들이 진입할 가능성은 큰가?
(ⓒ)	• 기업의 윤리규범 및 비전에 부합하는 서비스 · 상품인가? • 기업 내 인적, 물적, 기술적 자원수준은 어느 정도인가? • 기업 내 기존 서비스 · 상품들과 시너지 효과는 어느 정도인가?

① 자사 분석 ② 고객 분석 ③ 기술 분석
④ 업계 분석 ⑤ 경쟁사 분석

32. 다음 기사에 대한 해석으로 적절하지 않은 것은?

> ○○연구소에 의하면 '보육, 등록금, 의료 등 복지를 대폭 확대하는 것에 대해 어떻게 생각하느냐'는 질문에 '재정 건전성을 유지하는 범위 내에서 서서히 복지를 확대해야 한다'는 응답이 75.9%로 대다수를 차지했다. '복지를 현 수준으로 유지해야 한다'는 응답은 8.2%였다. 반면 '재정이 다소 악화되더라도 복지를 대폭 확대해야 한다'는 응답은 11.1%에 그쳤다. '복지를 줄여야 한다'는 응답도 4.8%를 기록했다. '복지 확대를 위해 세금을 더 낼 의향이 있느냐'는 질문에는 있다(51%)와 없다(49%)가 팽팽하게 맞섰다. 추가 복지 확대를 위한 재원 조달 방안에 대해서는 '증세 없이 기존의 예산을 아끼고 세제를 개편해서 조달이 가능하다'는 응답이 60%로, '가능하지 않다'는 응답 40%를 웃돌았다.

① 복지 확대를 위한 증세는 쉽지 않을 것이다.
② 상당수의 응답자가 재정 건전성에 대해 생각하고 있다.
③ 대다수의 응답자는 현재의 복지 수준을 높게 평가하고 있다.
④ 많은 사람들이 증세 없이도 복지 확대가 가능하다고 판단하고 있다.
⑤ 많은 사람들이 복지 수준을 확대하더라도 재정에 무리가 가지 않는 방향이어야 한다고 생각하고 있다.

33. 〈보기〉의 ㉠ ~ ㉢은 기업이 접한 다양한 문제들을 해결하지 못한 사례이다. 각 사례에서 부족한 점을 알맞게 짝지은 것은?

> 보기

㉠ 엔터테인먼트사인 O사는 음원시장 부진에 의한 매출급감 위기를 타개하기 위해 비용경감 대책으로 북미지사를 폐지하였다. 그러나 K-POP 열풍이 뜨거워지면서 O사는 북미지사 폐지로 인한 비용절감보다 더 큰 잠재수익을 잃었다.

㉡ 식품업체인 P사는 업계 1위였으나 최근 경쟁업체인 S사에게 그 자리를 빼앗겼다. P사에 근무하는 김 과장은 간편식 시장의 확대 트렌드를 감지하고 이른바 밀키트 제품을 출시하자는 아이디어를 제시하였으나 개발부서에서 밀키트는 맛을 내기 어렵다는 이유로 제안을 계속 미뤘고 결국 밀키트 제품의 흥행에 큰 수익을 얻지 못한 것이다.

㉢ Q사는 최근 경영 부진을 타개하기 위하여 통합회의를 실시하였으나 연구부서에서는 회사 기술력의 한계를 지적하였고, 영업부서에서는 제품력이 떨어져 매출 목표 달성이 어렵다는 불만을 표했으며, 고객관리부서에서는 고객의 클레임에 대한 대응이 너무 느리다고 지적하였다. 결국 회의에서 서로의 문제점만 지적하고 경영부진을 타개할 특별한 해결책은 제시되지 못한 채 끝나고 말았다.

	㉠	㉡	㉢
①	창의적 사고	분석적 사고	전략적 사고
②	전략적 사고	분석적 사고	창의적 사고
③	분석적 사고	내·외부자원 활용	전략적 사고
④	내·외부자원 활용	전략적 사고	분석적 사고
⑤	전략적 사고	내·외부자원 활용	분석적 사고

1회 기출예상

2회 기출예상

3회 기출예상

4회 기출예상

5회 기출예상

6회 기출예상

7회 기출예상

[34 ~ 35] 다음 글을 읽고 이어지는 질문에 답하시오.

'9988234 ~ ', '99세까지 팔팔하게 살다가 2 ~ 3일 만에 사망하자'는 뜻의 건강장수를 기원하는 건배사다. 90세를 훌쩍 넘기고도 건장한 어르신들이 있는 집안은 자식들도 오래 산다. 장수하는 집안이 따로 있을까? 있다. 가족력, 즉 DNA가 장수 여부를 10 ~ 25% 결정한다. 나머지는 환경이다. 특히 스트레스는 수명과 직결된다. 사촌이 땅을 사서 배가 아픈 게 오래간다면 그만큼 수명도 줄어든다. 그렇다고 스트레스가 건강에 나쁘기만 할까. 초등학교 운동회 시절, 달리기 출발선에 선 아이들의 '도전'에 대한 스트레스는 과연 수명에 영향을 미칠까.

최근 동물 연구는 어릴 적 '잽' 정도의 ㉠착한 스트레스는 이후 수명을 증가시킨다는 사실을 밝혀냈다. 게다가 그 효과는 DNA에 '꼬리표'로 각인되어 오래간다. 스트레스에 대한 맷집이 커져서 웬만한 일에도 끄떡없이 장수한다는 거다. 그렇다면 맷집을 늘리는 생활 속 비법은 무엇일까. 바로 운동이다.

미시간대학 연구진은 선충(1mm 작은 벌레)을 가지고 장수에 관한 연구를 하고 있었다. 연구진들은 선충들이 초기 스트레스에 따라 수명이 달라지는지 실험했다. 막 태어난 선충들에게 스트레스 물질농도를 달리 주었다. 그러자 낮은 스트레스를 받은 선충들의 수명이 1.7배 늘어났다. 사람이라면 수명이 83세에서 141세로 늘어난 셈이다. 반면 스트레스가 너무 높으면 수명이 줄었다. 즉 어릴 적 '약한' 스트레스가 이후 수명을 늘린 거다.

연구진은 선충 DNA 변화를 들여다보았다. '약한' 스트레스가 특정 DNA에 꼬리표(메틸기)를 붙였다. 덕분에 강한 스트레스가 와도 나쁜 영향을 덜 받는 '저항성'이 생긴 거다. 한 번 붙은 꼬리표는 오래간다. '젊어 고생은 사서 하라'는 말은 빈말이 아니다. 단, 고생이 너무 강하면 역효과다. 긍정적인 효과를 내는 스트레스는 '잽' 정도이다. 학자들은 이런 스트레스를 '착한 스트레스(Eustress)'라고 이름 붙였다.

34. 윗글의 중심 내용으로 가장 적절한 것은?

① 젊었을 때 크게 고생하여 맷집을 강하게 길러야한다.
② 낮은 스트레스를 받은 선충은 수명이 1.7배 늘어난다.
③ 운동을 통해 스트레스에 대한 저항성을 높일 수 있다.
④ 약한 스트레스는 저항성을 키우고 수명을 연장시킨다.
⑤ 90세가 넘도록 장수하는 사람은 집안의 가족력이 없는 경우이다.

35. 윗글의 ㉠을 아래의 그래프와 같이 나타낼 때, 다음 중 같은 원리가 적용된 사례가 아닌 것은?

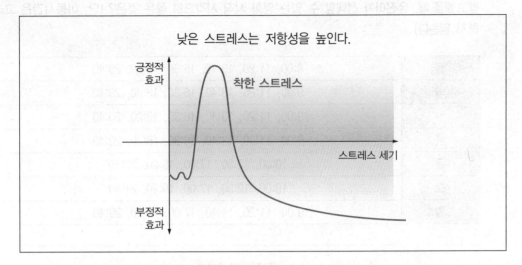

① 1일 1식이나 폭식과 같은 극단적인 방법을 반복하고 실천하여 건강을 유지한다.

② 적당한 운동은 건강에 도움이 되지만 과도한 운동은 오히려 질병의 위험을 높인다.

③ 다량의 일산화탄소는 호흡을 마비시키는 치명적인 독이지만 소량의 일산화탄소는 폐기능을 향상시킨다.

④ 백신은 약한 항원을 미리 인체에 주입해 항체를 형성시켜서 진짜 항원이 들어왔을 때 재빠르게 대처할 수 있게 한다.

⑤ 보톡스에 사용하는 보툴리눔 독소는 천연독소 중 가장 강하지만 그 양을 적절하게 조절하여 치료제나 미용에 사용한다.

36. 다음은 유진이가 관람하려는 영화가 상영을 시작하는 시각을 나타낸 것이다. 유진이의 일정을 참고했을 때, 유진이가 선택할 수 있는 영화 시작 시각으로 옳은 것은? (단, 이동시간은 고려하지 않는다)

월	9:00, 11:20, 13:40, 16:30, 18:20, 20:40
화	9:00, 11:20, 13:40, 16:30, 18:20, 20:40
수	9:00, 11:20, 13:40, 16:30, 18:20, 20:40
목	9:00, 11:20, 13:40, 16:30, 18:20, 20:40
금	10:00, 12:30, 17:00, 19:20, 21:40
토	10:00, 12:30, 17:00, 19:20, 21:40
일	9:00, 11:20, 14:40, 17:00, 18:20, 20:40

〈유진이의 일정〉

• 주중 근무시간은 오전 9시 ~ 오후 6시 30분이다(주말에는 근무하지 않는다).
• 화요일, 목요일, 토요일에는 독일어 학원에서 오후 7시 ~ 9시까지 수업을 듣는다.
• 금요일 퇴근 후에는 다양한 행사에 참여하여 다른 일정을 잡기가 어렵다.
• 일요일은 휴식을 위해 오후 5시 이후에는 집에 머무른다.

① 화요일-20:40 　② 수요일-20:40 　③ 금요일-19:20
④ 토요일-19:20 　⑤ 일요일-17:00

37. 다음은 사업의 타당성 분석과 관련된 기사이다. 이 기사에 나타난 타당성 분석요소로 적절한 것은?

최근 프랜차이즈 시장 규모가 점차 커지고 있다. 본사의 획일화된 매장운영 스타일에 부정적인 입장을 가진 사람들도 있지만 일정한 맛과 체계화된 시스템에 신뢰를 느껴 프랜차이즈를 선호하는 사람들이 많아지고 있는 추세다. ○○ 본사의 경우 가맹점마다 각 지역의 상권과 소비 행태, 경쟁사에 따른 맞춤형 창업을 제안하여 가맹점의 정보를 수집하기도 하고 지역 특성을 반영한 프로모션으로 각 지점의 특색을 살린 일률적이지 않은 홍보 방식을 활용하기도 한다. ○○ 관계자는 새로운 시도보단 안정적이고 익숙한 맛을 선호하는 고객층을 찾아내어 집중 공략할 계획이라고 밝혔다.

① 시장성 분석 　② 수익성 분석 　③ 재무 분석
④ 사업수행 능력 분석 　⑤ 기술적 타당성 분석

38. 〈보기〉는 효과적인 과정을 나타낸 것이다. 빈칸 ㉠, ㉡에 들어갈 내용을 바르게 짝지은 것은?

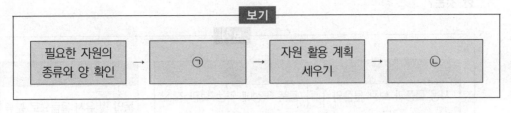

	㉠	㉡
①	이용가능 자원 수집하기	해결안 개발하기
②	이용가능 자원 수집하기	계획대로 수행하기
③	성과 평가하기	계획대로 수행하기
④	계획대로 수행하기	성과 평가하기
⑤	핵심 문제 선정하기	성과 평가하기

39. 명함은 개인의 인맥관리에 좋은 수단이다. 다음 중 바람직한 명함관리에 대한 설명으로 옳지 않은 것은?

① 명함관리를 위해 명함 박스 등을 구비하고, 색인을 활용하는 등 자신만의 관리기법을 통해 관계를 맺은 사람의 명함을 분실하지 않도록 한다.

② 박람회나 발표회같이 여러 사람이 만나는 자리에서도 명함만 교환하는 것이 아니라, 충분한 대화를 나누고 이동한다.

③ 명함 교환 시 상대방에 대한 정보를 그 자리에서 바로 메모하여 관계 형성에 관심이 많다는 모습을 보여 준다.

④ 명함을 받자마자 지갑에 집어넣기보다는 명함을 보면서 상대방의 직무 등에 대해 이야기를 건네며 자연스럽게 대화를 이어간다.

⑤ 향후 원활한 의사소통을 위해 상대방에 대한 정보를 기입해 둔다.

1회 기출예상

2회 기출예상

3회 기출예상

4회 기출예상

5회 기출예상

6회 기출예상

7회 기출예상

40. 다음 〈보기〉는 효과적인 물적자원관리의 과정을 나타낸 것이다. ㄱ~ㄷ을 올바른 순서로 나열한 것은?

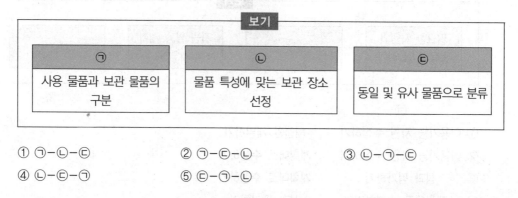

보기		
ㄱ	ㄴ	ㄷ
사용 물품과 보관 물품의 구분	물품 특성에 맞는 보관 장소 선정	동일 및 유사 물품으로 분류

① ㄱ-ㄴ-ㄷ   ② ㄱ-ㄷ-ㄴ   ③ ㄴ-ㄱ-ㄷ

④ ㄴ-ㄷ-ㄱ   ⑤ ㄷ-ㄱ-ㄴ

41. 다음 〈보기〉에서 설명하는 물적자원 보관방법으로 알맞은 것은?

보기
입출하 빈도가 높은 물품은 출입구로부터 가까운 장소에 보관하고, 빈도가 낮은 물품은 출입구로부터 먼 장소에 보관하는 방법으로, 사용자의 동선을 줄이고, 물품이 상하지 않도록 하기 위해 적용하는 원칙이다.

① 회전대응 보관의 원칙   ② 명료성의 원칙

③ 후입선출의 원칙   ④ 위치 표시의 원칙

⑤ 통로대면 보관의 원칙

42. 시간관리는 일과 여가의 균형 있는 삶에 있어 중요한 능력이다. 시간관리에 실패한 일 중독자들은 종종 과도한 업무에 시달리는 모습을 보이는데, 이들의 특징으로 볼 수 없는 것은?

① 주어진 업무 중에서 가장 생산성이 낮은 일에 매달리며 그 일을 위해 전력을 다한다.

② 최우선 업무보다는 동료들이나 상사에게 가시적으로 돋보이는 업무에 전력을 다한다.

③ 시간 내에 업무를 완수하고 일과 가정 또는 자신의 여가를 동시에 즐긴다.

④ 팀이나 해당 부서에 부여된 업무를 다른 사람과 나누지 않고 혼자 하려고 한다.

⑤ 업무 수행과정에서 발생한 위기 상황에 과잉 대처하면서 일을 침소봉대하는 경향이 있다.

43. 〈보기〉의 빈칸에 들어갈 내용으로 알맞은 것은?

> **보기**
>
> (   )의 중요성을 보여 준 사례가 있다. 바로 N사의 코스닥 상장과 관련된 이야기이다. N사는 코스닥 상장을 신청했을 당시, 바로 상장이 된 것이 아니라 한 차례 보류가 됐었다. 그 이유는 N사의 검색기법이 특허분쟁 중이었기 때문이다. 이에 N사의 회장은 후배경영인 L 사장에게 도움을 요청하였고 문제를 해결하기 위해 L 사장과 함께 코스닥 위원장을 만났다. 코스닥 위원장을 만나 로비를 하려던 것이 아니라 특허분쟁과 관련된 진실을 알리기 위해서였다. 이처럼 (   )은(는) 오해를 받아 어려움에 처하거나 위기를 겪고 있을 때 효과적으로 문제를 해결하는 데 도움을 주기 때문에 삶을 살아가는 데 있어서 매우 유용하다.

① 동일성의 원칙   ② 효과적인 예산 수립   ③ 인맥관리
④ 공정 인사의 원칙   ⑤ 업무의 우선순위 판단

1회 기출예상
2회 기출예상
3회 기출예상
4회 기출예상
5회 기출예상
6회 기출예상
7회 기출예상

[44 ~ 45] ○○무역 비서실에 근무하는 H 씨는 다음 휴가 신청 안내 사항을 고려하여 휴가를 신청하고자 한다. 이어지는 질문에 답하시오.

〈휴가 신청 안내〉

1. 휴가 신청 가능 기간 : 1월 5일 ~ 1월 28일

2. 휴가 기간 : 5일 (주말 포함)

3. 유의사항

　　가. 비서실장과 교대로 근무하는 것을 원칙으로 함.

　　나. 사장님 및 다른 팀 휴가 일정이 겹치지 않도록 함.

　　다. 사장님 업무 일정이 있는 날은 모든 팀이 근무하는 것을 원칙으로 함.

　　라. 휴가 일정을 나눠서 신청할 수는 없음.

〈1월 달력〉

일	월	화	수	목	금	토
	1	2	3	4	5	6
7	8	9	10	11	12	13
	사장님 중국 출장 (8 ~ 10)					비서실장 휴가
14	15	16	17	18	19	20
비서실장 휴가 (13 ~ 17)				사장님 거래처 대표 면담		
21	22	23	24	25	26	27
			총무팀 휴가 (24 ~ 27)			
28	29	30 사장님 국내지사 방문	31			

44. H 씨가 휴가를 신청하기 위해 고려해야 할 사항으로 거리가 먼 것은?

① 사장님 거래처 대표 면담 일정　　② 총무팀 휴가 일정
③ 비서실장 휴가 일정　　　　　　　④ 사장님 해외 출장 일정
⑤ 사장님 국내지사 방문 일정

45. H 씨가 휴가를 갈 수 있는 기간은?

① 1월 8일 ~ 1월 12일　　　　② 1월 11일 ~ 1월 15일
③ 1월 19일 ~ 1월 23일　　　　④ 1월 24일 ~ 1월 28일
⑤ 1월 27일 ~ 1월 31일

46. 다음은 ○○캐피탈 본사가 보유한 사업용 전기차의 8월 충전 내역에 대한 자료이다. 소형 A 차량의 1시간 충전 금액은 얼마인가?

〈사업용 전기차 충전 내역〉

일별	충전차량	합산금액(원)
202X년 9월 12일	소형 A, 중형 B	14,000
202X년 9월 13일	소형 B, 중형 A	15,000
202X년 9월 14일	소형 A, 중형 C	13,000
202X년 9월 15일	소형 B, 중형 B	16,000
202X년 9월 16일	중형 C, 중형 A	19,000

• 산출된 합산금액은 2시간을 기준으로 작성되었다.
• 충전금액에 제시된 합산금액은 차종별 각 1대를 기준으로 작성되었다.

① 1,250원　　　　② 1,750원　　　　③ 2,250원
④ 3,500원　　　　⑤ 4,500원

1회 기출예상

2회 기출예상

3회 기출예상

4회 기출예상

5회 기출예상

6회 기출예상

7회 기출예상

47. 〈보기〉의 빈칸 ㉠과 ㉡에 들어갈 내용을 바르게 나열한 것은?

> 보기

어떤 활동이나 사업의 비용을 추정하거나 예산을 잡는 것은 쉽지 않다. 추산해야 할 많은 유형의 비용이 존재하기 때문이다. 예산의 구성요소는 대분류 원가항목으로 제품 또는 서비스를 창출하기 위해 소요되는 (㉠)와/과 생산에 직접 관련되지 않은 비용인 (㉡)로/으로 구분된다.

	㉠	㉡		㉠	㉡
①	인건비	시설비	②	시설비	관리비
③	본예산	추가예산	④	직접비용	간접비용
⑤	재료비용	예비비용			

48. 다음 보도 내용을 참고하여 ○○기업의 직무설계 목적으로 옳은 것을 모두 고른 것은?

○○기업은 20X1년부터 기존 연 2회 실시하던 정기 공채를 없애고 '직무중심 상시 공채'로 전환할 것이라고 밝혔다. ○○기업은 '연 2회 실시하는 정기 공채로는 미래 산업환경에 맞는 융합형 인재를 적기에 확보하기가 어렵고 4차 산업혁명 시대에 맞는 채용방식의 변화가 필요하다고 판단했다'고 설명했다. 이어 '연중 상시로 지원할 수 있어 채용기회도 넓어졌고 회사와 지원자 모두 윈윈(win-win)하는 효과가 있을 것'이라고 했다.

채용 주체도 본사가 주도하는 인사부서 선발에서 해당 현업부문이 주도하는 직무중심 선발로 바뀐다. 상시 공채에서는 채용 직무별로 세부정보와 회사가 요구하는 역량을 상세하게 공개한다. 지원자는 직무와 상관없는 '스펙 쌓기'식 지원 대신 회사가 필요로 하는 직무 역량을 쌓는 것이 더 중요하다. 'XX기업 공채 대비' 같은 취업 준비 프로그램 자체가 무의미해진 셈이다.

ㄱ. 산업안전보건을 통한 삶의 질 개선	ㄴ. 작업 조직의 제도화
ㄷ. 성장과 안정을 위한 기회 제공	ㄹ. 인간 능력의 이용과 개발 기회 활용

① ㄱ, ㄴ   ② ㄴ, ㄷ   ③ ㄷ, ㄹ

④ ㄱ, ㄴ, ㄷ   ⑤ ㄴ, ㄷ, ㄹ

49. 다음 중 자기개발능력에 해당되는 것을 모두 고른 것은?

> 자기개발능력이란 자신의 능력과 적성 등의 이해를 바탕으로 업무와 관련된 자기 발전 목표를 스스로 수립하고 자신의 객관적 위치를 파악한 다음 본인이 맡은 업무와 스스로의 삶에 있어 최적의 방향과 전략을 제시할 수 있는 능력을 말한다.

> ㄱ. 합리적 의사결정능력　　　　　　ㄴ. 자기관리능력
> ㄷ. 자아인식능력　　　　　　　　　　ㄹ. 경력개발능력

① ㄱ, ㄴ　　　　　　② ㄱ, ㄷ　　　　　　③ ㄱ, ㄴ, ㄷ
④ ㄷ, ㄹ　　　　　　⑤ ㄴ, ㄷ, ㄹ

50. 다음 글을 통해 알 수 있는 제대로 된 휴식의 핵심 내용으로 적절한 것은?

> 운동선수들이 가장 주시하는 것은 컨디션 조절이다. 아무리 실력이 좋아도 컨디션 조절에 실패하면 경기에서 흔들리기 쉽다. 사무실에서 일하는 직장인들도 마찬가지다. 컨디션 조절의 핵심은 휴식이다. 제대로 잘 쉬는 것이 중요하다.
> 그런데 휴식에는 몇 가지 통념이 존재한다. "남들이 놀 때 나도 같이 놀아야 한다. 휴식을 위해서는 시간을 쪼개야 하고 그 시간을 제대로 즐기려면 많은 돈을 써야한다. 그리고 충분한 시간을 필요로 한다. 시간만 넉넉하게 주어진다면 나도 제대로 쉴 수 있다."
> 하지만 이렇게 생각하는 사람들은 여가 시간을 제대로 즐기지 못하는 사람들이다. 남들과 비슷한 시기에, 비슷한 곳으로 휴가를 간다. 어딘가를 꼭 가야만 한다는 강박관념을 갖고 있다. 집에만 있는 것은 휴식이 아니라고 생각하는 사람도 있다. 그렇게 막상 휴가지에 가서도 쉬지 못하고 노동하듯이 뭔가를 한다. 쉬기는커녕 오히려 더 많은 에너지를 쓰고 오는 것이다.

① 자유 시간을 최대한 자주 갖도록 한다.
② 휴식시간을 주체적으로 보내도록 한다.
③ 시간 여유가 충분히 있을 때 휴식을 가진다.
④ 인터넷 등 외부에서 오는 정보를 다 차단하고 여유롭게 생활한다.
⑤ 최대한 사람들이 없는 곳에서 여가를 즐긴다.

51. 다음 글에서 강조하는 윤리의식은 무엇인가?

> 나는 소방관이다. 하루에도 몇 번씩 떨어지는 출동 지령, 생사의 갈림길에서 살려 달라고 울부짖는 사람들, 흩어지는 생명 가운데 구해낼 수 없었던 그 힘없고 늙은 노인. 소방관이 아니었다면 상상도 하지 못할 순간들을 나는 매일같이 경험하고 있다.
>
> 소방관으로 살아간다는 것은 참혹한 현실 속에서 기적과도 같은 희망을 발견해 낼 수 있기에 인생의 아름다움을 누구보다 절실하게 실감하는 일이다. 오직 타인의 손을 잡아 주는 일을 나의 사명으로 삼는 삶.
>
> 그리고 소방관들은 수많은 현장의 크고 작은 불길 속에 스스로 뛰어들면서 그 자신마저 불살라지는 희생의 순간을 맞이하기도 한다.

① 공동체의식　　　　　② 책임의식　　　　　③ 연대의식

④ 준법의식　　　　　⑤ 생명존중의식

52. 다음과 같은 상황에서 김 부장이 경력개발계획을 세우기 위해 고민해야 할 내용이 아닌 것은?

> 제조업을 전공하여 현재 경력 10년차인 김 부장은 사내에서 줄곧 좋은 평가를 받아 왔지만 최근 다양한 분야에서 능력이 좋은 후배들이 빠르게 승진하자 곧 불안감을 느끼기 시작하였고 직장 내에서 자신의 가치를 높이기 위해 경력개발계획을 세우기 위한 준비를 시작하였다.

① 나는 전문가가 되기 위해 어떤 목표를 얼마나 구체적으로 세웠는가?

② 현재 직장에서 나의 위치는 어디인가?

③ 나는 나의 전공과 관련하여 무엇을 얼마만큼 알고 있는가?

④ 나의 경력개발과 관련하여 자신과 환경을 분석하고 있는가?

⑤ 나는 전문성을 높이기 위해 어떤 전략을 수립하고 실행하였는가?

53. 다음은 □□기업에 근무하는 윤 과장이 수행하는 역할에 대한 내용이다. Ⓐ에 들어갈 내용으로 적절한 것을 모두 고르면?

> 1. 직장 내에서 나의 지위 : 영업3팀 소속 과장
> 2. 직장 내 지위에 따른 역할 및 역할 행동
>   가. 직위에 따른 나의 역할 : 기업의 영업 이익을 늘려 기업 발전을 도모해야 함.
>   나. 나의 역할 행동 : (Ⓐ   )
> 3. 사회적 기관으로서 직장의 성격과 기능
>   가. 사회생활을 하는 데 필요한 능력을 향상시킬 수 있음.
>   나. 새로운 지식과 기술을 습득하고 2차적 사회화가 이루어지는 공간이기도 함.

> ㄱ. 영업부 내의 부하 직원을 잘 통솔하고 직원 간의 협력을 유도하기 위해 노력한다.
> ㄴ. 영업을 활성화하여 기업의 매출액을 증대하기 위해 노력한다.
> ㄷ. 다른 부서와의 협력 업무가 조화롭게 이루어지도록 업무 협조를 한다.
> ㄹ. 사내 동호회 활동에 적극적으로 참여하여 사원들의 관계를 원만하게 한다.
> ㅁ. 대학 동창회 등 각종 사모임에 주도적으로 참석하여 기업을 홍보한다.

① ㄱ, ㄷ   ② ㄴ, ㄷ   ③ ㄱ, ㄴ, ㄷ
④ ㄴ, ㄷ, ㄹ   ⑤ ㄷ, ㄹ, ㅁ

54. 다음은 박 씨의 자아인식에 대한 내용이다. 빈칸에 들어갈 영역으로 옳은 것은?

> 직장인 박 씨는 최근 눈치가 없다는 말을 자주 듣고 인간관계가 예전만 같지 않아 자아인식 방법 중 하나인 조하리의 창(Johari's Window)을 통해 자신이 분석하지 못한 영역이 있는 지 확인하려고 한다. 조하리의 창에 의하면, 박 씨는 눈치가 없고 둔감한 사람으로 타인이 보기에는 개선할 점이 많으나 자신은 깨닫지 못하는 (   )에 속한다.

① 아무도 모르는 자아   ② 눈먼 자아   ③ 공개된 자아
④ 숨겨진 자아   ⑤ 타인이 아는 자아

55. 다음 글이 말하고자하는 바로 적절한 것은?

복잡한 일을 수월하게 할 수 있는 능력을 얻고 싶다면 어느 정도 수준의 연습량을 최소한 확보하는 것이 필수라는 사실은 수많은 연구를 통해 확인된 바 있다. 세계 각국의 연구자들은 진정한 전문가가 되기 위해 필요한 '매직 넘버'를 인정하는 추세다. 독일의 신경과학자인 다니엘 레비틴(Daniel Levitin) 박사는 어느 분야가 되었든 세계적인 실력을 갖춘 전문가, 즉 마스터가 되려면 1만 시간의 연습이 필요하다는 연구결과를 내놓았다.

작곡가, 야구선수, 소설가, 스케이트선수, 피아니스트, 체스선수, 숙달된 범죄자, 그밖에 어떤 분야에서든 연구를 하면 할수록 이 수치를 확인할 수 있었다. 1만 시간은 대략 하루에 세 시간, 일주일에 스무 시간씩 10년간 연습한 것과 같다. 물론 이 수치는 '왜 어떤 사람은 연습을 통해 남보다 많은 것을 얻어낼 수 있었는가'에 대해서는 아무것도 대답해주지 못한다. 그러나 어느 분야에서든 이보다 적은 수준을 연습하고서 세계적인 경지에 오른 전문가가 탄생한 경우는 보지 못했다. 어쩌면 인간의 두뇌는 진정한 숙련자의 경지에 접어들기 위해선 그 정도의 시간을 투자하도록 설계되었는지도 모른다.

신동이라 불리는 인물들도 예외는 아니다. 예를 들어 모차르트는 여섯 살에 작곡을 시작했다고 알려져 있지만, 영국의 인지심리학자 마이클 하우(Michael J. Howe)는 그의 저서 〈천재를 말하다 ; Genius Explained〉에서 이렇게 서술하고 있다. "숙달된 작곡가의 기준에서 볼 때 모차르트의 초기 작품은 별로 놀라울 만한 수준은 아니다. 초창기에 나온 작품은 보통 모차르트의 아버지가 작성했을 것으로 보이며 이후 점차 발전해 왔다. 모차르트가 어린 시절에 작곡한 협주곡, 특히 처음 선보인 일곱 편의 피아노 협주곡은 사실 다른 작곡가들의 작품을 재배열한 것에 불과하다. 현재 걸작으로 평가받는 진정한 모차르트의 협주곡(협주곡 9번, 작품번호 271)은 그의 나이 스물한 살 때부터 만들어졌다. 이는 모차르트가 협주곡을 만들기 시작한 지 10년이 지난 때였다." 미국의 음악평론가 해럴드 숀버그(Harold C. Schonberg)는 여기서 한 걸음 더 나아간다. 그는 모차르트의 위대한 작품들이 작곡을 시작한 지 20년이 지나서야 나오기 시작한 것을 볼 때, 모차르트의 재능은 '늦게 개발된 능력'이라고 평가했다. 마찬가지로 위대한 체스 그랜드마스터가 되려면 약 10년이 필요하다. 미국의 체스 영웅 바비 피셔(Bobby Fischer)는 그 시간을 좀 단축해 9년 만에 고수가 되었다. 대체 그 10년이 의미하는 것은 정확히 무엇이란 말인가? 1만 시간의 고된 연습을 견디려면 그만큼의 시간이 필요하다는 얘기다. 1만 시간은 위대해지기 위해 필요한 '매직 넘버'이다.

다만 '매직 넘버'를 기계적으로 맹신해서는 안 된다. 50년 동안 매일 체스를 둔 벤저민 프랭클린의 실력은 평범했다는 이야기로 1만 시간의 법칙은 '노력의 배신'을 간과하였다는 비판을 받는다. 1만 시간의 법칙은 재능을 가진 사람의 성공에는 의식적인 노력과 투자가 뒷받침되었음을 설명하는 것일 뿐, 단순히 시간을 채우면 성공한다는 기계적인 결론을 도출하지 않는다. 99%의 땀과 1%의 영감이라는 에디슨의 말 대신 99%의 노력의 끝에서 천재로 도약하는 1%의 순간이 존재하는 것이다. 역사상 그 어떤 천재에게도 도약을 위한 기나긴 여정에 지름길은 허용되지 않았다. 1만 시간의 법칙을 비판하는 '노력의 배신'은 있어도, 성공의 배경에는 1만 시간의 노력이 없는 것은 아닌 것이다.

① 어떤 것을 시작하든 1만 시간 이상 연습하면 세계 최고가 될 수 있다.
② 경지에 오르기 위해서는 많은 세월이 흘러야 하므로 자신의 재능을 발휘할 때까지 기다린다.
③ 모든 부서를 경험하면서 자신이 잘할 수 있는 직무를 찾는다.
④ 자기 분야의 최고 수준에 도달하기 위해서는 많은 시간의 연습이 필요하다.
⑤ 한 분야에 연구를 집중해 짧은 시간에 성과를 낸다.

56. 다음은 음료 브랜드가 소구하는 사용자의 욕구를 나타낸 글이다. 밑줄 친 ㉠에 대한 설명으로 옳지 않은 것을 모두 고르면?

　　음료 브랜드가 소구하는 사용자의 욕구는 ㉠매슬로우의 욕구위계이론에서 보여주는 다섯 가지의 욕구를 통해서 비교·분류할 수 있는데, 이를 통해 기능적이고 감성적인 가치를 통합적인 시각으로 살펴볼 수 있다. 병입 음료 브랜드는 국내 브랜드의 경우, '생리적 욕구'로부터 '안전 욕구'와 '소속감과 사랑의 욕구'에 속하는 일반 음료 브랜드와 '소속감과 사랑의 욕구'로부터 '자아실현'의 욕구 범위에 해당하는 두 그룹으로 분류할 수 있다. (중략)

ㄱ. 어떤 욕구가 충족되면 그 욕구의 강도는 약해지며, 충족된 욕구는 동기유발 요인으로서의 의미를 상실한다.
ㄴ. 인간은 다섯 가지의 욕구를 가지고 있는데 이들은 우선순위의 계층을 이루고 있다.
ㄷ. 욕구는 순차적으로 나타나고 한 단계의 욕구가 완전히 충족되어야 다음 단계의 욕구가 나타날 수 있다.
ㄹ. 욕구의 계층은 생리적 욕구, 안전욕구, 사회적 욕구, 존경에 대한 욕구, 자아실현 욕구로 구성되어 있다.

① ㄱ　　② ㄴ　　③ ㄱ, ㄷ
④ ㄴ, ㄷ　　⑤ ㄱ, ㄴ, ㄹ

[57 ~ 58] □□기업은 신입사원을 대상으로 '자아인식과 자기관리'를 주제로 다음과 같은 내용의 강의를 진행하였다. 글을 읽고 이어지는 질문에 답하시오.

회복탄력성에 필요한 자기조절능력이란 스스로의 감정을 인식하고 그것을 조절하는 능력을 말한다. 역경이나 어려움을 성공적으로 극복해 내는 사람들의 공통적인 특징이기도 하다. 자기조절 능력이 뛰어난 사람은 어려운 상황이 닥쳤을 때 부정적 감정을 통제하는 감정조절력과 충동적 반응을 억제하는 충동통제력, 그리고 자신이 처한 상황을 객관적으로 파악하여 대처하는 원인분석력을 가지고 있다. 이 세 가지 능력은 하워드 가드너가 다중지능이론에서 말하는 자기이해지능과 관련된다.

하워드 가드너가 말하는 9가지 지능 중 ⊙자기이해지능은 자신의 생각과 감정을 스스로 파악하고 통제하는 능력에 관한 것이다. 자기이해지능은 특정 분야나 직업에 관계된 것은 아니며 다른 지능이 효율적으로 발휘되도록 돕는 역할을 한다.

이러한 자기이해지능은 회복탄력성에 필요한 자기조절능력의 특징을 그대로 반영하고 있다. 먼저 높은 수준의 자기이해지능은 감정조절력으로 나타난다. 감정조절력은 스트레스 상황에서도 평온함을 유지 할 수 있는 능력이다. 회복탄력성이 높은 사람들은 스스로의 감정과 행동을 통제할 수 있는 능력을 지니고 있다. 감정조절력은 분노와 짜증처럼 부정적인 감정을 억누르는 것만을 의미하지 않는다. 필요할 때면 언제나 긍정적인 감정을 스스로 불러일으켜서 신나고 재미있게 일할 수 있는 능력도 의미한다.

충동통제력은 자신의 동기를 스스로 부여하고 조절할 수 있는 능력과 관계있다. 그것은 단순한 인내력과 참을성과는 다르다. 자율성을 바탕으로 오히려 고통을 즐기는 능력 혹은 고통의 과정을 즐거움으로 승화시키는 마음의 습관이라 할 수 있다. 이는 회복탄력성을 이루는 아주 중요한 요소다.

마지막으로 원인분석력은 내게 닥친 문제를 긍정적으로 바라보면서 그 문제를 제대로 해결하기 위한 원인을 정확히 진단해 내는 능력을 말한다. 부정적인 사건을 지나치게 비관적으로 받아들여 늘 좌절하는 사람이나 반대로 지나치게 낙관적으로만 바라보다가 제대로 대처하지 못하는 사람들은 모두 원인분석력이 부족한 것이다. 원인분석력은 자신에게 닥친 사건들을 긍정적이면서도 객관적이고 정확하게 바라볼 수 있는 능력이다.

57. 윗글을 읽고 나타난 반응으로 적절하지 않은 것은?

① 역경이나 어려움을 성공적으로 극복해 내는 사람들은 회복탄력성이 높나보다.

② 나는 인내력과 참을성이 좋으므로 충동통제력이 높다고 할 수 있구나.

③ 자기이해지능이 높은 사람은 회복탄력성도 높을 거야.

④ 감정과 행동을 통제하는 능력이 좋은 사람은 회복탄력성이 높다고 볼 수 있네.

⑤ 부정적인 일을 항상 비관적으로 바라보는 사람은 원인분석력이 부족해서군.

58. 윗글의 밑줄 친 ㉠에 대한 설명에 해당되는 것을 모두 고르면?

> ㄱ. 자기이해지능은 그 자체로 뚜렷한 능력 발휘의 징표가 되는 것으로 신체운동지능이 뛰어나 축구에 재능을 보이는 선수는 축구선수로 대성할 수 있다.
>
> ㄴ. 자기 분야에서 뛰어난 업적을 남기는 사람은 해당 분야와 관련된 지능과 함께 자기이해지능도 높을 가능성이 크다.
>
> ㄷ. 자기이해지능은 다른 지능과 결합함으로써 그 지능을 크게 발휘시키는 일종의 촉매 역할을 한다.
>
> ㄹ. 자기이해지능은 자신의 감정 상태에 대해 정확히 인지하고 자신의 감정 상태가 겉으로 드러나지 않도록 숨길 수 있는 능력이다.

① ㄴ, ㄷ   ② ㄷ, ㄹ   ③ ㄱ, ㄴ, ㄷ

④ ㄱ, ㄴ, ㄹ   ⑤ ㄴ, ㄷ, ㄹ

[59 ~ 60] △△기업은 신입사원에게 다음과 같은 내용의 멘토 초청 연수를 진행하였다. 글을 읽고 이어지는 질문에 답하시오.

일상에서 개인이 가진 강점을 발휘할 수 있는 사례로 나의 경험을 말해보려 한다. 나는 강점 발견에 대한 설명과 문항을 통해 (가) 이렇게 네 가지가 나의 대표 강점임을 알게 되었다. 일상생활 속에서 이 네 가지의 강점을 되도록 많이 수행하고 발휘할 수 있도록 다음과 같이 노력하는 중이다.

우선 학습욕구를 위해서 늘 새로운 것을 공부하고 새로운 연구 주제를 개발하는 데 주력하게 되었다. 늘 같은 주제에 대해 강의하거나 연구하는 것이 아니라 보다 새로운 것을 배울 수 있도록 다양한 주제에 대해 폭넓은 관심을 유지하는 데 주력하고 있다. 이를 위해서 다른 학과의 강의를 일부러 찾아가 듣기도 하고 경우에 따라서는 청강을 신청해서 학생들과 함께 한 학기 내내 수업을 듣기도 한다.

두 번째 강점인 통찰력을 발휘하기 위해서 나는 학생들과의 상담에 많은 시간을 할애하고 있다. 인생이나 진로 상담을 신청해 오는 학생들에게 따로 시간을 내어 이야기를 들어주고 내 경험에 비추어서 조언을 한다. 여러 학생과 짧은 시간을 나누기보다는 깊은 고민이 있는 학생들과 보다 오랜 시간 집중적인 상담을 하기 위해 노력한다. 이런 상담을 함께한 학생들은 졸업하거나 취업한 후에도 꾸준히 인사를 전해온다.

세 번째 강점인 심미안을 위해서 나는 미술 평론에 다시 힘을 쏟고자 한다. 수년 전까지는 꾸준히 미술 평론 일을 했었지만 지난 몇 년 동안은 연구와 논문 작성에 시간을 할애하느라 평론 활동을 제대로 하지 못했다. 하지만 심미안이 나의 강점 중 하나라는 것을 알게 되었으므로 앞으로는 지금보다 더 많은 시간을 미술 평론에 할애하려 한다. 물론 내 연구와 미술 평론 일을 연관시키는 노력도 해 볼 생각이다. 일상적으로 하는 연구의 한 부분을 심미안을 발휘할 수 있는 미술 평론이나 미디어 예술 작업과 연계시킨다면 일석이조의 결과가 나올 수 있을 것이다.

네 번째 강점인 열정을 발휘하기 위해서 우선 수업을 어떻게 더 열정적으로 진행할 수 있을지 끊임없이 고민하고 있다. 연구나 강의에 열정적으로 참여하는 것은 나 자신을 위한 일일 뿐만 아니라 내가 몸담고 있는 공동체를 위해 봉사할 수 있는 최선의 방법이라 믿는다. 그것은 의미 있는 삶과도 연결되는 일이다. 이러한 노력의 일환으로 나는 수백 명 규모의 대형 교양 과목을 새로이 개설하여 가르치고 있다. 수강생이 많을수록 학생들의 채점과 강의 질을 유지하는 데 품이 많이 들지만 내가 강의를 하는 목적은 무언가를 얻기 위해서가 아닌 내가 가진 지식을 최대한 많은 이들에게 전달하는 것이기에 이것이 내가 가진 열정을 발휘하고 행복해질 수 있는 길이라고 생각한다.

---

59. 빈칸 (가)에 들어갈 수 없는 단어는?

① 열정   ② 심미안   ③ 통찰력

④ 학습욕구   ⑤ 자기효능감

60. 윗글을 참고했을 때, 신입사원 이 씨가 자신의 강점을 발휘하기 위해 실행한 노력으로 적절하지 않은 것은?

① 이 씨는 최근 서점에 들러 신간 서적을 구경하다가 자신이 담당하는 업무와 관련이 깊은 AI에 대한 책이 눈에 들어와 관심을 갖고 구매하였다.

② 이 씨는 입사 후에도 고등학생들을 대상으로 진로 멘토링 활동을 하고 있는데, 이를 통해서 자신의 경험에 대한 성찰을 자주 한다.

③ 이 씨는 자신이 가지고 있는 미디어 아트 재능을 살리기 위하여 홍보 업무를 자원하였고 이후 홍보 분야에서 심미적 재능을 더욱 발휘할 수 있었다.

④ 이 씨는 입사가 확정되자 취업에 대한 심리적 안정을 취함과 동시에 고교동창모임 및 동아리 활동 등 각종 소모임에 열성적으로 참여하고 있다.

⑤ 이 씨는 자신의 업무에 열정적으로 참여하고 있으며 사내에서 이루어지는 각종 동호회 활동에도 적극적인 자세로 참여하여 다른 참가자들의 열정 지수를 높이는 데에 기여한다.

유형분석

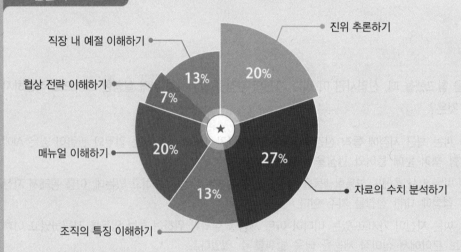

진위 추론하기 20%

직장 내 예절 이해하기 13%

협상 전략 이해하기 7%

매뉴얼 이해하기 20%

조직의 특징 이해하기 13%

자료의 수치 분석하기 27%

출제분석

사람인형 문제해결능력에서는 참인 명제를 토대로 참인 결론을 도출하는 문제, 제시된 조건에 따라 각각의 직업을 추론하는 문제 등이 출제되었다. 수리능력에서는 그래프를 해석하는 문제, 제시된 공식에 수치를 대입해 값을 산출해 내는 문제, 수식에 들어갈 숫자를 파악하는 문제 등이 출제되었다. 조직이해능력에서는 조직문화의 기능에 대해 묻는 문제, 조직 내 의사결정의 문제점을 파악하는 문제 등이 출제되었다. 기술능력에서는 산업재해 예방대책의 과정을 이해하고 있는지 묻는 문제, 기술 선택에 대해 묻는 문제 등이 출제되었다. 대인관계능력에서는 분노의 감정을 표출하는 방법을 구분하는 문제, 조직 내 갈등에 영향을 주는 성격에 대해 묻는 문제 등이 출제되었다. 직업윤리에서는 직업인이 갖추어야 할 기본자세에 대해 묻는 문제, 공리주의적 관점에서 바라보는 직업윤리를 파악하는 문제, 기업의 사회적 책임에 대해 묻는 문제 등이 출제되었다.

7 회 사람인

출제유형모의고사

영역	총 문항 수
문제해결능력	
수리능력	
조직이해능력	60문항
기술능력	
대인관계능력	
직업윤리	

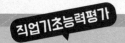
01. 다음은 5개 팀으로 구성된 △△프로야구리그의 2022 시즌 팀별 상대전적을 시즌 종료 후 종합한 것이다. 이에 대한 설명으로 옳지 않은 것은?

〈2022 시즌 팀별 상대전적〉

팀＼상대팀	A	B	C	D	E
A	–	( )	( )	( )	( )
B	7-0-9	–	(가)	( )	( )
C	5-1-10	9-0-7	–	7-0-9	( )
D	9-3-4	6-1-9	9-0-7	–	6-0-10
E	8-0-8	9-1-6	8-0-8	10-0-6	–

1) 표 안의 수는 승리-무승부-패배의 순서로 표시된다. 예를 들어 B 팀의 A 팀에 대한 전적 (7-0-9)은 7승 9패 0무임.

2) 팀의 시즌 승률(%)= $\dfrac{\text{해당 팀의 시즌 승리 경기 수}}{\text{해당 팀의 시즌 경기 수}} \times 100$

3) 해당 팀의 시즌 경기 수는 팀의 전체 경기 수에서 무승부 경기 수를 뺀 값이다.

① (가)에 들어갈 내용은 7-0-9이다.
② 시즌 승률이 50% 이상인 팀은 두 팀이다.
③ B 팀의 시즌 승률은 50% 이하이다.
④ E 팀은 D 팀을 상대로 승리한 경기가 패배한 경기보다 많다.
⑤ 가장 낮은 승률을 보인 팀은 C 팀이다.

02. 다음 내용이 모두 참일 때, 반드시 참이라고 추론할 수 없는 것은?

- 클라이밍을 좋아하는 사람은 고양이를 좋아하지 않는다.
- 루지를 좋아하는 사람은 달리기를 잘한다.
- 달리기를 잘하는 사람은 클라이밍을 좋아한다.
- 고양이를 좋아하는 사람은 서핑을 할 수 있다.

① 고양이를 좋아하는 사람은 클라이밍을 좋아하지 않는다.

② 서핑을 할 수 없는 사람은 달리기를 잘하지 않는다.

③ 달리기를 잘하지 않는 사람은 루지를 좋아하지 않는다.

④ 루지를 좋아하는 사람은 고양이를 좋아하지 않는다.

⑤ 달리기를 잘하는 사람은 고양이를 좋아하지 않는다.

03. 다음 자료를 참고하여 수심이 가장 깊은 관측지점을 구하면? (단, 해수에서의 초음파 속도는 1,500m/s이다)

- 해수면에서 해저면을 향하여 발사한 초음파가 해저면에 반사되어 되돌아 오기까지 걸리는 시간을 이용하여 해저 지형의 높낮이를 측정할 수 있다. 초음파의 속도가 v, 발사되어 되돌아오는 데 걸리는 시간이 t라면 수심 d는 다음과 같다.

$$수심(d) = \frac{1}{2}vt$$

- 아래의 표는 유라시아판의 경계를 가로지르면서 각 관측 지점의 해수면에서 초음파를 발사하여 지면에 반사되어 되돌아오는 데 걸리는 시간을 나타낸 것이다.

관측지점	시간(초)
갑	5.2
을	9.5
병	7.7
정	9.0
무	6.8

① 갑   ② 을   ③ 병

④ 정   ⑤ 무

04. 유정, 수연, 세이, 루아, 도연 다섯 명은 가위바위보 게임을 한 결과에 대해 각각 두 개의 진술을 했으며, 진술은 하나의 진실과 하나의 거짓으로 이루어져 있다. 다음 중 옳은 설명은? (단, 가위바위보 게임에서 가위는 보를 이기고, 보는 바위를 이기고, 바위는 가위를 이기며, 같은 것을 냈을 땐 비긴다. 또한 다섯 사람은 반드시 가위, 바위, 보 중 하나를 낸다)

유정 : 나는 보를 냈고, 수연이는 가위를 냈다.
수연 : 나는 가위를 냈고, 세이는 보를 냈다.
도연 : 나는 가위를 냈고, 유정이는 바위를 냈다.
세이 : 나는 가위를 냈고, 수연이도 가위를 냈다.
루아 : 나는 보를 냈고, 도연이는 바위를 냈다.

---

① 유정은 가위를 냈다.
② 유정이와 세이만 비교하면, 유정이가 항상 진다.
③ 루아와 도연만 비교하면 항상 승패가 정해진다.
④ 세이와 루아만 비교하면 항상 승패가 정해진다.
⑤ 수연이와 세이만 비교하면 항상 승패가 정해진다.

05. 나래, 미르, 해안 세 명의 직업은 사진작가, 프로그래머, 엔지니어 중 하나이다. 다음 〈정보〉를 통해 추론할 때, 미르의 직업은 무엇인가?

정보

- 세 명의 나이는 모두 다르다.
- 나래는 미르의 동생과 친구이다.
- 나래는 사진작가보다 수입이 많다.
- 프로그래머는 나이가 가장 어리고 수입도 가장 적다.

---

① 사진작가   ② 프로그래머
③ 엔지니어   ④ 사진작가 겸 엔지니어
⑤ 프로그래머 겸 엔지니어

www.gosinet.co.kr

1회 기출예상

2회 기출예상

3회 기출예상

4회 기출예상

5회 기출예상

6회 기출예상

7회 기출예상

06. 전하를 축적하는 여러 콘덴서의 합성 정전용량(C)을 다음과 같이 구할 수 있을 때, 〈보기〉의 회로에 있는 콘덴서의 합성 정전용량(C)은?

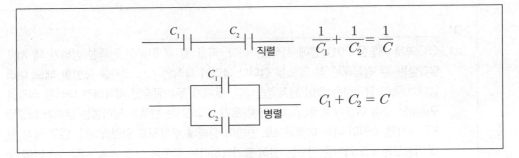

보기

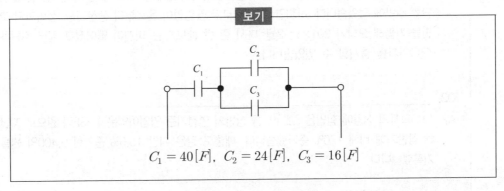

$C_1 = 40[F]$, $C_2 = 24[F]$, $C_3 = 16[F]$

① 10[F]
② 16.8[F]
③ 18.9[F]
④ 20[F]
⑤ 35[F]

07. ○○기업 신입사원인 윤슬, 도담, 아름, 들찬, 벼리는 건강검진을 받았다. 다음의 검진 결과에 대한 진술이 모두 참일 때, 키가 작은 순서대로 바르게 나열한 것은?

• 도담이가 가장 작다.
• 들찬이는 아름이보다 크다.
• 윤슬이는 들찬이보다 크지만 가장 큰 사람은 아니다.

① 도담＜벼리＜아름＜들찬＜윤슬
② 도담＜들찬＜아름＜윤슬＜벼리
③ 도담＜아름＜들찬＜윤슬＜벼리
④ 도담＜아름＜들찬＜벼리＜윤슬
⑤ 도담＜벼리＜윤슬＜아름＜들찬

08. 다음은 □□기업의 인기상품 ○○과자에 관한 인터뷰이다. 답변을 통해 추론할 수 있는 질문으로 적절하지 않은 것은?

Q1. _____

A1. ○○과자 개발은 201×년에 시작됐습니다. 떡을 찔 때 전분이 진득한 상태가 돼 서로 달라붙는 걸 경험해본 적 있으실 겁니다. 4겹이 특징인 ○○과자를 개발할 때도 여러 겹의 반죽이 달라붙는 것이 난제였습니다. 두께가 두꺼워지면 딱딱해져 바삭한 식감을 구현하는 것이 어렵기 때문입니다. 개발 초기 3겹까지는 반죽이 달라붙는 문제가 해결됐지만 4겹은 차원이 다른 어려움으로 번번이 실패에 부딪히고 있었습니다. 연구 당시 현재 기술로는 4겹 과자를 만드는 것이 불가능하다는 결론을 내고 개발 시작 3년 만에 중단할 수밖에 없었습니다. 하지만 그 이후로도 끊임없이 원료부터 생산기술, 설비까지 고민을 거듭해 오다가 201×년 2월 '다시 한 번 해보자'는 미션이 떨어졌고 결국 지난해 ○○과자를 출시할 수 있었습니다."

Q2. _____

A2. ○○과자의 성공에 힘입은 □□의 올 상반기 연결기준 영업이익은 1,332억 원으로 지난해 상반기에 비해 120% 증가했습니다. 매출도 같은 기간 15.6% 증가한 9,400억 원을 기록했습니다.

Q3. _____

A3. 진정한 맛은 어디서나 통하는 법이 아닐까 합니다. ○○과자는 지난 5월 인도에 첫 선을 보인 이후 약 두 달 만에 1,350만 봉지가 판매됐습니다. 이러한 인기를 두고 지난 달 인도의 유력 매체에서는 '치열한 인도 제과 시장에서 □□기업의 ○○과자가 인도 소비자들의 마음을 사로잡으며 승승장구하고 있다'라고 보도하기도 했죠. 이 매체에서는 ○○과자가 인도인의 입맛을 사로잡은 이유로 '쇼트 클립(SNS용 영상)을 활용한 홍보마케팅'과 '젊은 소비자 타깃' 그리고 무엇보다 따라올 수 없는 '바삭바삭한 식감'을 꼽았습니다."

Q4. _____

A4. 4겹의 ○○과자 개발에는 성공했지만 이를 대량 생산으로 옮기는 과정에서 또 다른 난관에 봉착하였습니다. 이 위기를 극복하기 위해 동료들과 함께 아이디어를 모으고 연구하며 문제 해결을 할 수 있었습니다. 대략 제품 테스트만 2,000회, 제품 개발부터 출시까지 8년의 시간이 걸렸네요. 과정은 힘들었지만 문제점들을 해결하면서 느꼈던 성취감과 기쁨은 그 어떤 때보다 컸습니다.

Q5. _____

A5. ○○과자는 공정과정이 까다로워 모방품이 쉽게 나올 수 없는 제품입니다. 그래서 더욱 더 ○○과자에 대한 자부심이 큽니다. 또한 요즘은 신제품의 라이프 사이클(Life Cycle)이 짧아지고 있습니다. 그래서 장수제품 만들기가 갈수록 어려워진다고들 합니다. 저는 오랫동안 소비자들에게 사랑 받을 수 있도록 맛있으면서도 쉽게 모방할 수 없는 경쟁력을 갖춘 과자를 개발하는 것이 목표입니다. 더 나아가 국내뿐 아니라 중국, 베트남 등 글로벌 시장에서도 폭넓게 사랑 받는 과자를 만들어 내고 싶습니다.

① 앞으로의 이루고자 하는 목표는?
② 회사 매출 증대에도 큰 역할을 했을 텐데.
③ 개발과정에서 에피소드도 많았을 것 같은데.
④ 출시하자마자 대박이 났다던데.
⑤ 인도에서도 인정받아 ○○과자의 인기가 치솟는다는데.

09. 다음은 △△백화점의 분야별 매출액 비중을 나타낸 자료이다. 2021년과 2022년 총 매출액은 각각 77억 원, 94억 원이었다. 이에 대한 설명으로 옳은 것은?

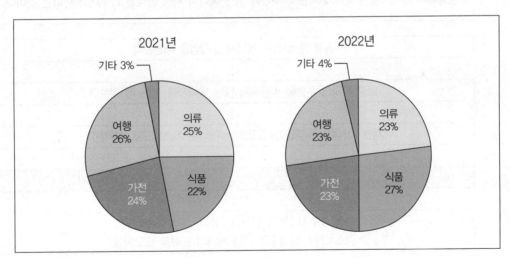

① 2021년과 2022년 기타의 매출액 차이는 가전의 차이보다 크다.
② 여행과 의류 매출액의 합은 2021년이 2022년보다 크다.
③ 2021년 대비 2022년 가전의 매출액 차이는 약 2억 원 이하이다.
④ 2022년 매출액이 2021년과 비교해서 세 번째로 크게 변한 것은 여행이다.
⑤ 2022년 대비 2021년 매출액 변화 폭이 가장 큰 분야는 식품이다.

1회 기출예상
2회 기출예상
3회 기출예상
4회 기출예상
5회 기출예상
6회 기출예상
7회 기출예상

10. 다음 글을 바탕으로 환경 문제의 해결 과정을 순서에 맞춰 정리하였다. 빈칸에 들어갈 내용으로 적절한 것은?

지구 곳곳에서 이상 기후가 지속되고 있는 가운데 토론토 기후 회의에서는 지구 온난화로 인하여 발생할 기후·환경적 변화를 '핵전쟁에 버금가는 재난'이라고 규정한 바 있다. 이렇듯 기후 문제의 심각성을 인식한 각국 정부와 관련 단체들은 지구 온난화를 방지하고 극복하기 위해 여러 가지 방안을 모색하고 있다. 지구 온난화의 주된 원인은 에너지를 생산하고 소비하는 과정에서 발생하는 다량의 이산화탄소로 알려져 있다. 이를 줄이기 위해서는 태양열, 풍력, 수력, 지열 등의 '재생 가능한 에너지원'이라고 불리는 새로운 에너지원을 이용해야 한다. 재생에너지는 이산화탄소 뿐 아니라 다른 오염 물질도 발생시키지 않아 기존의 화석연료를 대체할 수 있는 에너지원으로 주목받고 있다.

지구 환경 파괴의 주범인 이산화탄소를 줄이기 위해서는 이산화탄소를 발생시키지 않을 뿐 아니라 다른 오염 물질을 발생시키지도 않는 태양열, 풍력, 수력, 지열 등의 '재생 가능한 에너지원'이라고 불리는 새로운 에너지원을 찾아야 한다.

그러나 재생 가능한 에너지원에 의존하는 것만으로는 문제를 완전히 해결할 수 없다. 현대인의 풍요로운 생활과 그 근간을 이루는 산업 체제가 엄청나게 많은 에너지 소비에 바탕을 두고 있기 때문이다. 대량 생산·대량 소비에 기초한 미국식 산업 체제가 전 지구적으로 관철되고 있는 현실을 살펴볼 때, 전 세계가 미국식 산업 체제를 따른다면 머지않아 에너지 소비량은 현재보다 수십 배 증가할 것임을 쉽게 예측할 수 있다. 그렇게 된다면 재생 가능한 에너지원이 아니라 그 어떤 에너지를 도입하더라도 에너지 수요를 감당하기 어렵기는 마찬가지이다. 결국 산업과 생활에서 에너지를 과다하게 사용할 수밖에 없는 에너지 사용 방식을 바꾸어야 한다는 것이다.

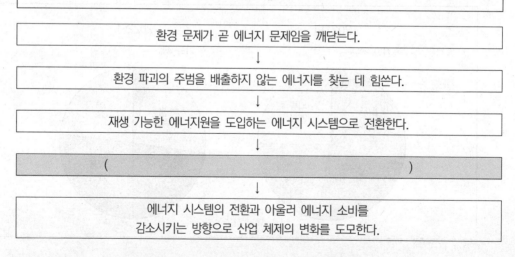

환경 문제가 곧 에너지 문제임을 깨닫는다.

↓

환경 파괴의 주범을 배출하지 않는 에너지를 찾는 데 힘쓴다.

↓

재생 가능한 에너지원을 도입하는 에너지 시스템으로 전환한다.

↓

(   )

↓

에너지 시스템의 전환과 아울러 에너지 소비를
감소시키는 방향으로 산업 체제의 변화를 도모한다.

① 급격히 늘고 있는 수요를 감당할 수 있는 에너지원 개발에 주력한다.
② 현 산업 체계에서 사용하는 에너지를 재생 가능한 에너지로 전면 교체한다.
③ 정부가 각 개인들의 에너지 소비를 지속적으로 억제하는 정책을 실시한다.
④ 이산화탄소 발생이 적은 에너지의 생산량을 획기적으로 증가시킬 수 있는 방안을 연구한다.
⑤ 현재의 산업 체제나 생활로는 에너지 수급의 불균형을 해소할 수 없음을 인식한다.

11. ○○재단은 〈승진자격〉을 바탕으로 승진시험 성적을 평가하여 3월 정기 승진자를 발표했다. 다음 중 3월 승진자로만 짝지어진 것은?

〈승진자격〉

- 평균 점수가 높은 순으로 두 명을 선정한다.
- 승진시험 항목별 과락점수는 75점이며, 과락점수 미만은 승진할 수 없다.
- 개인 성과점수가 90점 이상인 사람 중 최소 한 명은 무조건 승진해야 한다.
- 승진자는 승진탈락자보다 평균점수가 높거나 같다.

〈대상자별 승진시험 성적〉

구분	개인 성과점수(점)	팀 성과점수(점)	외국어 성적(점)
A	90	80	80
B	85	80	90
C	80	90	70
D	80	90	80
E	75	80	95
F	95	85	80

---

① A, C   ② A, E   ③ B, D

④ B, F   ⑤ C, E

12. dpi는 프린터가 인치당 찍을 수 있는 점의 수를 나타낸다. dpi가 서로 다른 프린터로 한 변의 길이가 1inch인 정사각형을 채울 때, 각각의 점의 개수에 대한 설명으로 옳은 것은? (단, 200dpi의 프린터는 한 변의 길이가 1inch인 정사각형을 채울 때 가로 200개, 세로 200개, 총 4만 개의 점을 찍는다)

① 500dpi로 인쇄하면 300dpi로 인쇄할 때보다 150,000개 많은 점을 넣을 수 있다.

② 1,200dpi로 인쇄할 때 점의 개수는 300dpi로 인쇄할 때 점 개수의 16배이다.

③ 600dpi로 인쇄할 때 점의 개수는 200dpi로 인쇄할 때 점 개수의 4배이다.

④ 1,400dpi로 인쇄할 때 점의 개수는 700dpi로 인쇄할 때 점의 개수의 7배이다.

⑤ 1,200dpi로 인쇄하면 600dpi로 인쇄할 때보다 360,000개 많은 점을 찍어 넣을 수 있다.

1회 기출예상 2회 기출예상 3회 기출예상 4회 기출예상 5회 기출예상 6회 기출예상 7회 기출예상

13. 다음 수식에서 A, B의 합은? (단, A와 B는 한 자리 자연수이다)

$$\frac{A}{13} + \frac{B}{169} = \frac{31}{169}$$

① 4　　　　　　　　② 5　　　　　　　　③ 6
④ 7　　　　　　　　⑤ 8

14. 다음을 보고 연산기호 ▷와 ◁의 규칙을 찾아 〈보기〉의 값을 구하면?

1▷3=8　　　　5▷4=30　　　　7▷2=24　　　　9▷5=60
5◁4=12　　　　6◁3=10　　　　7◁5=24　　　　10◁9=72

보기

(4▷4)◁(3◁8)=?

① 300　　　　　　　② 312　　　　　　　③ 352
④ 385　　　　　　　⑤ 393

15. 한국대학교 자원봉사 동아리에 소속된 A ～ E는 다음 주중에 급식 봉사활동에 참여하고자 한다. 하루에 한 명씩 모두 식사당번을 한다고 할 때, E가 수요일에 식사당번을 하지 않을 확률은?

① $\frac{4}{5}$　　　　　　　② $\frac{3}{5}$　　　　　　　③ $\frac{2}{5}$
④ $\frac{1}{4}$　　　　　　　⑤ $\frac{1}{5}$

16. 1부터 9까지의 자연수가 하나씩 적힌 카드 9장이 있다. 승호는 1, 5, 8이 적힌 카드를, 정민은 2, 7, 9가 적힌 카드를, 선우는 3, 4, 6이 적힌 카드를 나눠 가졌다. 세 사람이 동시에 카드를 한 장씩 꺼낼 때, 선우가 꺼낸 카드의 숫자가 가장 클 확률은?

① $\dfrac{2}{27}$　　　　　② $\dfrac{4}{27}$　　　　　③ $\dfrac{1}{9}$

④ $\dfrac{2}{9}$　　　　　⑤ $\dfrac{3}{9}$

17. 6개의 자연수가 〈보기〉의 규칙으로 나열되어 있다. 나열된 숫자의 평균값은?

보기

• 가장 작은 수는 6, 가장 큰 수는 11이다.
• 중앙값은 8, 최빈값은 7이다.

① $\dfrac{25}{3}$　　　　　② $\dfrac{15}{2}$　　　　　③ $\dfrac{17}{2}$

④ $\dfrac{26}{3}$　　　　　⑤ $\dfrac{51}{6}$

18. 10월 19일 A 미술관에 7명이 함께 방문하였다. 10월의 수요일 날짜를 모두 더한 값이 58이고 요금이 총 30,000원이었다면, 이 중 학생 요금을 지불하고 입장한 사람은 몇 명인가?

〈A 미술관 요금 안내〉

구분	평일	주말
성인	5,000원	6,000원
학생	4,000원	5,000원

① 2명　　　　　② 3명　　　　　③ 4명

④ 5명　　　　　⑤ 6명

19. 다음 자료를 참고할 때, 최 사원이 집에서 회사까지 출근하는 데 소비하는 휘발유는 몇 ℓ인가?

〈부피 단위환산〉

단위	cm^3	m^3	ℓ
cm^3	1	0.000001	0.001
m^3	1,000,000	1	1,000
ℓ	1,000	0.001	1

정보

- 최 사원의 집에서 회사까지의 거리는 90km이다.
- 최 사원의 승용차는 12m 이동 시 $8cm^3$의 휘발유를 소비한다.

① 3ℓ ② 6ℓ ③ 30ℓ
④ 60ℓ ⑤ 300ℓ

20. 달러 대비 원화환율은 2021년 1월에 $1 =₩1,000였으나 2023년에 1월 $1 =₩1,100로 상승했다고 한다. 2022년 1월 환율이 전년 대비 5% 상승했다면 2023년 1월에는 전년 대비 몇 % 상승했는가? (단, 소수점 아래 둘째 자리에서 반올림한다)

① 4.0% ② 4.2% ③ 4.4%
④ 4.6% ⑤ 4.8%

21. K 씨는 건강검진 결과 의사로부터 하루에 최소 칼슘 0.3g, 마그네슘 0.54g을 섭취하도록 처방받았다. 다음 A, B 영양제의 성분 및 비용에 대한 표를 참고할 때, K 씨가 하루에 필요한 칼슘과 마그네슘을 섭취하는 데 발생하는 최소 비용은 얼마인가?

구분	1g당 칼슘 포함량	1g당 마그네슘 포함량	10g당 비용
A 영양제	0.05g	0.06g	20,000원
B 영양제	0.03g	0.09g	30,000원

① 15,000원 ② 16,000원 ③ 17,000원
④ 18,000원 ⑤ 19,000원

22. S 기업의 재직자 중 55%는 여자 직원이고, 남자 직원의 70%와 여자 직원의 30%는 연수에 참여했다. S 기업에서 연수에 참여한 직원과 참여하지 않은 직원의 비를 구하면?

① 7:3　　　　　　　② 5:4　　　　　　　③ 4:5

④ 12:13　　　　　　⑤ 13:12

23. 다음 자료는 2022년 A, B기업의 2 ~ 3분기 매출액 증감지수를 나타낸 것이다. A, B 기업의 2022년 1분기 매출액이 각각 200억 원, 150억 원일 때, 다음 설명 중 옳지 않은 것은?

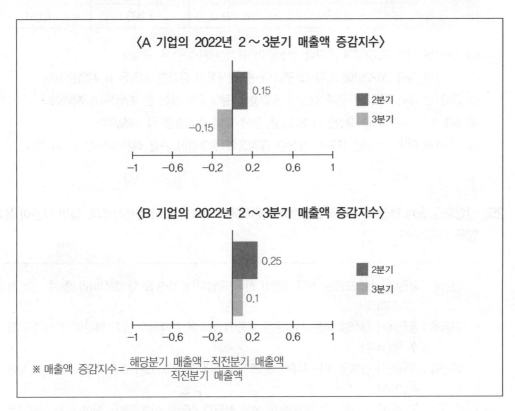

〈A 기업의 2022년 2 ~ 3분기 매출액 증감지수〉

〈B 기업의 2022년 2 ~ 3분기 매출액 증감지수〉

※ 매출액 증감지수 = $\dfrac{\text{해당분기 매출액} - \text{직전분기 매출액}}{\text{직전분기 매출액}}$

① A 기업의 2022년 3분기 매출액은 200억 원 미만이다.

② B 기업의 2022년 3분기 매출액은 A 기업의 2022년 3분기 매출액보다 많다.

③ 두 기업의 3분기 매출액 합계는 2분기 매출액 합계보다 작다.

④ A 기업의 2022년 매출액이 800억 원을 초과하려면 4분기 매출액은 3분기 대비 10% 이상 증가해야 한다.

⑤ 2022년 1 ~ 3분기 매출액의 총합은 A 기업이 B 기업보다 크다.

24. 다음 자료에 대한 설명으로 옳지 않은 것은?

〈2021 ~ 2022년 감자, 고구마 생산량〉

(단위 : 톤)

구분	2021년		2022년	
	감자	고구마	감자	고구마
A 지역	71,743	12,406	48,411	12,704
B 지역	89,617	73,674	63,391	70,437
C 지역	5,219	100,699	5,049	83,020
D 지역	18,503	97,925	14,807	97,511
E 지역	9,007	28,491	7,893	31,291

① 2021년 대비 2022년에 고구마 생산량이 증가한 지역은 두 곳이다.

② 2021년 대비 2022년에 감자, 고구마의 총 생산량이 증가한 지역은 E 지역뿐이다.

③ 2021년 대비 2022년 감자 생산량 증감률의 절댓값이 가장 큰 지역은 A 지역이다.

④ 5개 지역 고구마 총 생산량의 2022년 전년 대비 증감률은 약 −2%이다.

⑤ 2021년 대비 2022년 고구마 생산량 증감률의 절댓값이 가장 작은 지역은 D 지역이다.

25. 신입사원 공채 면접 과정에서 면접관이 지원자에게 다음과 같이 질문하였다. 답변 내용이 옳지 않은 지원자는?

면접관 : 공원에 서로 모르는 사람 3명이 산책 중입니다. 이들을 왜 조직이라 할 수 없는지 말해볼까요?

김종로 : 공원에서 산책을 하는 사람들은 공동의 목적이 존재하지 않기 때문에 조직이라 할 수 없습니다.

이송파 : 공원에서 산책을 하는 사람들은 조직의 구조를 갖고 있지 않습니다. 그래서 조직이 아닙니다.

박은평 : 저 3명은 하나의 집합체가 되어 외부 환경과 긴밀한 상호작용을 하고 있지 않으므로 조직이라 할 수 없습니다.

최용산 : 산책을 하는 사람들은 재화와 서비스의 생산이라는 사회적 기능을 갖고 있지 않으므로 조직이라 할 수 없습니다.

정마포 : 공원에서 산책을 하는 3명은 협동적인 노력을 하지 않고 있습니다. 따라서 조직이 아닙니다.

---

① 김종로　　　② 이송파　　　③ 박은평　　　④ 최용산　　　⑤ 정마포

26. 다음 글의 빈칸에 들어갈 개념에 대한 설명으로 옳지 않은 것은?

> (   )는/은 구성원들의 가치관, 신념, 그리고 원칙들의 총합을 나타내는 것으로써, 조직의 역사, 제품, 시장, 기술, 전략, 구성원들의 성격, 경영 스타일, 그리고 소속 국가의 문화같은 요소들의 영향을 받는다. (   )에는 조직의 비전, 가치관, 규범, 체계, 상징, 언어, 전제, 환경, 위치, 신념, 그리고 습관 등이 포함된다. 즉, 조직 구성원이 조직 생활을 통하여 학습하고 공유하며 전수하는 신념, 규범, 관행으로써 조직 구성원들의 생각과 의사결정 및 행동에 영향을 주는 것이다.

① 변화를 전제로 하는 조직의 운영에 대해 상대적으로 점진적이고 연속적인 변화원리를 제공해 준다.

② 구성원들이 공유하는 가치와 신념이므로 구성원들에게 그 조직의 개성을 부여해 준다.

③ 조직의 경영층으로 하여금 리더십을 발휘하는 도구로써 활용할 수 있도록 한다.

④ 인사평가, 승진, 보상 등 인사관리활동에 영향을 끼치기는 하지만, 직접적으로 평가기준이 되는 것은 아니다.

⑤ 조직의 대외 이미지를 개선시켜 대외홍보를 용이하게 하고 이를 통해 우수한 인재들을 쉽게 선발할 수 있도록 해준다.

27. 리터러(Litterer)가 주장한 갈등의 원인 중 다음 〈상황〉에서 나타난 것은 무엇인가?

> **상황**
>
> 윤경영 과장은 6개월 간 휴직 후 회사에 복직하였다. 윤 과장이 기존에 근무하던 경영전략부가 팀제로 바뀌게 되면서 홍보팀으로 부서를 옮기게 되었다. 경영전략부에서 인사업무를 담당하던 윤 과장은 홍보팀에서 새롭게 일을 배우면서 자신보다 입사연차가 3년이나 늦은 이홍보 대리의 지시를 받게 되었다.
>
> ---
>
> 이홍보 대리 : 윤 과장님은 SNS에 올릴 새로운 문구를 준비해 주세요.
> 윤경영 과장 : 문구는 어떻게 작성하면 좋을까요?
> 이홍보 대리 : 새로운 사업에 대한 내용이 들어가야 할 것 같습니다.

① 희소자원에 대한 경쟁   ② 상충되는 자원의 배분
③ 지위 부조화   ④ 통합 메커니즘
⑤ 선명한 격리 메커니즘

28. 다음 글의 밑줄 친 ㉠에 들어갈 개념의 특징으로 옳지 않은 것은?

> 부(父)로부터 두둑한 지원금을 받고 이론적 지식으로 무장된 랭글리 박사와 하늘을 날고 싶다는 꿈은 있지만 이렇다 할 전문지식도, 연구를 위한 자금도 충분치 않았던 라이트 형제가 인류 최초의 비행기를 만들어 보겠다는 하나의 목표에 뛰어들어 경쟁을 하게 되었다. 안 봐도 뻔한 것 같은 결과이지만 소위 '돈 있고 빽 있는' 랭글리 박사가 아닌 라이트 형제가 승리했다. 랭글리 박사는 비행기를 '떠서 나는 것'이라고 정의했다. 그래서 어떻게 띄울 것인가에 집중해 가볍고 동력이 센 엔진 개발에 몰두했다. 본인이 정립한 비행 이론에 따라 계획을 세우고 문제를 풀고자 했다. 반면 라이트 형제는 비행기를 '날다 보면 뜨는 것'이라고 생각했다. 그래서 공중에서 어떻게 하면 조종이 쉬워질까를 생각했다. 라이트 형제는 이들이 운영했던 자전거 가게에서 힌트를 얻어, '가만히 서 있으면' 넘어지는 자전거처럼 비행기에도 같은 원리를 접목시켜 3개월 동안 천 번이 넘는 시행착오를 겪으며 날고 떨어지고를 반복했다. 그리고 1903년 12월 17일, 플라이어 호가 하늘을 날았다.
>
> 어린 시절 한 번쯤 읽어봤을 '라이트 형제'의 작업 방식은 현재 많은 기업들이 관심을 갖고 있는 ___㉠___의 모습이다. 이 조직의 핵심을 한 마디로 얘기하면 '작게 시도해서 빨리 피드백을 받고 다시 실행해 보는 것'이다. 이는 특히나 요즘처럼 불확실성이 큰 비즈니스 환경에서 중요하다. 고객의 니즈는 시시각각 변하고, 생각지도 못한 경쟁자가 수시로 등장한다. 그래서 거창한 계획을 통한 업무 추진이 아닌, 작은 실행이 이어져 성과를 만들어 내는 ___㉠___이 필요하다.

① 최신 기술의 활용
② 민첩하면서도 효과적인 의사결정
③ 조직 전체에 공유되는 정보
④ 권한을 위임받은 네트워크 팀 구조
⑤ 조직 내부에서 시작하는 소규모 사내 벤처

29. 다음 〈자료〉를 참고할 때, 아래 〈상황〉의 (가), (나)가 ㉠ ~ ㉢ 중 어느 단계에 해당하는지 바르게 연결한 것을 고르면?

> **자료**
>
> 미국의 변화 관리 컨설턴트 윌리엄 브리지스는 조직 변화는 눈에 보이는 조직 구조나 제도보다 구성원들의 일하는 방식, 추구하는 가치와 같이 눈에 보이지 않는 것들이 중요하다고 하였다. 실질적이고 본질적인 변화를 강조한 그는 'Change(변화)' 대신 'Transit(변환)'이라는 용어를 사용하였다. 브리지스의 정의에 따르면 Change는 조직 규모, 사업 구조 등 겉으로 보여지는 변화에 해당한다. 반면 Transit은 구성원들의 심리와 정서, 일을 대하는 자세와 추구하는 핵심가치의 변화다. 속도도 빠르고 관리하기도 쉬운 Change와 달리 Transit은 시간이 오래 걸리는 데다 지시나 강요로 이루어지지 않는 특성이 있다.

1회 기출예상

2회 기출예상

3회 기출예상

4회 기출예상

5회 기출예상

6회 기출예상

7회 기출예상

〈변환 관리(Transition Management) 모델〉

⊙ Endings (Saying Goodbye)	ⓛ The Neutral Zone (Explorations)	ⓒ New Beginnings (Moving Forward)
기존의 것들을 있는 그대로 두고 새로운 업무, 환경, 관계로 떠남	과거 정체성과 현재 모습과의 혼돈과 불확실성이 강한 시기	새로운 행동과 사고가 시작되는 단계

상황

1990년대 초반 역사상 최악의 후퇴를 경험하던 IBM의 변신은 기업 변화관리의 가장 성공적인 사례로 회자된다. 루 거스너의 지휘 아래 IBM은 메인 프레임 제조업체에서 하드웨어와 네트워크, 소프트웨어 솔루션을 통합 제공하는 기업으로 변신하였다. 2000년대로 접어들자 IBM은 'Big Blue'라는 애칭으로 불릴 정도로 도약하고 있었다.

(가) IBM은 다시 CEO를 교체한다. 2002년 CEO로 취임한 팔미사노는 맥킨지 출신의 전임 CEO 루 거스너와 달리 영업사원에서 출발하여 30년간 조직을 위해 헌신한 진정한 IBM 맨이었다. 그에게는 침몰하는 배를 살려낸 루 거스너에 이어 새로운 대양으로 배를 인도하는 임무가 주어졌다. 팔미사노는 가장 먼저 새로운 환경에 맞는 새로운 가치가 필요하다고 판단했다. 즉시 고위 임원 300명과 1,000명이 넘는 직원들과 대화를 시작했다. 취임 후 1년이 지난 2003년 7월 전 직원이 참여한 72시간의 인트라넷 토론 '밸류스 잼(Value's Jam)'은 중간 점검과 같은 행사였다. 그 해 11월 마침내 '모든 고객의 성공을 위한 헌신', '우리 회사와 세상을 위한 혁신', '모든 관계에 있어서의 신뢰와 개인적인 책임감'이라는 IBM의 새로운 가치가 선포되었다.

(나) IBM에 새로운 변화의 바람을 불어 넣은 팔미사노가 가장 먼저 직면한 문제는 변화에 대한 저항이었다. 변화를 지지하는 이들도 적지 않았지만 인트라넷에는 직원들로부터 수천 개의 날카로운 비판이 포스팅 되었고, 셀 수 없이 많은 이메일이 CEO에게 날아들었다. 팔미사노는 "피드백을 모두 인쇄했더니 높이가 약 90센티미터나 되었고 1주일 내내 읽었다"고 밝혔다.

	(가)	(나)			(가)	(나)
①	⊙	ⓛ		②	⊙	ⓒ
③	ⓛ	⊙		④	ⓛ	ⓒ
⑤	ⓒ	⊙				

30. 다음 글을 읽고 잘못된 의사결정의 원인으로 적절한 것은?

> Polaroid사는 탁월한 사진 기술을 기반으로 한 전통적인 R&D 회사였다. 그러나 R&D 회사라는 너무 강한 가치관은 기업 전체의 의사결정에 오히려 부정적인 영향을 미쳤다. 개발된 제품을 효과적으로 생산, 판매하기 위해서는 마케팅이나 자금 조달 등과 같이 다른 부문도 충분히 고려하여 의사결정을 내려야 했음에도 불구하고 항상 R&D를 투자의 우선순위로 삼았다. 시장, 경쟁사, 고객의 변화나 추세는 그다지 중요한 점이 아니었다. 그 결과, 점차 매출이 감소하고 자금이 원활히 흐르지 않게 되어 서서히 기업이 위축되는 결과를 초래하였다.

① 나의 능력을 믿는다.
② 눈으로 보는 것만이 현실이다.
③ 과거 자료나 추세만을 중시한다.
④ 결정한 것은 끝까지 성공시켜야 한다.
⑤ 늘 하던 대로 자신에게 편한 방식을 고수한다.

31. 다음 글의 이내근 과장에게서 받을 수 있는 느낌에 대한 설명으로 적절한 것은?

> 중견 무역회사에서 근무하는 김외근 대리는 바로 위 선임자인 이내근 과장 때문에 괴로운 회사생활을 하고 있다. 이내근 과장은 부서 내의 모든 직원들에게 업무뿐만 아니라 사적인 일에도 사사건건 참견이다. 김외근 대리도 처음에는 이내근 과장의 친절함에 고마움을 느꼈다. 하지만 이제는 귀찮음을 넘어 한심하다는 생각마저 든다. 김외근 대리는 점점 이내근 과장의 말을 무시하고 관계를 조금씩 멀리하고 있다.

① 이내근 과장과 같은 성향의 사람을 대하는 상대방은 잘난 척한다는 느낌을 받는다.
② 이내근 과장과 같은 성향의 사람을 대하는 상대방은 이를 아첨으로 받아들일 수 있다.
③ 이내근 과장과 같은 성향의 사람을 대하는 상대방은 답답함을 느낄 수도 있다.
④ 이내근 과장과 같은 성향의 사람을 대하는 상대방은 꼬투리 잡힌다는 느낌을 받는다.
⑤ 이내근 과장과 같은 성향의 사람을 대하는 상대방은 강요를 받는다는 느낌을 받는다.

32. 다음 자료를 참고할 때, 〈보기〉의 인물이 한 변론에서 파악할 수 있는 팔로워십 유형으로 적절한 것은?

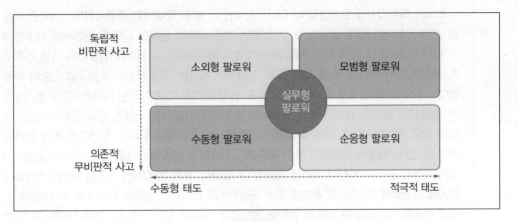

1회 기출예상

2회 기출예상

3회 기출예상

4회 기출예상

5회 기출예상

6회 기출예상

7회 기출예상

보기

1961년 12월, 이스라엘의 재판장

구름같이 몰려든 기자들이 한 남자를 찍고 있었다.

작은 키에 듬성듬성한 머리카락과 주름진 얼굴..... 평범한 50대 중반의 백인 남자로 보이는 그는 무슨 죄를 지었길래 전 세계에서 몰려든 기자들이 이렇게 난리였던 것일까?

이 남자의 이름은 아돌프 아이히만.

아이히만은 나치 친위대 대령으로 독일이 점령한 유럽 여러 지역에 살고 있는 유대인을 체포하고 강제로 이주시키는 일을 하였다.

강제수용소에서 살아남은 100여 명의 증인들이 자신들을 강제 수용소로 보낸 사람은 아이히만이라 증언하였다. 이러한 아이히만에게 적용된 죄만 15가지가 넘었다. 재판장은 아이히만에게 스스로 변론할 수 있는 시간을 주었다.

그는 다음과 같이 말했다.

"나는 명령에 따랐을 뿐이오. 나는 죄가 없습니다."

"나는 유대인에 대한 증오나 연민 등 사사로운 감정이나 판단으로 행동한 것이 아닙니다. 오직 국가의 명령을 따랐습니다."

① 소외형 팔로워 　　　　② 모범형 팔로워 　　　　③ 수동형 팔로워

④ 순응형 팔로워 　　　　⑤ 실무형 팔로워

33. 다음 글에서 설명하는 조직도로 옳은 것은?

녹색의 직사각형을 보여줬을 때 대다수의 사람은 바로 국내 1위 포털사이트인 N사를 떠올릴 것이다. N사가 업계 선두가 될 수 있었던 것은 고객이 원하는 다양한 콘텐츠를 제공했을 뿐 아니라 조직구조의 혁신도 게을리하지않았기 때문이다. N사는 타기업들과는 다른 조직구조 형태를 가지고 있다. 바로 'Cell 조직' 형태이다. N사는 개별 사업으로 글로벌 진출이 가능하다고 판단된 웹툰, 동영상, 사전, 클라우드 등의 분야를 'Cell'이라는 독립조직으로 분리하였다. 관료제적 성향이 짙었던 팀제 내에서의 수직적 의사결정을 구성원 전체가 할 수 있는 형태로 바꾼 것이다. 'Cell 제도' 내에서는 연중행사나 프로젝트에 따라 유연하게 조직 형태를 바꿀 수 있다. 따라서 예측하지 못한 상황에도 신속하게 반응할 수 있었으며 직책에 얽매이지 않아 구성원 모두가 자신의 의견을 피력할 수 있었다. 또한, 수직적인 구조를 탈피해 직급이나 연공에 상관없이 각 'Cell'의 리더를 뽑아 구성원들과 논의하여 원하는 방향으로 의사결정이 손쉽고 빠르게 이루어질 수 있도록 변화를 꾀하였다. 이러한 점을 배경으로 현재 N사는 약 15년 동안 포털사이트 점유율 1위를 차지하고 있다. N사의 콘텐츠는 점점 늘어나고 있으며, 우리 삶에 편안함을 가져다준다. 또한, 직원들도 그 누구든지 회사 내에서 자신의 꿈을 실현할 수 있는 바탕을 가지고 있다. 앞으로 N사가 어떤 새로운 콘텐츠로 소비자들을 찾아갈지, 그 콘텐츠를 탄생시킨 사람은 누구인지 주목해 보아도 좋을 듯하다.

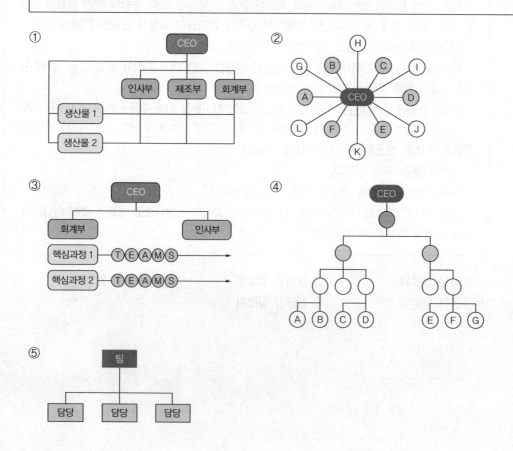

34. 다음은 P 공사에 다니는 가 ~ 마 직원의 사내 건강검진 결과이다. 위험요인을 개인적 위험요인과 직업 관련 위험요인으로 구분할 때, 개인적 위험요인에 해당하는 직원은?

① 가 : 고혈압과 당뇨가 있어 위험하다는 지적을 받았다.

② 나 : 평소 과도한 업무량에 시달리고 있어 업무를 줄이라는 지적을 받았다.

③ 다 : 평소 직장 상사와의 인간관계에서 과도한 스트레스를 받고 있음이 지적되었다.

④ 라 : 평소 이황화탄소와 일산화탄소가 너무 많은 작업장에서 일하고 있음이 지적되었다.

⑤ 마 : 일하는 장소가 소음이 심하고, 온도가 높아 특히 여름철에는 많은 위험이 있음이 지적되었다.

35. 다음 산업재해 예방대책 단계에서 빈칸에 해당하는 단계의 내용으로 적절하지 않은 것은?

> 안전 관리 조직 → 사실의 발견 → 원인 분석 → 시정책 선정 → (   )

① 안전 감독 실시

② 컨테이너 조작법 교육

③ 컨테이너 문 개폐방법 개선

④ 건설업 기초 안전·보건 교육의 실시

⑤ 컨테이너 내부 적재물의 무너짐 방지조치 실시

36. ○○기업 A 사원은 유사한 역할을 하는 기술 중 하나를 선택하는 데 어려움을 겪고 있다. A 사원에게 할 수 있는 조언으로 적절하지 않은 것은?

① 보다 쉽게 구할 수 없는 기술을 선택하는 것이 좋습니다.

② 최신 기술이면서 진부화될 가능성이 낮은 기술을 우선적으로 선택해야 합니다.

③ 제품의 성능이나 원가에 미치는 영향이 적은 기술을 우선적으로 선택해야 합니다.

④ 기술을 활용한 제품의 매출 및 이익 증대를 꾀할 수 있는 기술을 선택해야 합니다.

⑤ 기업이 생산하는 제품에 보다 광범위하게 활용할 수 있는 기술을 선택해야 합니다.

37. ○○공사에서 근무하는 김 대리는 '저탄소 녹색도시로 탈바꿈하기 위한 계획'과 관련하여 보고서를 작성중이다. (A)에 들어갈 계획기법으로 적절한 것은?

구분		계획지표	계획기법
탄소 저감	에너지 절약 (Energy Saving)	토지이용	
		녹색교통	(A)
	에너지 순환 (Energy Recycling)	자원순환	
	에너지 창출 (Energy Cleaning)	에너지	
탄소 흡수	에너지 절약 (Energy Saving)	공원녹지	
		생태공간	

① 빗물 이용
② 태양광, 태양열, 지열
③ 자연형 하천조성
④ 자전거 활성화 시스템
⑤ 바람길을 고려한 단지배치

38. 4차 산업혁명의 디지털 전환은 두 가지 유형으로 구분할 수 있다. (A)에 해당하는 사례로 적절한 것은?

구분	유형 I	유형 II
혁신의 성격	존속성	파괴적 혹은 보완적
혁신의 주도	기존 업체(제조업체)	외부의 ICT 기업과 스타트업
주요 사례	(A)	파괴적 : (B)
		보완적 : (C)
혁신의 주안점	하드웨어 장비 제조역량과 소프트웨어의 결합	주로 소프트웨어적 혁신

① 핀테크
② O2O
③ 스마트공장
④ 스마트 에너지
⑤ 디지털 헬스케어

[39 ~ 40] 다음 프레젠터의 제품 매뉴얼을 보고 이어지는 질문에 답하시오.

1회 기출예상

2회 기출예상

3회 기출예상

4회 기출예상

5회 기출예상

6회 기출예상

7회 기출예상

〈GQ-8700 제품 매뉴얼〉

[제품특징]
• 효과적인 프레젠테이션 지원
정확한 파워포인트 제어를 위한 2.4GHz 주파수 사용 및 선명한 레이저 포인터와 페이지 UP&Down, F5, Esc, Blank 기능으로 성공적인 프레젠테이션을 지원합니다.

• 트랙볼 마우스 기능
프레젠터의 트랙볼을 이용하여 보다 손쉽고 편안하게 커서를 움직일 수 있는 마우스 기능을 지원합니다.

• 멀티미디어 제어
재생, 일시정지, 음량 조절, 이전 곡 및 다음 곡 이동 기능을 지원합니다.
※ W 프로그램과 I 프로그램 기준이며 타 미디어 플레이어에서는 다른 기능이 적용될 수 있습니다.

• LED 라이트
백색 LED 라이트 기능을 지원합니다.

• 인체공학적 버튼 배열
인체공학적으로 버튼이 배열되어 편리하고 효율적인 프레젠테이션을 돕습니다.

• Plug&Play
별도의 드라이버 설치 없이 수신기를 컴퓨터의 USB 포트에 연결한 후 바로 사용할 수 있습니다.
※ Mac OS 이용 시 'Mac OS 이용 시 설치방법' 참조

• 수신기 수납 기능
수신기의 분실 방지 및 보관상의 편의를 위하여 송신기 내부에 수신기를 수납할 수 있는 기능을 지원합니다.

• 절전 모드 지원
제품을 멀티미디어 모드와 마우스 모드에서 30분 이상 미사용 시 절전 모드로 자동 전환되며, 버튼을 누르면 다시 작동이 가능합니다.
※ 프레젠테이션 모드에서는 미사용 시 바로 절전 모드가 적용됩니다.

[사용설명]
• 운영시스템
Windows 2000 이상 버전의 OS, Mac OS

• 설치방법
- PC에 수신기를 장착합니다.
- 시스템이 Plug&Play 기능으로 새로운 하드웨어를 찾고 자동으로 설치됩니다.

• Mac OS 이용 시 설치방법

Mac OS에서 첫 사용 시 다음 절차에 따라서 설정한 후 사용해 주십시오.

1. 수신기를 노트북이나 컴퓨터에 장착합니다.

2. 키보드 설정 지원 창에서 '계속'을 선택합니다.

3. 키보드 확인 창에서 키보드의 'Z' 키를 누르고 '건너뜀'을 선택합니다.

4. 다음 언어 선택 창에서 'ANSI' 선택 후 '완료' 합니다.

5. 첫 설정 후, 다음 사용 시부터 별도의 설정 없이 Plug&Play 기능이 적용됩니다.

• ID 설정(주파수 설정)

본 프레젠터는 Plug&Play 기능을 지원하지만 만일 제품이 작동하지 않거나 다른 주파수에 의하여 방해받을 경우 다음 절차를 따라서 설정한 후 사용해 주십시오.

1. 수신기를 노트북이나 컴퓨터에 장착합니다.

2. 수신기의 Link 버튼을 누르고 적색 LED를 확인합니다.

3. 수신기의 적색 LED가 점등한 상태에서 송신기의 Mode와 Link 버튼을 동시에 2초 이상 누릅니다.

4. 수신기의 적색 LED가 깜박이면 ID 설정이 완료되었습니다.

• 배터리 설치

송신기 후면의 배터리 커버를 열고 AAA 배터리 2개를 장착합니다.

39. 위 제품 매뉴얼을 참고할 때 다음 〈상황〉에서 김 대리가 잘못된 행동을 한 횟수는?

상황

김 대리는 프레젠테이션 발표를 하기 전에 GQ-8700 프레젠터의 작동을 점검하였다. 하지만 프레젠터가 작동되지 않았다. 프레젠터의 건전지를 2개 다 새 AA 건전지로 바꿔 보았으나, 여전히 작동되지 않았다. 위 상황을 해결하기 위해 김 대리는 우선 프레젠터의 수신기를 Mac OS가 설치된 노트북에 장착하고, 수신기의 Link 버튼을 눌러 적색 LED를 확인하였다. 그리고 수신기의 적색 LED가 점등된 상태에서 송신기의 Mode와 Link 버튼을 연달아 2초 이상 눌렀다. 수신기의 적색 LED가 깜빡인 것을 보고 ID 설정이 완료되었다고 생각했지만, 프레젠터를 작동시켰을 때 정상적으로 작동되지 않았다.

① 0번 　　　　　② 1번 　　　　　③ 2번

④ 3번 　　　　　⑤ 4번

40. 제시된 프레젠터 매뉴얼을 이해한 내용으로 옳지 않은 것은?

① Mac OS 이용자는 Plug&Play 사용을 위해 최초 1회 설정이 필요하다.

② 프레젠터 GQ-8700은 Windows 2000 이상 버전의 OS에서 이용이 가능하다.

③ 프레젠터 GQ-8700은 다른 주파수에 의하여 방해를 받을 경우 주파수 설정이 추가적으로 필요하다.

④ 프레젠터 GQ-8700은 절전 모드를 지원하며, 프레젠테이션 모드에서 30분 이상 기다려야 절전 모드로 전환된다.

⑤ 프레젠터 GQ-8700은 멀티미디어 제어 기능도 지원하며, 재생, 일시정지, 음량 조절, 이전 곡 및 다음 곡 이동을 가능하게 해 준다.

41. 다음에 제시된 사례와 같은 폭발사고의 원인으로 적절한 것은?

> 지난 1월 ○○시에 위치한 A 공장 폭발사고로 하청업체 직원 6명이 숨지고 경비원 1명이 다치는 대형 참사가 발생했다. 경찰과 노동계에 따르면 A 공장 폭발사고는 폐수처리장 시설 확충을 위해 가로 17미터, 세로 10미터, 높이 5미터, 총 700세제곱미터 규모의 폐수 저장조 상부에 설치된 펌프 용량을 늘리기 위해 배관을 설치하는 용접 작업 중 발생했다. 용접 불티가 저장조 내부에서 새어 나온 메탄가스로 추정되는 잔류가스와 만나 폭발이 발생했을 가능성이 유력하게 지목되고 있다.
>
> 사고의 원인으로 추정되는 물질인 메탄가스는 무색·무취의 극인화성가스이자 고압가스다. 주로 부유물·폐수 등에서 자연발생하는 화학물질인데, 열이나 스파크·화염에 쉽게 점화된다. 폭발이나 화재 시 자극성·부식성·독성 가스가 발생하고 흡입할 경우 구토·호흡곤란·두통·질식·경련·의식불명·혼수상태에 빠질 수 있는 위험물질이다.
>
> 이 사고는 몇 년 전 발생한 B 공장의 폴리에틸렌 저장조 보강판 보수 용접 과정에서 발생한 폭발사고를 떠올리게 한다. 당시 저장조 내부 폴리에틸렌 잔류가스를 없애는 퍼지작업(가스 청소) 등 필요한 안전조치를 소홀히 하면서 용접 불티가 잔류가스에 착화돼 폭발했다. 폴리에틸렌은 유독물질은 아니지만 인화물질을 함유하고 있다. 작업에 투입되는 노동자들은 취급 전 안전교육을 받아야 하지만 작업에 투입된 하청업체 노동자들은 작업과 관련한 안내·교육을 받지 못했다. 피해자들이 하청업체 노동자인 것도 똑같다. B 공장 폭발사고에서도 하청업체 노동자 6명이 목숨을 잃었다.

① 불안전한 행동　　② 신체적 원인　　③ 기술적 원인

④ 불안전한 상태　　⑤ 교육적 원인

42. 다음은 스마트카 사업에 대한 기술선택절차이다. 여기에 추가적으로 필요한 기술선택절차는?

〈기술선택절차〉

(가)	• 스마트 자동차에 대한 관심 급증 • 산업 간 융합으로 인한 자동차 산업의 가치 상승 • 자동차와 융합된 ICT 현실화
(나)	• 2022년 28조 원(10%) 100억 달러, 2026년 180조 원(15%) 730억 달러 매출 목표
(다)	• 아마존과의 기술 제휴로 자동차와 가전 간 연동시스템을 구축 • 주행 중인 차를 블루투스를 이용하여 스마트폰과 연결시키고 스마트폰을 연결한 차의 정보를 서버로 전송하는 기술 구축
(라)	• 정부 주도로 IntelliDrive, VSC, CICAS 등의 스마트카 관련 사업 14개 수행 중 • 외부표시 및 알람장치와 방향지시, 특수 애플리케이션, 내비게이션 등의 특허 경쟁력이 우수한 상태
(마)	• 경로탐색, 고정 지물 인식, 변동·이동 물체 인식을 위한 고해상도 지도 및 고정밀 GPS 기기 습득 • 고정 지물 인식을 위한 V2X 통신기술 습득

① 외부환경 분석   ② 사업전략 수립   ③ 기술전략 수립
④ 내부역량 분석   ⑤ 요구기술 분석

43. 부정적인 성격은 조직 내 갈등 유발, 반생산적 업무 행동, 리더의 실패 등과 같은 결과를 초래하기도 한다. 다음 〈사례〉에 나타난 부정적인 성격 유형은?

사례

변호사로 승승장구하는 김출세(40세) 씨는 늘 자신감에 차 있고 자기 관리도 뛰어나다. 하지만 조금이라도 자신의 의견에 동의하지 않거나 지시대로 따르지 않으면 화를 내고 따지려 든다. 김출세 씨 주변에 사람이 없는 이유도 바로 이 때문이다. 윗사람, 아랫사람 할 것 없이 자신보다 급이 떨어진다고 생각하고 상대하려 들지 않는다. 또 인정, 출세에 대한 욕구도 남달라서 주변 사람들의 성과조차도 자신의 것으로 가로채기 일쑤이다. 하지만 죄책감도 없고, 자신에게 이득이 되는 일이라면 주변 사람을 이용하는 일이 허다해 악명이 높다.

① 자기애성(Narcissistic)   ② 반사회성(Antisocial)
③ 강박성(Obsessive Compulsive)   ④ 편집성(Paranoid)
⑤ 의존성(Dependent)

44. 자신의 부정적 감정을 부드럽게 표현할 수 있는 방법으로 '나－전달법(I-message)'이 있다. 이와 관련한 설명의 ⓐ ～ ⓓ에 들어갈 말을 순서대로 나열한 것은?

나－전달법(I-message)이란 의사소통을 할 때 '나'를 주어로 하는 표현이다. 상대방의 행동을 비난하지 않으면서 나의 감정을 표현하는 대화법이다. 나－전달법의 4가지 구성요소는 (ⓐ), (ⓑ), (ⓒ), (ⓓ)이다. 다음은 '너－전달법'식 대화를 '나－전달법'으로 바꾼 것이다.

〈너－전달법〉

재경 : 야! 너 뭐하는 거야. 지금 몇 시야?

수호 : 오는 길에 친구를 만나서 얘기 좀 하느라.

재경 : 뭐라고? 나는 시간이 남아서 이렇게 너 기다리는 줄 알아?

수호 : 그럼 너도 일찍 나오지 말든가.

재경 : 너 말 다했니?

〈나－전달법〉

재경 : 약속 시간이 20분이나 지났는데 네가 나타나지 않으니까(ⓐ) 네가 나를 무시하는 것 같아 화가 났어(ⓑ). 늦을 수는 있지만 연락이라도 해주길 바랐거든(ⓒ). 다음에는 연락 없이 늦지 않겠다고 말해 줘(ⓓ).

수호 : 미안, 절대로 너를 무시해서 늦은 게 아니야. 다음부터는 늦지도 않고 연락도 잘할게.

재경 : 그래 그렇게 말해 줘서 고마워.

---

① 질책－느낌－바람－부탁
② 질책－느낌－부탁－욕구
③ 관찰－느낌－부탁－욕구
④ 관찰－느낌－욕구－부탁
⑤ 사건－바람－느낌－부탁

45. 분노의 감정은 직접적인 공격 활동 외에 다양한 방법으로 표현될 수 있다. 다음 중 공 대리의 행동과 관련이 깊은 것은?

> 공 대리는 결재를 올린 기획서 건으로 상사인 박 과장에게 혼이 났다. 이런 저런 트집을 잡힌 공 대리는 박 과장 앞에서는 아무 말도 하지 못하고 진 사원에게 화풀이를 했다. 동료인 김 대리는 박 과장에게 혼이 난 후 자신보다 약한 진 사원에 분풀이를 한 공 대리가 한심스러웠다.

① Sublimation(승화)
② Forgiveness(용서)
③ Introjection(내적 투사)
④ Passive Aggression(수동 공격)
⑤ Displacement Activity(전위(戰位) 행동)

46. 다음은 박 팀장이 소속된 팀의 상황이다. 이에 공통적으로 필요한 효과적인 대응은?

> • 상황 1 : 갑은 업무를 완료하는 시간이 점차 길어지고 있고 업무에 대한 열의도 많이 식은 듯하며 최근에는 업무 자체를 버거워하는 것처럼 보인다.
> • 상황 2 : 상사와 동료들로부터 성실성을 인정받고 있는 을은 업무 성과도 높아서 믿음직스럽다. 그런데 최근 한 직원으로부터 을이 이직 준비를 하는 것 같다는 이야기를 전해 들었다.
> • 상황 3 : 병은 영업실적 면에서 가장 상위권인 직원이지만 그에게 한 가지 문제가 있다. 서류 작업을 항상 미뤄 다른 직원들과 팀 전체의 생산성에 부정적인 영향을 주는 것이다.
> • 상황 4 : 정은 업무 능력의 질이 급격히 떨어지고 있다. 일주일 전에 제출한 업계 동향 보고서에 오타가 많고 체계가 엉망이다.

① 경고   ② 설득   ③ 경청
④ 동기부여   ⑤ 권한위임

47. 다음 글에서 윤 씨가 성공적인 협상을 위해 제시한 대안으로 적절한 것은?

> 대학생 윤 씨는 800만 원의 예산으로 자취방을 도배하기로 계획했다. 하지만 주변 친구들에게 수소문하여 몇몇 업체에 문의한 결과 모두 800만 원이 훌쩍 넘는 가격을 제시하였다. 그때 마침 윤 씨와 함께 팀 과제를 하고 있는 ○○학과 학생 한 명이 학교를 다니면서 도배업을 전문으로 하고 있다는 소식을 우연히 알게 되었다.
>
> 윤 씨는 괜찮은 가격을 제시받기 위해서는 먼저 그와 친해질 필요가 있다고 생각했다. 일과 학교를 병행하느라 그가 종종 수업에 빠지는 것을 목격한 윤 씨는 그에게 다가가서 빠진 수업 시간에 대한 필기노트를 보여주었고, 학업과 과제에 대해 대화하며 조금씩 가까워질 수 있었다.
>
> 어느 정도 친해졌을 무렵 윤 씨는 조심스레 도배 이야기를 꺼냈고 그를 집에 초대해 견적을 내보기로 했다. 집을 꼼꼼히 검토한 그는 820만 원을 제시하며 비교적 저렴한 가격이라는 점을 강조했다. 윤 씨는 그의 견적이 앞서 문의한 업체와 비교했을 때 나름 합리적이라고 생각했지만 여전히 자신이 정한 예산을 벗어난 금액이었기 때문에 쉽게 결정을 내릴 수 없었다.
>
> 윤 씨는 좀 더 만족할 만한 금액이 나올 수 있도록 그와 협상을 하기 시작했다. 윤 씨가 처음에 제안한 금액 역시 할인된 가격이었기 때문에 여기서 무리하게 가격을 더 깎아달라고 요구한다면 오히려 역효과가 날 것 같았다. 머리를 굴리던 윤 씨는 그가 학업에 어려움을 겪고 있다는 사실을 생각해냈다. 특히 법률문장론 수업 과제에서 늘 A+를 받는 윤 씨와 달리 그는 늘 낙제점을 받아 곤욕을 치렀다.
>
> 마침내 윤 씨는 좀 더 할인된 가격으로 도배를 받는 대신 그에게 학기가 끝날 때까지 일주일에 한 번 법률문장론 수업에 관한 개인 과외를 해주겠다고 제안하였다. 잠시 고민하던 그는 자신이 얻을 이익을 따져본 후 그 제안을 받아들이기로 했다.

① 개인교습을 한다.
② 다른 도배 업체를 알아본다.
③ 집으로 초대해 식사를 대접한다.
④ 본인의 사정을 솔직하게 설명한다.
⑤ 공사를 하는 사람에 대한 친밀감을 드러낸다.

48. 다음 글에서 ㉠과 관련 있는 용어는?

> 노자는 중국 춘추시대 말기 ~ 전국시대 초기(기원전 570 ~ 479년)를 산 인물로 알려진다. 주나라가 쇠락해 생산수단, 세계관, 계급 질서가 밑바탕부터 흔들리던 혼란의 시대다. 노자는 무위(無爲)의 통치와 관련해 「도덕경(道德經)」에 이렇게 썼다.
>
> "㉠최고의 단계에서는 백성들이 지도자가 있다는 것만 안다. 그 다음 단계에선 백성이 통치자에게 친밀함을 느끼고 칭송한다. 그 아래에선 백성이 지도자를 두려워한다. 그보다 못한 것은 아랫사람이 통치자를 비웃는 것이다."
>
> 광복 70년 만에 가난을 극복하고 선진국 그룹 말석을 차지하는 성취를 이뤘는데도 왜 행복하지 않다고 느끼는 이가 많을까. 미래는 왜 불안할까. 채우지 못한 욕망에 목말라하고, 경쟁의 강박에 시달리는 까닭은 뭘까. 최 교수는 2500년 전 노자가 쓴 200자 원고지 25장 분량의 길지 않은 글(도덕경)에서 오늘날 한국 사회가 안은 문제를 완화하거나 풀어낼 해법을 찾을 수 있다고 여긴다.

① 팔로워십　　　　　② 변혁적 리더십　　　　　③ 임파워먼트
④ 퍼실리테이션　　　⑤ 카리스마 리더십

49. 미국의 한 대학이 졸업생을 추적 조사하여 성공의 요소를 물어본 결과, 지식과 기술의 비중은 15%인 반면 대인관계능력은 85%를 차지할 정도로 대인관계능력의 비중이 현저히 높았다. 이는 성적(지식과 기술)이 우선시되는 학교에서는 단독 플레이가 가능하지만, 직장에서는 대인관계능력이 어떤 역량 요소보다 중요한 것임을 보여주는 하나의 사례이다. 다음 중 대인관계능력을 향상시키기 위한 실천 방법으로 옳지 않은 것은?

① 약속의 이행　　　　　　　② 진정성 있는 태도
③ 상대방에 대한 이해　　　　④ 사소한 일에 관한 관심
⑤ 역할에 대한 애매한 기대

50. 다음 글은 안중근 의사가 쓴 '동양평화론' 중 일부이다. 이 글에서 교훈을 얻어 직장생활에 적용하려고 할 때, 〈보기〉 중 적절한 것을 모두 고르면?

> 무릇 '합하면 성공하고 흩어지면 실패한다.'라는 말은 만고불변의 진리이다. 지금 세계는 지역이 동쪽과 서쪽으로 갈라지고 인종도 제각기 달라 서로 경쟁하기를 마치 차 마시고 밥 먹는 것처럼 한다. 농사짓고 장사하는 일보다 무기를 연구하는 일에 더 열중하여 전기포 · 비행선 · 잠수함을 새롭게 발명하니 이것들은 모두 사람을 해치고 사물을 손상시키는 기계이다. 청년을 훈련시켜 전쟁터로 몰아넣어 수많은 귀중한 생명을 희생물처럼 버리니 핏물이 내를 이루고 살점이 땅을 덮는 일이 하루도 끊이지 않는다. 살기를 좋아하고 죽기를 싫어하는 것은 모든 사람의 보통 마음이거늘 맑고 깨끗한 세상에 이 무슨 광경이란 말인가? 말과 생각이 여기에 미치자 등골이 오싹하고 마음이 싸늘해진다.

보기

㉠ 동료와 협력하고 화합하라.
㉡ 가까운 사람과 좋은 관계를 유지하라.
㉢ 창의적인 아이디어로 문제를 해결하라.
㉣ 경쟁에서 살아남을 수 있는 역량을 키워라.

① ㉠, ㉡   ② ㉠, ㉢   ③ ㉡, ㉣
④ ㉠, ㉡, ㉢   ⑤ ㉡, ㉢, ㉣

51. 다음 글에서 드러난 직장인이 갖춰야 할 기본자세로 적절한 것은?

> 영업부 김 과장은 평소보다 일이 많아 일찍 출근하는 중이었다. 해도 채 뜨지 않은 새벽에 길을 지나가는데 환경미화원이 콧노래를 부르면서 청소하고 있어 뭐가 그렇게 즐거우시냐고, 매일 일찍 나와서 청소하면 힘들지 않느냐고 묻자 그 환경미화원은 "지금 나로 인해 지구의 일부분이 깨끗해지고 있으니 오히려 즐겁다."라고 말했다.

① 전문가의식   ② 소명의식   ③ 직분의식
④ 천직의식   ⑤ 준법의식

52. 기업의 사회적 책임은 사회의 관점에서 바람직하다고 동의되는 가치 향상에 힘써야 할 의무를 말하며, 그 책임의 궁극적 목표는 기업의 지속가능한 성장과 사회적 가치 추구를 모두 충족시키는 것이다. 미국의 경영학자 필립 코틀러(Philip Kotler)는 CSR을 공익캠페인, 공익연계마케팅, 사회마케팅, 사회공헌(자선)활동, 지역사회 자원봉사, 사회책임경영 실천 영역으로 구분하고 있다. 다음의 사례는 어디에 해당하는가?

> • ○○카페는 투명하고 윤리적인 커피 원두 구매에 있어서 전 세계 커피 산업을 선도하며 그동안 친환경, 윤리적 커피 원두 구매 방식을 구축해 왔습니다. 30여 년 전부터 국제 환경 보호 단체(Conservation International)와의 협약을 통해 원두 구매 방식에 환경 보호 원칙을 결합시켰으며, 사회적 · 환경적 책임을 다하는 이러한 노력을 바탕으로 윤리적 커피 원두 구매 프로그램인 C.A.F.E(Coffee and Farmer Equity)가 탄생될 수 있었습니다.
> • △△마트는 자사에 제품을 납품하는 모든 공급업체의 그린의무화로 20X5년까지 2,000만 톤의 탄소감축 계획을 수립했습니다. 에너지 고가시대를 대비해 공통의 생산비용을 절감하고 탄소 규제하에서도 낮은 제품가격을 유지하기 위한 조치입니다.

① 공익캠페인   ② 사회책임경영 실천   ③ 공익연계마케팅
④ 지역사회 자원봉사   ⑤ 사회공헌(자선)활동

53. 직업윤리는 공리주의적 관점에서 '직장 본위의 직업윤리', '자기 본위의 직업윤리', '국가 본위의 직업윤리', '일 본위의 직업윤리'의 4유형으로 분류된다. 다음 빈칸에 들어갈 유형은?

> '(   )'란 자기 자신을 위해서도 아니고 자신이 소속된 사회나 조직을 위해서도 아닌 일 바로 그 자체를 위해 헌신하고, 보다 완벽한 일의 성과와 창의적인 업적을 남기려고 노력하는 것이 직업인으로서의 사명이자 본분이라고 생각하는 직업관이다. 장인정신(匠人精神)이나 금욕적 직업윤리 의식은 이 유형에 속하는 것으로서 일의 헌신이 올바르게 수행될 경우 그것은 궁극적으로 자기실현에 도달할 수 있게 된다. 또한 업무의 성과가 모든 주위 사람에게 이익과 행복을 가져다준다고 하면 이 윤리는 넓은 의미로 '사회본위의 직업관'이라고도 볼 수 있다.

① 일 본위의 직업윤리   ② 자기 본위의 직업윤리   ③ 직장 본위의 직업윤리
④ 국가 본위의 직업윤리   ⑤ 정답 없음.

54. 다음 기사를 읽은 후 보인 반응으로 적절한 것은?

> 골프는 대부분 심판원의 감독 없이 양심에 따라 경기를 진행한다. '신사의 스포츠'라 불리는 이유다. 하지만 감독이 없는 만큼 골퍼들이 유혹에 흔들릴 때도 잦다. 공을 치기 좋은 위치로 슬쩍 옮겨 놓거나 스코어를 속이는 골퍼가 적지 않다. 규칙을 자신에게 유리하게 해석했다가 망신을 당하는 프로골퍼도 나온다.
>
> 스페인에서도 이런 얌체 골퍼가 많았던 걸까. 유소년 골프 대회에서 우승한 어린이가 성적 계산에 착오가 있었다며 우승컵을 반납한 사실이 알려지자 스페인 전체가 열광했다. 해당 기사가 실린 일간지에 따르면 한 어린이 선수가 지난 12일 열린 어린이 골프 대회에서 52타로 1위에 올랐다. 집에 가서 자신이 직접 작성한 스코어 카드를 본 아이는 가슴이 철렁 내려앉았다. 타수 계산이 잘못돼 원래 성적이 53타였던 것이다. 아무에게도 말하지 않으면 우승컵을 그대로 차지할 수 있는 상황. 그는 거짓 우승을 택하는 대신 대회를 주최한 골프협회에 편지를 썼다. "실수로라도 타수를 잘못 기록하는 건 실격의 이유가 된다고 배웠어요. 우승컵은 받을 자격이 있는 다른 선수에게 돌아가야 해요." 아이가 연필로 꾹꾹 눌러 쓴 손편지를 받은 협회는 성명서를 내고 "진정한 신사임을 입증한 이 선수의 아름다운 행동을 받아들인다."라고 화답했다.
>
> 이 사연을 접한 많은 사람이 "일곱 살 선수가 진정한 스포츠맨십이 무엇인지를 보여줬다."며 꼬마 골퍼를 향한 찬사를 쏟아 냈다. 협회 관계자는 "그 아이는 우리가 골프에서 배울 수 있는 가장 중요한 것을 이미 배웠다."라며 그것은 '정직'과 '규칙에 대한 존중'이라고 말했다.

① 때로는 거짓말이 필요하다.
② 부정부패와 타협하며 살지 말자.
③ 정직과 신뢰는 조금씩 쌓아가는 것이다.
④ 부정직한 관행을 더 이상 묵인하지 말자.
⑤ 손해를 보더라도 정직하게 잘못을 밝히자.

55. 다음 〈상황〉에 적절한 전략인 A에 들어갈 갈등관리 유형은?

상황

- 양측의 목표가 다른 경우
- 양측의 힘이 비슷한 경우
- 목표 달성이 중요하지만 시간이 없는 경우

〈토마스와 킬만(Thomas & Kilman)의 갈등관리 유형〉

① 경쟁형 ② 통합형 ③ 회피형
④ 수용형 ⑤ 타협형

56. 다음 중 직장에서의 전화예절에 대한 설명으로 적절하지 않은 것은?

① 전화를 걸기 전 미리 메모할 종이와 필기구를 준비한다.
② 전화는 정상업무가 이루어지고 있는 근무 시간에 걸도록 한다.
③ 전화를 받을 때는 자신의 부서명, 성명, 직급 등의 신분을 밝힌다.
④ 회신을 부탁한다는 전화를 받았다면 가능한 한 빨리 하려고 노력한다.
⑤ 원활한 소통을 위하여 준비한 멘트를 상대방의 대답을 듣기 전에 빨리 말한다.

57. 다음 〈보기〉에서 강조하고 있는 직업윤리의 요소로 적절한 것은?

> 보기
>
> 일본 미쓰비시자동차와 닛산자동차의 연비·배출가스 조작 의혹에 이어 스즈키자동차까지 연비 조작에 휩쓸리면서 파문이 커지고 있다. 말이 조작이지 비열한 사기행각이다. 미쓰비시는 4개 차종, 62만 대에 대한 연비 조작 사실을 인정했다. 무려 25년 동안 부정한 실험방법으로 연비를 거짓 측정한 것이다. 미쓰비시의 연비 조작 파문에 이어 일본 자동차업계 4위인 스즈키도 연비 테스트 과정에서 부적절한 수단을 사용한 것으로 드러났다. 뿐만 아니라 미쓰비시를 인수한 닛산 역시 한국에서 배출가스 조작 판정을 받아 궁지에 몰렸다. 환경부는 국내에서 팔린 디젤(경유)차 20개 차종을 조사한 결과 닛산이 캐시카이에 배출가스인 질소산화물(NOX) 저감장치 작동을 중단시키는 임의 설정을 한 것으로 판단했다. 이들이 전 세계 소비자들을 상대로 저지른 사기 액수를 계산한다면 천문학적일 것이다.

① 예절 ② 근면 ③ 정직
④ 준법 ⑤ 봉사

58. 요즘처럼 생산기술이 발전하고 물질이 풍부해진 때에 고객만족의 성패는 서비스에 의해서 결정된다고 할 수 있다. 영어단어 서비스인 "SERVICE"에서 각 이니셜에 해당하는 단어와 그 의미가 알맞지 않은 것은?

① S(Special) : 서비스는 고객에게 특별함을 제공하는 것
② R(Respect) : 서비스는 고객을 존중하는 것
③ V(Value) : 서비스는 고객에게 가치를 제공하는 것
④ I(Image) : 서비스는 고객에게 좋은 이미지를 심어주는 것
⑤ C(Courtesy) : 서비스는 예의를 갖추고 정중하게 하는 것

59. 우리 사회의 낮은 정직성 수준의 원인에 대한 설명으로 옳지 않은 것은?

① 한국 사회에서는 사적 신뢰보다 공적 신뢰를 더 중요시하기 때문이다.

② 부정직한 사람이 정치인, 기업인이 되어 성공하는 사례가 많기 때문이다.

③ 진실이 필요한 상황에서 친분관계로 인해 위증을 하는 경우가 많기 때문이다.

④ 원칙보다 조직원들 간의 정을 더 우선시하는 문화적 요소도 하나의 원인이다.

⑤ 정직하면 손해 본다는 인식이 팽배하기 때문이다.

60. 다음 중 직장 내 괴롭힘으로 볼 수 없는 것은?

① 육아휴직 후 복직한 정 씨는 원래 담당하던 업무가 아닌 다른 업무로 배치되었으며 부장이 의도적으로 회의에 정 씨를 배제시키기도 했다. 이후 자리배치를 할 때도 구석으로 책상을 몰아내어 정 씨에게 모욕감을 주었다. 이를 견디지 못한 정 씨는 우울증에 빠져 결국 퇴사하였다.

② 영업사원 이 씨는 본래 업무와 상관없는 대표의 운전기사, 수행비서 일을 도맡아 했으며 폭설이 내린 날에는 대표의 아들 자동차에 쌓인 눈을 맨손으로 치우라는 지시를 받기도 했다. 대표는 직원들을 동원해 개인 텃밭의 채소 수확까지 시켰지만 문제제기를 할 수 없는 분위기였다.

③ 똑같은 업무를 수년 동안 해온 김 씨는 갑자기 기존의 업무와 전혀 관련 없는 일을 배정받았다. 바뀐 업무에 필요한 단말기를 요청했으나 회사는 계속 무시하였고 업무 실적에 대한 압박만 지속했다.

④ 입사 10년차 영업부 과장 윤 씨는 곧 있을 근무평가 성적을 기다리고 있다. 승진평가에 합격하기 위해선 꼭 A등급을 받아야하기 때문이다. 그러나 객관적으로 실적이 좋지 못했던 윤 씨는 본부장으로부터 B등급을 받았고, 승진을 앞두고 상사의 배려를 기대했던 윤 씨는 본부장이 자신의 승진을 고의로 막은 게 아닐까하는 생각에 괴로워졌다.

⑤ 황 사원은 회사 선배의 지속적인 술자리 강요로 큰 스트레스를 받았다. 고민 끝에 회식자리를 마련한 그는 끝까지 자리를 지키며 선배들과 이런저런 이야기를 나눴다. 도움 되는 조언도 얻고 관계도 한층 돈독해진 것 같아 한결 기분이 좋아졌다. 그러나 집으로 돌아오는 길, 팀장은 팀원들이 모여 있는 모바일 메신저에 하소연을 쏟아내며 끊임없이 말을 시키고 답장을 강요했다. 밤 12시가 넘는 시각이었지만 황 사원은 아직 퇴근하지 못한 기분이었다.

1회 기출예상문제

직무능력평가

감독관 확인란

성명표기란

수험번호

(주민등록 앞자리 생년제외) 월일

문번	답란			
1	①	②	③	④
2	①	②	③	④
3	①	②	③	④
4	①	②	③	④
5	①	②	③	④
6	①	②	③	④
7	①	②	③	④
8	①	②	③	④
9	①	②	③	④
10	①	②	③	④
11	①	②	③	④
12	①	②	③	④
13	①	②	③	④
14	①	②	③	④
15	①	②	③	④
16	①	②	③	④
17	①	②	③	④
18	①	②	③	④
19	①	②	③	④
20	①	②	③	④

문번	답란			
21	①	②	③	④
22	①	②	③	④
23	①	②	③	④
24	①	②	③	④
25	①	②	③	④
26	①	②	③	④
27	①	②	③	④
28	①	②	③	④
29	①	②	③	④
30	①	②	③	④
31	①	②	③	④
32	①	②	③	④
33	①	②	③	④
34	①	②	③	④
35	①	②	③	④
36	①	②	③	④
37	①	②	③	④
38	①	②	③	④
39	①	②	③	④
40	①	②	③	④

문번	답란			
41	①	②	③	④
42	①	②	③	④
43	①	②	③	④
44	①	②	③	④
45	①	②	③	④
46	①	②	③	④
47	①	②	③	④
48	①	②	③	④
49	①	②	③	④
50	①	②	③	④

gosinet (주)고시넷

사람인 NCS

2회 기출예상문제

직무능력평가

감독관
확인란

성명표기란

수험번호

(주민등록 앞자리 생년제외) 월일

수험생 유의사항

※ 답안은 반드시 컴퓨터용 사인펜으로 〈보기〉와 같이 바르게 표기해야 합니다.
　〈보기〉 ① ② ③ ● ⑤
※ 성명표기란 위 칸에는 성명을 한글로 쓰고 아래 칸에는 성명을 정확하게 표기하십시오. (맨 왼쪽
　칸부터 표기하며 성과 이름은 이름은 붙여 씁니다)
※ 수험번호/월일 위 칸에는 아라비아 숫자로 쓰고 아래 칸에는 숫자와 일치하게 표기하십시오.
※ 월일은 반드시 본인 주민등록번호의 생년을 제외한 월 두 자리, 일 두 자리를 표기하십시오.
　〈예〉 2002년 4월 1일 → 0401

문번	답란	문번	답란	문번	답란	문번	답란
1	① ② ③ ④	21	① ② ③ ④	41	① ② ③ ④	61	① ② ③ ④
2	① ② ③ ④	22	① ② ③ ④	42	① ② ③ ④	62	① ② ③ ④
3	① ② ③ ④	23	① ② ③ ④	43	① ② ③ ④	63	① ② ③ ④
4	① ② ③ ④	24	① ② ③ ④	44	① ② ③ ④	64	① ② ③ ④
5	① ② ③ ④	25	① ② ③ ④	45	① ② ③ ④	65	① ② ③ ④
6	① ② ③ ④	26	① ② ③ ④	46	① ② ③ ④	66	① ② ③ ④
7	① ② ③ ④	27	① ② ③ ④	47	① ② ③ ④	67	① ② ③ ④
8	① ② ③ ④	28	① ② ③ ④	48	① ② ③ ④	68	① ② ③ ④
9	① ② ③ ④	29	① ② ③ ④	49	① ② ③ ④	69	① ② ③ ④
10	① ② ③ ④	30	① ② ③ ④	50	① ② ③ ④	70	① ② ③ ④
11	① ② ③ ④	31	① ② ③ ④	51	① ② ③ ④	71	① ② ③ ④
12	① ② ③ ④	32	① ② ③ ④	52	① ② ③ ④	72	① ② ③ ④
13	① ② ③ ④	33	① ② ③ ④	53	① ② ③ ④	73	① ② ③ ④
14	① ② ③ ④	34	① ② ③ ④	54	① ② ③ ④	74	① ② ③ ④
15	① ② ③ ④	35	① ② ③ ④	55	① ② ③ ④	75	① ② ③ ④
16	① ② ③ ④	36	① ② ③ ④	56	① ② ③ ④	76	① ② ③ ④
17	① ② ③ ④	37	① ② ③ ④	57	① ② ③ ④	77	① ② ③ ④
18	① ② ③ ④	38	① ② ③ ④	58	① ② ③ ④	78	① ② ③ ④
19	① ② ③ ④	39	① ② ③ ④	59	① ② ③ ④	79	① ② ③ ④
20	① ② ③ ④	40	① ② ③ ④	60	① ② ③ ④	80	① ② ③ ④

3회 기출예상문제

gosi.net (주)고시넷

감독관 확인란

직무능력평가

성명표기란

수험번호

주민등록 앞자리 생년제외 월일

문번	답란
1	① ② ③ ④ ⑤
2	① ② ③ ④ ⑤
3	① ② ③ ④ ⑤
4	① ② ③ ④ ⑤
5	① ② ③ ④ ⑤
6	① ② ③ ④ ⑤
7	① ② ③ ④ ⑤
8	① ② ③ ④ ⑤
9	① ② ③ ④ ⑤
10	① ② ③ ④ ⑤
11	① ② ③ ④ ⑤
12	① ② ③ ④ ⑤
13	① ② ③ ④ ⑤
14	① ② ③ ④ ⑤
15	① ② ③ ④ ⑤
16	① ② ③ ④ ⑤
17	① ② ③ ④ ⑤
18	① ② ③ ④ ⑤
19	① ② ③ ④ ⑤
20	① ② ③ ④ ⑤

문번	답란
21	① ② ③ ④ ⑤
22	① ② ③ ④ ⑤
23	① ② ③ ④ ⑤
24	① ② ③ ④ ⑤
25	① ② ③ ④ ⑤
26	① ② ③ ④ ⑤
27	① ② ③ ④ ⑤
28	① ② ③ ④ ⑤
29	① ② ③ ④ ⑤
30	① ② ③ ④ ⑤
31	① ② ③ ④ ⑤
32	① ② ③ ④ ⑤
33	① ② ③ ④ ⑤
34	① ② ③ ④ ⑤
35	① ② ③ ④ ⑤
36	① ② ③ ④ ⑤
37	① ② ③ ④ ⑤
38	① ② ③ ④ ⑤
39	① ② ③ ④ ⑤
40	① ② ③ ④ ⑤

문번	답란
41	① ② ③ ④ ⑤
42	① ② ③ ④ ⑤
43	① ② ③ ④ ⑤
44	① ② ③ ④ ⑤
45	① ② ③ ④ ⑤
46	① ② ③ ④ ⑤
47	① ② ③ ④ ⑤
48	① ② ③ ④ ⑤
49	① ② ③ ④ ⑤
50	① ② ③ ④ ⑤

사람인 NCS

4회 기출예상문제

직무능력평가

감독관 확인란

수험번호

성명 표기란

주민등록 앞자리 생년제외 월일

문번	답란	문번	답란	문번	답란	문번	답란
1	① ② ③ ④ ⑤	21	① ② ③ ④ ⑤	41	① ② ③ ④ ⑤		
2	① ② ③ ④ ⑤	22	① ② ③ ④ ⑤	42	① ② ③ ④ ⑤		
3	① ② ③ ④ ⑤	23	① ② ③ ④ ⑤	43	① ② ③ ④ ⑤		
4	① ② ③ ④ ⑤	24	① ② ③ ④ ⑤	44	① ② ③ ④ ⑤		
5	① ② ③ ④ ⑤	25	① ② ③ ④ ⑤	45	① ② ③ ④ ⑤		
6	① ② ③ ④ ⑤	26	① ② ③ ④ ⑤	46	① ② ③ ④ ⑤		
7	① ② ③ ④ ⑤	27	① ② ③ ④ ⑤	47	① ② ③ ④ ⑤		
8	① ② ③ ④ ⑤	28	① ② ③ ④ ⑤	48	① ② ③ ④ ⑤		
9	① ② ③ ④ ⑤	29	① ② ③ ④ ⑤	49	① ② ③ ④ ⑤		
10	① ② ③ ④ ⑤	30	① ② ③ ④ ⑤	50	① ② ③ ④ ⑤		
11	① ② ③ ④ ⑤	31	① ② ③ ④ ⑤				
12	① ② ③ ④ ⑤	32	① ② ③ ④ ⑤				
13	① ② ③ ④ ⑤	33	① ② ③ ④ ⑤				
14	① ② ③ ④ ⑤	34	① ② ③ ④ ⑤				
15	① ② ③ ④ ⑤	35	① ② ③ ④ ⑤				
16	① ② ③ ④ ⑤	36	① ② ③ ④ ⑤				
17	① ② ③ ④ ⑤	37	① ② ③ ④ ⑤				
18	① ② ③ ④ ⑤	38	① ② ③ ④ ⑤				
19	① ② ③ ④ ⑤	39	① ② ③ ④ ⑤				
20	① ② ③ ④ ⑤	40	① ② ③ ④ ⑤				

5회 기출예상문제

감독관
확인란

직무능력평가

성명표기란

수험번호

(주민등록 앞자리 생년제외) 월일

수험생 유의사항

※ 답안은 반드시 컴퓨터용 사인펜으로 보기와 같이 바르게 표기해야 합니다.
〈보기〉① ② ③ ❹ ⑤

※ 성명표기란 위 칸에는 성명을 한글로 쓰고 아래 칸에는 성명을 정확하게
컴퓨터 표기하듯이 성과 이름은 붙여 씁니다.

※ 수험번호/월일 위 칸에는 아라비아 숫자로 쓰고 아래 칸에는 숫자와 일치하게 표기하십시오.

※ 월일은 반드시 본인 주민등록번호의 생년을 제외한 월 두 자리, 일 두 자리를 표기하십시오.
(예) 2002년 4월 1일 → 0401

문번	답란	문번	답란	문번	답란	문번	답란
1	① ② ③ ④ ⑤	21	① ② ③ ④ ⑤	41	① ② ③ ④ ⑤		
2	① ② ③ ④ ⑤	22	① ② ③ ④ ⑤	42	① ② ③ ④ ⑤		
3	① ② ③ ④ ⑤	23	① ② ③ ④ ⑤	43	① ② ③ ④ ⑤		
4	① ② ③ ④ ⑤	24	① ② ③ ④ ⑤	44	① ② ③ ④ ⑤		
5	① ② ③ ④ ⑤	25	① ② ③ ④ ⑤	45	① ② ③ ④ ⑤		
6	① ② ③ ④ ⑤	26	① ② ③ ④ ⑤	46	① ② ③ ④ ⑤		
7	① ② ③ ④ ⑤	27	① ② ③ ④ ⑤	47	① ② ③ ④ ⑤		
8	① ② ③ ④ ⑤	28	① ② ③ ④ ⑤	48	① ② ③ ④ ⑤		
9	① ② ③ ④ ⑤	29	① ② ③ ④ ⑤	49	① ② ③ ④ ⑤		
10	① ② ③ ④ ⑤	30	① ② ③ ④ ⑤	50	① ② ③ ④ ⑤		
11	① ② ③ ④ ⑤	31	① ② ③ ④ ⑤	51	① ② ③ ④ ⑤		
12	① ② ③ ④ ⑤	32	① ② ③ ④ ⑤	52	① ② ③ ④ ⑤		
13	① ② ③ ④ ⑤	33	① ② ③ ④ ⑤	53	① ② ③ ④ ⑤		
14	① ② ③ ④ ⑤	34	① ② ③ ④ ⑤	54	① ② ③ ④ ⑤		
15	① ② ③ ④ ⑤	35	① ② ③ ④ ⑤	55	① ② ③ ④ ⑤		
16	① ② ③ ④ ⑤	36	① ② ③ ④ ⑤	56	① ② ③ ④ ⑤		
17	① ② ③ ④ ⑤	37	① ② ③ ④ ⑤	57	① ② ③ ④ ⑤		
18	① ② ③ ④ ⑤	38	① ② ③ ④ ⑤	58	① ② ③ ④ ⑤		
19	① ② ③ ④ ⑤	39	① ② ③ ④ ⑤	59	① ② ③ ④ ⑤		
20	① ② ③ ④ ⑤	40	① ② ③ ④ ⑤	60	① ② ③ ④ ⑤		

gosinet (주)고시넷

사람인 NCS

6회 기출예상문제

직무능력평가

수험번호

⓪	⓪	⓪	⓪	⓪	⓪	⓪	⓪	⓪
①	①	①	①	①	①	①	①	①
②	②	②	②	②	②	②	②	②
③	③	③	③	③	③	③	③	③
④	④	④	④	④	④	④	④	④
⑤	⑤	⑤	⑤	⑤	⑤	⑤	⑤	⑤
⑥	⑥	⑥	⑥	⑥	⑥	⑥	⑥	⑥
⑦	⑦	⑦	⑦	⑦	⑦	⑦	⑦	⑦
⑧	⑧	⑧	⑧	⑧	⑧	⑧	⑧	⑧
⑨	⑨	⑨	⑨	⑨	⑨	⑨	⑨	⑨

성명표기란

(주민등록 앞자리 생년제외) 월일

⓪	⓪	⓪	⓪
①	①	①	①
②	②	②	②
③	③	③	③
④	④	④	④
⑤	⑤	⑤	⑤
⑥	⑥	⑥	⑥
⑦	⑦	⑦	⑦
⑧	⑧	⑧	⑧
⑨	⑨	⑨	⑨

수험생 유의사항

※ 답안은 반드시 컴퓨터용 사인펜으로 보기와 같이 바르게 표기해야 합니다.
〈보기〉 ① ② ③ ● ⑤

※ 성명표기란 위 칸에는 성명을 한글로 쓰고 아래 칸에는 성명을 정확하게 표기하십시오. (맨 왼쪽 칸부터 표기하며 성과 이름은 붙여 씁니다)

※ 수험번호/월일 위 칸에는 아라비아 숫자로 쓰고 아래 칸에는 숫자와 일치하게 표기하십시오.

※ 월일은 반드시 본인 주민등록번호의 생년을 제외한 월 두 자리, 일 두 자리를 표기하십시오.
(예) 2002년 4월 1일 → 0401

답안

문번	답란	문번	답란	문번	답란
1	① ② ③ ④ ⑤	21	① ② ③ ④ ⑤	41	① ② ③ ④ ⑤
2	① ② ③ ④ ⑤	22	① ② ③ ④ ⑤	42	① ② ③ ④ ⑤
3	① ② ③ ④ ⑤	23	① ② ③ ④ ⑤	43	① ② ③ ④ ⑤
4	① ② ③ ④ ⑤	24	① ② ③ ④ ⑤	44	① ② ③ ④ ⑤
5	① ② ③ ④ ⑤	25	① ② ③ ④ ⑤	45	① ② ③ ④ ⑤
6	① ② ③ ④ ⑤	26	① ② ③ ④ ⑤	46	① ② ③ ④ ⑤
7	① ② ③ ④ ⑤	27	① ② ③ ④ ⑤	47	① ② ③ ④ ⑤
8	① ② ③ ④ ⑤	28	① ② ③ ④ ⑤	48	① ② ③ ④ ⑤
9	① ② ③ ④ ⑤	29	① ② ③ ④ ⑤	49	① ② ③ ④ ⑤
10	① ② ③ ④ ⑤	30	① ② ③ ④ ⑤	50	① ② ③ ④ ⑤
11	① ② ③ ④ ⑤	31	① ② ③ ④ ⑤	51	① ② ③ ④ ⑤
12	① ② ③ ④ ⑤	32	① ② ③ ④ ⑤	52	① ② ③ ④ ⑤
13	① ② ③ ④ ⑤	33	① ② ③ ④ ⑤	53	① ② ③ ④ ⑤
14	① ② ③ ④ ⑤	34	① ② ③ ④ ⑤	54	① ② ③ ④ ⑤
15	① ② ③ ④ ⑤	35	① ② ③ ④ ⑤	55	① ② ③ ④ ⑤
16	① ② ③ ④ ⑤	36	① ② ③ ④ ⑤	56	① ② ③ ④ ⑤
17	① ② ③ ④ ⑤	37	① ② ③ ④ ⑤	57	① ② ③ ④ ⑤
18	① ② ③ ④ ⑤	38	① ② ③ ④ ⑤	58	① ② ③ ④ ⑤
19	① ② ③ ④ ⑤	39	① ② ③ ④ ⑤	59	① ② ③ ④ ⑤
20	① ② ③ ④ ⑤	40	① ② ③ ④ ⑤	60	① ② ③ ④ ⑤

사람인 NCS

7회 기출예상문제

직무능력평가

성명표기란

수험번호

감독관
확인란

(주민등록 앞자리 생년제외) 월일

수험생 유의사항

※ 답안은 반드시 컴퓨터용 사인펜으로 보기와 같이 바르게 표기해야 합니다.
〈보기〉 ① ② ③ ❹ ⑤

※ 성명표기란 위 칸에는 성명을 한글로 쓰고 아래 칸에는 성명을 정확하게 표기하십시오. (맨 왼쪽
칸부터 표기하며 성과 이름은 붙여 씁니다)

※ 수험번호/월일 위 칸에는 아라비아 숫자로 쓰고 아래 칸에는 숫자와 일치하게 표기하십시오.

※ 월일은 반드시 본인 주민등록번호의 생년을 제외한 월 두 자리, 일 두 자리를 표기하십시오.
〈예〉 2002년 4월 1일 → 0401

문번	답란	문번	답란	문번	답란
1	① ② ③ ④ ⑤	21	① ② ③ ④ ⑤	41	① ② ③ ④ ⑤
2	① ② ③ ④ ⑤	22	① ② ③ ④ ⑤	42	① ② ③ ④ ⑤
3	① ② ③ ④ ⑤	23	① ② ③ ④ ⑤	43	① ② ③ ④ ⑤
4	① ② ③ ④ ⑤	24	① ② ③ ④ ⑤	44	① ② ③ ④ ⑤
5	① ② ③ ④ ⑤	25	① ② ③ ④ ⑤	45	① ② ③ ④ ⑤
6	① ② ③ ④ ⑤	26	① ② ③ ④ ⑤	46	① ② ③ ④ ⑤
7	① ② ③ ④ ⑤	27	① ② ③ ④ ⑤	47	① ② ③ ④ ⑤
8	① ② ③ ④ ⑤	28	① ② ③ ④ ⑤	48	① ② ③ ④ ⑤
9	① ② ③ ④ ⑤	29	① ② ③ ④ ⑤	49	① ② ③ ④ ⑤
10	① ② ③ ④ ⑤	30	① ② ③ ④ ⑤	50	① ② ③ ④ ⑤
11	① ② ③ ④ ⑤	31	① ② ③ ④ ⑤	51	① ② ③ ④ ⑤
12	① ② ③ ④ ⑤	32	① ② ③ ④ ⑤	52	① ② ③ ④ ⑤
13	① ② ③ ④ ⑤	33	① ② ③ ④ ⑤	53	① ② ③ ④ ⑤
14	① ② ③ ④ ⑤	34	① ② ③ ④ ⑤	54	① ② ③ ④ ⑤
15	① ② ③ ④ ⑤	35	① ② ③ ④ ⑤	55	① ② ③ ④ ⑤
16	① ② ③ ④ ⑤	36	① ② ③ ④ ⑤	56	① ② ③ ④ ⑤
17	① ② ③ ④ ⑤	37	① ② ③ ④ ⑤	57	① ② ③ ④ ⑤
18	① ② ③ ④ ⑤	38	① ② ③ ④ ⑤	58	① ② ③ ④ ⑤
19	① ② ③ ④ ⑤	39	① ② ③ ④ ⑤	59	① ② ③ ④ ⑤
20	① ② ③ ④ ⑤	40	① ② ③ ④ ⑤	60	① ② ③ ④ ⑤

잘라서 활용하세요.

사람인 NCS

직무능력평가

연습용_80문항

성명표기란

수험번호

(주민등록 앞자리 생년제외)월일

수험생 유의사항

※ 답안은 반드시 컴퓨터용 사인펜으로 보기와 같이 바르게 표기해야 합니다.
〈보기〉 ① ② ③ ❹ ⑤

※ 성명표기란 위 칸에는 성명을 한글로 쓰고 아래 칸에는 성명을 정확하게 표기하십시오. (맨 왼쪽 칸부터 표기하며 성과 이름은 붙여 씁니다)

※ 수험번호/월일 위 칸에는 아라비아 숫자로 쓰고 아래 칸에는 숫자와 일치하게 표기하십시오.

※ 월일은 반드시 본인 주민등록번호의 생년월일을 제외한 월 두 자리, 일 두 자리를 표기하십시오.
(예) 2002년 4월 1일 → 0401

문번	답란	문번	답란	문번	답란	문번	답란
1	① ② ③ ④	21	① ② ③ ④	41	① ② ③ ④	61	① ② ③ ④
2	① ② ③ ④	22	① ② ③ ④	42	① ② ③ ④	62	① ② ③ ④
3	① ② ③ ④	23	① ② ③ ④	43	① ② ③ ④	63	① ② ③ ④
4	① ② ③ ④	24	① ② ③ ④	44	① ② ③ ④	64	① ② ③ ④
5	① ② ③ ④	25	① ② ③ ④	45	① ② ③ ④	65	① ② ③ ④
6	① ② ③ ④	26	① ② ③ ④	46	① ② ③ ④	66	① ② ③ ④
7	① ② ③ ④	27	① ② ③ ④	47	① ② ③ ④	67	① ② ③ ④
8	① ② ③ ④	28	① ② ③ ④	48	① ② ③ ④	68	① ② ③ ④
9	① ② ③ ④	29	① ② ③ ④	49	① ② ③ ④	69	① ② ③ ④
10	① ② ③ ④	30	① ② ③ ④	50	① ② ③ ④	70	① ② ③ ④
11	① ② ③ ④	31	① ② ③ ④	51	① ② ③ ④	71	① ② ③ ④
12	① ② ③ ④	32	① ② ③ ④	52	① ② ③ ④	72	① ② ③ ④
13	① ② ③ ④	33	① ② ③ ④	53	① ② ③ ④	73	① ② ③ ④
14	① ② ③ ④	34	① ② ③ ④	54	① ② ③ ④	74	① ② ③ ④
15	① ② ③ ④	35	① ② ③ ④	55	① ② ③ ④	75	① ② ③ ④
16	① ② ③ ④	36	① ② ③ ④	56	① ② ③ ④	76	① ② ③ ④
17	① ② ③ ④	37	① ② ③ ④	57	① ② ③ ④	77	① ② ③ ④
18	① ② ③ ④	38	① ② ③ ④	58	① ② ③ ④	78	① ② ③ ④
19	① ② ③ ④	39	① ② ③ ④	59	① ② ③ ④	79	① ② ③ ④
20	① ② ③ ④	40	① ② ③ ④	60	① ② ③ ④	80	① ② ③ ④

사람인 NCS

직무능력평가

연습용_50문항

감독관 확인란

성명표기란

수험번호

(주민등록 앞자리 생년제외) 월일

수험생 유의사항

※ 답안은 반드시 컴퓨터용 사인펜으로 보기와 같이 바르게 표기해야 합니다.
〈보기〉 ① ② ③ ❹ ⑤
※ 성명표기란 위 칸에는 성명을 한글로 쓰고 아래 칸에는 성명을 정확하게 표기하십시오. (맨 왼쪽 칸부터 표기하며 성과 이름은 붙여 씁니다)
※ 수험번호/월일 위 칸에는 아라비아 숫자로 쓰고 아래 칸에는 숫자와 일치하게 표기하십시오.
※ 월일은 반드시 본인 주민등록번호의 생년을 제외한 월 두 자리, 일 두 자리를 표기하십시오.
(예) 2002년 4월 1일 → 0401

문번	답란	문번	답란	문번	답란
1	① ② ③ ④ ⑤	21	① ② ③ ④ ⑤	41	① ② ③ ④ ⑤
2	① ② ③ ④ ⑤	22	① ② ③ ④ ⑤	42	① ② ③ ④ ⑤
3	① ② ③ ④ ⑤	23	① ② ③ ④ ⑤	43	① ② ③ ④ ⑤
4	① ② ③ ④ ⑤	24	① ② ③ ④ ⑤	44	① ② ③ ④ ⑤
5	① ② ③ ④ ⑤	25	① ② ③ ④ ⑤	45	① ② ③ ④ ⑤
6	① ② ③ ④ ⑤	26	① ② ③ ④ ⑤	46	① ② ③ ④ ⑤
7	① ② ③ ④ ⑤	27	① ② ③ ④ ⑤	47	① ② ③ ④ ⑤
8	① ② ③ ④ ⑤	28	① ② ③ ④ ⑤	48	① ② ③ ④ ⑤
9	① ② ③ ④ ⑤	29	① ② ③ ④ ⑤	49	① ② ③ ④ ⑤
10	① ② ③ ④ ⑤	30	① ② ③ ④ ⑤	50	① ② ③ ④ ⑤
11	① ② ③ ④ ⑤	31	① ② ③ ④ ⑤		
12	① ② ③ ④ ⑤	32	① ② ③ ④ ⑤		
13	① ② ③ ④ ⑤	33	① ② ③ ④ ⑤		
14	① ② ③ ④ ⑤	34	① ② ③ ④ ⑤		
15	① ② ③ ④ ⑤	35	① ② ③ ④ ⑤		
16	① ② ③ ④ ⑤	36	① ② ③ ④ ⑤		
17	① ② ③ ④ ⑤	37	① ② ③ ④ ⑤		
18	① ② ③ ④ ⑤	38	① ② ③ ④ ⑤		
19	① ② ③ ④ ⑤	39	① ② ③ ④ ⑤		
20	① ② ③ ④ ⑤	40	① ② ③ ④ ⑤		

사람인 NCS

직무능력평가

감독관
확인란

문번	답란				
1	①	②	③	④	⑤
2	①	②	③	④	⑤
3	①	②	③	④	⑤
4	①	②	③	④	⑤
5	①	②	③	④	⑤
6	①	②	③	④	⑤
7	①	②	③	④	⑤
8	①	②	③	④	⑤
9	①	②	③	④	⑤
10	①	②	③	④	⑤
11	①	②	③	④	⑤
12	①	②	③	④	⑤
13	①	②	③	④	⑤
14	①	②	③	④	⑤
15	①	②	③	④	⑤
16	①	②	③	④	⑤
17	①	②	③	④	⑤
18	①	②	③	④	⑤
19	①	②	③	④	⑤
20	①	②	③	④	⑤

문번	답란				
21	①	②	③	④	⑤
22	①	②	③	④	⑤
23	①	②	③	④	⑤
24	①	②	③	④	⑤
25	①	②	③	④	⑤
26	①	②	③	④	⑤
27	①	②	③	④	⑤
28	①	②	③	④	⑤
29	①	②	③	④	⑤
30	①	②	③	④	⑤
31	①	②	③	④	⑤
32	①	②	③	④	⑤
33	①	②	③	④	⑤
34	①	②	③	④	⑤
35	①	②	③	④	⑤
36	①	②	③	④	⑤
37	①	②	③	④	⑤
38	①	②	③	④	⑤
39	①	②	③	④	⑤
40	①	②	③	④	⑤

문번	답란				
41	①	②	③	④	⑤
42	①	②	③	④	⑤
43	①	②	③	④	⑤
44	①	②	③	④	⑤
45	①	②	③	④	⑤
46	①	②	③	④	⑤
47	①	②	③	④	⑤
48	①	②	③	④	⑤
49	①	②	③	④	⑤
50	①	②	③	④	⑤
51	①	②	③	④	⑤
52	①	②	③	④	⑤
53	①	②	③	④	⑤
54	①	②	③	④	⑤
55	①	②	③	④	⑤
56	①	②	③	④	⑤
57	①	②	③	④	⑤
58	①	②	③	④	⑤
59	①	②	③	④	⑤
60	①	②	③	④	⑤

성명표기란

수험번호

주민등록 앞자리 생년제외 월일

수험생 유의사항

※ 답안은 반드시 컴퓨터용 사인펜으로 보기와 같이 바르게 표기해야 합니다.
〈보기〉 ① ② ③ ● ⑤

※ 성명표기란 위 칸에는 성명을 한글로 쓰고 아래 칸에는 성명을 정확하게 표기하십시오. (맨 왼쪽
칸부터 표기하며 성과 이름은 붙여 씁니다)

※ 수험번호/월일 위 칸에는 아라비아 숫자로 쓰고 아래 칸에는 숫자와 일치하게 표기하십시오.

※ 월일은 반드시 본인 주민등록번호의 생년월일을 제외한 월 두 자리, 일 두 자리를 표기하십시오.
(예) 2002년 4월 1일 → 0401

대기업 · 금융

저마다의 일생에는,

특히 그 일생이 동터 오르는 여명기에는

모든 것을 결정짓는 한 순간이 있다.

그 순간을 다시 찾아내는 것은 어렵다.

그것은 다른 수많은 순간들의 퇴적 속에

깊이 묻혀있다.

　- 장 그르니에, 섬 LES ILES

NCS | 직업기초능력평가

고시넷 공기업

사람인 NCS
출제유형모의고사

동영상강의
www.gosinet.co.kr

㈜사람인
모듈형/응용모듈형

공기업 출제사별
유형학습

정답과 해설

(주)고시넷

고시넷 공기업

모듈형/피듈형
NCS 베스트셀러

350여 공공기관
및 출제사
최신 출제유형

NCS 완전정복 초록이 시리즈

산인공 모듈형 + 응용모듈형
필수이론, 기출문제 유형

고시넷 NCS
초록이 ① 통합기본서

고시넷 NCS
초록이 ② 통합문제집

NCS | 직업기초능력평가

주요
출제대행사
시리즈
베스트셀러

고시넷
공기업

사람인 NCS
출제유형모의고사

동영상강의
www.gosinet.co.kr

㈜사람인
모듈형/응용모듈형

공기업 출제사별
유형학습

정답과 해설

gosinet
(주)고시넷

사람인 NCS 정답과 해설

1회 기출예상문제

1회 기출예상문제

문제 20쪽

01	④	02	③	03	①	04	②	05	④
06	③	07	③	08	③	09	④	10	④
11	④	12	②	13	④	14	①	15	②
16	②	17	④	18	③	19	③	20	④
21	①	22	③	23	④	24	①	25	②
26	④	27	③	28	①	29	③	30	④
31	③	32	③	33	③	34	③	35	③
36	④	37	①	38	②	39	②	40	③
41	④	42	④	43	②	44	③	45	④
46	②	47	①	48	④	49	③	50	④

01 의사표현능력 의사소통이론 이해하기

|정답| ④

|해설| 반감가설은 자기와 다른 분야의 사람, 취미가 다른 사람, 종교가 다른 사람 등 자신과 공통점이 없는 사람들에게 배타적인 감정을 느끼는 것을 말한다. 제시된 사례에 등장하는 남성의 취미는 등산이었으나, 여성은 힘들게 산에 올라가는 사람들이 이해가 안 된다고 하였고 이후 소개팅은 성과 없이 끝이 나고 말았다. 따라서 여성에게 공통점을 느끼지 못한 남성에게 반감가설이 작용했음을 알 수 있다.

02 문서작성능력 외래어 표기법 파악하기

|정답| ③

|해설| setback[setbæk]은 '2.'에 따라 '셋백'이 적절한 표기이다.

|오답풀이|

①, ② '1.'에 따라 적절한 표기이다.

④ '3.'에 따라 적절한 표기이다.

03 문서작성능력 한글맞춤법에 맞게 단어 사용하기

|정답| ①

|해설| '바늘'과 '질'이 어울릴 적에는 '바느질'로 표기해야 한다.

|오답풀이|

② '달'과 '달' 그리고 '이'가 어울릴 적에는 '다달이'로 표기해야 한다.

③ '딸'과 '님'이 어울릴 적에는 '따님'으로 표기해야 한다.

④ '말'과 '소'가 어울릴 적에는 '마소'로 표기해야 한다.

04 문서이해능력 빈칸에 들어갈 내용 고르기

|정답| ②

|해설| ㉠ 다음으로 '당시로서는 터무니없는 소리처럼 들리는 그 말'이라 했으므로, 인터뷰 당시 아놀드의 상황과 동떨어진 대답이 들어가야 한다. 따라서 ②가 적절하다.

05 문서이해능력 세부내용 이해하기

|정답| ④

|해설| 세 번째 문단에서 추천 시스템이 민주주의 영역에 활용되면 심각한 문제가 일어날 수 있으며, 한 사람이 특정 주제의 기사를 주로 읽었다고 해서 비슷한 기사만 보여 준다면 여러 견해를 비교할 기회를 잃게 된다고 제시하고 있다. 따라서 민주주의가 발전할 것이라는 설명은 적절하지 않다.

06 문서이해능력 연설문의 목적 파악하기

|정답| ③

|해설| 0 ∼ 5세 아동 대상의 무상보육 재원을 마련하기 위하여 ○○시의 지방채 발행 정책을 수립함을 알리고, 필요한 이유와 앞으로의 촉구 사항을 밝히고 있다. 따라서 제시된 글은 새로운 정책을 알리고 이에 대한 이유와 방향성을 밝힘으로써 시민들을 설득해 동의를 구하기 위해 쓰여진 글이다.

07 문서작성능력 | 계약서 작성하기

|정답| ③

|해설| 임금은 월급뿐만 아니라 일급과 시급으로도 작성할 수 있다.

|오답풀이|

① 제시된 계약서는 기간의 정함이 없는 경우의 표준근로 계약서이다.

② '4. 소정근로시간'에 휴게시간도 작성하게 되어 있다.

④ 계약서 하단에 사업주와 근로자의 서명란이 있다.

08 문서이해능력 | 소감문 파악하기

|정답| ②

|해설| 보성 녹차밭에 다녀온 날은 1일 차로, 1일 차 저녁에는 영화 '명량해전'을 감상했다. 따라서 국악 공연에 대한 감상은 적절하지 않다.

09 문서작성능력 | 흐름에 맞게 문단 나열하기

|정답| ④

|해설| 먼저 서론에서 언급한 리튬 수요 급증에 따라 과학자들이 무한한 양의 리튬을 캐기 위해 바닷물을 주목하고 있으며, 이를 위한 장치를 개발하고 있다는 내용의 (다)가 와야 한다. 다음으로 스탠퍼드대 연구팀이 개발한 효율이 뛰어난 리튬 추출 장치에 대해 이야기하고 있는 (가)가 오고, 그 장치에 대해 보충 설명하고 있는 (라)가 이어질 수 있다. 마지막으로 생산성 확보를 위해 리튬 추출 장치의 효율을 기존보다 더 높여야 한다면서 앞으로의 기대를 드러내고 있는 (나)가 온다.

따라서 글의 순서는 (다)-(가)-(라)-(나)가 적절하다.

10 문서작성능력 | 흐름에 맞는 단어 사용하기

|정답| ④

|해설| '채취'의 사전적 의미는 '풀, 나무, 광석 따위를 찾아 베거나 캐거나 하여 얻어 냄'이고, '합성'의 사전적 의미는 '둘 이상의 것을 합쳐서 하나를 이룸'이다. 따라서 바닷물에서 리튬을 캐내는 행위는 '채취'에 가깝다.

11 기초연산능력 | 사칙연산하기

|정답| ④

|해설|

$$0.3 \times \sqrt{(0.1)^2} - 0.2 \times 0.5 - \sqrt[3]{(8)^2} \times (-0.5) + 0.024$$
$$= 0.3 \times 0.1 - 0.2 \times 0.5 - \sqrt[3]{(2^3)^2} \times (-0.5) + 0.024$$
$$= 0.03 - 0.1 + 4 \times 0.5 + 0.024$$
$$= 1.954$$

12 기초연산능력 | 소수 구하기

|정답| ②

|해설| 자연수 중 약수가 2개인 수는 소수이다. 10보다 크고 20보다 작은 자연수 중 소수는 11, 13, 17, 19로 총 4개이다.

13 기초통계능력 | 경우의 수 구하기

|정답| ④

|해설| 먼저 첫 번째 조건을 통해 앞의 세 자리 숫자를 구하면 $\dfrac{7!}{3!} = 7 \times 6 \times 5 \times 4 = 840$이므로, 비밀번호는 '840XX'가 된다.

이때, 'XX'에는 두 번째 조건에 따라 한 자리 수인 소수, 즉 약수가 1과 자기 자신뿐인 자연수 2, 3, 5, 7이 들어갈 수 있다. 세 번째 조건에 따라 '40X'는 3의 배수가 되는데, 3의 배수는 모든 자리의 수를 합한 숫자가 3의 배수가 된다. 따라서 '40X'의 X에는 2와 5가 들어갈 수 있어 2가지 경우가 가능하다. 이에 따라 일의 자리의 X에는 나머지 가능한 소수들이 들어갈 수 있으므로 3가지 경우가 있게 된다.

따라서 'XX'에는 $2 \times 3 = 6$(가지)의 경우에 따라 숫자가 들어갈 수 있으므로, 도어락은 최대 6번의 시도로 열 수 있다.

14 기초통계능력 | 신뢰도 계산하기

|정답| ①

|해설| 제시된 조건을 식으로 표현하면 다음과 같다.

2회 기출예상 · 3회 기출예상 · 4회 기출예상 · 5회 기출예상 · 6회 기출예상 · 7회 기출예상 · 1회 기출예상

$$2.58 \times \frac{\sigma}{\sqrt{n}} = (20\text{X}1\text{년 신뢰도}) \times \frac{\sigma}{\sqrt{\frac{1}{4}n}}$$

$$2.58 \times \frac{\sigma}{\sqrt{n}} = (20\text{X}1\text{년 신뢰도}) \times \frac{2\sigma}{\sqrt{n}}$$

$$2.58 = (20\text{X}1\text{년 신뢰도}) \times 2$$

$$\therefore \ (20\text{X}1\text{년 신뢰도}) = 1.29$$

따라서 20X1년의 신뢰도는 81%이다.

15 기초연산능력 도형의 넓이 구하기

|정답| ②

|해설| 도형을 구성하는 정사각형 한 변의 길이를 a라고 할 때, 도형의 넓이는 $5a^2$이다. 한편 $\overline{AB}$를 빗변으로 하는 직각삼각형의 밑변과 높이의 길이가 각각 a, $2a$이므로 다음 식이 성립한다.

$$a^2 + (2a)^2 = 25^2$$

$$5a^2 = 25^2$$

따라서 도형의 넓이는 $5a^2 = 25^2 = 625(\text{cm}^2)$이다.

16 기초연산능력 체감온도 계산하기

|정답| ②

|해설| 제시된 식에 수치를 대입하여 계산하면 다음과 같다.

체감온도 $= 5 - (1{,}600 \div 100 \times 0.7) - (1.6 \times 5) = 5 - 11.2 - 8$
$= -14.2(℃)$

17 기초연산능력 직원 수 산출하기

|정답| ④

|해설| 전체 직원의 수는 $(30 + 6x)$명이고, 저축액이 30만 원 미만인 직원의 수는 $3x$명이므로, $\frac{3x}{30 + 6x} \times 100 = 25(\%)$ 라는 식이 성립한다.

따라서 $x = 5$이므로, 저축액이 150만 원 이상 180만 원 미만인 직원의 수는 $2 \times 5 = 10$(명)이다.

18 기초연산능력 전기요금 계산하기

|정답| ③

|해설| ㄷ. 8월에 고압 전력을 저압 전력의 1.2배만큼 소비했다고 가정할 때, 저압 전력 사용량이 x kWh이면 고압 전력 사용량은 $1.2x$ kWh이다. 이 둘의 전기요금이 같다고 하였으므로 다음과 같은 식이 성립한다.

$$900 + (95 \times x) = 700 + (80 \times 1.2x)$$

$$x = 200$$

저압 전력을 200kWh 소비하고 고압 전력을 240kWh 소비했을 때의 전력별 전기요금은 $900 + (95 \times 200) = 700 + (80 \times 240) = 19{,}900$(원)이다. 따라서 총 전기요금은 39,800원이다.

|오답풀이|

ㄱ. 하계기간의 전력요금표를 참고하여 각 전압별 400kW의 전기요금을 구하면 다음과 같다. 이때 기본요금은 한 번만 계산한다.

• 저압 전력 : $1{,}600 + (95 \times 300) + (180 \times 100)$
  $= 48{,}100$(원)
• 고압 전력 : $1{,}200 + (80 \times 300) + (150 \times 100)$
  $= 40{,}200$(원)

따라서 두 요금을 합하면 88,300원이다.

ㄴ. 하계 기간이 아닌 9월에 고압 전력 300 kWh를 사용했다면 전기요금은 $1{,}200 + (80 \times 200) + (150 \times 100) = 32{,}200$(원)이다.

19 도표분석능력 자료의 수치 분석하기

|정답| ③

|해설| ⓒ 학교 시설 및 설비와 학교 주변 환경에 대한 불만족 의견의 비율은 각각 11.9%와 11%로, 교육방법에 대한 불만족 의견의 비율인 13.4%보다 낮게 나타났다.

ⓔ 교사와의 관계에 있어서 불만족스럽다는 반응은 4.9%이지만 이는 보통이라고 답한 비율이 34.0%나 되기 때문에 교사에 대한 만족도가 매우 높다고 보기는 어렵다. 또한 해당 조사결과는 교사와의 관계만을 보여주는 지표일 뿐 교사 자체에 대한 만족도를 나타낸다고 볼 수 없다.

20 도표분석능력 | 자료의 수치 분석하기

| 정답 | ④

| 해설 | 농가수의 전년 대비 증감률을 바탕으로 20X1년부터 20X4년까지의 농가수를 구하면 다음과 같다.

(단위 : 가구, %)

구분	전체 농가		전업 농가	
	농가 수	증감률	농가수	증감률
20X1년	29,182		15,674	
20X2년	30,962.1	6.1	17,366.8	10.8
20X3년	30,466.7	-1.6	16,811.1	-3.2
20X4년	32,812.6	7.7	18,626.6	10.8

구분	1종 겸업		2종 겸업	
	농가수	증감률	농가수	증감률
20X1년	5,967		7,541	
20X2년	5,710.4	-4.3	7,895.4	4.7
20X3년	6,098.7	6.8	7,563.8	-4.2
20X4년	6,385.4	4.7	7,798.3	3.1

따라서 1종 겸업 농가수가 가장 많았던 해는 20X4년으로, 이때의 전업 농가수는 18,626.6가구로 18,200가구 이상이다.

| 오답풀이 |

① 20X2년 전체 농가수는 30,962.1가구, 겸업 농가수는 5,710.4+7,895.4=13,605.8가구이므로, 20X2년 겸업 농가수는 20X2년 전체 농가수의 $\frac{13,605.8}{30,962.1} \times 100$ ≒44.0(%)로 47% 이하이다.

② 20X2년과 20X3년 2종 겸업 농가수의 차이는 7,895.4 -7,563.8=331.6(가구)로 310가구 이상이다.

③ 20X3년 1종 겸업 농가수 대비 2종 겸업 농가수의 비중은 $\frac{7,563.8}{6,098.7} \times 100$ ≒124.0(%)로 120% 이상이다.

21 사고력 | 용의자 추론하기

| 정답 | ①

| 해설 | 각각의 용의자가 범인인 경우를 나누어 생각하면 다음과 같다.

ⅰ) 갑이 범인일 경우

갑의 첫 번째 진술은 거짓이므로, 병도 범인이 아니라는 진술은 참이 된다. 병의 첫 번째 진술은 참이고, 두 번째 진술은 거짓이 된다. 을의 두 번째 진술은 거짓이므로 첫 번째 진술은 참이 된다. 따라서 갑과 을이 범인이다.

ⅱ) 을이 범인일 경우

을의 첫 번째 진술은 참이고, 두 번째 진술은 거짓이 된다. 따라서 갑도 범인이므로 갑의 첫 번째 진술은 거짓이 되고, 두 번째 진술은 참이 된다. 병의 첫 번째 진술은 참이 되고 두 번째 진술은 거짓이 된다. 따라서 갑과 을이 범인이다.

ⅲ) 병이 범인일 경우

병의 첫 번째 진술은 거짓이고, 두 번째 진술은 참이 된다. 갑의 첫 번째 진술은 참이고, 두 번째 진술은 거짓이다. 을의 두 번째 진술이 참이므로 첫 번째 진술은 거짓이 된다. 따라서 병이 범인이다.

따라서 옳은 것은 ㉮이다.

22 사고력 | 명제 판단하기

| 정답 | ③

| 해설 | 주어진 명제를 정리하면 다음과 같다.

[전제 1] ~ 건강→ ~ 슬로우 푸드

[전제 3] 표정이 어두움→~ 건강

[결론] 표정이 어두움→ 열심히 운동함

[전제 1]과 [전제 3]을 연결하면 '표정이 어두움→ ~ 건강 → ~ 슬로우 푸드'가 성립한다. [결론]이 성립하기 위해서는 [전제 2]에서 '~ 슬로우 푸드→ 열심히 운동함'이 성립해야 한다. 따라서 대우 명제인 ③이 가장 적절하다.

23 사고력 | 휴식하는 지점 유추하기

| 정답 | ④

| 해설 | 등산 시 휴식 없이는 2km 이상 이동할 수 없다고 했으므로 A 지점에서 단번에 C 지점까지 등산할 수 없다. 따라서 처음 휴식을 가지는 지점은 B 지점이다. 다음으로 B 지점에서 2.6km 떨어진 D 지점까지 쉬지 않고 갈 수 없으므로 다음 휴식 지점은 C 지점이다. C 지점에서는 1.9km 떨어진 E 지점으로 곧장 갈 수 있으므로 세 번째 휴식 지점은 E 지점이다. 그 다음 E 지점에서 3.1km 떨어진 G 지점으로 쉬지 않고 갈 수 없으므로 다음 휴식 지점은

F 지점이고 G 지점에서는 반드시 휴식을 가져야 한다고 했으므로 다섯 번째 휴식 지점은 G 지점이다. 하산 시에는 휴식 없이는 3km 이상 이동할 수 없다고 했으므로 G에서 3.1km 떨어진 E 지점으로 곧장 내려올 수는 없다. 따라서 여섯 번째 휴식 지점은 F 지점이 된다.

24 사고력 문제의 유형 파악하기

| 정답 | ①

| 해설 | 블라인드 채용제도를 아직 도입하지 않았으나 장래에 도입했을 경우에 대한 대책을 마련하는 것이므로 이는 설정형 문제에 가장 가깝다.

| 오답풀이 |

②, ④ 업무 실적을 공정하게 판단하거나 올바른 인재를 적절한 자리에 배치하면 현 상황을 개선할 수 있고 큰 손실을 예방할 수 있으므로 이는 탐색형 문제와 가장 가깝다. 또는 이 회사에서 이 문제를 크게 직면하고 있다면 발생형 문제라고 볼 수도 있다.

③ 신입사원의 높은 이직률은 현재 바로 직면하고 있는 문제이므로 이는 발생형 문제에 가깝다. 또는 현재는 문제가 되고 있지 않으나 후에 큰 손실이 따를 수 있으므로, 탐색형 문제라고도 할 수 있다.

25 사고력 논증 형식 이해하기

| 정답 | ②

| 해설 | 〈사례〉의 내용은 '김민규 씨는 국립대학 교수이다 → 박 장관에 의해 임용된다'의 대우인 '박 장관에 의해 임용되지 않았다 → 김민규 씨는 국립대학 교수가 아니다'를 주장한 후건부정에 해당한다.

〈보기〉에서 이와 같은 논증 형식을 가진 사례는 '여당 지도부의 지지가 없다 → 증세안은 기각된다'의 대우인 '증세안이 통과되었다 → 여당 지도부의 지지가 있다'를 주장하여 후건부정에 해당하는 ⓒ이다.

| 오답풀이 |

㉠ '본선 2라운드에 진출하였다 → 최소 1승을 하였다'라는 명제에서 '1승을 하였다'는 후건을 긍정하지만 '본선 2라운드에 진출하였다'라는 전제를 이끌어 낼 수 없으므로 이는 후건긍정의 오류에 해당한다.

㉡ '논리학 과목에서 1/4 이상 결석함 → 논리학 과목에서 F 학점을 받음'라는 명제의 역은 반드시 참이라고 볼 수

없다. '논리학 과목에서 F 학점을 받음'이라는 후건을 긍정하더라도 '논리학 과목에서 1/4 이상 결석함'이라는 전제를 이끌어 낼 수 없으므로 이는 후건긍정 오류에 해당한다.

26 문제처리능력 탁구 규칙 적용하기

| 정답 | ④

| 해설 | 〈서브〉 규칙 1번에 따르면 코트가 아닌 손에서 16cm 이상 던져 올려야 한다.

| 오답풀이 |

① 〈득점〉 규칙 1번에 따라 리턴에 실패한 경우에 해당되므로 진범이는 실점을 한다.

② 〈득점〉 규칙 3번에 따르면 예진이가 서브한 공이 바운드 되지 않고 코트를 넘어가면 예진이는 실점을 한다.

③ 〈득점〉 규칙 5번에 따르면 상근이가 라켓을 쥔 손으로 리턴한 공이 상대 코트에 바운드되었으면 실점이 아니다.

27 문제처리능력 구성에 따른 금액 계산하기

| 정답 | ②

| 해설 | • A는 식사 메뉴만 주문했으므로 세트 메뉴 할인이 적용되지 않는다. 따라서 지불해야 할 금액은 5,000+7,000=12,000(원)이다.

• B가 주문한 메뉴는 세트 메뉴 할인이 적용된다. 식사 메뉴가 1개이므로 1,000원이 할인되고 지불해야 할 금액은 6,000+15,000−1,000=20,000(원)이다.

• C가 주문한 메뉴는 세트 메뉴 할인이 적용된다. 식사 메뉴가 2개이고 요리 메뉴 두 가지를 다 주문했으므로 총 4,000원이 할인된다. 따라서 지불해야 할 금액은 5,000+6,000+15,000+20,000−4,000=42,000(원)이다.

28 문제처리능력 상황에 따른 대안 평가하기

| 정답 | ①

| 해설 | ⓒ 대안 1로 15명의 직원을 대리로 승진시키기 위해 필요한 신입사원의 수는 $\frac{15}{0.36}$≒41(명)이므로, 20명에서 추가로 21명의 신입사원을 더 뽑아야 한다. 따라서 이 경우 발생하는 추가비용은 21만 원이다.

| 오답풀이 |

㉠ 멘토링 프로그램으로 2년 이상 재직하는 사원의 비율이

1회 기출예상

2회 기출예상

3회 기출예상

4회 기출예상

5회 기출예상

6회 기출예상

7회 기출예상

100%가 될 경우 신입사원 20명 중 대리로 승진하는 사람은 총 20×0.8×0.9≒14(명)이다. 따라서 15명의 직원을 기준으로 대안 2보다 대안 1을 선택하는 것이 적절하다.

ⓒ 기존 직원 개발 프로그램의 경우 전체 신입사원 중 대리 승진시험에 합격하는 직원의 비율은 (0.5×0.8×0.9)× 100=36(%)로 전체의 $\frac{1}{3}$ ≒33(%)을 초과한다.

29 문제처리능력 자료 읽고 추론하기

|정답| ④

|해설| 제시된 분야별 구분과 주제를 통해 각각의 세부내용을 추론하면 다음과 같다.

㉠ 건강한 노후, 어르신의 몸과 마음을 돌봄을 주제로 하는 계획안으로는 노인성 질환자를 위한 요양재가 서비스, 치매노인 데이케어센터, 독거어르신 정신건강 체크 서비스와 같은 신체적, 정신적 케어 서비스에 관한 내용이 들어가는 것이 적절하다.

ⓒ 살기 편한 환경, 어르신들이 살기 편한 도시환경 조성을 주제로 하는 계획안으로는 공공 노인요양 시설 신축하거나 확대하고 실버카페를 조성하는 등 노인들을 위한 도시 내 시설 확충에 관한 내용이 들어가는 것이 적절하다.

ⓒ 활기찬 여가문화, 세대 간 소통과 지역주민과의 소통을 주제로 하는 계획안으로는 경로당 내 여가 프로그램 기획, 주민 개방형 경로당 활성화 등 커뮤니티 조성에 관한 내용이 들어가는 것이 적절하다.

30 사고력 조건에 맞게 휴가 날짜 계획하기

|정답| ④

|해설| 남은 연차 날짜를 참고하여 1지망 휴가 날짜에 배정된 직원들은 다음과 같다.

휴가 날짜	(1) 9월 1~6일	(2) 9월 9~15일	(3) 9월 17~22일	(4) 9월 24~29일
필요 인원	2명	4명	1명	3명
직원	A, H	F	G	C, D, E

1지망에 배치되지 못한 직원 중 I 직원은 2지망으로 신청한 (2)번 날짜에 배치된다. B, J 직원은 2지망으로 신청한 날짜에 이미 필요 인원이 다 채워졌으므로 필요 인원을 채우지

못한 (2)번 날짜에 배치된다. 확정된 휴가 날짜를 정리하면 다음과 같다.

휴가 날짜	(1) 9월 1~6일	(2) 9월 9~15일	(3) 9월 17~22일	(4) 9월 24~29일
필요 인원	2명	4명	1명	3명
직원	A, H	B, F, I, J	G	C, D, E

따라서 I 직원의 휴가 날짜는 9월 1일~6일이다.

31 시간관리능력 업무 일정 구하기

|정답| ③

|해설| 필요 인원이 가장 많은 프로젝트는 4명이므로 5개 프로젝트를 최소 인력으로 완료하고자 할 때, 필요한 인력은 4명이다. 프로젝트 A는 B보다 먼저, E는 D보다 먼저 진행해야하므로 4명으로 업무를 진행하는 방법은 다음과 같다.

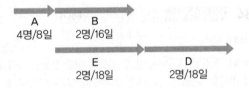

프로젝트 C는 직원 4명이 필요하므로 프로젝트 A 전이나 D 이후로 진행해야 한다. 따라서 프로젝트 A~E는 최소 50+8+18+18=94(일)이 소요된다.

32 물적자원관리능력 물품결산보고 이해하기

|정답| ①

|해설| 답변의 내용은 물품결산보고를 하는 방법 전반에 대한 답변이므로, 결산보고를 하는 방법을 묻는 총체적인 질문에 대한 답변임을 추론할 수 있다.

|오답풀이|

④ 12월 결산서가 미승인상태인 경우에 대한 문의답변으로는 12월 결산서를 제출하여 승인을 받아야 한다는 답변과 이어져야 한다. 문제에서는 결산서 제출 후 물품결산보고까지 완료하는 방법까지를 모두 설명하고 있으므로 적절하지 않다.

33 예산관리능력 신용점수 관리하기

|정답| ③

|해설| 자료에서 주거래은행 만들기라는 내용을 통해 여러 은행보다 주거래은행을 만들고 정기적인 거래를 하는 것이 신용등급에 도움이 된다는 것을 추론할 수 있다.

|오답풀이|

① 자료에서 신용점수 관리를 위해 자신의 신용등급을 확인해야 하며, 앱을 통해 1분 안에 자신의 신용등급을 확인할 수 있다고 소개하고 있다.

② 자료에서 신용등급을 위해 제2금융권과 대부업체는 되도록 이용하지 않을 것을 권장하고 있다.

④ 자료에서 적당한 신용카드의 사용은 괜찮지만, 연체는 하지 말 것을 권장하고 있다. 이를 위해 신용카드 연체를 방지하기 위한 체크카드 사용은 신용등급 관리를 위한 적절한 사용법임을 추론할 수 있다.

34 예산관리능력 예산 관리 방법 이해하기

|정답| ③

|해설| 제시된 대화에서 알 수 있듯이 어떤 활동을 하던 간에 지불할 수 있는 예산은 한정되어 있으므로 얼마나 효율적으로 예산을 관리하느냐, 즉 한정된 예산에서 적은 비용으로 어떻게 최대의 효과를 내느냐가 중요하다. 이때 무조건 비용을 적게 들이는 것이 좋은 것이 아니라는 점을 숙지해야 한다. 한 기업에서 개발 프로젝트를 실행할 때 실제 비용을 개발 비용보다 낮게 책정하면 프로젝트 자체가 이익을 발생시키는 것이 아니라 프로젝트의 경쟁력이 감소할 수 있다. 따라서 책정 비용과 실제 비용의 차이를 줄여 가장 비슷한 상태를 만드는 것이 가장 이상적이라고 할 수 있다.

35 물적자원관리능력 물적자원관리 과정 알기

|정답| ③

|해설| 분리수거는 물품의 소재와 재질에 따라 분류하는 것으로 물품의 특성에 맞게 보관하는 것과 관련이 있다.

36 인적자원관리능력 신입사원 채용하기

|정답| ④

|해설| 순위를 점수로 환산하여 1순위에 4점, 2순위에 3점, 3순위에 2점, 4순위에 1점을 부여한다. 각 신입사원의 점수를 매기면 갑 7점, 을 10점, 병 9점, 정 4점이 된다.

㉠ 갑 7점, 병 9점으로 병이 채용된다.

㉡ 을은 10점으로 점수가 가장 높아 누구와 함께 뽑혀도 항상 채용된다.

㉢ 정은 4점으로 점수가 가장 낮아 항상 채용되지 않는다.

따라서 옳은 것은 ㉠, ㉡, ㉢이다.

|오답풀이|

㉢ 병이 뽑혀서 채용되는 경우는 갑과 뽑히는 경우와 정과 뽑히는 경우로 총 2가지이다.

37 시간관리능력 시간관리 매트릭스 이해하기

|정답| ①

|해설| 단합대회 준비 지시를 받을 당시 김자원 대리는 단합대회 준비를 위한 시간이 꽤 남아 있고, 자신이 작년에 했던 일이라 신경 쓸 것이 없다는 생각으로 이 업무에 대해 급하지도 중요하지도 않은 일(D)이라 생각하였다.

38 시간관리능력 시간 활용 방법 파악하기

|정답| ②

|해설| 고성과자는 보통성과자보다 고객/파트너와의 직접 대면 시간에 많은 비중을 두고 있다. 오히려 직접 대면을 위한 준비 시간은 보통성과자가 더 많지만 그 만큼의 시간을 고성과자는 직접 대면에 할애한 것을 알 수 있다.

39 물적자원관리능력 조건에 맞는 상품 찾기

|정답| ②

|해설| 〈보기〉에 따라 각 제품의 점수를 구하면 다음과 같다.

www.gosinet.co.kr gosi**net**

1회 기출예상

2회 기출예상

3회 기출예상

4회 기출예상

5회 기출예상

6회 기출예상

7회 기출예상

구분	제작기간과 배달기간의 합	최종 구매 금액	불량률	개당 금액	할인	가점	총점
EV301	1	3	1	3	2	없음	10
EV302	1	0	1	0	2	없음	4
EV303	1	1	0	2	0	있음	4.8
EV304	3	0	1	0	3	없음	7
EV305	0	3	2	3	1	있음	10.8

최종 구매 금액은 EV301 제품은 3,141,600원으로 3점, EV302 제품은 4,158,000원으로 0점, EV303 제품은 3,864,000원으로 1점, EV304 제품은 4,641,000원으로 0점, EV305 제품은 3,091,200원으로 3점이다.

따라서 가장 높은 점수를 받은 제품 2개는 EV301, EV305 이다.

40 예산관리능력 출장비 구하기

| 정답 | ③

| 해설 | 최○○ : 마산에서 1박을 하였으므로 숙박비는 13만 원이고, 개인차량을 이용하였으므로 교통비는 7만 원이다. 식비는 8+13=21(만 원)이므로, 총 출장비 13+7+21=41(만 원)을 지급한다.

박○○ : 오송에서 2박을 하였으므로 숙박비는 20×2=40(만 원)이고, 고속버스를 이용하였으므로 교통비는 6만 원이다. 식비는 2일차의 경우 영수증을 미제출하였으므로 5만 원만 지급하므로, 총 3+5+5=13(만 원)이다. 출장비는 총 40+6+13=59(만 원)을 지급한다.

따라서 최 씨와 박 씨의 출장비의 합계는 41+59=100(만 원)이다.

41 컴퓨터활용능력 Windows 주요 단축키 알기

| 정답 | ④

| 해설 | 〈Alt〉+〈Tab〉은 활성화되어 있는 프로그램의 창을 전환하는 단축키이다.

| 오답풀이 |

① 〈Ctrl〉+〈A〉는 전체 선택 단축키이다. 즐겨찾기 추가는 〈Ctrl〉+〈D〉 단축키로 실행한다.

②, ③ 〈Ctrl〉+〈Alt〉+〈Delete〉는 작업관리자 창을 표시하거나 윈도우를 재부팅 할 때 사용하는 단축키이다. 〈Ctrl〉+〈Alt〉+〈Tab〉은 활성 프로그램 전환을 고정 모드로 실행하는 단축키이다.

42 컴퓨터활용능력 소프트웨어 간 차이점 이해하기

| 정답 | ④

| 해설 | 텍스트에디터는 글자들만 단순히 입력할 수 있으며 글자의 크기, 색깔 등은 표현이 불가능하다. 텍스트 파일로 저장이 되므로 전문적인 텍스트에디터가 없더라도 읽기가 가능하여, 불특정 다수에게 배포할 파일로 유리하다. 또한 문서를 직접 암호화할 수는 없으며 ZIP나 RAR과 같은 프로그램으로 압축한 후 암호를 걸 수 있다. 대표적인 텍스트에디터로는 메모장이 있다.

| 오답풀이 |

ㄱ, ㄷ 워드프로세서의 특성에 해당한다.

43 컴퓨터활용능력 한글 워드프로세서 활용하기

| 정답 | ②

| 해설 | ㉠ '책갈피' 하위영역에 '생물권보전지역'이 포함되어 있다.

㉡ [현재 문서]에 표와 그림이 포함되어 있다.

㉢ 표시할 문자열에 '생태환경'이 입력되었고 연결 대상은 현재 문서의 책갈피인 생물권보전지역'이다.

| 오답풀이 |

ⓒ 연결 문서는 '흔글 문서'로 [현재 문서]로 설정되어 있다.

44 컴퓨터활용능력 셀 나누기 활용하기

| 정답 | ③

| 해설 | ③은 '셀 합치기'를 활용한 결과이다.

45 컴퓨터활용능력 파일 디렉터리 이해하기

| 정답 | ④

| 해설 | "JeongMinKim"이라는 Windows 계정의 디렉터리는 "C : \ Users \ JeongMinKim \ "이다. "TODO.txt" 파일은 "JeongMinKim" 계정의 디렉터리의 하위 디렉터리인 "Desktop"(바탕화면)의 하위 디렉터리인 "Work" 폴더에 있다. 따라서 "C : \ Users \ JeongMinKim \ Desktop \ Work \ "로 표현된다.

46 컴퓨터활용능력 운영체제 업데이트 문제 해결하기

| 정답 | ②

| 해설 | 부팅 USB를 이용하여 윈도우를 설치하는 경우 BIOS에 들어가 부팅옵션에서 부팅순서 1순위를 USB로 변경해주어야만 한다. 그렇지 않을 경우 부팅 USB를 부팅 장치로 인식하지 못하여 〈보기〉와 같은 문제가 생긴다.

| 오답풀이 |

① Windows 운영 체제의 기능 중 하나인 '시스템 복원 기능'을 수행하는 방법이다. 시스템 복원 기능은 Windows를 특정 시점으로 복원하는 기능으로서, 〈보기〉에서의 적절한 해결책이 아니다.

③ C드라이브에 위치한 Windows 폴더는 Windows와 관련된 핵심 파일들이 저장된 폴더로서, Setup 폴더를 삭제하는 것은 〈보기〉 상황에서의 적절한 해결책이 아니다.

④ '다시 시작' 기능은 〈보기〉에서의 적절한 해결책이 아니다.

47 컴퓨터활용능력 확장자 이해하기

| 해설 | ①

| 해설 | 벡터 파일은 그리드에 점을 설정하는 수학 공식으로 작성된 이미지로, 해상도를 잃지 않으면서도 크기 조정에 제한이 없기 때문에 래스터(비트맵) 파일보다 특정 유형의 작업에 더 널리 활용될 수 있다. 벡터 파일의 일반적인 유형으로는 .ai, .eps, .pdf, .svg 등이 있다. 나머지 선택지는 모두 레스터(비트맵) 파일에 해당하며, gif, png, jpg, bmp 등이 있다.

48 컴퓨터활용능력 엑셀 함수 계산하기

| 정답 | ④

| 해설 | 〈3월 구매 물품 내역〉을 활용하여 비품의 합계를 구하는 것이므로 SUMIF 함수를 사용하면 된다. 해당 함수식은 SUMIF(검색하려는 조건의 범위, 검색 조건, 조건에 해당하는 셀 합계)로 쓰이므로 '=SUMIF(A5 : A11, G5, E5 : E11)' 또는 '=SUMIF(A5 : A11, "비품", E5 : E11)'라고 입력해야 한다.

| 오답풀이 |

①, ② SUM 함수를 사용할 경우 '=SUM(E5, E6, E9, E11)'라고 입력해야 한다.

49 컴퓨터활용능력 엑셀 오류메시지 이해하기

| 정답 | ③

| 해설 | #REF!는 수식에서 셀 참조가 유효하지 않는 경우에 나타나는 오류메시지이다.

| 오답풀이 |

① #NAME?은 함수명을 잘못 사용하거나 수식에 인용 부호 없이 텍스트를 입력한 경우 나타난다.

② #NUM!은 계산 결과가 엑셀이 계산할 수 있는 범위를 초과한 경우에 나타난다. 잘못된 인수나 피연산자의 사용으로 수식을 고칠 수 없을 때는 #VALUE! 오류 값이 나타난다.

④ #NULL!은 공통부분이 없는 두 영역의 부분을 지정했을 경우에 나타난다.

50 컴퓨터활용능력 하드웨어 파악하기

| 정답 | ④

| 해설 | 하드웨어는 소프트웨어와 상반되는 개념으로 컴퓨터를 구성하는 물리적인 구성 요소를 의미한다. 따라서 〈보기〉에서 네트워크 케이블, 이동식 저장 장치, 전원 공급 장치 모두 하드웨어에 해당하므로 ④가 정답이다.

2회 기출예상문제

1회 기출예상
2회 기출예상
3회 기출예상
4회 기출예상
5회 기출예상
6회 기출예상
7회 기출예상

2회 기출예상문제

문제 58쪽

01	①	02	②	03	④	04	③	05	③
06	②	07	③	08	④	09	①	10	②
11	④	12	④	13	③	14	④	15	③
16	①	17	②	18	②	19	③	20	①
21	③	22	③	23	①	24	②	25	①
26	③	27	②	28	③	29	④	30	④
31	③	32	③	33	③	34	③	35	③
36	②	37	③	38	②	39	④	40	④
41	④	42	①	43	④	44	②	45	②
46	③	47	②	48	③	49	⑤	50	③
51	③	52	②	53	④	54	②	55	①
56	①	57	③	58	②	59	③	60	③
61	③	62	③	63	④	64	③	65	③
66	①	67	④	68	③	69	②	70	①
71	④	72	③	73	①	74	③	75	④
76	④	77	①	78	③	79	②	80	④

---

01 문서작성능력 글의 흐름에 맞는 단어 뜻 찾기

| 정답 | ①

| 해설 | 제시된 문장과 ①의 '묻다'는 '일을 드러내지 아니하고 속 깊이 숨기어 감추다'는 의미로 쓰였다.

| 오답풀이 |

② '무엇을 밝히거나 알아내기 위하여 상대편의 대답이나 설명을 요구함'의 의미로 쓰였다.

③ '가루, 풀, 물 따위가 그보다 큰 다른 물체에 들러붙거나 흔적이 남게 됨'의 의미로 쓰였다.

④ '어떠한 일에 대한 책임을 따짐'의 의미로 쓰였다.

---

02 문서작성능력 올바른 높임법 사용하기

| 정답 | ②

| 해설 | ㄱ. '말씀'은 간접 높임의 대상이므로 '-시-'를 넣어 '있으시겠습니다'가 적절하다.

ㄷ. 해당 문장의 '되다'는 '어떤 일이 가능하거나 허락될 수 있음'을 의미하므로 '되시는데요'로 쓰는 것은 적절하지 않다. '그렇게 하셔도 되는데요'가 적절하다.

---

03 문서작성능력 문맥에 맞게 문장 배열하기

| 정답 | ④

| 해설 | 먼저 근대 이전부터 많은 화학적 지식을 이용해 온 인류에 대해 언급하고 있는 ㄴ이 맨 앞에 오고, 이처럼 많은 화학적 지식을 이용한 화학 기술의 발전은 비과학적이었다고 설명한 ㄹ이 다음에 온다. 그리고 뉴턴도 당시 경향에 따라 비과학적인 연금술에 심취해 있었음을 말하고 있는 ㄱ이 다음에 이어지고, 이런 상황에서 18세기 화학혁명이 화학을 근대과학의 한 분야로 이끌었다고 설명하는 ㄷ이 마지막에 온다. 따라서 ㄴ-ㄹ-ㄱ-ㄷ 순이 적절하다.

---

04 문서작성능력 흐름에 맞게 개요 수정하기

| 정답 | ③

| 해설 | 'Ⅱ-1'은 기존 시행되고 있는 국민 절전 캠페인에 대한 문제점을 나열한 항목이다. '인근 지자체 협조 유도'는 활성화 방안에 더 어울리는 내용이므로 삭제하는 것이 적절하다.

| 오답풀이 |

① 국민 절전 캠페인 홍보의 다양화가 방안이므로 '국민 절전 캠페인의 다양성 부족'은 적절한 문제점이다. 따라서 수정하지 않는다.

② 국민 절전 캠페인의 지속성이 부족한 것이 문제점이었으므로 '국민 절전 캠페인의 상시 진행 방안 마련'은 적절한 방안이다. 따라서 수정하지 않는다.

④ 본론에서는 기존 국민 절전 캠페인의 문제점을 파악하고 활성화하기 위한 방안을 마련하고 있다. 이를 모두 정리하는 내용이 결론에 들어가야 하므로 '내실 있는 국민 절전 캠페인으로의 변모 노력 촉구'는 적절하다. 따라서 수정하지 않는다.

05 문서이해능력 세부내용 이해하기

| 정답 | ③

| 해설 | 매슬로우의 욕구단계는 아래 단계의 기본적인 하위 욕구들이 채워져야 자아 성취와 같은 고차원적인 상위 욕구에 관심이 생긴다는 입장이다. 반면 진화 생물학적 관점은 인간의 본질적 욕구를 채우는 데 도움이 되기 때문에 자아 성취를 한다는 입장이다. 따라서 두 관점에서 인간의 본질에 대한 해석은 다르다.

06 문서이해능력 흐름에 맞는 사자성어 고르기

| 정답 | ②

| 해설 | ㉠의 앞뒤 문맥을 고려할 때 쾌락을 뒷전에 두고 행복을 논하는 것은 이치에 맞지 않다는 의미가 완성되어야 한다. 따라서 '말이 조금도 사리에 맞지 아니하다'는 뜻의 '어불성설(語不成說)'이 빈칸에 들어가야 한다.

07 문서이해능력 보도자료 요약하기

| 정답 | ③

| 해설 | 전체적인 내용을 볼 때 주요 키워드는 '사랑나눔 헌혈 캠페인', '코로나19 장기화에 따른 혈액 수급난', '지역본부 임직원 단체 헌혈', '사회적 책임 실천' 등을 들 수 있다. 따라서 이 모든 내용이 포함된 ③이 가장 적절하다.

08 문서이해능력 세부내용 이해하기

| 정답 | ④

| 해설 | 구멍가게는 손님들에게 무관심한 편의점과는 달리 단순히 물건을 사고파는 장소가 아니라 주민들의 교류를 이끄는 허브 역할을 하며, 주인은 손님들을 예외 없이 맞이한다고 하였다.

| 오답풀이 |

① '편의점은 인간관계의 번거로움을 꺼려하는 도시인들에게 잘 어울리는 상업공간'이라고 하였다.

② 편의점 천장에 붙어 있는 CCTV는 도난 방지 용도만이 아니며, 고객의 연령대와 성별 등을 모니터링하려는 목적도 있다고 하였다.

③ 편의점 본사는 일부 지점에서 입력한 구매자들에 대한 정보와 CCTV로 녹화된 자료를 주기적으로 받아 이를 토대로 영업 전략을 세우는 데 활용한다고 하였다.

09 문서작성능력 흐름에 맞는 접속어 넣기

| 정답 | ①

| 해설 | ㉠ 앞 문장을 보면 구멍가게의 주인은 손님을 예외 없이 맞이하고 있다는 내용이, 뒤 문장을 보면 손님은 무엇을 살지 확실히 정하고 들어가야 한다는 내용이 나와 있다. 앞 문장이 뒤 문장의 원인이 되고 있으므로 '따라서' 또는 '그러므로'가 들어가야 한다.

㉡ 빈칸의 앞부분에서는 손님을 맞이하는 구멍가게에 대해 설명하고, 뒷부분에서는 손님에게 무관심한 편의점에 대해 설명하고 있다. 앞뒤 내용이 상반되므로 '그러나', '그런데', '하지만'이 들어가야 한다.

㉢ 앞 문장을 보면 편의점의 점원은 손님에게 '무관심'한 배려를 건넨다는 내용이, 뒤 문장을 보면 손님은 특별히 살 물건이 없어도 부담 없이 매장을 둘러볼 수 있다는 내용이 나와 있다. 앞 문장이 뒤 문장의 원인이 되고 있으므로 '그래서', 또는 '그러므로'가 들어가야 한다.

㉣ 빈칸의 앞 문단을 보면 손님에 대해 무관심한 배려를 건네는 편의점의 특징에 대해 설명하고 있고, 뒤 문단을 보면 역설적으로 고객의 정보를 상세하게 입수하고 있는 편의점에 대해 설명하고 있다. 앞뒤 내용이 상반되므로 '그런데', '하지만'이 들어가야 한다.

따라서 ㉠ ~ ㉣에 들어갈 단어를 바르게 연결한 것은 ①이다.

10 문서작성능력 적절한 제목 고르기

| 정답 | ②

| 해설 | 제시된 글의 핵심 내용은 △△발전의 연료전지 발전설비 준공이며, 이를 통해 △△발전은 정부의 수소 경제 활성화 정책에 이바지하고 국내 최고의 신재생에너지 전문기업으로 발돋움하고자 한다는 것이다. 따라서 '△△발전 연료전지 발전설비 준공, 국내 최고 신재생에너지 전문기업에 한 걸음 더 가까이'가 글의 제목으로 가장 적절하다.

11 문서작성능력 문맥상 의미 파악하기

|정답| ④

|해설| 밑줄 친 ㉣의 '축사(祝辭)'는 '축하의 뜻을 나타내는 글을 쓰거나 말을 함'의 의미이다. '가축을 기르는 건물'은 '축사(畜舍)'이다.

12 문서작성능력 빈칸에 들어갈 문장 고르기

|정답| ④

|해설| 제시된 글을 보면 많은 사람들이 생물체는 세월이 지날수록 진화를 거쳐 더 훌륭한 존재로 발전된다고 여기며, 이에 따라 '진화'에는 발전과 개선의 성질이 내포되어 있을 것이라 생각하고 있음을 알 수 있다. 따라서 '하지만' 뒤의 빈칸에는 진화란 단순히 적응과 선택의 결과일 뿐 그런 성질은 갖고 있지 않다는 내용인 ④가 가장 적절하다.

13 문서이해능력 문단별 중심내용 이해하기

|정답| ③

|해설| 하이퍼루프는 2024년 상용화될 예정이며, (다)에서는 하이퍼루프 기술이 적용된 '하이퍼루프 원'의 시험 운영 성공 사례와 기대 효과에 대해 서술하고 있다. 따라서 (다)의 중심 내용으로 '하이퍼루프 기술의 상용화 사례'는 적절하지 않다.

14 문서이해능력 세부내용 이해하기

|정답| ④

|해설| (라) 문단을 보면 하이퍼루프는 진공 상태에서 작동하기 때문에 튜브에 약간의 틈만 생겨도 공기가 급격히 유입돼 치명적인 구조적 손상이 발생할 수 있다고 나와 있다. 따라서 하이퍼루프 기술이 제대로 사용되려면 튜브의 안전성 문제가 해결되어야 한다.

|오답풀이|
① 제시된 글만으로는 하이퍼루프 기술 방식 중 어떤 것이 더 효율적인지 알 수 없다.
② 하이퍼루프 초고속열차는 시간당 3,000여 명을 실어 나를 수 있다고 언급되어 있으며, 버진 하이퍼루프 원은 최대 승객 28명을 태울 수 있다고 언급되어 있다.

③ 전문가들은 초기 일론 머스크가 추산한 60억 달러는 현실적으로 불가능하고, 무려 1,000억 달러(약 118조 원)가 들 것이라고 예상하였다.

15 문서이해능력 세부내용 이해하기

|정답| ③

|해설| 세 번째 문단에서 지난해 코로나 여파로 관광객이 크게 감소했음에도 생활폐기물을 크게 줄이지 못한 점이 아쉬움으로 남는다고 하였다.

16 문서작성능력 이해를 위한 자료 추가하기

|정답| ①

|해설| 제시된 기사는 관광객이 크게 줄어들었으나 재활용 쓰레기 배출은 급증한 제주도의 상황에 대해 서술하고 있다. 따라서 이와 관련된 '제주의 20X5 ~ 20X9년 생활폐기물 재활용률을 나타낸 막대그래프'가 추가할 자료로 적절하다.

|오답풀이|
② '도정정책방향 도민 인식조사'의 결과 내용이 언급되어 있지만 조사에 참여한 제주도민의 연령별 분포의 내용은 제시되어 있지 않다.
③ 코로나19로 제주도의 관광객이 감소했다는 내용이 언급되어 있지만 한라산 설경을 배경으로 한 관광객들의 단체 사진은 이와 관련이 없다.
④ 제주 의료진들의 인터뷰는 제시된 글의 내용과 관련이 없다.

17 문서이해능력 글의 세부내용 이해하기

|정답| ②

|해설| 첫 번째 문단에 따르면 과거의 IP 기반(영역기반)의 보안 모델은 힘을 잃어 가고 있다. 또한 마지막 문단에서 과거의 IP 중심의 접근 통제가 아닌, 데이터/서비스 중심의 접근 중심으로 보안 패러다임의 변화가 있을 것임을 언급하고 있다. 따라서 IP 기반의 네트워크 보안 솔루션에 대한 수요와 투자가 더욱 증가할 것이라는 내용은 적절하지 않다.

1회 기출예상 2회 기출예상 3회 기출예상 4회 기출예상 5회 기출예상 6회 기출예상 7회 기출예상

| 오답풀이 |

① 첫 번째 문단에 따르면 사용자도 단말도 데이터도 신뢰와 안전을 보증할 수 없다.

③ 두 번째 문단에서 보안의 패러다임이 시스템과 시설 장비 중심에서 데이터 중심으로, 그리고 전문가 중심에서 모든 구성원 중심으로 변화되고 있다고 언급하였다. 따라서 원격 교육이 환산된다면 데이터 노출을 보호해 주는 개인용 PC나 디바이스 진단 사업이 각광받을 것이라는 유추는 적절하다.

④ 두 번째 문단에 따르면 전문조직 중심의 보안에서 모든 구성원의 보안으로 변화하고 있다.

18 문서이해능력 빈칸에 들어갈 내용 고르기

| 정답 | ③

| 해설 | 어떤 장치로든 접근이 가능해야 하는 디지털 트랜스포메이션 환경의 핵심이 ZTNA이고 ⊙ 다음 문장에서 ZTNA는 물리적인 경계 없이 접근 가능한 보안 정책이며, 데이터/서비스 중심의 접근 중심 철학이라고 하였다. 따라서 ZTNA는 모든 접근을 의심하고 점검 및 모니터링한다는 개념으로 운영되어야 한다는 것이 가장 적절하다.

| 오답풀이 |

① 마지막 문장을 보면 IP 중심의 접근 통제가 아닌 데이터/서비스 중심의 접근 중심임을 알 수 있다.

② 두 번째 문단에서 보안의 패러다임은 시설 장비 중심에서 데이터 중심으로 변화되었다고 언급하고 있다. 따라서 디지털 트랜스포메이션 환경에서 물리적인 장비의 보안은 적절하지 않다.

④ 첫 번째 문단에서 외부에서 내부로 가해지는 위협을 차단하는 방어는 한계에 도달했다고 하였으므로 적절하지 않다.

19 문서작성능력 내용 요약하기

| 정답 | ③

| 해설 | ㄱ. 개별요금제는 자사의 발전기 사정에 맞게 경제적으로 LNG를 구매하는 것이므로 ○○공사가 개별 발전사와 직접 가격 협상을 진행하는 것은 개별 발전사이다.

ㄴ. 기존에는 계약 시점마다 책정 가격 등이 달라지는 가격 차이를 없애기 위해 평균 가격으로 공급하는 평균요금제를 실시하였다.

ㄷ. 개별요금제는 발전사들의 선택권을 확대하는 요금제도이다.

ㄹ. 개별요금제를 시행하면 천연가스를 싸게 수입해 오는 것에 대해 원료비 이윤을 추구하지 않아도 되므로 요금이 인하되어 소비자에게도 영향을 미친다.

20 문서작성능력 문단별 제목 작성하기

| 정답 | ①

| 해설 | (가)는 기존 평균요금제의 비효율적인 부분을 개선하고자 발전사들의 선택권을 확대하는 개별요금제 도입의 필요성이 제기되었다는 내용이므로, '개별요금제의 탄생 배경'이 제목으로 적절하다. (나)는 ○○공사의 발전용 개별요금제의 이점에 대한 내용이므로, '개별요금제의 이점과 기대효과'와 같은 제목이 적절하다.

21 사고력 논리적 오류 이해하기

| 정답 | ③

| 해설 | 제시된 글에서 범하고 있는 논리적 오류는 순환논증의 오류이다. 이는 전제의 진리와 본론의 진리가 서로 의존하여 하나의 의론이 그대로 되풀이되는 허위의 논증 방법으로, ③에서 이와 같은 오류를 범하고 있다.

| 오답풀이 |

① 무지에 호소하는 오류이다. 이는 단순히 어떤 명제가 거짓이라는 것이 증명되지 않았다는 것을 근거로 그 명제가 참이라고 주장하거나, 반대로 그 명제가 참이라는 것이 증명되지 않았기 때문에 그 명제는 거짓이라고 주장하는 오류이다.

② 성급한 일반화의 오류이다. 이는 특수하고 부족한 양의 사례를 근거로 섣불리 일반화하고 판단하는 오류이다.

④ 흑백논리의 오류이다. 이는 어떤 상황을 두 가지의 양강 구도로 나누어 보려고 하는 오류이다.

22 사고력 조건을 바탕으로 결과 추론하기

|정답| ③

|해설| 세 번째 조건에 따라 판매량은 제육볶음>돈가스>비빔밥 순임을 알 수 있다. 가격 면에서는 돈가스>제육볶음이고, 돈가스의 판매량이 비빔밥보다 더 많음에도 불구하고 총 매출액이 같다는 점에서 비빔밥의 가격이 돈가스보다 높다는 사실을 알 수 있다. 따라서 가격은 비빔밥>돈가스>제육볶음 순이다.

주어진 정보들에 따르면 비빔밥과 제육볶음의 총 매출액을 직접적으로 비교할 수 있는 근거가 부족하므로 ③은 옳다고 할 수 없다.

|오답풀이|

① 제육볶음과 돈가스의 가격 차이가 1,000원이므로, 가장 비싼 비빔밥과 가장 저렴한 제육볶음의 가격 차이는 1,000원 이상일 것이다.

④ 돈가스의 판매량을 100이라 가정하면 제육볶음의 판매량은 125, 비빔밥은 약 90.9라 볼 수 있다. 따라서 제육볶음의 판매량은 비빔밥과 비교하여 $125 \div 90.9 ≒ 1.4$(배) 많다.

23 사고력 명제를 바탕으로 추론하기

|정답| ①

|해설| 제시된 명제를 정리하면 다음과 같다.

• 지윤 창측 → 지인 내측
• 지현 내측 → 지인 창측
• 지은 창측 → 지숙 내측 and 지윤 창측
• 지한 내측 → 지은 창측

두 번째 명제와 첫 번째 명제의 대우의 삼단논법에 의해 '지현 내측 → 지인 창측 → 지윤 내측'이 성립한다. 따라서 지현이가 내측에 앉으면 지윤이는 내측에 앉는 것을 알 수 있다.

|오답풀이|

② 첫 번째 명제의 대우와 세 번째 명제의 대우, 네 번째 명제의 대우를 연결하면 '지인 창측 → 지윤 내측 → 지은 내측 → 지한 창측'이 성립한다.

③ 세 번째 명제의 대우에 의하면 지숙이가 창측에 앉거나 지윤이가 내측에 앉으면 지은이는 내측에 앉는다.

④ 네 번째 명제와 세 번째 명제, 첫 번째 명제를 연결하면 '지한 내측 → 지은 창측 → 지윤 창측(and 지숙 내측) → 지인 내측'이 성립한다.

24 사고력 정보를 바탕으로 추론하기

|정답| ②

|해설| 첫 번째, 두 번째 정보에 따라 두 명이 배치된 공장이 1개, 한 명이 배치된 공장이 3개 있음을 알 수 있다. 세 번째, 네 번째, 일곱 번째 정보에 따르면 갑은 A 공장에 배치되었고, 을, 병은 A 공장에 배치되지 않았다. 네 번째와 다섯 번째 정보에 따르면 병과 무는 B 공장에 배치되지 않았고, 무는 C 공장에도 배치되지 않았다. 이때 마지막 정보에 따라 A 공장에는 갑이 배치되어 있으므로, 무가 배치된 공장이 D 공장이 되며 무가 배치된 공장에는 한 명만 배정되었으므로 병이 갈 수 있는 공장은 C 공장뿐이다. 마지막으로 여섯 번째 정보에 따라 정이 배치된 공장에 두 명이 배정되었으므로 을은 B 공장에 배치되고, 정은 A ~ C 공장 중 한 곳에 배치되었음을 알 수 있다. 각 직원의 공장 배치 현황을 정리하면 다음과 같다.

구분	갑	을	병	정	무
A 공장	O	×	×		×
B 공장	×	O	×	O	×
C 공장	×	×	O		×
D 공장	×	×	×	×	O

따라서 병은 항상 C 공장에 배치된다.

25 문제해결능력 문제의 유형 파악하기

|정답| ①

|해설| (A)는 미래지향적으로 새로운 목표를 설정함에 따라 나타나는 목표지향적인 설정형 문제에 해당한다. (B)는 불만이 야기된, 즉 이미 눈앞에 문제가 발생한 것으로 원상복귀가 필요한 발생형 문제에 해당한다. (C)는 현재는 눈에 보이지 않으나 방치하면 후에 큰 손실이 따르는 문제로, 조사나 분석을 통해 찾을 수 있는 탐색형 문제에 해당한다.

26 　사고력 　사고 유형 파악하기

|정답| ③

|해설| 제시된 사고 방법은 가설 지향적 사고로, 실제 정보 수집이나 분석 활동에 앞서 그 과정이나 결과를 추론해 보는 것이다. 가설 지향적 사고가 유용한 경우로는 문제 해결을 위한 시간적 제약으로 해결방안을 빠르게 수립해야 하는 경우, 일반적으로 나타나는 정형적인 문제의 원인 분석이 필요한 경우, 난해한 문제에 대해 원인을 명확히 알지 못해 찾아야 하는 경우, 여러 사안 및 그룹들이 감정적으로 대립하고 있는 경우, 실험·시행착오·실패가 비교적 자유롭게 허용되는 경우가 있다. 가설 지향적 사고는 관련 부서에 관련 자료를 요청해야 하는 일이 생길 수 있으므로, 사내 커뮤니케이션이나 정보공유가 제대로 이루어지지 않는 경우에는 가설 지향적 사고를 적용하기 어렵다.

27 　사고력 　브레인스토밍 이해하기

|정답| ②

|해설| 제시된 내용은 브레인스토밍에 대한 설명이다. 브레인스토밍은 미국의 알렉스 오즈번이 고안한 그룹 발상기법으로, 창의적인 사고를 위한 발상 방법 중 가장 흔히 사용되는 방법이다. 브레인스토밍 활용 시에는 구성원들이 다양한 의견을 제시할 수 있는 편안한 분위기를 만들 리더를 선출해야 하는데, 직급이나 근무경력에 따라서 리더를 선출하는 것은 딱딱한 분위기를 만들 수 있으므로 직급에 관계없이 선출해야 한다.

28 　사고력 　시험 결과 추론하기

|정답| ③

|해설| A의 시험 점수가 19점이고 정답이면 2점 가점, 오답이면 1점 감점이므로 A는 10문제 이상 정답을 맞히고 오답으로 감점을 받아 19점이 된다는 것을 알 수 있다. 이를 바탕으로 추론할 때, A가 전체 20문제 중 정답을 13문제 쓰고 오답을 7문제 썼다면 아무런 답을 쓰지 않은 문제 없이 19점을 받을 수 있다. 따라서 답을 쓰지 않은 문제가 반드시 있는 건 아니다.

|오답풀이|

④ 정답을 쓴 문제가 14문제일 경우 정답으로 받은 점수는 28점이므로 19점이 되려면 오답을 쓴 문제가 9문제여야 하는데 그럴 경우 문제 수가 23문제가 되므로 적절하지 않다.

29 　사고력 　논리적 오류 추론하기

|정답| ④

|해설| A의 청정 시골을 고속도로로 뒤덮지 말자는 말은 지나친 개발을 하지 말자는 것인데, B는 아예 고속도로를 놓지 말자는 말이냐며 그럼 어떻게 통행을 하냐는 식으로 논점에서 벗어나 왜곡된 반론을 하고 있다. 이는 허수아비 공격의 오류를 범하고 있는 것으로, ④가 이와 같은 오류를 범하고 있다.

|오답풀이|

① 많은 사람의 선호나 인기를 이용하여 자신의 주장을 정당화하는 대중(여론)에 호소하는 오류이다.

② 부적합한 사례나 제한된 정보를 근거로 한 주장을 일반화하는 성급한 일반화의 오류이다.

③ 주장하는 논리와는 관계없이 상대방의 인격을 손상하며 그의 주장이 틀렸다고 비판하는 인신공격의 오류이다.

30 　사고력 　논리적 오류 이해하기

|정답| ④

|해설| ㉠에서는 무지에 호소하는 오류를 범하고 있다. 무지에 호소하는 오류는 전제가 거짓으로 증명되어 있지 않은 것을 근거로 참임을 주장하거나 전제가 참으로 증명되어 있지 않은 것을 근거로 거짓임을 주장하는 오류로, 이와 같은 오류는 ④에서 나타나고 있다.

|오답풀이|

① 특수하고 부족한 양의 사례를 근거로 섣불리 일반화를 하고 판단하는 성급한 일반화의 오류를 범하고 있다.

② 부당하게 적용된 비유에 의해 일부분이 비슷하다고 해서 나머지도 비슷할 것이라고 여기는 잘못된 유추의 오류를 범하고 있다.

③ 개별적으로는 참이나, 그 부분들의 결합으로는 거짓인 것을 참으로 주장하는 결합(합성)의 오류를 범하고 있다.

31 문제처리능력 자료 읽고 추론하기

| 정답 | ③

| 해설 | 제시된 글은 엄연한 생명체인 가축을 물건으로 여기고, 가축이 겪는 사육 과정과 가축의 일생에 대해서 무관심하거나 무지한 현실을 비판하고 있다. 따라서 생명의 소중함을 강조하는 문제해결법을 제시하는 ④가 가장 적절하다.

| 오답풀이 |

① 제시된 글은 공장식 축산에 대하여 부정적인 입장을 제시하고 있으므로 부적절하다.

② 사회 문제 심화로까지 이어지는 것은 논리의 비약이다.

④ 육류 소비가 감소하면 축산공장의 수가 감소할 수는 있겠으나, 가축에 대한 인식이 변화하지 않는 한 문제의 근본적 해결책이 될 수는 없다. 또한 제시된 글과 육류 소비의 감소는 관련이 없다.

32 사고력 브레인라이팅 기법 파악하기

| 정답 | ③

| 해설 | 제시된 내용은 타인의 아이디어를 검토하고 자기 의견을 기입하는 3단계에서 하는 것이다.

33 사고력 MECE 적용 절차 이해하기

| 정답 | ③

| 해설 | MECE(Mutually Exclusive Collectively Exhaustive)는 문제를 분석하기 위하여 서로 중복하지 않으면서 빠짐없이 나눈 분석적 사고기법을 말한다. MECE의 문제해결 절차는 다음과 같다.

(1) 중심 제목에 문제의 핵심을 정리한다.

(2) 어떤 것이 문제의 핵심 요소인지 여러 가지 분류기준으로 분해하여 기록한다. ─ Ⓕ

(3) 이렇게 분해된 각각의 핵심 요소를 또다시 하위 핵심요소로 분해한다. ─ Ⓒ

(4) 분해된 핵심 요소가 중복과 누락 없이 전체를 포함하고 있는지 확인한다. ─ Ⓔ

(5) 분해된 요소 중 실행 가능한 요소를 찾아낸다. ─ Ⓑ

(6) 실행 가능한 요소를 분해할 수 없을 때까지 반복해서 분해한다. ─ Ⓐ

(7) MECE라는 엄격한 틀로 파악한 내용에 대해 즉각 실행 가능한 대책을 제시한다. ─ Ⓓ

(8) 이상적인 해결책이 아닌 현 상태에서 할 수 있는 최선의 실행 가능한 해결책을 제시한다.

(9) 최선의 선택이라고 판단하여 제시한 대책이 유효하지 않을 경우 선택하지 않은 방법 중 최선의 방법을 다시 제시하고 실행한다.

따라서 〈보기〉를 순서대로 나열하면 Ⓕ → Ⓒ → Ⓔ → Ⓑ → Ⓐ → Ⓓ가 적절하다.

34 문제처리능력 예약 일정 확인하기

| 정답 | ②

| 해설 | 셋째 주나 넷째 주, 금 ~ 일요일 사이에 1박 2일 일정으로 예약이 가능한 경우는 19 ~ 20일, 27 ~ 28일이다. 또한, 입실을 오전 10시에 하고자 하는데 선예약이 없는 경우 우선 입실이 가능하므로, 가능한 입실 날짜는 선예약이 없는 19일이다.

35 문제처리능력 그래프 분석하기

| 정답 | ③

| 해설 | 4월 온, 오프라인의 판매량을 비교하면 온라인은 $297,000 \times 0.24 = 71,280$(대), 오프라인은 $660,000 \times 0.19 = 125,400$(대)가 판매되었다. 따라서 오프라인보다 온라인 판매량이 더 적다.

| 오답풀이 |

① 온라인 3월의 판매량은 $297,000 \times 0.14 = 41,580$(대)이다.

② 온라인, 오프라인 모두 5월이 각각 38%, 33%로 판매량이 가장 많다.

④ 오프라인 6월 판매량은 $660,000 \times 0.23 = 151,800$(대)로 오프라인 5월 판매량인 $660,000 \times 0.33 = 217,800$(대)와 대비하여 $\dfrac{217,800 - 151,800}{217,800} \times 100 ≒ 30$(%)감소하였다.

1회 기출예상

2회 기출예상

3회 기출예상

4회 기출예상

5회 기출예상

6회 기출예상

7회 기출예상

www.gosinet.co.kr gosinet

36 문제처리능력 조건에 맞는 이윤 계산하기

|정답| ②

|해설| 제시된 조건을 토대로 정리하면 다음과 같다.

납품가격 (만 원)	1.5	2	3	3.5	4
납품가격 -생산비용 (만 원)	0.5	1	2	2.5	3
판매가격 (만 원)	3	4	5	6	6.5
판매가격 -납품가격 (만 원)	1.5	2	2	2.5	2.5
판매량(개)	68	40	28	21	18
L 공장 이윤 (만 원)	0.5×68 =34	1×40 =40	2×28 =56	2.5×21 =52.5	3×18 =54
M 매장 이윤 (만 원)	1.5×68 =102	2×40 =80	2×28 =56	2.5×21 =52.5	2.5×18 =45

따라서 납품가격이 3만 원 일 때 L 공장의 이윤이 56만 원으로 최대가 되고, 이때 M 매장의 이윤이 56만 원이므로 두 이윤의 합은 56+56=112(만 원)이다.

37 문제처리능력 맥락에 맞게 문장 배열하기

|정답| ③

|해설| 일단 오늘은 개기월식이 있는 날이라며 일상적인 소개로 주제를 제시하는 (마)가 가장 먼저 와야 한다. 이어서 사람들이 개기월식에 흔히 가지고 있는 잘못된 생각을 소개하고 이에 대해 정정하는 (다)가 와야 한다. 다음으로는 개기월식 때 햇빛의 일부가 달에 도달하게 되는 과정을 설명한 (가), 이렇게 도달한 빛이 붉은색으로 변하는 이유를 설명한 (나)가 차례대로 이어져야 한다. 마지막으로 유사한 예시를 들며 정리하는 (라)가 이어져야 한다. 따라서 순서는 (마)-(다)-(가)-(나)-(라) 순이 가장 적절하다.

38 문제처리능력 대결 전략 선택하기

|정답| ②

|해설| ㄱ. 총 3번의 대결을 하면서 각 대결에서 승리할 확률이 가장 높은 전략을 순서대로 선택한다면, 사람은 C 전략 1회(90%) → B 전략 1회(70%) → A 전략 1회(60%) 순서로 세 전략을 각각 1회씩 사용해야 한다.

ㄷ. 사람이 1개의 전략만을 사용할 때 각 전략별로 총 3번의 대결을 하여 3번 모두 승리할 확률을 구하면 다음과 같다.

- A 전략 : $(0.6 \times 0.5 \times 0.4) \times 100 = 12(\%)$
- B 전략 : $(0.7 \times 0.3 \times 0.2) \times 100 = 4.2(\%)$
- C 전략 : $(0.9 \times 0.4 \times 0.1) \times 100 = 3.6(\%)$

따라서 승리할 확률이 가장 높은 A 전략을 사용해야 한다.

|오답풀이|

ㄴ. 총 5번의 대결을 하면서 각 대결에서 승리할 확률이 가장 높은 전략을 순서대로 선택한다면, 사람은 C 전략 1회(90%) → B 전략 1회(70%) → A 전략 1회(60%) → A 전략 2회(50%) → C 전략 2회 혹은 A 전략 3회(40%) 순서대로 사용해야 한다. 즉, 5번째 대결에서 사람은 A 전략 혹은 C 전략을 선택해야 한다.

ㄹ. 사람이 1개의 전략만을 사용할 때 각 전략별로 총 2번의 대결을 하여 2번 모두 패배할 확률을 구하면 다음과 같다.

- A 전략 : $(0.4 \times 0.5) \times 100 = 20(\%)$
- B 전략 : $(0.3 \times 0.7) \times 100 = 21(\%)$
- C 전략 : $(0.1 \times 0.6) \times 100 = 6(\%)$

따라서 패배할 확률이 가장 낮은 C 전략을 선택해야 한다.

39 문제처리능력 자료 분석을 통해 문제해결하기

|정답| ④

|해설| • 과장 B : 조달청 입찰참가자격 등록은 개찰일 전일인 5월 31일까지 해야 한다.

• 대리 D : 모든 입찰자의 입찰보증금은 전자입찰서상의 지급각서로 대신하고, 입찰등록 시 입찰보증금을 내는 자는 낙찰자로 선정된 입찰자이다.

40 문제처리능력 자료 분석을 통해 문제해결하기

|정답| ④

|해설| 공사기간은 제시되어 있지만 시작일은 제시되어 있지 않다.

| 오답풀이 |

① '2. 입찰참가자격'에 따라 건설산업기준법에 의한 기계설비공사업 면허를 보유하고 조달청 나라장터(G2B) 시스템 이용자 등록을 필한 업체는 참가 가능하다.

② '4. 낙찰자 결정방법'에 따라 답변할 수 있다.

③ 전자입찰서 개찰일은 20XX년 6월 1일 11시로 입찰담당관 PC에 낙찰자 결정 직후 온라인에 게시된다.

---

41 물적자원관리능력 자재 관리의 기본원리 이해하기

| 정답 | ④

| 해설 | 레이아웃이란 어떠한 행위를 하고자 할 때 흐름에 맞추어서 시설물을 공간적으로 적절히 배치하는 것이다. 레이아웃의 목적은 공장의 경우 생산 시스템의 효율성을 극대화하기 위해, 물류 창고의 경우 보관 시스템의 효율성을 극대화하기 위해서이다.

창고 레이아웃을 설정할 때에는 모듈화의 원칙에 따라 운반기기, 랙, 통로입구와 기둥간격 등의 모듈화 등을 통해서 여분의 공간을 감소시켜야 한다.

보충 플러스+

창고 레이아웃의 기본원칙

- 직진성의 원칙 : 물품이나 통로, 운반기기, 작업자 등의 흐름 방향을 직진성에 중점을 두고 레이아웃을 행해야 한다는 원칙
- 역행교차 회피의 원칙 : 동선이나 창고 레이아웃을 짤 때 교차를 회피할 수 있는 형태로 레이아웃을 구성해야 한다는 원칙
- 물품 취급 횟수 감소의 원칙 : 최소한으로 물품을 취급할 수 있도록 창고 레이아웃을 해야 한다는 원칙
- 물품 이동 간 고저 간격 축소의 원칙 : 물품이 이동되는 흐름 속에서 높낮이 차의 크기를 가급적이면 줄여야 한다는 원칙
- 모듈화의 원칙 : 화물 형태나 운반기기, 랙, 통로 등을 고려해서 모듈화를 추구해야 한다는 원칙

---

42 인적자원관리능력 인적자원관리의 특성 이해하기

| 정답 | ①

| 해설 | 기업의 인적자원이 가지는 특성으로는 능동성, 개발가능성, 전략적 중요성이 있다. 그 중에서 개발가능성은

인적자원은 자연적으로 성장하고 성숙되며, 동시에 오랜 기간에 걸쳐 개발될 수 있는 잠재능력과 자질을 보유하고 있어 특히 환경변화와 조직변화가 심할수록 인적관리가 더욱 중요하다는 것을 의미한다.

| 오답풀이 |

② 인적자원의 전략적 중요성은 조직의 성과가 인적자원을 효과적이고 능률적으로 활용하는 것에 달려 있으며, 이러한 인적자원을 활용하는 주체까지도 사람, 즉 인적자원이라는 점을 의미한다.

③ 인적자원의 능동성은 인적자원의 성과는 인적자원의 욕구와 동기, 태도와 행동, 만족감 등에 따라 결정되는 능동적이고 반응적인 성격을 가지고 있다는 것을 의미한다.

---

43 자원관리능력 자원낭비의 원인 이해하기

| 정답 | ④

| 해설 | 자원낭비의 원인으로는 크게 비계획적 행동, 편리성 추구, 자원에 대한 인식 부재, 노하우 부족으로 분류할 수 있다.

㉠ 시간자원이 충분하지 않음에도 자원을 낭비한 경우로, 시간자원에 대한 인식의 부재로 발생한 자원낭비의 사례이다.

㉡ 자원 활용에 대한 명확한 계획이 없이 프로젝트를 진행한 경우로, 비계획적인 행동으로 발생한 자원낭비의 사례이다.

㉢ 자원을 효과적으로 활용하는 법을 모르는 노하우 부족에서 발생하는 자원낭비의 사례로, 실패한 경험을 축적하거나 별도의 학습을 통해 극복할 수 있는 자원낭비의 사례이다.

㉣ 일회용품의 잦은 사용은 자원 활용에서 편리성을 최우선으로 추구하여 발생하는 자원낭비의 사례이다.

---

44 시간관리능력 작업의 우선순위 결정하기

| 정답 | ②

| 해설 | 작업의 우선순위를 결정할 때 고려해야 할 원칙은 다음과 같다.

- 납기 우선순위 : 납기가 가장 급박한 순서대로 작업한다.

1회 기출예상
2회 기출예상
3회 기출예상
4회 기출예상
5회 기출예상
6회 기출예상
7회 기출예상

- FIFO(First In First Out) : 먼저 작업지시가 내려진 순서대로 작업을 진행한다.
- 전체 작업 시간이 가장 짧은 순서로 진행한다.
- 최소여유시간(납기-잔여작업일수)이 가장 작은 순서대로 작업한다.
- 긴급률이 가장 작은 순서대로 진행한다.

$$\left(긴급률 = \frac{잔여납기일수}{잔여작업일수} = \frac{납기-현재일}{잔여작업일수} \right)$$

45 물적자원관리능력 **합리적 선택하기**

| 정답 | ②

| 해설 | 굿즈에 대한 높은 고객수요를 바탕으로 신상품 개발에 어려움을 겪는 상황을 협력업체와의 전략적 제휴를 통한 촉진 전략으로 해결하고자 한다. 이와 동시에 협력업체의 매출 증대도 함께 검토해야 하므로, 이를 모두 고려한 해결방안을 선택한다.

협력업체의 유명 캐릭터가 포함된 본사 상품을 출시하는 것은 신상품 개발 요구와 고객들의 굿즈 수요를 충족하는 동시에 협력업체의 매출액 증대도 가능한 촉진 전략에 해당하므로, 고려해야 할 사항을 모두 충족하는 해결방안이 될 수 있다.

| 오답풀이 |

① 협력업체와 신제품을 공동으로 출시하는 방안은 고객들의 굿즈 수요를 반영하지 못한 해결 방안이다.

③ 협력업체의 배송차량을 이용하는 방안은 협력업체의 매출 증대와 신상품 개발 문제를 반영하지 못한 해결 방안이다.

④ 협력업체와의 가격 할인상품 공유는 신상품 개발 문제를 반영하지 못한 해결 방안이다.

46 인적자원관리능력 **인력배치의 유형 이해하기**

| 정답 | ③

| 해설 | 인력배치의 유형으로는 양적 배치, 질적 배치, 적성 배치 등이 있다. 이 중 각 부문의 작업량과 조업도, 여유 또는 부족 인원을 감안하여 배치하는 것을 양적 배치, 팀원의 적성과 흥미에 따라 인력을 배치하는 것을 적성 배치, 팀원의 능력과 성격을 반영하여 개개인의 능력을 발휘할 수 있도록 배치하는 것을 질적 배치라고 한다.

47 예산관리능력 **직접비용·간접비용 파악하기**

| 정답 | ②

| 해설 | 예산을 직접비용과 간접비용으로 구분할 때, 직접비용은 제품 생산과 서비스 창출을 위해 직접 소비되는 비용으로 재료비, 시설비, 출장비, 인건비 등이 있다. 한편 간접비용은 제품의 생산에 직접 관여하지 않는 비용으로 직접비용을 제외한 모든 비용을 간접비용으로 구분하며, 예를 들어 보험료, 건물관리비, 광고비, 통신비, 사무비품비, 공과금 등이 있다.

따라서 제시된 항목 중 간접비용에 해당하는 품목은 보험료, 광고비, 공과금, 비품비로 해당 항목의 비용 총합은 138+2,450+721+127=3,436(만 원)이다.

48 물적자원관리능력 **재고관리시스템 이해하기**

| 정답 | ③

| 해설 | 회의록에서는 현재의 재고관리시스템은 먼저 구매한 상품을 먼저 판매하는 선입선출법이 물가가 상승할 경우 현재의 수익이 과거의 원가와 대응되어 순이익이 과대 계상되는 문제가 발생한다는 점을 지적하면서, 재고자산이 현재의 물가를 신속하게 반영할 수 있는 재고관리법을 적용할 것을 주문하고 있다.

후입선출법은 선입선출법과 반대로 나중에 입고된 재고품목을 먼저 판매하여 물가의 상승이 수익에 바로 대응할 수 있으며, 이동평균법은 상품의 재고단가와 매입단가가 다를 때마다 그 이동단가를 구하여 기말재고자산의 단가를 결정하므로 물가의 변동을 실시간으로 반영하는 재고관리가 가능하다.

49 물적자원관리능력 **자재소요계획표 이해하기**

| 정답 | ③

| 해설 | 부품의 조달 기간이 1주이므로 계획발주량은 그 다음 주차의 계획보충량과 같다. 따라서 ㉠ ~ ㉢에 들어갈 값을 합한 계획발주량은 400+500+200=1,100이다. 제시된 〈자재요소계획표〉에서 표기되지 않은 순소요량과 계획발주량을 모두 기재한 결과는 다음과 같다.

www.gosinet.co.kr gosinet

1회 기출예상

2회 기출예상

3회 기출예상

4회 기출예상

5회 기출예상

6회 기출예상

7회 기출예상

주차	1	2	3	4	5	6
총 소요량	100		400	500		250
예상 가용량	180	80	80	80	80	80	30
순소요량	0	0	320	420		
계획 보충량			400	500		200
계획 발주량		400	500		200	

50 예산관리능력 합리적 선택하기

| 정답 | ③

| 해설 | 우선 각 속성의 수용수준이 '양호'이므로 RAM이 '보통'으로 평가된 P 브랜드와 내구성이 '보통'으로 평가된 S 브랜드와 K 브랜드는 검토하지 않는다. 중요도를 점수로 환산하기 위해 중요도가 높은 순서대로 4부터 1까지의 가중치로 표기하고 평가점수는 '최상'을 3점, '매우 양호'는 2점, '양호'를 1점으로 두어 L 브랜드와 H 브랜드의 점수를 비교하면 다음과 같다.

제품 속성	기중치	L 브랜드		H 브랜드	
		평가	점수	평가	점수
CPU	4	3	12	2	8
RAM	3	1	3	3	9
A/S	2	1	2	1	2
내구성	1	1	1	1	1
		합계	18	합계	20

따라서 총점이 더 높은 H 브랜드를 구매하기로 결정하는 것이 가장 적절하다.

51 인적자원관리능력 우수 인재 선발하기

| 정답 | ③

| 해설 | A ~ E의 평가점수 총점을 계산하면 다음과 같다.
- A : $80 \times 0.3 + 86 \times 0.3 + 90 \times 0.4 = 85.8$(점)
- B : $84 \times 0.3 + 80 \times 0.3 + 92 \times 0.4 = 86$(점)
- C : $85 \times 0.3 + 90 \times 0.3 + 87 \times 0.4 = 87.3$(점)
- D : $93 \times 0.3 + 88 \times 0.3 + 85 \times 0.4 = 88.3$(점)
- E : $91 \times 0.3 + 94 \times 0.3 + 80 \times 0.4 = 87.5$(점)

따라서 평가점수의 총점이 가장 높은 D가 우수 인재로 선발된다.

52 인적자원관리능력 부서 배치하기

| 정답 | ②

| 해설 | 51 해설을 참고할 때, 총점이 높은 순서는 D-E-C-B-A이다. 먼저 D는 희망 부서인 홍보기획팀에 배치되고, E는 미래전략팀에 배치된다. 다음으로 C의 희망부서는 미래전략팀인데 미래전략팀의 정원은 1명이므로 C는 희망 부서에 배치되지 못한다.

53 물적자원관리능력 바코드와 QR 코드 이해하기

| 정답 | ④

| 해설 | 바코드와 QR 코드 모두 그 자체만으로는 육안으로 정보를 인식할 수 있음을 고려하지 않았으나, 바코드나 QR 코드에 상품이나 정보를 디자인을 통해 시각화하여 그 특징을 가시적으로 표현할 수 있다.

54 물적자원관리능력 6시그마 파악하기

| 정답 | ②

| 해설 | ㄱ. 6시그마는 시그마(sigma : σ)라는 통계척도를 사용하여 모든 품질수준을 정량적으로 평가하고 품질혁신을 달성하는 전략이다.
ㄷ. 6시그마는 전문 기관을 통해 6시그마 관련 자격증을 취득한 사내 전문가들을 챔피언(Champion), 마스터 블랙벨트(Master Black Belt), 블랙벨트(Black Belt) 등으로 구성한 전문화된 추진조직의 주도하에 실행된다.
ㅁ. 6시그마는 제품 100만 개당(ppm) 2개 이하의 결함을 목표로 하는 것으로 사실상 무결점 수준의 품질을 추구하고 있다.

| 오답풀이 |
ㄴ. 6시그마는 품질개선을 리더가 지시하는 Top-Down 방식이다.
ㄹ. 6시그마는 고객의 관점에서 제품의 결함을 제거하여 고객이 원하는 제품을 생산하여 고객만족을 최대화하고자 하는 경영전략이다.

55 예산관리능력 | 회계 처리하기

|정답| ①

|해설| ㄱ. (가)에서 박 씨는 100,000,000원을 출자하여 A 기업을 설립하였으므로 자산과 자본이 100,000,000원이다.

ㄴ. (나)에서 A 기업은 책상과 의자를 구입하였으므로 자산이 증가하였으며, 현금 300,000원이 감소하였다.

|오답풀이|

ㄷ. (나)에서 A 기업은 현금 300,000원을 사용하였으므로 재무 상태가 변화하였다.

ㄹ. (다)에서 A 기업은 물품을 외상으로 구입하였으므로 자산과 부채가 변동하였다.

56 물적자원관리능력 | 물적자원 관리 방법 분석하기

|정답| ①

|해설| 최종 결론을 보면 A 기업은 계량 단위의 수량 조건을 활용하여 보관하고 거래처와의 거래에서 계량 단위의 거래를 추가하기로 하였다. 따라서 추가할 계량 단위가 무엇인지 파악해야 한다. 대안에서 개수 단위의 보관형태 이외의 대안을 모색한다고 하였으므로 개수를 세는 단위가 아닌 길이(ㄱ), 면적(ㄷ) 단위를 추가하는 것이 적절하다.

|오답풀이|

ㄴ. 그로스(Gross) : 12다스를 한 단위로 세는 말

ㄹ. 다스(Dozen) : 물건 12개를 한 단위로 세는 말

57 예산관리능력 | 4대보험 이해하기

|정답| ③

|해설| ㉠에 들어갈 말은 4대보험이다. 2021년 보험요율은 국민연금이 9%, 건강보험이 6.86%이며 산재보험요율은 사업장마다 차이가 있으므로 건강보험의 보험요율이 가장 크다고 할 수 없다.

58 물적자원관리능력 | 화물 운송 방법 선택하기

|정답| ②

|해설| ㄱ. 소급화물이란 하나의 수송 문건에 의하여 수송

되는 짐의 무게나 부피가 한 개의 화차에 차지 아니하는 짐을 말한다. 주요내용에서 기차 1량의 단위로 전세를 낼 정도의 주문은 발생하지 않는다고 하였으므로 소급이 적절하다.

ㄷ. 소화물이란 철도화물 가운데 화물차 이외의 열차(여객열차·소화물열차)로 신속한 수송을 필요로 하는 소형화물에 해당한다.

|오답풀이|

ㄴ. 차급화물이란 한 짐차에 실은 것을 한꺼번에 같은 운송장으로 나르는 짐을 말한다. 석탄, 목재, 시멘트, 알곡과 같이 한꺼번에 많이 날라야 할 짐 등을 가리키므로 적절하지 않다.

ㄹ. 수하물은 철도이용객이 여행에 필요로 하는 물품을 같은 여객열차편에 운송하는 화물로, 화물의 범주가 아닌 여객의 여행상 편의를 주는 일종의 서비스 제공에 해당한다.

59 예산관리능력 | 총 예산 구하기

|정답| ③

|해설| 카메라는 1대를 추가하여 총 3대, 마이크는 5개를 추가하여 총 9개이므로 각 물품별 예산을 계산하면 다음과 같다.

• 카메라 : 530,000×3=1,590,000(원)

• 스피커 : 120,000×2=240,000(원)

• 화이트보드 : 80,000원

• 마이크 : 110,000×9=990,000(원)

따라서 총 예산은 1,590,000+240,000+80,000+990,000=2,900,000(원)이다.

60 예산관리능력 | 여비 정산서 작성하기

|정답| ③

|해설| 만일 여비교통비를 가지급금으로 계상한 다음 이를 상계하는 방식으로 회계처리를 할 경우, 출장 전 우선 가지급금에 따른 현금지출에 따라 다음과 같은 회계처리를 한다.

(차변) 가지급금 400,000원 / (대변) 현금 400,000원

그리고 출장 후 작성된 여비 정산서를 통해 실제로 지출된 여비교통비가 250,000원으로 확정되었으므로, 여비교통비

(숙박비, 교통비, 식비의 합)에 해당하는 가지급금을 여비교통비 계정으로 전환하는 회계처리를 한다.
(차변) 여비교통비 250,000원 / (대변) 가지급금 250,000원
이와 함께 거래처 기념품 구입 역시 올바른 계정으로 전환하고, 출장비로 지급된 금액 중 실제 소요 후 남은 금액인 100,000원에 대한 회계처리를 다음과 같이 실시한다.
(차변) 현금 100,000원 / (대변) 가지급금 100,000원
따라서 여비 정산서가 작성된 이후의 회계처리에서 차변에 나타날 계정과목은 현금과 여비교통비이다.

61 기초연산능력 일률 활용하기

| 정답 | ③

| 해설 | 전체 일의 양을 1로 두면, 1시간에 A 사원이 하는 일의 양은 $\frac{1}{4}$, B 사원은 $\frac{1}{6}$이다. A 사원과 B 사원이 함께 일을 하면 1시간에 $\frac{1}{4}+\frac{1}{6}=\frac{5}{12}$만큼의 일을 하므로 $1\div\frac{5}{12}=\frac{12}{5}$(시간), 즉 2시간 24분이 걸린다.

62 기초연산능력 수익 계산하기

| 정답 | ③

| 해설 | 월 임대료는 $8\times20=160$(만 원)이고, 한 달 수익은 $1\times20\times30=600$(만 원)이므로 한달 순수익은 $600-160=440$(만 원)이다.

63 기초연산능력 소금의 양 구하기

| 정답 | ③

| 해설 | • 10% 농도의 소금물 250g에 녹아 있는 소금의 양 :
$$250\times\frac{10}{100}=25(g)$$
• 8% 농도의 소금물 200g에 녹아 있는 소금의 양 :
$$200\times\frac{8}{100}=16(g)$$

추가로 넣은 소금의 양을 xg이라 하면 다음과 같은 식이 성립한다.
$$\frac{25+16+x}{250+200+x}\times100=12$$
$$\frac{41+x}{450+x}\times100=12$$
$$4,100+100x=5,400+12x$$
$$88x=1,300 \qquad x\fallingdotseq15(g)$$
따라서 추가로 넣은 소금의 양은 15g이다.

64 기초연산능력 방정식 활용하기

| 정답 | ③

| 해설 | ○○공사의 작년 채용인원을 x명이라 하면 다음과 같은 식이 성립한다.
$$x\times(1-0.19)=162$$
$$0.81x=162$$
$$\therefore\ x=200(명)$$
따라서 작년 채용인원은 200명이다.

65 기초연산능력 확률 구하기

| 정답 | ③

| 해설 | B는 현재 1승 2패로, B가 최종 우승할 확률은 다음 두 가지로 나누어 계산한다.
• B가 4승 2패로 이길 확률 : 3번째 경기 이후로 3승할 확률이므로 $_3C_3\left(\frac{1}{2}\right)^3=\frac{1}{8}$이다.
• B가 4승 3패로 이길 확률 : 3번째 경기 이후로 2승 1패하고 7번째 경기를 이기는 확률이므로 $_3C_2\left(\frac{1}{2}\right)^2\left(\frac{1}{2}\right)$ $\left(\frac{1}{2}\right)=\frac{3}{16}$이다.

따라서 B가 우승할 확률은 $\frac{1}{8}+\frac{3}{16}=\frac{5}{16}$이다.

www.gosinet.co.kr gosinet

1회 기출예상
2회 기출예상
3회 기출예상
4회 기출예상
5회 기출예상
6회 기출예상
7회 기출예상

66 　기초연산능력　객실 수 구하기

|정답| ①

|해설| ○○호텔의 객실 수를 x개라고 하면 다음과 같은 식이 성립한다.

$4x < 90$, $x < 22.5$

$5x > 90$, $x > 18$

$\therefore 18 < x < 22.5$

따라서 ○○호텔의 객실 수는 18개가 될 수 없다.

67 　기초연산능력　비율 계산하기

|정답| ④

|해설| 전체 합격자 중 여자의 비율은 $\dfrac{2,825}{1,588+2,825} \times 100$

$= \dfrac{2,825}{4,413} \times 100 ≒ 64.0(\%)$이다.

|오답풀이|

① 전체 합격률은 $\dfrac{2,825+1,588}{12,250+14,560} \times 100 = \dfrac{4,413}{26,810} \times$

$100 ≒ 16.5(\%)$이다.

② 남자 응시생이 여자 응시생보다 많으므로 50% 이상 이다.

③ 전체 합격자 중 남자의 비율은 $\dfrac{1,588}{1,588+2,825} \times 100$

$= \dfrac{1,588}{4,413} \times 100 ≒ 36(\%)$이다.

68 　기초연산능력　계약금액 계산하기

|정답| ②

|해설| 부품 A는 라 기업, 부품 B는 가 기업, 부품 C는 다 기업, 부품 D는 가 기업이 입찰에 성공한다. 가 기업은 부품 B와 부품 D를 납품하므로 계약금액은 $(7+10) \times 1,000$ $=17,000$(만 원)이고, 부품 C만 납품하는 다 기업은 $5 \times 1,000=5,000$(만 원), 부품 A만 납품하는 라 기업은 $3 \times 1,000=3,000$(만 원)이다. 따라서 납품계약이 성사된 기업 중 총 계약금액의 차가 가장 큰 기업은 가, 라 기업이다.

69 　기초연산능력　계약금액 계산하기

|정답| ②

|해설| 나 기업이 입찰가격을 20% 할인할 경우 그 가격은 다음과 같다.

구분	가 기업	나 기업	다 기업	라 기업
부품 A	5	3.2	4	3
부품 B	7	8	9	8
부품 C	6	4.8	5	7
부품 D	10	8.8	12	11

따라서 나 기업이 각 부품별 입찰가격을 새로 정하면 나 기업은 부품 C, D의 입찰에 성공하게 된다. 이 경우 총 계약금액은 $(4.8+8.8) \times 1,000=13,600$(만 원)이다.

70 　기초연산능력　도형의 넓이 계산하기

|정답| ①

|해설| 무선청소기가 지나간 부분의 넓이는 아래 그림의

 넓이에서 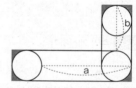 5개의 넓이를 빼면 된다.

무선청소기의 반지름의 길이를 r이라 하면 다음과 같은 식이 성립한다.

$$\{(2r+a) \times 2r + 2br\} - \left\{\left(r^2 - \frac{1}{4}\pi r^2\right) \times 5\right\} = 9 + \frac{5}{4}\pi$$

$$4r^2 + 2ar + 2br - 5r^2 + \frac{5}{4}\pi r^2 = 9 + \frac{5}{4}\pi$$

위 식에서 $\dfrac{5}{4}\pi r^2 = \dfrac{5}{4}\pi$이므로 $r=1$임을 알 수 있다.

이를 다시 대입하면, $4 + 2a + 2b - 5 + \dfrac{5}{4}\pi = 9 + \dfrac{5}{4}\pi$

$2a + 2b = 10$　　$a + b = 5$

따라서 $a+b$의 값은 5이다.

71 기초연산능력 인원 수 구하기

|정답| ④

|해설| 제시된 자료를 바탕으로 근속 기간별 직원 수를 정리하면 다음과 같다.

근속 기간	1년 미만	1년 이상 ~ 3년 미만	3년 이상 ~ 5년 미만	5년 이상 ~ 10년 미만	10년 이상 ~ 15년 미만	15년 이상
사원 수 (명)	32	94	202	71	(?)	(?)

근속 기간이 3년 미만인 직원의 수는 전체의 24%이므로 전체 직원 수를 x명이라 하면 다음과 같은 식이 성립한다.

$$\frac{126}{x} \times 100 = 24 \qquad \therefore \ x = 525(명)$$

총 525명의 직원 중 근속 기간이 15년 이상인 직원의 수를 y명이라 하면, 근속 기간이 10년 이상 15년 미만인 직원의 수는 $2y$명이므로 다음과 같은 식이 성립한다.

$$399 + 2y + y = 525 \qquad 3y = 126 \qquad \therefore \ y = 42(명)$$

따라서 근속 기간이 3년 이상 15년 미만인 직원은 202+71+84=357(명)이다.

72 기초통계능력 합격률 구하기

|정답| ③

|해설| 기술직 지원자와 사무직 지원자의 비는 7 : 4이므로 각각 $7x$명, $4x$명, 합격자 중 기술직과 사무직의 비는 11 : 3이므로 각각 $11y$명, $3y$명, 불합격자 중 기술직과 사무직의 비는 3 : 5이므로 각각 $3z$명, $5z$명으로 둔다. 기술직의 합격률은 $\dfrac{11y}{7x}$이므로 x와 y의 관계식을 구하기 위해 다음과 같이 식을 정리한다.

$$\begin{cases} 7x = 11y + 3z & \quad 35x = 55y + 15z \\ 4x = 3y + 5z & \quad 12x = 9y + 15z \end{cases}$$

$$23x = 46y \qquad \therefore \ x = 2y$$

따라서 $\dfrac{11y}{7x} = \dfrac{11y}{14y} = \dfrac{11}{14}$이다.

73 도표분석능력 자료의 수치 분석하기

|정답| ①

|해설| ㉠ 각 연도별 총 사업비 중 민간부담금의 비율(C÷A)은 20X2년에 25.5%로 가장 낮다.

㉡ 민간부담금 중 현금부담은 20X3년에 가장 큰 폭인 12,972−5,357=7,615(백만 원) 상승했다.

|오답풀이|

㉢ 20X1년 민간부담금 중 현물부담금은 총사업비의 $\dfrac{23,820}{109,841} \times 100 ≒ 21.7(\%)$로, 25% 미만이다.

㉣ 20X4년 민간부담금 중 현금부담금은 정부지원금 대비 $\dfrac{13,378}{88,332} \times 100 ≒ 15.1(\%)$로, 20% 미만이다.

74 도표분석능력 자료의 수치 분석하기

|정답| ③

|해설| 20X1년 유럽연합 대비 한국의 석유 소비량은 $\dfrac{128.9}{646.8} \times 100 ≒ 19.9(\%)$로 20% 미만이다.

|오답풀이|

① 20X1년 OECD 대비 한국의 석유 소비량은 $\dfrac{128.9}{2,204.8} \times 100 ≒ 5.8(\%)$로 5% 이상이다.

② 20X1년 OECD 대비 중국의 석유 생산량은 $\dfrac{189.1}{1,198.6} \times 100 ≒ 15.8(\%)$로 15% 이상이다.

75 기초연산능력 전기요금 계산하기

|정답| ④

|해설| 구간에 따라 기본요금과 전력량 요금이 다르므로 A 씨의 전력사용량이 어느 구간에 속하는지를 먼저 파악해야 한다.

A 씨의 전력사용량을 400kWh라고 하면 전기요금은 다음과 같다.

- 기본요금 : 1,700원
- 사용요금 : 200(kWh)×80(원/kWh)+200(kWh)×210(원/kWh)=58,000(원)
- 부가가치세 : (1,700+58,000)×0.1=5,970(원)
- 전력산업기반기금 : (1,700+58,000)×0.04=2,388(원)
- 전기요금 : 1,700+58,000+5,970+2,388=68,058(원)

A 씨가 이번 달에 내야 하는 전기요금이 93,822원이므로 A 씨의 전력사용량은 400kWh 초과임을 알 수 있다.

A 씨의 전력사용량을 x kWh(단, $x > 400$)라고 하면 전기요금은 다음과 같다.

1회 기출예상 2회 기출예상 3회 기출예상 4회 기출예상 5회 기출예상 6회 기출예상 7회 기출예상

- 기본요금 : 6,300원
- 사용요금 : $200(kWh) \times 80(원/kWh) + 200(kWh) \times 210(원/kWh) + (x-400)(kWh) \times 360(원/kWh) = 360x - 86,000(원)$
- 부가가치세 : $(6,300 + 360x - 86,000) \times 0.1 = 36x - 7,970(원)$
- 전력산업기반기금 : $(6,300 + 360x - 86,000) \times 0.04 = 14.4x - 3,188(원)$
- 전기요금 : $6,300 + (360x - 86,000) + (36x - 7,970) + (14.4x - 3,188) = 93,822(원)$

$410.4x - 90,858 = 93,822$

$410.4x = 184,680$

$\therefore x = 450(kWh)$

따라서 A 씨의 전력사용량과 전력산업기반기금을 합한 값은 $x + 14.4x - 3,188 = 15.4x - 3,188 = 15.4 \times 450 - 3,188 = 3,742$이다.

76 도표분석능력 자료의 수치 분석하기

| 정답 | ④

| 해설 | 2021년 11월에서 2021년 12월 사이의 고용률 감소율은 $\frac{60.4 - 59.1}{60.4} \times 100 ≒ 2.15(\%)$로, 2020년 12월에서 2021년 1월 사이의 고용률 감소율인 $\frac{61.9 - 61.2}{61.9} \times 100 ≒ 1.13(\%)$의 2배 미만이다.

| 오답풀이 |

① 조사 기간 중 전월 대비 고용률이 증가한 구간은 2021년 4월에서 2021년 5월, 2021년 9월에서 2021년 10월, 2021년 10월에서 2021년 11월 구간으로 총 3개이다.

② 조사 기간 중 전월 대비 고용률이 가장 크게 감소한 구간은 2021년 11월에서 2021년 12월 구간으로, 60.4 - 59.1=1.3(%p) 감소하였다.

③ 2021년 12월 고용률은 59.1%로 전년 동월 대비 61.9 - 59.1=2.8(%p) 하락했고, 취업자 수는 683만 3천 명으로 전년 동월 703만 명에서 19만 7천 명 감소했다.

77 도표분석능력 자료의 수치 분석하기

| 정답 | ①

| 해설 | A 기업에서 20X9년에 발생된 폐기물 중 소각률은 $\frac{11,381}{117,688} \times 100 ≒ 9.7(\%)$이다.

| 오답풀이 |

② B 기업의 20X8년 폐기물 재활용률은 64.6%로, 폐기물 총 발생량이 10만 1,324톤이라면 재활용으로 처리된 폐기물은 $\frac{x}{101,324} \times 100 = 64.6$, $x ≒ 65,455(톤)$이다.

③ C 기업의 20X8년 대비 20X9년 재활용률은 86.7 - 86.3=0.4(%p) 증가했다.

④ D 기업의 20X7년 폐기물 재활용률은 86.0%로, 폐기물 총 발생량이 11만 2,468톤이라면 재활용으로 처리된 폐기물은 $\frac{x}{112,468} \times 100 = 86$, $x ≒ 96,722(톤)$이다.

78 도표작성능력 표를 그래프로 변환하기

| 정답 | ③

| 해설 | 표의 수치와 그래프의 수치가 일치한다.

| 오답풀이 |

① 원자력에너지 정격용량이 아닌, 원자력에너지 정격용량의 비율을 그래프로 나타냈다.

② 표에는 2017 ~ 2021년의 자료만 제시되어 있으므로 2030년까지의 그래프는 작성할 수 없다.

④ 2020년 에너지원별 피크기여도 비율이 아닌 수치를 그래프로 나타냈다.

79 기초연산능력 날짜 구하기

| 정답 | ②

| 해설 |
- 1월 1일 : 1,200원 사용
- 1월 2일 ~ 1월 5일 : 매일 2,400원씩 총 $2,400 \times 4 = 9,600(원)$ 사용
- 1월 6일 ~ 1월 X일 : 매일 2,600원씩 총 $2,600(X - 6 + 1) = 2,600X - 13,000(원)$ 사용

그러므로 다음과 같은 식이 성립한다.

$1,200 + 9,600 + 2,600X - 13,000 < 50,000$

$2,600X < 52,200$

$\therefore \ X < 20.07\cdots$

따라서 버스카드를 충전하지 않고 1월 20일까지 사용할 수 있다.

80 기초연산능력 입장료 계산하기

|정답| ④

|해설| 각 박물관에 방문할 단체 입장객의 총 입장료를 계산하면 다음과 같다.

- (가) 박물관 : $1,500 \times 48 \times 0.9 = 64,800$(원)
- (나) 박물관 : $1,700 \times 42 \times 0.9 = 64,260$(원)
- (다) 박물관 : $2,800 \times 24 = 67,200$(원)
- (라) 박물관 : $2,200 \times 29 = 63,800$(원)

따라서 총 입장료가 제일 낮은 박물관은 (라) 박물관이다.

3회 기출예상문제

3회 기출예상문제   문제 110쪽

01	③	02	①	03	②	04	④	05	⑤
06	④	07	②	08	⑤	09	②	10	③
11	②	12	②	13	⑤	14	①	15	④
16	③	17	③	18	①	19	④	20	①
21	②	22	④	23	④	24	⑤	25	④
26	④	27	④	28	③	29	③	30	④
31	④	32	③	33	①	34	①	35	②
36	④	37	①	38	①	39	②	40	④
41	③	42	②	43	③	44	②	45	①
46	④	47	②	48	①	49	③	50	③

01 시간관리능력 효과적인 시간관리 방법 알기

|정답| ③

|해설| 이 팀장은 김 대리에게 일찍 일어나서 하루의 일정을 정리하고 생활리듬 속에서 일정을 꾸준히 관리하는 방법에 대해 소개하고 있다. 따라서 ③이 가장 적절하다.

02 시간관리능력 시간관리 방법 이해하기

|정답| ①

|해설| 김 과장은 잘못 걸린 전화에 끝까지 대화를 하거나, 이메일에 필요 없는 내용을 작성하거나, 이미 끝난 프로젝트에 관한 작업을 하는 등 불필요한 일에 시간을 소비하고 있다는 것을 알 수 있다. 따라서 김 과장에게는 불필요하게 낭비되는 시간을 줄여야 한다는 조언을 하는 것이 적절하다.

03 물적자원관리능력 ERP 프로그램 이해하기

| 정답 | ②

| 해설 | ERP(전사적 자원관리)는 인사, 재무, 생산 등 기업의 전 부문에 걸쳐 독립적으로 운영되던 각종 관리시스템의 경영자원을 하나의 통합 시스템으로 재구축함으로써 생산성을 극대화하는 경영혁신기법을 의미한다. ERP 기법은 구축 후에는 비용을 절감할 수 있다는 장점이 있지만 초기 도입 시 구축하는 비용이 많이 든다는 단점이 있다.

보충 플러스+

전사적 자원관리(ERP ; Enterprise Resource Planning)
- 기업 내 생산, 물류, 재무, 회계, 영업, 구매, 재고 등 경영 활동을 통합적으로 관리하는 프로그램으로, 기업에서 발생하는 정보를 통합적으로 실시간 공유할 수 있는 전사적 통합 시스템이다.
- 기업의 원활한 재고관리를 위하여 제안된 MRP에서 시작되어 생산관리부문의 MRP Ⅱ를 거쳐 회계나 인사 등 조직이나 기업 간의 모든 업무영역을 대상으로 하는 시스템으로 발전했다.
- 재고를 줄이고 업무수행 사이클을 단축시키며, 비용을 절감함으로써 기업이나 조직의 전반적인 운영 향상을 목적으로 한다.
- 시간적, 공간적 한계를 초월하여 실시간으로 어느 곳에서든지 즉각적인 소통이 가능하다.

04 인적자원관리능력 조직의 수명주기 이해하기

| 정답 | ④

| 해설 | 조직의 라이프사이클(수명주기) 중 성숙기에서는 조직의 성장단계가 고점에 이르면서 성장속도가 둔화되고 조직구조가 경직되기 시작한다. 따라서 조직의 성숙기에서는 배치전환과 이직을 통해 인적자원의 유동성을 확보하고 안정적인 사업기반을 바탕으로 새로운 사업을 계획하는 것이 적절하다.

| 오답풀이 |

①, ⑤ 조직이 쇠퇴하여 조직 인력을 해체하는 쇠퇴기에 해당한다.

② 조직이 급성장하여 인적 자원의 양적 수요와 질적 수요가 모두 급증하는 성장기에 해당한다.

③ 창업 초기 조직의 성장력을 만들기 위해 전문화된 인력을 중점적으로 영입하는 도입기에 해당한다.

05 시간관리능력 최소 시간 계산하기

| 정답 | ⑤

| 해설 | 2시간에 생산할 수 있는 120개의 부품 중 불량품이 아닌 부품의 개수는 $120 \times 0.8 = 96$(개)이다. 총 부품을 생산하는 데 $25,600 \div 96 \times 2 = 533.33$(시간), 즉 534시간이 소요된다. 두 번째 조건에 따라 하루에 가능한 자동생산라인 가동시간은 최대 6시간이므로 계약한 부품 생산에 최소 $534 \div 6 = 89$(일)이 필요하다.

06 예산관리능력 관세금액 계산하기

| 정답 | ④

| 해설 | • A 사원의 관세금액은 다음과 같다.

$120 \times 0.07 + 120 \times 0.12 + 80 \times 0.09 + 12 \times 0.13 + 13 \times 0.08$
$= 8.4 + 14.4 + 7.2 + 1.56 + 1.04 = 32.6$(만 원)

즉, 326,000원이다.

• B 대리의 관세금액은 다음과 같다.

$200 \times 0.08 + 100 \times 0.08 + 90 \times 0.09 + 40 \times 0.11 + 30 \times 0.10$
$= 16 + 8 + 8.1 + 4.4 + 3 = 39.5$

즉, 395,000원이다.

따라서 구매자와 관세금액이 바르게 연결된 것은 ④이다.

07 물적자원관리능력 공급원칙에 따라 제품 생산하기

| 정답 | ②

| 해설 | 공장은 개당 생산비가 저렴한 순서대로 가동되므로 8번부터 역순으로 제품을 생산한다.

㉠ 다음 날인 수요일의 예측 수요량은 160개이므로 〈공급 원칙〉에 따라 화요일에는 8번부터 6번 공장까지 가동되어 각각 100개, 40개, 20개씩 총 160개를 생산한다. 따라서 화요일 제품 X의 시장 가격은 가동되는 공장 중 생산비가 가장 비싼 6번 공장의 생산비인 개당 100원이다.

㉡ 목요일의 다음 날인 금요일의 예측 수요량은 한 주에서 가장 많은 220개이므로 목요일에는 8번부터 3번 공장까지 가동되어 총 230개를 생산한다. 따라서 목요일에 가동되지 않는 공장은 1번, 2번 공장으로 총 2개이다.

㉢ 다음 날인 일요일의 예측 수요량은 160개이므로 토요일에는 8번부터 6번 공장까지 가동된다. 이때 제품 X의

개당 시장가격은 이 중 생산비가 가장 비싼 6번 공장의 생산비인 100원이다. 생산비와 가격이 동일하므로, 6번 공장에 의해 발생하는 제품 X의 순이익은 0원이다.

| 오답풀이 |

㉣ 제품 순이익의 최댓값은 곧 한 주에서 가장 많은 생산량을 기록할 때와 직결된다. 따라서 목요일에 220개를 생산하면 제품 X의 시장 가격은 3번 공장의 생산비인 개당 160원이고, 7번 공장의 생산비는 개당 80원이므로 기대할 수 있는 순이익의 최댓값은 160-80=80(원)이다.

08 예산관리능력 직접비 계산하기

| 정답 | ⑤

| 해설 | 제시된 항목에서 직접비는 인건비, 출장비, PC구입비, 건물임대료이다. 따라서 인건비는 1,200-150-500-200=350(만 원)이다.

09 예산관리능력 가용예산 활용하기

| 정답 | ②

| 해설 | 현재 확보한 예산 50억 원으로는 주민들이 가장 원하는 체육 시설인 수영장(60억)을 지을 수 없다.

| 오답풀이 |

①, ③, ⑤ 문체부 권고 기준을 충족하려면 야구장 한 개, 풋살장 한 개, 수영장 한 개를 더 지어야 한다. 이에 따라 필요한 비용은 30+20+60=110(억 원)이므로, 예비비 예산 적용 시 건축이 가능하다.

10 예산관리능력 지불해야 할 비용 계산하기

| 정답 | ③

| 해설 | 각각의 팀마다 전달해야 하는 왕만두를 계산하면 다음과 같다.

• 경영기획팀 : 필요한 왕만두는 최소 16개이므로, 2상자를 전달한다.
• 경영지원팀 : 필요한 왕만두는 최소 20개이므로, 3상자를 전달한다.

• 인사기획팀 : 필요한 왕만두는 최소 12개이므로, 2상자를 전달한다.
• IR팀 : 필요한 왕만두는 최소 10개이므로, 2상자를 전달한다.
• 회계팀 : 필요한 왕만두는 최소 22개이므로, 3상자를 전달한다.
• 홍보팀 : 필요한 왕만두는 최소 10개이므로, 2상자를 전달한다.
• 재무팀 : 필요한 왕만두는 최소 16개이므로, 2상자를 전달한다.
• 구매팀 : 필요한 왕만두는 최소 10개이므로, 2상자를 전달한다.
• 총무팀 : 필요한 왕만두는 최소 12개이므로, 2상자를 전달한다.
• 영업1팀 : 필요한 왕만두는 최소 20개이므로, 3상자를 전달한다.
• 법무팀 : 필요한 왕만두는 최소 14개이므로, 2상자를 전달한다.
• 영업2팀 : 필요한 왕만두는 최소 24개이므로, 3상자를 전달한다.

필요한 왕만두는 총 28상자인데 20상자를 사면 한 상자를 덤으로 준다고 했으므로, 계산해야 할 왕만두는 총 27상자이다. 따라서 5,000×27=135,000(원)이다.

11 문서작성능력 문서작성 시 주의사항 이해하기

| 정답 | ②

| 해설 | 문서를 작성할 때에는 주요한 내용이 담겨져 있는 결론 부분을 먼저 쓰도록 한다.

보충 플러스+

직장 내 문서작성의 원칙
• 문장은 짧고 간결하게 작성한다.
• 상대방이 이해하기 쉽게 작성한다.
• 불필요한 한자의 사용은 배제한다.
• 간결체로 작성한다.
• 긍정문으로 작성한다.
• 간단한 표제를 붙인다.
• 문서의 주요한 내용을 먼저 쓰도록 한다.

1회 기출예상

2회 기출예상

3회 기출예상

4회 기출예상

5회 기출예상

6회 기출예상

7회 기출예상

12 문서이해능력 스놉 효과 이해하기

| 정답 | ②

| 해설 | 스놉 효과는 고급스러운 제품이 시장에 처음 나왔을 때 그 제품을 신속하게 구매하는 형식으로 나타난다고 했다. 따라서 신제품이기만 하면 잘 팔리는 것이 아니라 고급스러운 신제품이어야만 잘 팔리는 것을 알 수 있다.

13 문서이해능력 글의 내용 적용하기

| 정답 | ⑤

| 해설 | 유명 연예인을 모델로 사용한다면 상품의 대중성이 올라가 다수의 새로운 고객이 유입될 가능성이 커진다. 따라서 스놉 효과를 활용한 마케팅 전략으로 적절하지 않다.

14 문서작성능력 보고서의 구성 요소 파악하기

| 정답 | ①

| 해설 | 제시된 논리 구성에 따르면 시작 부분에는 '왜 이 사업을 하는가?(왜 보고를 하는가?)', '왜 이런 과제가 주어졌을까?'에 대한 내용이 들어가야 한다. 따라서 이와 관련된 구성항목으로는 '제목, 개요, 추진 배경'이 적절하다.

| 오답풀이 |

ⓒ 중간 부분에는 현황, 문제점과 원인, 해결방안이 적절하다.

ⓒ 마무리 부분에는 기대효과, 조치 사항이 적절하다.

15 문서작성능력 적절한 소제목 찾기

| 정답 | ④

| 해설 | ⊙ 자신의 과거를 돌아보고 흐름을 보지 못하면 진정 본인이 가지고 있는 강점을 발견하기가 쉽지 않다고 하고 있으므로, '자기 강점 찾기'가 적절하다.

ⓒ 가상현실 속에서 자신을 이미징하기 위해 중요한 것은 나를 표현할 수 있는 콘텐츠를 가공하고 생산하는 공장이 필요하다는 것이다. 이러한 공장에서 생산된 콘텐츠를 널리 유통시키기 위해 채널이 필요하다고 하였으므로, '이미징하기'가 적절하다.

ⓒ 나만의 콘텐츠를 가상현실에서 가공해서 생산하고 퍼트리는 작업을 통해 가상현실 속에서 본인의 컬러를 만들어 가는 작업이 반드시 필요하다고 하고 있으므로, '스토리 콘텐츠 개발하기'가 적절하다.

ⓔ 네트워크 효과는 쉽게 말하면 흔히 우리가 알고 있는 복리 효과와 동일하다고 하고 있으므로, '네트워크 효과 활용하기'가 적절하다.

16 경청능력 경청 후 반응의 규칙 이해하기

| 정답 | ③

| 해설 | 상대방의 말에 반응을 하는 데는 세 가지 규칙이 있다. 피드백의 효과를 극대화시키려면 즉각적이고, 정직하며, 지지하는 자세로 대해야 한다는 것이다. 즉각적인 것은 피드백의 효과는 시간이 흐를수록 영향이 줄어들기 때문에 상대방의 말을 이해하자마자 피드백을 주어야 한다는 것이다. 정직함은 상대방에게 잘못됐다고 생각한 점까지 솔직하게 말할 수 있어야 한다는 것이다. 지지함은 정직함을 갖추되 상대방에게 상처 줄 정도로 잔인해서는 안된다는 것이다. 따라서 '⊙-즉각적, ⓒ-정직함, ⓒ-지지함'이 적절하다.

17 문서이해능력 글을 읽고 추론하기

| 정답 | ③

| 해설 | 맹그로브 나무와 사막화의 연관성에 관한 내용은 윗글에 나와있지 않다.

| 오답풀이 |

① 맹그로브 나무는 멸종위기종의 서식지가 된다고 했으므로 적절하다.

② 태풍이 왔을 때 바람을 막아 주는 역할을 한다고 했으므로 적절하다.

④ 물고기의 산란장소, 은신처가 되어 준다고 했으므로 적절하다.

⑤ 맹그로브 나무는 소나무에 비해 3배 정도 높은 이산화탄소 흡수량을 가지고 있다고 했으므로 적절하다.

18 문서이해능력 세부내용 이해하기

| 정답 | ①

| 해설 | 네 번째 항목을 통해 알 수 있는 내용이다.

| 오답풀이 |

② 내장형 동물등록이 의무인 것이 아니라 주택 · 준주택에서 기르거나, 반려 목적으로 기르는 월령 2개월 이상의 개에 대한 동물등록이 의무이며, 외장 인식표 사용이 금지된 것도 아니다.

③ P시 소재 800여 개 동물병원 중 600여 개 동물병원이 참여하고 있으므로, 어디든 가까운 곳으로 가면 되는 것은 아니다.

④ 펫숍에서 반려견을 구매(입양)할 경우 판매업소가 동물등록을 신청해야 한다.

⑤ P시 시민이 기르는 반려견이 지원대상이다.

19 문서작성능력 글 작성 시 고려할 사항 파악하기

| 정답 | ④

| 해설 | 정부의 감축 계획은 언급하고 있지만, 구체적인 규제 방법에 대해서는 제시하고 있지 않다.

| 오답풀이 |

① NOAA의 기후현황보고서, 기상청 자료 등을 통해 지구온난화가 심화되고 있다는 주장의 근거 내용을 제시하고 있다.

② '무엇이 있을까?'와 같은 질문을 던져 주의를 환기시키고 있다.

③ 첫 번째 문단을 통해 열돔때문임을 알 수 있다.

⑤ 유엔기후변화협약, 교토의정서, 파리협약 등에 대해 소개하고 있다.

20 문서이해능력 회의 자료로 사용하기

| 정답 | ①

| 해설 | 제시된 글의 중심이 되는 소재는 지구온난화와 온실가스 배출 감소 등의 대책 마련이다. 따라서 화력발전량의 일정비율을 신재생에너지로 공급하는 기관에서 회의 자료로 사용하기에 가장 적절하다.

21 문제해결능력 탐색형 문제 이해하기

| 정답 | ②

| 해설 | 신규 사업 창출은 미래에 대응하는 경영 전략 문제인 설정형 문제에 해당한다. 설정형 문제는 '앞으로 어떻게 할 것인가'에 대한 문제로, 기존과 관계없이 미래지향적인 새 과제와 목표를 설정함에 따라 발생하는 문제이다.

22 문제처리능력 대응 방안 마련하기

| 정답 | ④

| 해설 | ㄱ. 만성피로에 지쳤다는 유사한 상황에 처한 소비자들로서 조건을 만족한다.

ㄴ. 다른 소비자들과 차이를 가지는 집단에 해당한다.

| 오답풀이 |

ㄷ. 모든 시장을 상대할 수 없으므로 모든 고객의 원하는 바를 충족시키려는 방안은 적절하지 않다.

23 사고력 논리적 오류 찾아내기

| 정답 | ④

| 해설 | 원천봉쇄의 오류는 어떤 특정 주장에 대한 반론이 일어날 수 있는 유일한 원천을 비판하면서 반박 자체를 막아 자신의 주장을 옹호하고자 하는 논리적 오류이다. 제시된 예시들에서는 공통적으로 이와 같은 논리적 오류를 범하고 있음을 알 수 있다.

| 오답풀이 |

① 무지에 호소하는 오류는 전제가 지금까지 거짓으로 증명되어 있지 않은 것을 근거로 참임을 주장하거나, 전제가 참으로 증명되어 있지 않은 것을 근거로 거짓임을 주장하는 오류이다.

② 애매성의 오류는 논증에 사용된 개념이 둘 이상으로 해석될 수 있을 때 상황에 맞지 않게 해석하여 생기는 오류이다.

③ 허수아비 공격의 오류는 상대방의 본래 논리를 반박하기 쉬운 다른 논점으로 변형, 왜곡하여 비약된 반론을 하는 오류이다.

⑤ 인신공격의 오류는 주장하는 논리와는 관계없이 상대방의 인품, 과거의 행적 등을 트집 잡아 인격을 손상하면서 주장이 틀렸다고 비판하는 오류이다.

1회 기출예상 / 2회 기출예상 / 3회 기출예상 / 4회 기출예상 / 5회 기출예상 / 6회 기출예상 / 7회 기출예상

24 문제처리능력 목적에 부합한 주의사항 공지하기

|정답| ⑤

|해설| 관리소장의 목적은 승강기 안전사고와 관련하여 주의사항을 공지해 입주민들의 행동을 촉구하는 것이다. 따라서 ⑤의 내용 조직이 가장 목적에 부합한다.

25 문제처리능력 회의시간 정하기

|정답| ④

|해설| 서울 기준으로 오후 12시 ~ 오후 01시일 경우 각 지사의 시간은 다음과 같다.

- 호주 : 오후 2시 ~ 오후 3시(서머타임 적용)
- 마드리드 : 오전 10시 ~ 오전 11시
- 마닐라 : 오후 3시 ~ 오후 4시
- 두바이 : 오후 6시 ~ 오후 7시(서머타임 적용)

따라서 모든 지사에서 회의를 진행할 수 있다.

|오답풀이|

① 마드리드의 현지 시간은 오전 7시 ~ 오전 8시로 업무시간이 아니다.

② 마드리드의 현지 시간은 오전 8시 ~ 오전 9시로 업무시간이 아니다.

③ 서울의 점심시간과 겹친다.

⑤ 마드리드 지사의 점심시간과 호주 지사의 회의시간이 겹치며, 두바이의 현지 시간을 오후 7시 ~ 오후 8시로 업무 시간이 아니다.

26 문제처리능력 당번을 맡을 사람 추론하기

|정답| ②

|해설| 먼저 11월 1일부터 11월 5일까지는 김 부장이 당번을 맡는다. 11월 8일부터 11월 12일까지는 박 과장이 당번을 맡는다. 11월 15일부터 11월 19일까지는 이 과장이 당번을 맡아야 하는데, 휴가예정일이 두 주에 걸쳐 있으므로 다다음 당번인 김 부장과 순서를 바꿔 김 부장이 당번을 맡는다. 11월 22일부터 11월 26일까지는 최 대리가 당번을 맡고, 11월 29일부터 12월 3일까지는 김 부장과 순서를 바꾼 이 과장이 당번을 맡게 된다.

27 문제처리능력 적절한 답변 추론하기

|정답| ④

|해설| 제기된 의문 사항은 투명 페트병을 다른 플라스틱과 분리하여 배출해야 하는 이유에 관한 것이다. '폐플라스틱을 회수하면 판매자가 이를 재사용하여 제품의 가격을 낮출 수 있다'는 것은 투명 페트병을 분리해야 하는 이유가 아닌, 일반 폐플라스틱을 분리수거하는 이유에 해당하므로 제기된 의문 사항의 답변으로 적절하지 않다.

28 문제처리능력 출장비 계산하기

|정답| ③

|해설| 각 직원의 출장비는 다음과 같다.

- 갑 대리

  숙박비 : $90,000 \times 2 = 180,000$(원)

  식비 : $50,000 + 100,000 + 50,000 = 200,000$(원)

  교통비 : 70,000원

  ∴ 총 $180,000 + 200,000 + 70,000 = 450,000$(원)

- 을 대리

  숙박비 : $70,000 \times 3 = 210,000$(원)

  식비 : $60,000 + 120,000 + 50,000 + 50,000 = 280,000$(원)

  교통비 : 100,000원

  ∴ 총 $210,000 + 280,000 + 100,000 = 590,000$(원)

- 병 차장

  숙박비 : 80,000원

  식비 : $100,000 + 120,000 = 220,000$(원)

  교통비 : 130,000원

  ∴ 총 $80,000 + 220,000 + 130,000 = 430,000$(원)

따라서 기획팀에 지급해야 할 출장비는 총 $450,000 + 590,000 + 430,000 = 1,470,000$(원)이다.

29 문제처리능력 관리규정 적용하기

|정답| ③

|해설| 폐기보류로 구분된 기록물은 제17조 제4항에 의해 5년마다 보존가치를 재평가한다.

| 오답풀이 |

① 기록물의 보존기한은 제16조 제2항에 의해 기록물분류기준표를 기준으로 처리부서의 장이 기록물질단위로 정한다.

② 기록물의 폐기 방법에 대하여는 제시되어 있지 않다.

④ 제17조 제3항에서 보존기간이 경과된 문서는 처리부서의 장이 기록물평가심의서를 작성하여 기록물관리부서의 장에게 제출하도록 하고 있다.

⑤ 제16조 제3항에서 보존기간의 기산일은 해당 기록물의 처리가 완결된 날이 속하는 다음 연도의 1월 1일로 하며, 기록물의 처리가 여러 해에 걸쳐서 진행된 경우 해당 과제가 종결된 날이 속하는 다음 연도의 1월 1일을 기산일로 한다고 규정하고 있다. 즉 상반기에 완료된 사업 관련 문서는 그 다음 해 1월 1일로 그 보존기간이 책정된다.

30 문제처리능력 기록물의 보존기간 파악하기

| 정답 | ④

| 해설 | 영구 7. 항목에 해당하므로 적절하다.

| 오답풀이 |

① 영구의 16. 공사 사장 및 주요직위자의 공식적인 연설문, 기고문, 인터뷰 자료 및 공사의 공식적인 브리핑 자료이므로 '영구'가 적절하다.

② 30년의 2. 공사의 사장, 본부장 등의 결재를 필요로 하는 일반적인 사항에 관한 기록물이므로 '30년'이 적절하다.

③ 영구의 12. 공사의 연도별 업무계획과 이에 대한 추진과정, 결과 및 심사분석 관련 기록물, 외부기관의 공사에 대한 평가에 관한 기록물이므로 '영구'가 적절하다.

⑤ 영구의 14. 정책자료집과 백서에 해당되므로 '영구'가 적절하다.

31 업무이해능력 프로젝트 진행 우려 사항 파악하기

| 정답 | ④

| 해설 | D 차장은 개인 일정을 이유로 목요일 주간 업무 회의 불참을 선언하고 있다. 이는 개인 문제로 조직과 업무에 지장을 주는 태도이므로 적절하지 않은 발언이다.

32 경영이해능력 본원적 경쟁전략 이해하기

| 정답 | ③

| 해설 | 제시된 시장환경은 기존 제품 간 경쟁이 치열하며 수요보다 공급이 더 많고, 제품의 차별화가 어려운 상황이다. 따라서 판매 가격을 최대한 낮추는 비용우위 경쟁전략을 선택하는 것이 가장 적절하다.

| 오답풀이 |

① 차별화를 시도했으나 기존 판매 제품에 비해 수익성이 떨어졌다고 했으므로 적절한 전략이 아니다.

②, ④ 특정 소비자 집단에 맞추기 위해서는 소비자 조사를 선행적으로 시행해야 하는 물리적 어려움이 존재한다고 했으므로 적절한 전략이 아니다.

⑤ 이미 기존 제품 간 경쟁이 치열한 상황이라 했으므로 브랜드 인지도 향상은 적절한 전략이 아니다.

33 경영이해능력 경영자의 역할 이해하기

| 정답 | ①

| 해설 | 민츠버그는 경영자의 역할을 다음과 같이 분류하였다.

대인관계역할	정보전달역할	의사결정역할
• 대표자 • 리더 • 연결자	• 정보탐색자 • 정보보급자 • 대변인	• 기업자 • 문제해결자 • 자원분배자 • 중재자

A. 회사를 대표해서 공식적 역할을 수행하는 대표자(Figurehead) 역할과 종업원에게 동기를 부여하고 갈등을 조절하고, 종업원을 채용·교육하는 리더(Leader)로서의 역할은 모두 경영자의 대인관계역할이다.

B. 기업의 강점을 홍보하여 기업을 알리는 역할은 기업의 정보를 전달하는 대변인(Spokesman)의 역할로서 경영자의 정보전달역할에 해당한다.

C. 조직의 혁신을 구축하는 기업가(Entrepreneur), 외부의 환경변화에 대응하는 문제해결자(Disturbance Handler), 기업 내외의 집단과의 협상을 중재하는 중재자(Negotiator)는 기업의 의사를 결정하는 경영자의 의사결정역할이다.

1회 기출예상 2회 기출예상 3회 기출예상 4회 기출예상 5회 기출예상 6회 기출예상 7회 기출예상

34 조직이해능력 조직설계의 핵심요소 파악하기

|정답| ①

|해설| 공식화는 조직내부가 얼마나 문서화되었는가를 의미하는 척도이다. 도요타는 문서화된 절차(업무처리방법의 표준화)의 선순환으로 수만 개의 사내 규정과 명확한 업무 구성표를 확립할 수 있었고, 이러한 공식화를 통해 세계적 기업이 될 수 있었다.

35 조직이해능력 조직 관리 관련 법률 이해하기

|정답| ②

|해설| ㉠ 생산성이 다소 떨어지더라도 최소한의 임금은 지급하는 것이므로 최저임금법의 취지와 유사하다.
㉡ 밑줄 친 내용의 취지는 건축주에게 강력한 책임을 물어 노동자를 보호하는 것이다. 따라서 재해 예방과 근로자의 복지를 증진하여 근로자 보호에 이바지하는 것을 목적으로 하는 산업재해보상보험법과 유사하다.

36 경영이해능력 전략의 실패요인 파악하기

|정답| ③

|해설| 버거킹과 맥도날드는 서로의 경쟁에만 치중하느라 가장 중요한 고객만족을 간과하고 말았다. 변화하는 고객의 요구와 만족의 조건을 파악하는 데에 소홀했던 점이 실패의 가장 큰 이유이다.

37 경영이해능력 경영 전략 파악하기

|정답| ①

|해설| 이케아는 낮은 가격을 유지하기 위해 가구를 가능한 작고 납작하게 포장하는 방식으로 운송비와 노동비를 줄여 원가우위를 획득하고 있다. 또한 다른 가구업체와 다르게 육각렌치 전략을 통해 고객들에게 조립의 경험을 제공하고, 카탈로그를 통한 마케팅 수단을 활용하는 방식으로 다른 기업과의 차별성을 추구하고 있다.

38 경영이해능력 원가우위 전략 이해하기

|정답| ①

|해설| 원가우위 전략은 타사보다 낮은 원가를 설정하여 가격 경쟁에서 우위를 확보하려는 것이다. ㄱ과 같이 브랜드의 선호도와 인지도를 내세우는 전략은 차별화 전략에 해당한다.

39 체제이해능력 조직구조 이해하기

|정답| ②

|해설| 제시된 조직도는 최고 경영자 아래 회사의 직접적인 사업 관련 업무를 수행하는 사업부 단위의 라인 조직(직계조직)과 기획·총무·영업 등의 관리 업무를 수행하는 스태프 조직(참모 조직)으로 구성되어 있는 라인-스태프 조직(직계참모조직)에 해당한다.
라인-스태프 조직에서의 스태프 조직은 라인 조직의 장점인 명령일원화의 원칙을 유지하면서 의사결정자의 독단적인 판단을 방지할 수 있는 참모의 기능도 수행하고, 동시에 전문화된 라인 조직의 업무(특히 사무운영에 관한 업무)를 보조하는 역할을 수행한다.
라인-스태프 조직은 라인 조직의 중간관리자들이 해당 라인의 사무운영 업무까지 모두 수행하기 힘들 정도로 기업의 규모가 큰 경우에 효과적인 조직 구성이다.

40 체제이해능력 조직문화 이해하기

|정답| ④

|해설| 디즈니는 고객에게 최상의 만족감을 제공하기 위해 고객의 '경험'을 최우선 가치로 여긴다고 하였고 병원에서도 환자들은 질병이 치료된 방식이 아니라 한 인간으로서 자신이 돌보아진 방식을 가지고 판단한다고 하였다. 이를 위해 사람에 대한 배려가 중요하다는 것을 알 수 있다.

41 기초연산능력 연산 적용하기

| 정답 | ③

| 해설 | $[\{(1◆7)◆8\}◆9]×2+5=\{(1◆8)◆9\}×2+5=(1◆9)×2+5=1×2+5=7$

42 기초연산능력 금액 계산하기

| 정답 | ②

| 해설 | 최소 금액으로 볼펜을 구매하기 위해서는 한 곳에서 31개의 볼펜을 구매해야 한다. 각 판매처별로 볼펜 31개를 구매하기 위한 지불 금액을 계산하면 다음과 같다.

- 판매처 A : $1,560×31+4,300=52,660$(원)
- 판매처 B : $1,550×31+4,500=52,550$(원)
- 판매처 C : $1,540×31+5,000=52,740$(원)

따라서 이 대리가 볼펜 구매에 지불할 최소 금액은 52,550원이다.

43 도표분석능력 자료의 수치 분석하기

| 정답 | ③

| 해설 | 5개 도시의 월별 미세먼지(PM2.5) 대기오염도 평균을 구하면 다음과 같다.

- 1월 : $\dfrac{29+27+21+26+27}{5}=26(\mu g/m^3)$
- 2월 : $\dfrac{28+23+22+26+21}{5}=24(\mu g/m^3)$
- 3월 : $\dfrac{25+21+16+20+18}{5}=20(\mu g/m^3)$
- 4월 : $\dfrac{21+16+17+18+17}{5}=17.8(\mu g/m^3)$
- 5월 : $\dfrac{19+15+17+20+18}{5}=17.8(\mu g/m^3)$

따라서 미세먼지(PM2.5) 대기오염도는 평균적으로 1월에 가장 높았다.

| 오답풀이 |

① 1월, 3월은 부산이 가장 낮았고, 2월은 광주가 가장 낮았으며, 4월, 5월은 인천이 가장 낮았다.

② 1 ~ 4월은 서울이 가장 높았으나 5월은 대구가 가장 높았다.

④ 부산의 경우 2월, 4월에 증가, 5월에 동일하였고, 대구의 경우 2월에 동일, 5월에 증가하였으며, 광주의 경우 5월에 증가하였다.

⑤ 조사기간 중 가장 낮은 수치를 기록한 곳은 5월에 $15\mu g/m^3$를 기록한 인천이다.

44 기초연산능력 시침과 분침 사이의 각도 구하기

| 정답 | ②

| 해설 | 시침은 $360÷12÷60=0.5$이므로 1분에 $0.5°$씩, 분침은 $360÷60=6$이므로 1분에 $6°$씩 회전하므로 시침과 분침이 $231°$를 이룬 시각을 12시 x분이라 하면 12시 정각에 둘이 일치한 위치에서부터 시침은 $0.5x°$, 분침은 $6x°$만큼 회전한다.

$6x-0.5x=231$

$5.5x=231$

$\therefore x=42$

따라서 시침과 분침이 $231°$를 이룬 시각은 12시 42분이다.

45 도표분석능력 자료를 바탕으로 수치 계산하기

| 정답 | ①

| 해설 | 엔진 종류별 압축비는 다음과 같다.

- 직렬 6기통 : $\dfrac{125+16}{16}≒8.8$
- V형 6기통 : $\dfrac{250+20}{20}=13.5$
- 직렬 4기통 : $\dfrac{250+15}{15}≒17.7$
- 수평대향 6기통 : $\dfrac{300+18}{18}≒17.7$
- V형 8기통 : $\dfrac{375+15}{15}=26$

따라서 압축비가 가장 큰 엔진은 V형 8기통, 가장 작은 엔진은 직렬 6기통이다.

1회 기출예상
2회 기출예상
3회 기출예상
4회 기출예상
5회 기출예상
6회 기출예상
7회 기출예상

46 도표분석능력 영화 순위표 분석하기

|정답| ④

|해설| 오퍼나지와 동감의 스크린당 관객 수는 다음과 같다.

- 오퍼나지 : $\dfrac{491,532}{1,081} ≒ 454.70$(명)

- 동감 : $\dfrac{464,015}{837} ≒ 554.38$(명)

따라서 스크린당 관객 수는 동감이 오퍼나지보다 많다.

|오답풀이|

① C사가 배급한 영화는 신세계, 비커밍제인, 오퍼나지 3개로 가장 많다.

② 5월 6일에 만 12세와 만 13세가 함께 볼 수 있는 영화는 위대한 쇼맨, 패왕별희, 비커밍제인, 언더워터로 4편이다.

③ 신세계의 관객 수는 4,808,821명으로 언더워터의 관객 수보다 $\dfrac{4,808,821}{393,524} ≒ 12$(배) 더 많다.

⑤ 4월 개봉작의 총 관객 수는 9,776,931명, 5월 개봉작의 총 관객 수는 5,354,595명으로 4월 개봉작의 총 관객 수가 더 많다.

47 도표분석능력 자료의 수치 분석하기

|정답| ②

|해설| ㄷ. 20X9년 프랑스의 인구가 6,500만 명이라면 사망자는 $65,000,000 × \dfrac{9}{1,000} = 585,000$(명)이다.

|오답풀이|

ㄱ. 유럽 5개 국가에 대한 자료만 제시되어 있으므로 유럽에서 기대수명이 가장 낮은 국가가 그리스인지는 알 수 없다.

ㄴ. 독일은 제시된 다른 나라보다 인구 만 명당 의사 수가 많지만 조사망률이 높은 편이다.

48 기초연산능력 안타와 홈런 개수 구하기

|정답| ①

|해설| 3아웃으로 공수가 교대되고, 아웃의 경우 1점이 감점되기 때문에 매 회마다 3점이 감점된다. 청팀과 홍팀의 감점(아웃)을 제외한 점수와 각각의 점수가 나올 수 있는 경우는 다음과 같다.

- 청팀

구분	1회	2회	3회	4회	5회
점수	5점	7점	5점	4점	2점
3아웃	-3점	-3점	-3점	-3점	-3점
감점을 제외한 점수	8점	10점	8점	7점	5점
홈런과 안타의 개수	안타 4개	홈런 2개 또는 안타 5개	안타 4개	홈런 1개 안타 1개	홈런 1개

청팀 선수들의 총 타석수는 $4×4+3×5=31$(타석)이고, 5회까지 총 15명이 아웃되므로 $31-15=16$(번)의 타석에서 안타 또는 홈런이 나왔음을 알 수 있다. 따라서 2회에는 안타 5개를 친 것이 된다.

∴ 안타 $4+5+4+1=14$(개), 홈런 $1+1=2$(개)

- 홍팀

구분	1회	2회	3회	4회	5회
점수	3점	6점	8점	7점	4점
3아웃	-3점	-3점	-3점	-3점	-3점
감점을 제외한 점수	6점	9점	11점	10점	7점
홈런과 안타의 개수	안타 3개	홈런 1개 안타 2개	홈런 1개 안타 3개	홈런 2개 또는 안타 5개	홈런 1개 안타 1개

홍팀 선수들의 총 타석수는 $4×2+3×7=29$(타석)이고, 5회까지 총 15명이 아웃되므로 $29-15=14$(번)의 타석에서 안타 또는 홈런이 나왔음을 알 수 있다. 따라서 4회에는 홈런 2개를 친 것이 된다.

∴ 안타 $3+2+3+1=9$(개), 홈런 $1+1+2+1=5$(개)

따라서 안타를 더 많이 친 팀은 청팀이고, 청팀의 홈런 개수는 2개이다.

49 도표분석능력 자료 해석하기

| 정답 | ③

| 해설 | 노르웨이와 한국을 비교해 보면 한국이 노르웨이보다 아빠전속 육아휴직 기간이 5배 이상 길지만 노르웨이의 소득대체율이 더 높은 것을 알 수 있다. 따라서 육아휴직 기간이 길수록 소득대체율이 높은 것은 아니다.

| 오답풀이 |

① 육아휴직 사용자 중 남성의 비중이 가장 큰 국가는 아이슬란드로 45.6%이고, 가장 작은 국가는 일본으로 2.3%이다. 두 국가의 차이는 45.6-2.3=43.3(%p)이다.

② 아이슬란드 남성의 육아휴직 사용 비중은 45.6%로 가장 높지만 아빠전속 육아휴직 기간은 13주로 일본, 포르투갈, 한국 등에 비해 짧다.

④ 일본의 아빠전속 육아휴직 기간은 52주로 포르투갈의 17.3주보다 3배 이상 길다.

⑤ 아빠전속 육아휴직 기간이 가장 긴 국가는 일본과 한국의 52주, 가장 짧은 국가는 6주의 핀란드로 그 차이는 46주이다.

50 도표분석능력 도표 이해하기

| 정답 | ③

| 해설 | 2017년 1인 가구의 구성비는 28.5%고, 부부와 자녀로 이루어진 가구의 구성비는 31.4%이다. 따라서 부부와 자녀로 이루어진 가구수가 더 많은 비율을 차지한다.

4회 기출예상문제

4회 기출예상문제 문제 150쪽

01	③	02	⑤	03	③	04	⑤	05	②
06	③	07	④	08	⑤	09	①	10	③
11	③	12	②	13	④	14	⑤	15	④
16	③	17	③	18	②	19	②	20	②
21	③	22	②	23	③	24	④	25	②
26	②	27	⑤	28	③	29	⑤	30	④
31	③	32	②	33	①	34	①	35	④
36	③	37	⑤	38	③	39	④	40	③
41	③	42	③	43	②	44	②	45	①
46	②	47	③	48	⑤	49	②	50	⑤

01 문서이해능력 자료 이해하기

| 정답 | ③

| 해설 | 나쁜 인상을 주는 자기소개서 3위는 34.9%를 받은 다른 것을 옮겨 쓴 듯한 자기소개서이다. 따라서 지원한 회사에 입사한 선배의 자기소개서를 모방하는 것은 적절하지 않다.

02 문서이해능력 세부 내용 이해하기

| 정답 | ⑤

| 해설 | 강의 회차별 선정 도서 목록은 제시되지 않았다.

03 의사표현능력 적절한 답변 방향 파악하기

| 정답 | ③

| 해설 | 자신의 장점을 살려 조직에서 수행할 수 있는 업무와 이를 수행할 준비가 되어 있다는 것을 표현하는 답변은 적절하다.

| 오답풀이 |

① 인터넷을 사용하지 않는다는 답변은 극단적인 대답으로, 오히려 닫힌 사람이라는 인식을 줄 수도 있다.

1회 기출예상 2회 기출예상 3회 기출예상 4회 기출예상 5회 기출예상 6회 기출예상 7회 기출예상

② 사회적 활동 범위를 알고자 하는 것이 아닌 독서의 폭을 보는 것일 수도 있으며, 후배들을 소개하는 것 또한 질문에 벗어난 대답이다.

④ 작심삼일로 끝난 경험들을 나열하는 것은 도움이 되지 않는 답변이다.

⑤ 주변에서 개선이 필요한 것을 발견하고 개선한 사례를 묻는 의도는 지원자의 적극적 자세와 문제해결 능력을 알기 위한 것으로, 불평불만이 많거나 예민한 사람으로 볼 것이라는 판단은 적절하지 않다.

04 문서이해능력 세부 내용 이해하기

|정답| ⑤

|해설| 세 번째 문단을 통해 이부프로펜은 6 ~ 8시간, 덱시부프로펜은 4 ~ 6시간 간격으로 복용하는 것을 알 수 있다.

05 문서작성능력 문장 순서 배열하기

|정답| ②

|해설| 먼저 체온에 대해 언급한 ㉠이 제시되고 정상 체온 이상의 경우에 대해 설명하는 ㉣이 연결된다. 이어 '열이 난다'에 대해 보충 설명하는 ㉢과 ㉡이 이어지며 마지막으로 해열제를 복용해야 하는 상황인 ㉤이 오는 것이 자연스럽다. 따라서 글의 순서는 ㉠-㉣-㉢-㉡-㉤이다.

06 문서이해능력 세부 내용 이해하기

|정답| ③

|해설| 첫 번째 문단의 '1899년 9월 18일 노량진 ~ 인천 간 최초의 영업을 개시하였고'에 따라 첫 운행은 1900년 이전에 실시되었음을 알 수 있다.

|오답풀이|

① 첫 번째 문단에서 '경인선의 개통은 ~ 구미 열강과 일본의 제국주의가 본격적으로 침투하게 되는 구체적 발판이 마련된 일'이라고 제시되었다.

② 첫 번째 문단에서 '1896년(고종 33) 미국인 모스(Morse, J. R.)에게 경인선 부설권이 특허되어 ~ 1900년 7월 8일 경인철도합자회사가 완공시켜 경인선이 개통되었다.'라고 제시되었다.

④ 세 번째 문단에서 '철도 부설 공사는 결국 일본인의 손으로 넘어갔는데, 그 이유는 모스가 본국으로부터의 자금 조달에 실패하였기 때문'이라고 제시되었다.

⑤ 첫 번째 문단에서 "처음에는 회사 이름을 따서 '경인철도'라고 불리다가 일본으로의 국유화가 진행된 1906년 이후부터 '경인선'으로 불리기 시작했다."라고 제시되었다.

07 문서작성능력 유의어 파악하기

|정답| ④

|해설| '이듬해'는 '바로 다음의 해'를 의미하므로 '익년'과 의미가 같다.

|오답풀이|

① 후년 : 올해의 다음다음 해

② 거년 : 이해의 바로 앞의 해

③ 명년 : 올해의 다음

⑤ 내년 : 올해의 바로 다음 해

08 문서이해능력 세부 내용 이해하기

|정답| ⑤

|해설| '바이오가스의 생성 과정'을 보면 '혐기성 소화란 산소가 없는 상태에서 메탄을 생성하는 미생물들이 유기물을 분해하는 것을 의미한다'고 하였다.

09 문서이해능력 세부 내용 이해하기

|정답| ①

|해설| '바이오가스의 생성 과정'에서 하수구, 축산분뇨, 음식물 쓰레기 등의 처리 방법을 제시하고 있다.

10 기초연산능력 목표 매출액 구하기

|정답| ③

|해설| 하반기 목표 매출액을 x로 두고, 제시된 조건을 표로 정리하면 다음과 같다.

구분	상반기	하반기	연
매출액 (억 원)	240	x	$240+x$
매출총이익 (억 원)	240×0.09 $=21.6$	$0.14x$	$(240+x) \times 0.12$
매출총이익률	9%	14%	12%

'상반기 매출총이익+하반기 매출총이익=연 매출총이익'
이므로 다음과 같은 식이 성립한다.

$21.6+0.14x=(240+x) \times 0.12$

$21.6+0.14x=28.8+0.12x$

$0.02x=7.2$

$\therefore x=360$(억 원)

따라서 하반기의 목표 매출액은 360억 원이다.

11 기초연산능력 삼각함수의 그래프 활용하기

|정답| ③

|해설| $Y=2\sin \dfrac{\pi}{10}(t+5)+24$ 는 $Y=2\sin \dfrac{\pi}{10}t$ 의 그
래프를 t축으로 -5, Y축으로 24만큼 평행이동한 그래프
로, 최댓값은 $|2|+24=26$, 최솟값은 $-|2|+24=22$,
주기는 $\dfrac{2\pi}{\left|\dfrac{\pi}{10}\right|}=20$이다. 이를 그래프로 나타내면 다음과
같다.

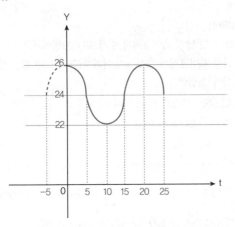

온도가 내려가는 구간이 냉방이 가동 중인 상태라고 했으
므로 25분 동안 냉방이 가동된 시간은 15분이다.

12 기초연산능력 대여료 구하기

|정답| ②

|해설| 집에서 회사를 가는 데 $30(km) \div 15(km/h)=2(h)$,
즉 120분이 걸리므로 자전거 대여 요금은 $1,000+(400 \times 9)$
$=4,600$(원)이다. 회사에서 집으로 돌아올 때에도 동일
하므로 A 씨가 하루에 지불해야 하는 자전거 대여 금액은
$4,600 \times 2=9,200$(원)이다.

13 기초통계능력 경우의 수 구하기

|정답| ④

|해설| 관광지 간 연결되어 있는 모습을 그림으로 나타내면
다음과 같다.

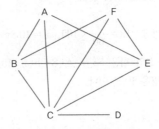

④ 5개의 관광지를 방문하는 경우 가능한 코스는 A-B-
 E-C-D, A-B-F-C-D, A-E-B-C-D, A-E
 -F-C-D로 4가지이며, 각각의 비용을 계산하면 다
 음과 같다.
 • A-B-E-C-D : $2,000+3,000+3,000+5,000$
  $+2,000=15,000$(원)
 • A-B-F-C-D : $2,000+3,000+5,000+5,000$
  $+2,000=17,000$(원)
 • A-E-B-C-D : $2,000+3,000+3,000+5,000$
  $+2,000=15,000$(원)
 • A-E-F-C-D : $2,000+3,000+5,000+5,000$
  $+2,000=17,000$(원)

따라서 평균 비용은 16,000원이다.

|오답풀이|

① A-B-C-D, A-E-C-D로 2가지이다.

② • A-B-C-D : $2,000+3,000+5,000+2,000=$
  $12,000$(원)
 • A-E-C-D : $2,000+3,000+5,000+2,000=$
  $12,000$(원)

따라서 평균 비용은 12,000원이다.

⑤ A-B-E-F-C-D, A-B-F-E-C-D, A-E-B-F-C-D, A-E-F-B-C-D로 4가지이다.

14 도표분석능력 빈칸에 들어갈 수치 구하기

|정답| ⑤

|해설| A ~ D와 3월 체지방량의 값을 구하면 다음과 같다.

- A : $34.4+9.3+3.1+8.8=55.6(kg)$
- B : $55.6-8.8=46.8(kg)$
- C : $\dfrac{55.6}{1.7^2} ≒ 19.2(kg/m^2)$
- D : $\dfrac{8.8}{55.6}\times100 ≒ 15.8(\%)$
- 3월 체지방량 : $18=\dfrac{x}{60}\times100$, $x=10.8(\%)$

따라서 A ~ D의 합은 $55.6+46.8+19.2+15.8=137.4$, 3월 체지방량은 10.8%이다.

15 도표분석능력 자료의 수치 분석하기

|정답| ④

|해설| ⓒ 20X2년의 총수출금액은 $354,671÷0.585≒606,275$(백만 달러), 20X3년의 총수출금액은 $304,240÷0.561≒542,317$(백만 달러)로 20X2년 대비 20X3년에 총수출금액은 감소하였다.

ⓔ 20X2년 대비 20X3년에 수출 금액이 상승한 품목은 자동차 1개 품목으로, 증가율은 $\dfrac{43,036-40,887}{40,887}\times100 ≒5.3(\%)$이다.

|오답풀이|

ⓐ 자동차부품과 디스플레이의 경우 20X1년 대비 20X2년에 순위가 상승하였으나 수출금액은 감소하였다.

ⓑ 20X2년 대비 20X3년에 수출금액 감소율이 가장 큰 품목은 반도체로 $\dfrac{93,930-127,706}{127,706}\times100≒-26.4(\%)$ 감소하였다. 디스플레이는 $\dfrac{20,657-24,856}{24,856}\times100≒-16.9(\%)$ 감소하였다.

16 도표분석능력 자료의 수치 분석하기

|정답| ⑤

|해설| ⓛ 조사대상이 600명, 남녀 비율이 2 : 3이라면 조사대상 중 여성은 $600\times\dfrac{3}{5}=360$(명)이므로, 여성 중 전공과 직업이 일치한다고 응답한 사람은 $360\times0.337≒121$(명)이다.

ⓒ 조사대상이 1,000명이고 그중 서비스직에 종사하는 사람이 35%라면 서비스직에 종사하는 사람은 $1,000\times0.35=350$(명)이므로, 서비스직에 종사하는 사람 중 전공과 직업이 일치하지 않는다고 응답한 사람은 $350\times0.525≒184$(명)이다.

17 도표분석능력 자료의 수치 분석하기

|정답| ③

|해설| 2020년 남성 육아휴직자 수가 43,089명이므로 2014년 남성 육아휴직자 수를 x명이라 하면 다음과 같은 비례식이 성립한다.

$43,089 : 275.0=x : 67.5$

$275x=43,089\times67.5$

$∴ x=10,576$(명)

2014년 육아휴직자 중 남성의 비율이 6.2%이므로 2014년 여성 육아휴직자 수는 $\dfrac{10,576}{6.2}\times(100-6.2)≒160,005$(명)이다.

|오답풀이|

① 2020년 남성 육아휴직자 수가 43,089명이므로 2010년 남성 육아휴직자 수를 x명이라 하면 다음과 같은 비례식이 성립한다.

$43,089 : 275.0=x : 16.4$

$275x=43,089\times16.4$

$∴ x≒2,570$(명)

2010년 육아휴직자 중 남성의 비율이 2.9%이므로 2010년 육아휴직자 수는 $\dfrac{2,570}{2.9}\times100≒88,621$(명)이다.

② $29.3 : 184.4=100 : x$이므로 $x≒629$이다.

④ • 2020년 육아휴직자 수

$\dfrac{43,089}{9.6}\times100≒448,844$(명)

- 2018년 육아휴직자 수

  2020년 남성 육아휴직자 수가 43,089명이므로 2018년 남성 육아휴직자 수를 x명이라 하면 다음과 같은 비례식이 성립한다.

  $43,089 : 275.0 = x : 184.4$

  $275x = 43,089 \times 184.4$

  $\therefore x ≒ 28,893$(명)

  2018년 육아휴직자 중 남성의 비율이 8.8%이므로 2018년 육아휴직자 수는 $\dfrac{28,893}{8.8} \times 100 ≒ 328,330$(명)이다.

  따라서 2018년 대비 2020년 육아휴직자 수의 증감률은 $\dfrac{448,844 - 328,330}{328,330} \times 100 ≒ 36.7$(%)이다.

⑤ 2020년 육아휴직자 중 남성의 비율이 9.6%이므로 2020년 여성 육아휴직자 수는 $\dfrac{43,089}{9.6} \times (100 - 9.6) ≒ 405,755$(명)이다. 따라서 31 ~ 35세의 여성 육아휴직자 수는 $405,755 - 75,678 - 128,682 - 53,438 = 147,957$(명)이다.

18 도표분석능력 그래프 해석하기

| 정답 | ②

| 해설 | ⓒ 20X0년 혼인 건수가 15,300건이므로 20X2년 혼인 건수는 $15,300 \times (1 - 0.025) \times (1 - 0.033) ≒ 14,425$(건)이다. 이 중 재혼 건수의 비율이 17.3%이므로, 남성과 여성이 모두 초혼인 건수는 $14,425 \times (1 - 0.173) ≒ 11,929$(건)이다.

ⓒ 20X3년의 재혼 건수가 2,330건이면 혼인 건수는 $\dfrac{2,330}{16.5} \times 100 ≒ 14,121$(건)이다.

| 오답풀이 |

㉠ 20X0년 혼인 건수가 15,300건이므로 20X4년 혼인 건수는 $15,300 \times (1 - 0.025) \times (1 - 0.033) \times (1 - 0.022) \times (1 - 0.047) ≒ 13,445$(건)이다.

㉣ 20X0년 혼인 건수가 15,300건이므로 20X1년 혼인 건수는 $15,300 \times (1 - 0.025) ≒ 14,918$(건)이다. 이 중 재혼 건수는 $14,918 \times 0.15 ≒ 2,238$(건)이고, 재혼 건수 중 남성의 재혼 비율이 63%이므로 남성의 재혼 건수는 $2,238 \times 0.63 = 1,410$(건)이다.

19 인적자원관리능력 내부모집의 특징 이해하기

| 정답 | ②

| 해설 | 조직 내부인력의 승진과 보직변경 등의 내부모집은 외부에서 인력을 확충하는 외부모집에 비해 적은 시간과 낮은 비용으로 인력을 확보하고 내부승진을 통해 조직 내부의 인재들에게 성장의 동기를 부여하는 등의 장점이 있다. 다만 내부모집은 외부모집에 비해 인재선택의 폭이 좁고, 조직 내 인력의 양적 증가를 기대할 수는 없다는 단점을 가진다.

20 인적자원관리능력 일중독자의 특성 파악하기

| 정답 | ②

| 해설 | 일중독(Workaholic)은 알코올이나 약물중독처럼 일에서 벗어나면 극심한 불안을 느끼며, 업무 시간 외에도 계속해서 일을 하는 것을 의미한다. A는 '일중독은 경쟁에서의 승리, 목표나 사명에 대한 동일시, 해고 또는 경제적 어려움에 대한 두려움 등 외재적 요인에 의해 강화되는 경우가 대부분'이라고 하였는데, 목표나 사명에 대한 동일시, 경제적 어려움에 대한 두려움은 내재적 동기요인으로 볼 수 있으므로 이는 잘못된 설명임을 알 수 있다. 또한 E의 이야기와 달리 일중독은 한번 중독에 빠지면 극복하기가 쉽지 않고 우리 사회에서는 이러한 일중독을 독려하는 분위기가 존재하기 때문에 본인과 타인 모두 알아채기 쉽지 않다. 따라서 A, E의 설명은 잘못되었다.

21 시간관리능력 시간관리의 효과 알기

| 정답 | ③

| 해설 | 기업의 관점에서 효율적인 시간관리를 통해 기대할 수 있는 효과는 생산성 향상, 시장 점유율 증가, 이익률 제고, 위험요인 감소 등이 있다. 시간을 효율적으로 관리하는 일이 노사 관계에 직접적인 영향을 끼친다고 볼 수는 없다.

22 시간관리능력 시차 계산하기

| 정답 | ②

| 해설 | 각 국가별 시차에 따라 한국시간으로 16 : 00 ~ 17 : 00일 때 각 국가별 시간을 구하면 다음과 같다. 단, 호주

1회 기출예상
2회 기출예상
3회 기출예상
4회 기출예상
5회 기출예상
6회 기출예상
7회 기출예상

는 서머타임이 시행되고 있으므로 실제보다 한 시간 더 빠른 +02 : 00을 기준으로 한다.

국가명	표준시	국가명	표준시
남아프리카 공화국	09 : 00 ~ 10 : 00	호주(멜버른)	18 : 00 ~ 19 : 00
베트남	14 : 00 ~ 15 : 00	러시아 (모스크바)	10 : 00 ~ 11 : 00
싱가포르	15 : 00 ~ 16 : 00	태국	14 : 00 ~ 15 : 00

따라서 워크숍 진행 시간에 업무시간인 오후 6시를 초과하는 호주는 회의 참석이 어렵다.

23 예산관리능력 초과근무수당 지급하기

|정답| ③

|해설| 0.2시간을 분 단위로 환산하면 12분이므로 영업부 사원의 주 평균 초과근무 시간인 4.2시간을 환산하면 4시간 12분이 된다.

|오답풀이|

①, ④ 제시된 자료는 영업부의 직급별 초과근무 기간을 조사한 자료로, 자료의 내용으로 영업부 이외의 모든 직원들의 평균 초과근무 시간은 알 수 없다.

② 영업부에서 주 평균 가장 긴 시간동안 초과근무를 한 직급은 주 평균 5.3시간의 대리 직급이다.

⑤ 초과근무 수당 계산에서 1시간 미만 단위의 초과근무 시간은 1시간으로 계산하므로, 부장의 주 평균 수당 금액은 8,000×3=24,000(원)이다.

24 자원관리능력 효과적으로 자원 관리하기

|정답| ④

|해설| 무역박람회 지원 업무를 위해 A 사원은 이동수단으로 버스를 선택하였는데, 이 경우 목적지에 도착할 때까지의 소요시간이 100분으로 박람회 시작 시간을 넘겨서 도착하게 된다. 지하철을 선택할 경우 교통비 예산(25,600원)과 이동시간의 요건을 모두 충족할 수 있으므로 이동 수단의 변경을 검토하거나, 출발 시간을 다시 설정해야 한다.

25 시간관리능력 최단경로 구하기

|정답| ②

|해설| 최단 거리로 이동하는 방법은 은행→D→E→C

→B→A→은행(역순도 가능)으로 이동거리는 총 390km이다.

그 외의 이동경로에 따른 이동거리를 구하면 다음과 같다.

은행→D→C→B→A→E→은행(역순도 가능) : 415km

은행→A→B→C→D→E→은행(역순도 가능) : 410km

은행→E→C→B→A→D→은행(역순도 가능) : 475km

26 예산관리능력 교통비 계산하기

|정답| ②

|해설| 유류비를 계산하기 위해 각 도로를 이용할 때 필요한 휘발유의 양을 구하면 다음과 같다.

(단위 : L)

분류	○○ 은행	A 고객사	B 고객사	C 고객사	D 고객사	E 고객사
E 고객사	5.9	2.7		2.7	6.2	
D 고객사	6	4.5		1.8		
C 고객사			3.3			2.7
B 고객사						
A 고객사	3		3.5			

이를 기준으로 유류비가 가장 적게 소모되는 경로를 구하면 은행→D→C→B→A→E→은행(역순도 가능)으로 총 23.2L가 필요하여 소요되는 유류비는 23.2×1,300 =30,160(원)이다.

그 외의 이동경로에 따른 유류비를 구하면 다음과 같다.

은행→D→E→C→B→A→은행(역순도 가능) : 24.7L, 32,110원

은행→A→B→C→D→E→은행(역순도 가능) : 23.7L, 30,810원

은행→E→C→B→A→D→은행(역순도 가능) : 25.9L, 33,670원

27 업무이해능력 사무업무 이해하기

|정답| ⑤

|해설| 발표에 있어서의 비언어적 요소는 발표의 내용 자체

이외에 발표에 영향을 미치는 복장, 제스처, 시선 등의 시각적 요소를 의미한다. 발표할 때의 발음과 목소리, 어투 등의 청각적 요소는 반언어적 요소에 해당한다.

28 체제이해능력 조직문화 이해하기

|정답| ④

|해설| 조직문화는 조직 구성원들이 공유하는 생활양식으로, 조직 구성원들에게 일체감과 정체성을 부여하여 조직에 몰입할 수 있도록 하고, 이를 통해 조직이 안정적으로 유지되도록 하는 기능을 수행한다. 또한, 조직 구성원들의 사회화를 도모하고 일탈 행동을 통제하기도 한다. 한편 조직이 존재하는 정당성과 합법성을 제공하는 조직의 개념은 조직목표와 이를 구성하는 요소 중 장기적 관점의 조직사명에 관한 내용이다.

29 체제이해능력 기능별 조직 이해하기

|정답| ⑤

|해설| 제시된 글은 각자의 전문화된 기능을 수행하는 집단으로 구성된 기능별 조직의 형태를 비유적으로 표현한 것이다. 기능별 조직은 전문화된 영역 내에서 업무를 수행하여 높은 전문성과 업무 효율성을 보이나, 조직 내 인적자원의 이동이 크게 제한되어 있어 구조가 경직되어 있고 외부 환경의 변화에 대처하기 어렵다는 단점이 있다.
따라서 ㉠, ㉢, ㉣이 정답이다.

|오답풀이|
㉡ 사업별 조직 구조에 대한 설명이다. 프로젝트, 개별 서비스 등에 따라 조직화되며, 분권화된 의사결정이 가능해 환경 변화에 효과적으로 대응할 수 있다는 장점이 있다.

30 조직이해능력 조직의 유형 이해하기

|정답| ④

|해설| 영리성을 기준으로 조직을 영리조직과 비영리조직으로 구분할 때, 주민센터와 병원은 공익을 추구하는 비영리조직, 은행은 영리조직으로 분류할 수 있다. 한국은행과 같은 중앙은행의 경우에는 물가안정을 통한 국민경제 발전이라는 공익을 목적으로 운영하는 비영리조직으로 분류되기도 하나, 전기세 납부를 위해 은행에 들른다는 내용을 통

해 해당 은행은 영리조직인 상업은행임을 알 수 있다.
|오답풀이|
① 공식성을 기준으로 조직을 분류할 때 공식조직은 조직의 구조와 기능 등이 조직화되어 있는 집단이다. 대표적으로 기업이나 정당 등이 여기에 해당된다.
③ 조직은 단순히 사람이 모인 집단을 의미하는 것이 아닌, 목적성을 가지고 이를 달성하기 위해 구성된 행동의 집합체를 의미한다. 버스에 탑승한 승객들은 단순히 같은 공간 내에 존재하는 집단이므로 조직이라고 볼 수 없다.
⑤ 사내 동호회인 클라이밍 모임은 공식 조직 내에서 인간관계를 지향하기 위해 결성된 비공식조직이다. 공식조직 내에서 형성된 비공식조직은 자연스러운 인간관계 형성을 통한 일체감을 느끼게 해 주고, 공식조직의 기능을 보완하는 역할을 수행한다.

31 체제이해능력 조직의 유형 이해하기

|정답| ②

|해설| 독립성을 유지하는 각 조직들이 상대방의 보유자원을 자신의 것처럼 활용하기 위한 수직적, 수평적, 공간적, 신뢰 관계로 연결된 조직은 네트워크조직이다. 팀조직은 조직의 계층을 없애고 두 개의 계층만을 남겨 생산성을 향상시키는 조직이다. 공동의 책임감을 가지고 있으며 외부 환경에 신속하게 대응할 수 있고, 개방적인 정보 흐름을 바탕으로 공동의 목표를 달성함으로써 공동의 책임감을 느낀다는 장점을 가진다. 하지만 조직 내에서 구성원의 통합이 필요하며, 직위로 인한 팀원의 사기가 저하될 수 있다는 단점을 가진다.

|오답풀이|
① 부과조직은 일종의 수직적 조직 형태로, 과원들이 있고 과장이 있으며 부 아래에는 여러 개의 과가 편성되어 있는 형태이다. 업무 범위와 책임 한계가 비교적 명확하며, 상명하복 형태의 업무 지시가 일반적이다. 업무 효율이 높을 수도 있지만, 의사 결정이 지연될 수 있다는 단점을 가진다.
③ 사업부조직은 조직 내 기능별, 직업별, 서비스별 등 독자적인 구조를 지닌 작은 조직들이 분화되어 있는 조직 형태이다. 사업부별로 고객의 요구나 경쟁환경이 다를 때 이에 신속하게 대처할 수 있다는 장점을 가진다. 하지만 사업부 간에 갈등이 유발될 수 있고 조정이 어려울 수 있으며, 사업부 간의 중복으로 인한 예산 낭비, 사업부 간 이기주의 등이 초래될 수 있다는 단점을 가진다.

④ 매트릭스조직은 기존의 기능부서 상태를 유지하면서 특정한 프로젝트를 위해 서로 다른 부서의 인력이 함께 일하는 현대적인 조직설계방식이다. 전통적인 기능조직이 지녔던 의사결정 지연이나 수비적 경영 등의 단점을 보완하는 장점을 가진다. 하지만 명령통일의 원칙이 깨지면서 조직질서 혼란, 권력 다툼 등의 문제가 생길 수 있다는 단점을 가진다.

⑤ 네트워크조직은 상호의존적인 조직 사이의 협력관계를 말하며, 업무적 상호의존성이 크지만 조직들 간의 독립성이 유지되는 것이 특징이다. 상대방의 보유자원을 활용할 수 있기 때문에 막대한 투자 없이 사업 운영이 가능하고, 변화하는 환경에 유연하게 대처할 수 있지만, 직원의 충성심과 기업문화가 약한 편이며 갈등이 빈번하게 발생할 수 있다는 단점을 가진다.

---

32 경영이해능력 STP 전략과 입지별 특성 활용하기

|정답| ②

|해설| 김민수 씨는 시장을 세분화(Segmeatation)하여 표적시장을 선정(Targeting)한 후 그에 적절한 제품을 포지셔닝(Positioning)하는 STP 전략을 활용하였다. 10 ~ 20대 초반을 대상으로 한 점포 창업을 계획하여 시간과 경제의 여유가 부족한 고객에게 저가로 다양한 맛을 제공하고자 하므로, 학원에 다니는 학생들이 많은 B 지역을 선택하는 것이 적절하다.

---

33 업무이해능력 부서별 업무 파악하기

|정답| ①

|해설| 기획팀은 경영 목표 및 전략 수립, 조정 관련 업무 등을 담당하며, 총무팀은 문서 및 직인 관리, 집기비품 및 소모품의 구입과 관리, 복리후생 업무 등을 담당한다. 따라서 빈칸에 들어갈 적절한 대답은 ①이다.

> **보충 플러스+**
> - 인사팀 : 조직기구 개편 및 조정, 인력수급계획 및 관리 등을 담당
> - 회계팀 : 재무상태 및 경영실적 보고, 결산 관련 업무 등을 담당
> - 영업팀 : 판매방침 및 계획, 판매예산 편성, 시장조사 등을 담당

---

34 체제이해능력 변혁적 리더십 이해하기

|정답| ①

|해설| 변혁적 리더십의 하위 구성요소는 다음과 같다.
- 카리스마 : 구성원들에게 비전과 사명감을 제공하고 자긍심을 고취시키며 관습에 얽매이지 않는 행동 등을 보여 직원들로부터 존경과 신뢰를 얻는다.
- 지적 자극 : 이해력과 합리성을 제고하고 새로운 방식을 활용한 문제해결 방식을 촉진한다.
- 개별적 배려 : 구성원 개별에게 관심을 보여 주고 직원들을 독립적인 존재로 대우하며 지도하고 조언한다.
- 동기부여 : 비전을 제시하고 구성원의 노력에 대한 칭찬, 격려 등 감정적인 지원과 활기를 불어넣어 줌으로써 업무에 매진할 수 있게 한다.

---

35 경영이해능력 경영전략 추진과정 알기

|정답| ④

|해설| ㉠ (가)는 환경분석 단계로 이 단계에서는 최적의 대안을 수립하기 위하여 조직의 내·외부 환경을 분석한다. 조직이 도달하고자 하는 비전을 규명하고 미션을 설정하는 단계는 '전략 목표 설정' 단계이다.

㉢ (다)는 경영전략을 실행하는 단계로 경영목적을 달성하기 위해 경영전략을 실행한다. 조직의 경영전략은 위계적 수준을 가지고 있는데 가장 상위단계 전략은 조직전략이며 그 다음으로 사업전략, 부문전략의 순서로 사업전략을 구체화하여 세부적인 수행방법을 결정한다.

㉥ 차별화 전략은 경영전략 유형 중 하나로 조직이 생산품이나 서비스를 차별화하여 고객에게 가치 있고 독특하게 인식되도록 하는 전략이다. 특정시장이나 고객에게 한정된 전략은 집중화 전략이다.

> **보충 플러스+**
> 경영전략의 추진과정
>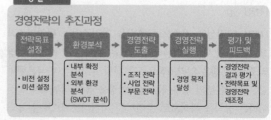

---

36 업무이해능력 **업무수행시트 파악하기**

|정답| ③

|해설| 제시된 업무수행시트는 간트차트이다. 업무의 시작과 끝을 바(bar) 형식으로 표기하여 전체일정을 한눈에 볼 수 있다는 장점을 가진다.

|오답풀이|

①, ② 워크플로시트에 대한 설명이다.

④, ⑤ 체크리스트에 대한 설명이다.

37 기술능력 **노하우(know-how)의 개념 알기**

|정답| ⑤

|해설| 노하우(Know-how)는 경험적이고 반복적인 행위에 의해 얻어지는 것이며, 노와이(Know-why)는 이론적인 지식으로서 과학적인 탐구에 의해 얻어지는 것이다.

38 기술이해능력 **실패를 성공으로 만드는 포인트 알기**

|정답| ③

|해설| 두 사례 모두 실제 업무의 성공가능성을 높이기 위해 실패의 고통스러운 순간을 미리 경험해 보는 가상 실패 체험을 하고 있다. 이를 통해 업무 중 발생할 수 있는 잠재적 위험 요인을 미리 파악할 수 있고 간접체험을 통해 실제 발생확률을 낮추거나 수월한 위기대응으로 성공 가능성을 높일 수 있다.

39 기술이해능력 **적정기술 구분하기**

|정답| ④

|해설| 적정기술은 그 기술이 사용되는 사회 공동체의 정치적, 문화적, 환경적 조건을 고려하여 해당 지역의 지속적인 생산 및 소비가 가능하도록 만들어진 기술이다. 거대·첨단기술과는 달리 수요자의 필요, 환경 친화적 가치 그리고 편익의 나눔 등을 중요시한다. 따라서 가치와 편익의 집중은 적정기술에 해당하지 않는다.

보충 플러스+

거대기술과 적정기술

거대기술		적정기술
중앙 집중, 권위주의	● 따뜻한 자본주의 ● 정보통신기술 발전 ● 거대기술의 위험과 기술 민주주의 ● MDG, 지속가능한 발전 ● 기업의 사회적 책임 ● 사회적 경제	분산형, 민주주의
공급자 중심		수요자의 필요
자본집약적		노동집약적
환경파괴		환경친화적
복잡, 거대		단순, 소규모
기술 발전		삶의 질 향상
가치와 편익의 집중		가치와 편익의 나눔

40 기술선택능력 **산업재산권의 종류 파악하기**

|정답| ③

|해설| B 회사가 모방한 것은 A 회사 의류의 형상·모양에 해당하므로 디자인권 침해에 해당한다. 디자인권은 물품의 형상·모양·색채 등에 의한 외형(外形)의 디자인을 대상으로 한다.

|오답풀이|

① 상표권 : 회사가 자사제품의 신용을 유지하기 위해 제품이나 포장 등에 표시하는 상호나 마크에 관한 산업재산권이다.

② 특허권 : 자연법칙을 이용한 기술적 사상(idea)의 창작으로서 기술 수준이 높은 것에 해당하는 산업재산권이다.

④ 실용신안권 : 기술적 창작 수준이 소발명 정도인 실용적인 창작을 보호하기 위한 산업재산권이다.

⑤ 저작권은 저작물이나 컴퓨터 프로그램 등 문화영역을 보호한다. 발명, 고안, 디자인, 상표 등 산업영역을 보호하는 산업재산권과는 차이가 있다.

41 기술능력 **보호구 이름 바로 알기**

|정답| ③

|해설| 물체가 흩날릴 위험이 있는 작업에는 '보안경'을 착용해야 한다. 방열복은 ㉕에 해당한다.

1회 기출예상
2회 기출예상
3회 기출예상
4회 기출예상
5회 기출예상
6회 기출예상
7회 기출예상

42 기술선택능력 기술능력 향상방법 이해하기

|정답| ③

|해설| A와 D는 전문 연수원을 통한 기술교육을 선호하고 있으며, B와 E는 e-Learning을, C는 상급학교 진학을 통한 기술교육을 선호하고 있다. C는 첫 번째 발언에서 대학원에 진학하고 싶다고 하였는데 두 번째 발언에서 상급학교를 통한 기술교육이 인적 네트워크 형성에 도움이 되고 e-Learning처럼 학습을 스스로 조절하거나 통제할 수 있다고 하였다. 하지만 대학원의 경우 수업시간이 정해져 있고 정해진 학기를 다녀야 하므로 학습을 스스로 조절하거나 통제하기가 어렵다. 따라서 잘못된 설명을 한 사람은 C이다.

43 기술능력 산업 재해의 원인 이해하기

|정답| ②

|해설| 산업 재해의 직접적 원인이 되는 불안전한 상태로는 시설물 자체의 결함, 안전 보호 장치의 결함 등이 있는데, 이를 제거하기 위해서는 각종 기계나 설비 등의 안전성을 보장하도록 제작하고, 그 유지 관리를 철저히 하는 등의 사전적 예방조치가 요구된다. 현장 담당자를 처벌하는 징벌적 조치로는 직접적 원인을 모두 제거할 수 없다.

44 정보능력 IoT 기술 이해하기

|정답| ②

|해설| IoT 기술은 인간의 도움 없이도 서로 알아서 정보를 주고받으며 대화를 나눌 수 있어야 한다. 블루투스 이어폰은 귀에 착용할 시 블루투스를 이용해 정보를 주고받지만 이어폰을 착용하고 작동시키는 데까지 사람의 개입이 필요하므로 IoT 기술이라 보기 어렵다.

45 정보처리능력 컴퓨터 보안 관련 용어 이해하기

|정답| ①

|해설| 제시된 사례는 모두 유명 기업이나 금융기관을 사칭한 가짜 웹 사이트나 이메일 등으로 개인의 금융 정보와 비밀번호를 입력하도록 유도하여 예금 인출 및 다른 범죄에 이용하는 수법인 피싱(Phishing)에 해당한다. 최근에는 피싱 기법이 더욱 정교해지면서 금융이나 인터넷 업체뿐 아니라 다양한 분야로 범위가 확장되고 있다.

|오답풀이|

② 파밍(Pharming) : 합법적인 도메인을 탈취하거나 도메인 네임 시스템(DNS) 또는 프락시 서버의 주소를 변경함으로써 사용자가 진짜 사이트로 오인하여 접속하도록 유인한 뒤 개인 정보를 훔치는 수법이다.

③ 스미싱(Smishing) : 휴대폰의 메시지를 이용해 바이러스를 주입시켜 개인 정보를 빼내거나 다른 휴대폰으로 바이러스를 확산시키는 새로운 해킹 기법이다.

④ 스니핑(Sniffing) : 네트워크 주변을 지나다니는 패킷을 엿보면서 아이디와 패스워드를 알아내는 행위이다.

⑤ 스푸핑(Spoofing) : 임의의 웹사이트를 구축하여 일반 사용자가 방문하게 한 후 시스템 권한을 획득하여 정보를 빼가거나 암호, 기타 정보를 입력하게 하는 해킹 기법이다.

46 정보능력 로봇청소기 운전하기

|정답| ②

|해설| 주어진 코드를 해석하면 다음과 같다.

'왼쪽으로 두 칸 이동 → 앉기, 청소하기, 일어나기 → 아래로 한 칸, 왼쪽으로 한 칸, 아래로 한 칸 이동 → 넣기 → 위로 세 칸 이동 → 앉기, 청소하기, 일어나기 → 아래로 세 칸 이동 → 넣기'

따라서 모든 쓰레기를 청소할 수 있게 된다.

|오답풀이|

① 코드를 따라 경로를 이동하면 두 쓰레기 모두 쓰레기통에 버릴 수 있지만, 쓰레기를 버리는 행동을 명령할 때 'Sit, Stand'의 전후 과정을 거쳐야 한다는 조건이 없으므로 적절하지 않다.

③ 한 번에 한 개의 쓰레기만 주울 수 있다고 하였으므로 적절하지 않다.

④ 중간 '3Up'의 명령에 있어서 움직임을 지시하는 'Move'가 생략되었으므로 적절하지 않다.

⑤ 코드를 따라 경로를 이동하면 두 쓰레기 모두 쓰레기통에 버릴 수 있지만, 쓰레기를 청소하는 행동을 명령할 때 'Sit, Stand'의 전후 과정을 거쳐야 한다.

47 컴퓨터활용능력 멀웨어 이해하기

| 정답 | ②

| 해설 | 지인으로부터 온 전자 메일로 위장하여 해당 첨부 파일을 통해 확산된 멀웨어가 시스템을 무력화시켰으며 네트워크 성능이 감소한 상황이다. 이는 멀웨어의 종류 중 웜에 해당한다.

48 정보처리능력 컴퓨터 관련 용어 이해하기

| 정답 | ⑤

| 해설 | A-ⓐ, B-ⓖ, C-ⓑ, D-ⓒ

49 컴퓨터활용능력 엑셀 단축키 이해하기

| 정답 | ②

| 해설 | • 작성했던 파일 열기 → [Ctrl]+[O]

• 제목 텍스트를 굵게 설정 → [Ctrl]+[B]

• 각주에 밑줄을 추가 → [Ctrl]+[U]

• 좌측 열에 있는 종류에 해당하는 내용에 기울임 설정 → [Ctrl]+[I]

• 인쇄했을 때 어떻게 나오는지 확인하는 인쇄 미리 보기 → [Ctrl]+[P] 혹은 [Ctrl]+[F2]

50 컴퓨터활용능력 엑셀 단축키 이해하기

| 정답 | ⑤

| 해설 | 엑셀에서 작업 전에 숨겨져 있던 탭 메뉴가 작업 후에는 나타나 있음을 통해 [Ctrl]+[F1]로 탭 메뉴 보이기를 하였음을 알 수 있다.

그리고 C5부터 G5까지 '○○안전관리원'이라는 단어가 연속해서 입력된 모습을 통해 C5에 '○○안전관리원'을 입력한 후 D5부터 G5까지 순서대로 [Ctrl]+[R]로 좌측(왼쪽) 값 복사 기능을 사용하여 C5의 내용을 복사하였거나, C5의 내용을 [Ctrl]+[C]로 복사하여 D5부터 G5까지에 [Ctrl]+[V]로 붙여넣기 하였음을 추측할 수 있다.

또한 작업 후에는 화면 하단에 Sheet1과 Sheet2 사이에 '매크로1' 시트가 새로 생성되어 있음을 통해 [Ctrl]+[F11]로 새 매크로 시트를 삽입하였음을 알 수 있다.

5회 기출예상문제

5회 기출예상문제   문제 190쪽

01	③	02	①	03	①	04	②	05	⑤
06	④	07	③	08	④	09	②	10	⑤
11	⑤	12	②	13	①	14	⑤	15	②
16	②	17	②	18	④	19	④	20	②
21	①	22	①	23	①	24	⑤	25	②
26	②	27	④	28	②	29	③	30	③
31	②	32	①	33	③	34	③	35	④
36	②	37	⑤	38	②	39	①	40	④
41	②	42	②	43	④	44	③	45	②
46	①	47	④	48	④	49	②	50	②
51	④	52	①	53	②	54	④	55	③
56	④	57	⑤	58	④	59	⑤	60	④

01 경청능력 경청 5단계 이해하기

| 정답 | ③

| 해설 | 3단계 선택적 듣기는 수신자가 전달자의 이야기를 듣고는 있으나 전달자의 메시지 전체에 집중하기보다는 자신이 듣고 싶은 내용 위주로 골라 듣는 단계이다. 커뮤니케이션이 완료되면 전달자가 전달하는 내용과 수신자가 들은 내용에 차이가 발생하게 되고, 메시지의 의미를 오해하거나 일부 메시지는 기억하지 못하게 되어 전달자는 "내 이야기를 듣기는 했어요?"와 같은 반응을 보이게 된다.

> **보충 플러스+**
>
> 스티븐 코비의 경청 5단계
> 1. 무시하기 : 멀뚱히 상대방을 바라보고만 있을 뿐 귀를 닫은 상태
> 2. 듣는 척 하기 : 말하는 사람에게 적어도 관심을 가지는 상태이나, 마음은 딴 곳에 가 있는 상태
> 3. 선택적 듣기 : 자기가 듣고 싶은 말만 골라 듣는 상태
> 4. 적극적 듣기 : 집중하여 듣더라도 공감 없이 상대방이 무엇을 말하는지에만 관심을 기울이는 상태

1회 기출예상   2회 기출예상   3회 기출예상   4회 기출예상   5회 기출예상   6회 기출예상   7회 기출예상

5. 공감적 듣기 : 상대방의 말, 의도, 감정을 이해하기 위해 가슴과 마음으로 듣는 상태

02 [의사표현능력] 상황에 따른 의사표현법 이해하기

|정답| ①

|해설| 상대방에게 부탁해야 할 때는 먼저 상대의 사정을 파악하여 상대를 우선시하는 태도를 보여주어야 한다. 그 후 상대가 응하기 쉽게 구체적으로 부탁하면 상대방이 한결 받아들이기 쉽다.

03 [문서이해능력] 자료 이해하기

|정답| ①

|해설| 혐오차별 문제가 자연적으로 해결될 것이라는 의견은 22.2%, 차별현상이 고착화되거나 더 심해질 것이라는 의견은 70%를 넘는다. 따라서 혐오차별 문제가 자연적으로 해결될 것이므로 시간에 맡겨야 한다는 내용을 적절하지 않다.

04 [문서작성능력] 보도자료 작성 시 주의사항 파악하기

|정답| ②

|해설| ㉠ 내용을 명확하게 이해할 수 있도록 중요한 사실부터 간결하게 작성한다.
㉤ 보도자료에는 추가 문의에 응할 홍보담당자의 연락처를 명시해야 한다.
㉥ 제공한 보도자료에 대해 기사화할 것을 무리하게 요구하거나 기사의 비중을 물어보는 것은 서로의 신뢰관계를 해치는 일이 될 수 있으므로 묻지 않는 것이 좋다.
㉦ 멋이나 기교를 부리지 않고 사실만을 간단명료하게 표현하여 핵심만 부각하는 것이 더 강한 전달효과를 줄 수 있다.

|오답풀이|
㉡ 사진이나 그래픽 자료, 영상보도 자료 등을 제공하면 보도될 가능성이 더욱 커진다.
㉢ 다채로운 수식어는 명확한 포인트나 관점을 흐리게 해 자칫 엉뚱한 방향으로 왜곡되는 결과를 낳기도 한다. 따라서 현란한 형용사나 수식어의 사용보다는 기자의 명확한 이해와 관점 설정을 위해 노력해야 한다.
㉣ 과도한 전문용어의 사용은 기자의 관심을 저하시키고 뉴스의 관점을 흐리게 할 수 있으므로 자제해야 한다.

05 [문서이해능력] 글을 바탕으로 행동 파악하기

|정답| ⑤

|해설| 한 씨는 신입사원이며 처음으로 안전사고 예방 교육을 받는다고 하였으므로 일반 안전사고 예방 교육을 받기 위해 1회의실로 이동해야 한다.

06 [문서이해능력] 글을 바탕으로 추론하기

|정답| ④

|해설| MBTI는 캐서린 쿡 브릭스와 이사벨 브릭스 마이어스의 이론을 바탕으로 만들어진 것이 아니라 융의 심리유형론을 바탕으로 캐서린 쿡 브릭스와 이사벨 브릭스 마이어스가 고안한 자기보고서 성격유형 자료이다.

07 [문서이해능력] 글을 바탕으로 이해하기

|정답| ③

|해설| 에너지의 방향과 주의 초점에 따라 외향형(E), 내향형(I), 정보를 수집하는 인지기능에 따라 감각형(S), 직관형(N), 판단기능에 따라 사고형(T), 감정형(F), 이행/생활양식에 따라 판단형(J), 인식형(P)으로 나눌 수 있으므로 $2 \times 2 \times 2 \times 2 = 16$(개)이다.

08 [문서이해능력] 청중의 반응 파악하기

|정답| ④

|해설| 마지막 문단에서 화이트박스 암호도 변조 행위나 역공학에 의한 공격을 받는다면 노출될 가능성이 있다고 명시하고 있다.

09 문서작성능력 적절한 접속어 파악하기

| 정답 | ②

| 해설 | 화이트박스 암호에 대한 설명과 장점에 대해 말하고 있는 앞문단과 달리 ㉠ 다음 문장에서 화이트박스 암호 역시 노출의 위험이 있다는 내용이 나오고 있으므로 역접인 '그러나'가 적절하다.

10 의사소통능력 의사소통 네트워크 유형 파악하기

| 정답 | ⑤

| 해설 | 권한의 집중 정도가 높고 구성원의 만족도가 낮으며 수직적 조직구조 형태로 보아 ㉠은 연쇄형에 해당한다.

보충 플러스+

의사소통 네트워크 유형

구분	연쇄형	Y자형	X자형 (바퀴형)	원형	완전 연결형
권한의 집중	고	중	중	저	매우 저
의사소통 속도	중	중	단순직무 : 빠름	단합 : 빠름	빠름
			복합직무 : 느림	개별 : 느림	
의사소통 정확도	서면 : 고	단순 : 고	단순 : 고	단합 : 고	저
	언어 : 저	복합 : 저	복합 : 저	개별 : 저	
구성원 만족도	저	중	저	고	고
의사결정 속도	빠름	중간	중간	느림	빠름
의사결정 수용도	저	중간	중간	고	고
조직 구조 형태	수직	수직	수평	수평	수평

11 문서이해능력 세부 내용 이해하기

| 정답 | ⑤

| 해설 | ㄷ. Q4를 통해 디지털 커뮤니케이션으로 인해 다양한 모임이 생겨나고 있다는 것은 알 수 있다.

ㄹ. Q2를 통해 감염 위험으로 떡볶이마저 애플리케이션으로 시킬만큼 소비가 급격하게 디지털 플랫폼으로 이동했음을 알 수 있다.

12 문서이해능력 글을 바탕으로 사례 제시하기

| 정답 | ②

| 해설 | 제시된 글은 디지털 문명으로 스포츠, 예술 등 다양한 분야를 누리는 바탕이 상황과 때에 따라 온라인으로 이동되는 것을 말하고 있다. 교외 카페에 가서 휴식을 취하고 사진을 찍는 것은 디지털 플랫폼으로의 이동에 대한 예라고 볼 수 없다.

13 문제해결능력 문제의 유형 구분하기

| 정답 | ③

| 해설 | 기계 고장, M/S 저하 등은 이미 발생하여 해결해야 하는 문제인 발생형 문제의 예이다.

14 문제처리능력 STEEP 이해하기

| 정답 | ⑤

| 해설 | STEEP 분석은 다음과 같은 항목으로 구성되어 있다.

- Social(사회적 분석) - 고령화 사회 진입, 출산율 감소, 1인 가구 증가, 결혼 연령 증가, 신기술의 도입, 세계화
- Technological(기술적 분석) - 무인 결제 시스템, AI, 인공지능, 자율주행 자동차, IOT, 스마트폰 대중화
- Economic(경제적 분석) - 물가상승률, 환율의 변동, 원자재가격 변동성, 미중 무역전쟁, 특정국가 부도 위기, GNP/GDP, 청년 실업률
- Ecological(생태적 분석) - 지구 온난화, 엘니뇨/라니냐, 환경오염, 기후, 농산물, 물, 지하자원
- Political(정치적/법적 분석) - 시장의 규제, 무역협정, 세율의 변동, 정부의 간섭 정도, 법률의 통과

따라서 〈보기〉의 내용은 정치적/법적 분석에 해당한다.

1회 기출예상

2회 기출예상

3회 기출예상

4회 기출예상

5회 기출예상

6회 기출예상

7회 기출예상

15 문제해결능력 문제해결의 절차 이해하기

|정답| ②

|해설| 문제해결의 절차에 대한 설명은 다음과 같다.

• 문제 인식 : 해결해야 할 문제들을 파악하여 우선순위를 정하고, 선정 문제에 대한 목표를 명확히 하는 단계이다.

• 문제 도출 : 선정된 문제를 분석하여 해결해야 할 것이 무엇인지를 명확히 하는 단계이다.

• 원인 분석 : 파악된 핵심문제에 대한 분석을 통해 근본 원인을 도출하는 단계이다.

• 해결한 개발 : 문제로부터 도출된 근본원인을 효과적으로 해결할 수 있는 최적의 해결방안을 수립하는 단계이다.

• 실행 및 평가 : 해결안 개발을 통해 만들어진 실행계획을 실제 상황에 적용하는 활동으로 당초 장애가 되는 문제의 원인들을 해결안을 사용하여 제거하는 단계이다.

따라서 〈보기〉의 단계는 문제 도출 단계에 해당한다.

16 사고력 필요한 전제 도출하기

|정답| ②

|해설| '민형이는 시계를 차지 않았다'와 모순이 되기 위해서는 '민형이는 시계를 찼다'라는 명제가 도출되어야 한다. '민형이는 시계를 찼다'는 명제는 ⓒ의 대우 '철수가 공대 출신이 아니면 민형이는 시계를 찼다'로 도출된다. 이는 'ⓔ 민형이가 팔씨름을 좋아한다면 철수는 공대 출신이 아니다'와 'ⓐ 민형이는 팔씨름을 좋아한다'를 필요로 한다. 따라서 필요한 전제는 ⓐ, ⓒ, ⓔ이다.

17 사고력 시네틱스 이해하기

|정답| ②

|해설| 시네틱스는 고든에 의해 창안된 것으로, 일본의 나카야마가 보완하면서 산업계에서 널리 사용하게 되었다. 시네틱스 기법은 친숙한 것을 통해 새로운 것을 창안하거나, 친숙치 않은 것을 친숙하게 보게 하기 위한 네 가지 유추법을 제시한다.

|오답풀이|

① NM법은 인간의 창조적인 사고를 통해 자연적으로 거쳐가는 숨겨진 사고의 프로세스를 시스템화하여 과제 설정 → 키워드를 결정하고 유추 → 유추의 배경을 찾고 아이디어를 발상 → 해결안으로 정리 순서에 따라 이미지 발상을 해 가는 발상법이다.

③ 로직트리는 주어진 문제에 대해 서로 논리적 연관성이 있는 하부 과제들을 나무 모양으로 전개하여 문제의 근본 원인을 찾는 해결법이다.

④ 체크리스트는 오스본이 고안해 낸 것으로 대상을 전용, 응용, 변경 등 9가지 항목에 따라 정리하는 것이다.

⑤ 피라미드 구조화는 보조 메시지들을 통해 주요 메인 메시지를 얻고 다시 메인 메시지를 종합한 최종 정보를 도출하는 방법이다.

18 사고력 논리적 오류 추론하기

|정답| ④

|해설| 제시된 〈보기〉에서 설명하고 있는 논리적 오류는 순환 논증의 오류이다. 이는 결론에서 주장하는 바를 논거로 제시하는 오류로, 참이 증명되지 않은 전제에서 결론을 도출하거나 전제와 결론이 순환적으로 서로의 논거가 될 때 나타난다. 따라서 순환 논증의 오류를 저지르고 있는 것은 ④이다.

|오답풀이|

① 권위에 호소하는 오류에 해당한다.

② 거짓 원인의 오류에 해당한다.

③ 인신공격의 오류에 해당한다.

⑤ 무지에 호소하는 오류에 해당한다.

19 사고력 논리적 사고의 요소 알기

|정답| ④

|해설| 상대 논리의 구조화는 자신의 논리로만 생각하다 독선에 빠지지 않기 위해 필요한 논리적 사고이다. 따라서 김 사원이 놓치고 있는 논리적 사고의 요소는 상대 논리의 구조화이다.

|오답풀이|

① 타인에 대한 이해는 상대의 주장에 반론을 제시할 때, 상대 주장의 전부를 부정하지 않기 위해 필요한 논리적 사고의 요소이다.

② 구체적인 생각은 상대가 말하는 것에 대해 잘 알 수 없을 때 구체적으로 생각해 보기 위해 필요한 논리적 사고의 요소이다.

③ 생각하는 습관은 논리적 사고에 있어서 가장 기본적인 요소로, 언제 어디서나 의문을 가지고 계속해서 생각해 보는 습관을 들이는 것이다.

⑤ 설득은 논리적 사고의 기본인 공감을 바탕으로 내가 원하는 행동을 상대가 하게 하는 것으로, 논쟁이 아니라 논증을 통해 설득을 더욱 정교하게 할 수 있다.

20 사고력 창의적 사고를 위한 전략 파악하기

| 정답 | ②

| 해설 | ㉠ 학생들에게 도달해야 할 목표점을 설정해 주는 것은 Project에 해당한다.

㉡ 학생에게 어려운 과제를 끈기 있게 하고자 하는 감정을 불러일으키는 것은 Passion에 해당한다.

㉢ 아이들에게 동료와 함께 일할 수 있게 해 주는 것은 Peers에 해당한다.

㉣ 아이들이 실패를 놀이처럼 생각하는 것은 Play에 해당한다.

따라서 Pride는 ㉠ ~ ㉣에 해당하지 않는다.

21 사고력 조건에 따라 결과 추론하기

| 정답 | ①

| 해설 | 주어진 경기 결과를 토대로 표로 나타내면 다음과 같다.

구분	A와 대결	B와 대결	C와 대결	D와 대결	E와 대결	결과
A		×	×	○		
B	○			×		×
C	○	○		○	○	4승
D	×		×			
E		○	×			

위 표에 따르면 A팀은 1승 2패, B팀은 1승 2패, C팀은 4승, D팀은 2패, E팀은 1승 1패를 한 상태다. 마지막 조건에서 모든 팀은 승률이 다르다고 하였으므로 현재 승률이 같은 A팀과 B팀은 1승 3패 또는 2승 2패를 한 것이 된다.

• A팀이 2승 2패, B팀이 1승 3패를 했을 경우

구분	A와 대결	B와 대결	C와 대결	D와 대결	E와 대결	결과
A		×	×	○	○	2승 2패
B	○		×	×	×	1승 3패
C	○	○		○	○	4승
D	×	○	×		× 또는 ○	1승 3패 또는 2승 2패
E	×	○	×	○ 또는 ×		2승 2패 또는 1승 3패

D와 E의 경기에서 어떤 결과가 나오더라도 A팀, B팀과 승률이 중복되므로 모순이 된다.

• A팀이 1승 3패, B팀이 2승 2패를 했을 경우

구분	A와 대결	B와 대결	C와 대결	D와 대결	E와 대결	결과
A		×	×	○	×	1승 3패
B	○		×	○	×	2승 2패
C	○	○		○	○	4승
D	×	×	×		×	4패
E	○	○	×	○		3승 1패

E가 D와의 대결에서 승리할 경우 모든 팀의 승률이 다르게 되므로 주어진 조건에 부합한다.

따라서 4위를 한 팀은 1승 3패의 A팀이다.

22 문제처리능력 갈등해결 전략 파악하기

| 정답 | ①

| 해설 | 수용은 어떠한 것을 받아들인다는 뜻으로, 행동이나 태도를 반드시 용서하는 것과는 관계없이 가치 자체를 긍정적으로 인식하여 받아들이는 것이다. 제시된 상황에서의 문제는 주민들의 우려가 수용되어 환경관리감독 강화 약속이 제시되고 이를 주민들이 받아들임으로써 해결되었다. 따라서 이는 서로의 가치를 긍정적으로 인식하여 받아들인 것이므로 수용과 연관이 있다.

| 오답풀이 |

② 경쟁은 같은 목적에 대하여 이기거나 앞서려고 서로 겨루는 것이다.

③ 협력은 우호적이고 생산적인 집단분위기를 형성하기 위하여 서로 돕는 것이다.

④ 회피는 현재 존재하지는 않는 혐오 자극을 피해 미리 특정 행동을 하는 것이다.

⑤ 타협은 어느 정도의 이익을 공유하는 중간 지점에서 서로 주고 받는 것이다.

23 사고력 교육과정 이수 날짜 구하기

|정답| ①

|해설| 각각의 날짜에 수강할 수 있는 과목을 표시하면 다음과 같다. 괄호 안의 숫자는 남은 수강 횟수를 의미한다.

2021년 1월						
일	월	화	수	목	금	토
			1 자(0) 예(1) 직(1)	2 예(0) 직(0)	3 정(1) 커(2)	4
5	6 정(0) 커(1)	7 커(0)	8 문(2)	9 문(1)	10 문(0)	11
12	13 실(4)	14 실(3)	15 실(2)	16 실(1)	17 실(0)	18
19	20	21	22	23	24	25
26	27	28	29	30	31	

따라서 가장 빨리 모든 교육과정을 이수할 수 있는 날은 1월 17일이다.

24 사고력 반드시 참인 진술 고르기

|정답| ③

|해설| 각각의 점수를 받기 위해서는 총 10문제 중 가와 다는 7문제, 나는 5문제, 라는 9문제를 맞혀야 한다. 가장 많은 개수를 맞힌 라를 기준으로 점수를 계산하여 진술이 반드시 참인지 확인할 수 있다.

3번 문제의 정답이 ○라는 진술이 항상 참인지 확인하기 위해서는 3번 문제의 정답이 X인 경우에도 참이 되는지 확인하면 된다. 만일 3번 문제의 정답이 X라면 3번을 제외한 라의 나머지 답안이 정답이 되므로 이에 따라 가 ~ 다의 정답 개수를 구하면 가와 다는 7개, 나는 5개가 되어 제시된 각 점수를 얻을 수 있다. 따라서 3번 문제의 정답이 반드시 ○라고 할 수 없다.

|오답풀이|

① 1번 문제의 정답이 X라고 가정할 경우 나는 6개, 다는 8개를 맞히게 되므로 1번 문제의 정답은 반드시 ○임을 알 수 있다.

② 2번 문제의 정답이 ○라고 가정할 경우 나가 6개를 맞히게 되므로 2번 문제의 정답은 반드시 X임을 알 수 있다.

25 업무이해능력 역할 갈등 이해하기

|정답| ②

|해설| 역할 갈등은 크게 역할 모순과 역할 긴장으로 나누어 볼 수 있는데, 이 중 역할 모순은 한 사람이 여러 개의 지위를 가지고 있을 때 그 지위에 따른 역할이 서로 충돌하는 경우에 발생하는 것이다. 한 사람이 가진 하나의 지위에 대해 서로 다른 역할이 충돌하여 발생하는 역할 갈등은 역할 긴장이다.

|오답풀이|

① 역할모호성은 직무에 필요한 정보가 충분히 제공되지 않아 역할수행자가 직무에서 요구하는 임무와 책임을 명확하게 알지 못하는 경우로, 조직의 상위계층의 직무일수록 증가하는 과업의 다양성과 복잡성으로 인해 자주 발생한다.

26 업무이해능력 동료의 발표에 따라 맞장구치기

|정답| ②

|해설| '역사를 잊은 민족에게 미래는 없다'는 말은 지나간 역사로부터 교훈을 얻지 못하면 미래로 발전해 나갈 수 없음을 의미하는 말이다. 따라서 제시된 일본의 수출규제라는 위기 상황을 하나의 기회로 전환하는 상황에 대한 맞장구로는 적절하지 않다.

|오답풀이|

① 반도체 핵심 소재 부품의 국산화 성과에 대해 맞장구친 내용이다.

③, ⑤ 위기를 기회로 활용할 수 있다는 내용에 대해 맞장구친 내용이다.

④ 일본의 수출규제의 사례에 대해 맞장구친 내용이다.

27 경영이해능력 SWOT 분석하기

| 정답 | ④

| 해설 | 유사상품의 출시가 외부 위협요소인 상황에서 경쟁사의 제품을 모방하는 것은 적절한 WT 전략이 아니다.

| 오답풀이 |

① 다이어트 라면의 개발(O)을 통해 종합식품기업으로서의 입지(S)를 강화하는 것은 SO 전략이다.

② 저열량, 저나트륨 등의 성분을 이용한 신제품 개발(S)을 통해 라면이 가진 부정적 인식(T)을 개선하는 것은 ST 전략이다.

③ 건강라면을 주력 상품으로(O) 설정하고 마케팅을 강화(W)하여 고객들에게 제품에 대한 이미지를 각인하는 것은 WO 전략이다.

⑤ 연령을 기준으로 주요 타겟층을 정하여(T) 새로운 마케팅 전략을 수립 및 시행(W)하는 것은 WT 전략이다.

28 조직이해능력 퇴니스의 조직 분류 알기

| 정답 | ②

| 해설 | 퇴니스의 조직 분류에서 공동사회는 가족, 지역사회, 취미모임 등과 같이 자연적으로 발생한 집단으로 조직의 결속력을 중시한다. 반면 이익사회는 기업, 관공서 등과 같이 특수한 목적에 의해 인위적으로 결집한 조직으로, 해당 조직을 결성하게 한 구심점인 목적의 달성력을 중시한다.

29 경영이해능력 SWOT 분석 이해하기

| 정답 | ③

| 해설 | 각각의 정보들을 SWOT 분석에 따라 표로 정리하면 다음과 같다.

강점	약점
Ⓐ, Ⓑ	Ⓓ, Ⓔ
기회	**위협**
Ⓒ, Ⓕ	Ⓖ, Ⓗ

따라서 (가)에는 Ⓒ, Ⓕ, (나)에는 Ⓖ, Ⓗ가 들어가야 한다.

30 업무이해능력 기안서 작성요령 파악하기

| 정답 | ③

| 해설 | 안건을 제시할 때는 3가지 이상을 제안하는 것이 좋다. 여러 방면에서 생각하여 3가지 이상의 안을 짜면 그 중에서 가장 적합하고 좋은 성과를 얻을 수 있는 안을 선택할 수 있기 때문이다. 한 가지 또는 두 가지의 안건만 제시할 경우 그 안들이 통과되지 못하면 다시 작성해야 하므로 처음부터 여러 종류의 안을 제시하는 것이 바람직하다.

보충 플러스+

기안서 작성요령
1. 5W1H에 따라 간단명료하게 작성한다. 세부적인 내용은 글로 풀어내기보다 첨부 서류로 대신하는 것이 좋다.
2. 구어체가 아닌 문어체로, 장문이 아닌 단문으로 읽기 쉽게 작성한다.
3. 상세한 기술보다는 항목을 나눠 번호를 붙여 표현한다.
4. '할 것 같다' 등의 애매하거나 불확실하거나 확정적이지 않은 표현은 지양한다.
5. 한자 또는 전문용어는 가급적 쓰지 않고 단순하고 명확한 단어를 사용한다.
6. 약칭의 사용을 지양하고 엄연한 공식 명칭을 사용한다.
7. 가급적이면 결론을 먼저 작성하고 그 다음에 이유 또는 진행 과정 등을 설명한다.

31 조직이해능력 레빈의 조직변화 과정 이해하기

| 정답 | ②

| 해설 | 레빈의 조직변화의 과정 중 변화 단계는 변화담당자의 의도에 따라 조직을 변화시키는 단계로, 이를 받아들이는 구성원의 반응으로 순종, 동일화, 내면화가 있다.

(가) 순종은 구성원 개인의 내심과 관계없이 다른 사람 혹은 집단의 우호적인 반응을 얻기 위해, 혹은 집단의 나쁜 반응을 회피하기 위해 변화를 수용하는 것이다.

(나) 동일화는 구성원 개인이 집단과 관계를 형성하고 있는 관계에 만족하고 변화를 받아들여 이를 자신의 일부로 인정하는 것이다.

(다) 내면화는 집단의 변화가 구성원인 개인의 가치체계에 부합하여 이를 완전히 받아들이는 것이다.

1회 기출예상

2회 기출예상

3회 기출예상

4회 기출예상

5회 기출예상

6회 기출예상

7회 기출예상

32 조직이해능력 조직의 정의 이해하기

| 정답 | ①

| 해설 | 조직은 단순히 사람들이 모였다고 해서 조직이라고 하지 않는다. 조직은 목적과 구조가 있고, 목적을 달성하기 위해 협력하는 구성원들이 있으며 외부 환경과 긴밀한 관계를 가지고 있는 집합체다. 출근길 지하철에 탄 사람들은 출근길 지하철이라는 동일한 공간에 모여 있을 뿐 공동의 목표를 달성하기 위한 행동체로는 보기 어려워 이를 조직이라 정의할 수 없다.

| 오답풀이 |

④, ⑤ 직장을 나타내는 물리적 장소는 일반적으로 업무를 처리하는 활동영역으로, 보통 외형적으로는 공장, 사무실 등의 건물의 형태를 가지고 있다. 그 외에도 재택근무의 경우에 업무를 수행하는 거주 공간을 물리적 장소상의 직장으로 확장하여 정의할 수도 있다.

33 경영이해능력 경영자의 역할 파악하기

| 정답 | ③

| 해설 | 대변인의 역할은 조직정책이나 계획에 대한 정보를 외부에 강연과 구두 연설, SNS 등을 통해서 공식적으로 알리는 역할을 말한다. 제시된 기사에서 팀 쿡은 신제품에 대한 새로운 정보를 외부에 알리는 대변인의 역할을 수행하였다.

| 오답풀이 |

① 자원배분자의 역할은 조직의 목표를 달성하는 데 있어서 효율적이고 효과적인 자원배분에 관한 의사결정을 수행하는 것이다.

② 분쟁조정자의 역할은 조직 내·외부에서 발생하는 다양한 분쟁의 해결자로서의 역할을 수행하는 것이다.

④ 청취자의 역할은 경영활동을 수행하는 과정에서 유용한 정보를 꾸준히 탐색하는 것이다.

⑤ 리더의 역할은 종업원의 동기를 부여하고, 교육하고, 선발하는 역할을 수행하는 것이다.

34 조직이해능력 사회실재론과 사회명목론 이해하기

| 정답 | ③

| 해설 | 진 팀장의 관점은 사회실재론에 해당한다. 사회실재론은 개인과 사회와의 관계에서 사회는 개인의 총합 이상의 실체를 가지고 별도의 성질을 가지는 것이며, 개인은 그러한 사회에 종속되어 영향을 받는 수동적인 존재로 인식한다.

| 오답풀이 |

①, ② 유 팀장의 관점은 사회명목론에 해당한다. 사회명목론에서의 사회는 개인의 집합체에 불과하며 독자성이 없는 개념으로 보며, 사회현상은 개인의 의지에 따른 선택으로 발생하는 것으로 본다.

35 업무이해능력 간트 차트 이해하기

| 정답 | ④

| 해설 | 간트 차트는 업무의 진행흐름을 막대그래프의 형태로 나타낸다. 다양한 도형을 이용해 일의 흐름을 동적으로 표시하여 업무의 진행 구조를 파악하는 데 도움을 주는 업무수행시트는 순서도(Flow Chart)에 대한 설명이다.

36 체제이해능력 갈등의 원인 파악하기

| 정답 | ⑤

| 해설 | 영업 실적을 채워야 하는 영업팀과 이익률을 높여야 하는 재무팀 사이의 갈등은 영업이익을 증가시키는 방법에 대한 제한된 시각으로 인해 서로 다른 방향으로 이를 해석하여 발생하는 '구조의 충돌'에 해당한다. 구조의 충돌은 외부적이고 업무와 관련된 갈등 발생 원인이므로 D에 해당한다.

| 오답풀이 |

① 내부적이고 사람과 관련된 갈등 발생 원인인 A는 '해석의 충돌'이다. 이는 체질, 성향, 취향, 가치관 등 사람의 특성에 의한 내부적 갈등에 해당한다.

② 내부적이고 업무와 관련된 갈등 발생 원인인 B는 '이해관계의 충돌'이다. 개인의 의지가 많이 개입되는 내부적 요인과 업무로 인해 생기는 갈등으로, 핵심 인재를 서로 독점하겠다고 벌이는 팀 간 갈등이나 낭비현상 등이 있다.

③ 외부적이고 사람과 관련된 갈등 발생 원인인 C는 '다름의 충돌'이다. 술을 못 마시는 직원에게 회식자리에서 술을 강권할 때나 기독교 신자에게 제사를 강요할 때 발생하는 갈등이 그 예이다.

37 자원관리능력 | 자원의 낭비 요인 파악하기

|정답| ④

|해설| 신입사원의 자원관리 실패는 자원관리의 노하우 부족으로 이해된다. 자원관리의 중요성을 인식하는 것과 별개로 자원관리에도 노하우가 필요하며, 노하우의 부족은 자원관리의 실패로 이어진다. 이를 위해서는 경험을 통해 노하우를 축적하고, 학습을 통해 체득해야 한다.

38 예산관리능력 | 계약 비용 파악하기

|정답| ⑤

|해설|
• A 광고업체 : (현수막) 30+25×4+(전단지) 30+5×5=130+55=185(만 원)

• B 광고업체 : (현수막) 5×7+3×23+(전단지) 8×3+6×3+4×4=104+58=162(만 원)

• C 광고업체 : (현수막) 18×6+(전단지) 12×5=108+60=168(만 원)

• D 광고업체 : (현수막) 11×10+(전단지) 20+5×7=110+55=165(만 원)

• E 광고업체 : (현수막) 4×10+2.5×20+(전단지) 17×4=90+68=158(만 원)

따라서 E 광고업체와의 계약비용이 가장 저렴하다.

39 시간관리능력 | 시간 관리의 유형 이해하기

|정답| ①

|해설| 〈보기〉의 내용은 시간 관리의 유형 중 가장 이상적인 형태인 시간 창조형(24시간형 인간)에 대한 내용이다. 시간 창조형은 긍정적이고 에너지가 넘치며, 빈틈없는 시간계획으로 비전과 목표에 맞는 행동을 실천한다.

|오답풀이|
② 시간 절약형(16시간형 인간)은 8시간의 회사 업무 이외에도 8시간을 효율적으로 활용하고 8시간을 자는 사람으로, 정신없이 바쁘게 살아가는 사람이다.

③ 시간 소비형(8시간형 인간)은 8시간을 일하고 16시간은 제대로 활용하지 못하며 빈둥대면서 살아가는 사람이다. 시간이 많음에도 마음은 쫓겨 바쁜 척하고 허둥댄다.

④ 시간 파괴형(0시간형 인간)은 주어진 시간을 제대로 활용하지도 못하고 시간관념 없이 자신의 시간뿐만 아니라 남의 시간마저 죽이는 사람이다.

⑤ 시간 관리 유형에 해당하지 않는다.

40 인적자원관리능력 | 효과적인 인력배치의 원칙 이해하기

|정답| ④

|해설| 〈그림〉은 인력배치의 과정에서 요구하는 직무요건과 사람요건의 균형 관계를 설명하고 있다. 적재적소주의는 팀의 효율성을 높이기 위해 팀원을 그의 능력이나 성격 등과 가장 적합한 위치에 배치하는 것이다. 이때 작업이나 직무가 요구하는 요건(직무요건)과 개인이 보유하고 있는 요건(사람요건)이 서로 균형 있고 적합하게 대응하도록 배치해야 한다.

41 시간관리능력 | 시간 관리의 방법 이해하기

|정답| ③

|해설| 낭비되는 시간을 개선하기 위해서는 조직의 구조를 단순화하여 복잡한 절차를 거치는 과정으로 낭비되는 시간을 줄이는 것이 좋다.

42 인적자원관리능력 | 파견 직원 선발하기

|정답| ②

|해설| 병은 직전 해외 파견근무 종료 시점이 20X2년 11월로 20X4년 10월 기준으로 2년이 경과되지 않아 선발되지 않는다. 지원자 중 업무능력 우수자인 정은 반드시 선발되어야 하며, 동일 부서에 근무하는 2명 이상의 팀장을 선발할 수 없으므로 같은 영업부 팀장인 무는 선발되지 않는다. 그리고 총무부 직원을 1명 이상 선발해야 하므로 선발 조건에 미달하는 병은 제외하고, 총무부 과장 갑을 선발할 경우 같은 부서에 근무하는 직원인 총무부의 기를 함께 선발해야 한다. 기획팀 과장 을과 사원 경은 업무능력이 미흡이므로 선발되지 않는다. 따라서 갑, 정, 기가 선발된다.

43 예산관리능력 지원 예산 관리하기

|정답| ③

|해설| 전년 대비 매출액이 50% 이상 감소한 기업은 A, B, D, F, G, I, J 총 7개 기업이며, 이들에게 모두 대출자금을 지원할 경우 필요한 예산은 총 2,000+2,000+1,800+1,500+1,500+1,000+800=10,600(만 원)이다. 그러나 가용할 수 있는 예산이 1억 원이므로 대상 기업을 모두 지원할 수 없고, 문제에서는 다른 조건 없이 최대한 많은 기업을 지원하도록 하고 있으므로 최대 6개의 기업을 지원할 수 있다.

44 물적자원관리능력 물품 보관의 원칙 이해하기

|정답| ③

|해설| 선입선출의 원칙(First In First Out, FIFO)은 먼저 입고한 물건을 먼저 출고하는 보관원칙으로, 유통기한이 존재하는 식품 등 상품의 수명주기가 짧은 물품관리에서 주로 적용된다.

|오답풀이|
① 중량특성의 원칙은 무거운 물품일수록 하층부에, 그리고 출구에 가깝게 보관해야 한다는 원칙이다.
② 회전대응보관의 원칙은 입고와 출고의 빈도가 높은 물품은 출입구에 가까운 곳에 보관해야 한다는 원칙이다.
④ 유사성의 원칙은 유사한 종류의 물품들은 같은 장소에 보관해야 한다는 원칙이다.
⑤ 통로대면보관의 원칙은 물품의 입고와 출고를 용이하게 하기 위해 물품을 통로에 면하여 보관해야 한다는 원칙이다.

45 자원관리능력 전사적 자원관리 이해하기

|정답| ②

|해설| 전사적 자원관리(ERP ; Enterprise Resource Planning)는 회사의 재무, 공급망, 운영, 상거래, 제조, 인사관리 등 기업 운영에 필요한 모든 프로세스를 하나의 시스템으로 통합하여 관리하는 것을 의미한다.

|오답풀이|
① 기업지식포털(EKP ; Enterprise Knowledge Portal)은 기업 내의 정보 전달을 위한 내부 시스템에 기업 내외의 정보를 수집하는 지식경영의 요소를 추가한 시스템을 의미한다.
③ 핵심성과지표(KPI ; Key Performance Indicator)는 조직이 설정한 핵심목표의 달성 정도를 평가하기 위한 지표를 의미한다.
④ 목표에 의한 관리(MBO ; Management by Object)는 종업원이 상사와 함께 목표를 설정하고 이를 달성하는 계획을 설정하고 실행한 후 그 성과를 평가하는 인사관리제도를 의미한다.
⑤ 공급망 관리(SCM ; Supply Chain Management)는 제품의 생산 전 과정에 걸친 물류와 그에 관한 정보의 흐름을 관리하는 시스템을 의미한다.

46 물적자원관리능력 RFID 이해하기

|정답| ①

|해설| RFID(Radio-Frequency Identification)는 물품에 태그를 부착하여 물품을 식별하는 기술이다. 물적자원관리에서의 활용에서 RFID는 태그가 물리적으로 손상되지 않는 한 반영구적으로 많은 물품 관련 데이터를 빠르게 송수신하는데 사용할 수 있으며, 데이터의 신뢰도가 높고, 태그를 인식하는 과정에서 주파수를 이용하여 다수의 태그를 동시에 인식할 수 있어 동시에 통과하는 물체를 식별하여 공간의 제약이 적다는 장점을 가진다.

다만 RFID를 사용하기 위해 물품에 특수 제작된 태그를 부착해야 한다는 점에서 표면에 인쇄하는 비용만을 요구하는 바코드와 비교하여 상대적으로 높은 비용을 요구한다는 단점을 지닌다.

47 물적자원관리능력 물품의 기호화 이해하기

|정답| ④

|해설| 바코드나 RFID 등과 같은 방법으로 물품을 기호화하여 관리하는 기술은 육안으로는 물품의 데이터를 식별할 수 없어 물품의 데이터를 읽기 위한 전용 리더기와 같은 별도의 장치를 필요로 한다.

48 인적자원관리능력 인적자원의 특성 이해하기

|정답| ④

|해설| 조직 차원에서의 인적자원의 특성은 능동성, 개발 가능성, 전략적 자원으로 구분한다. 인적자원의 능동성은 인적자원의 성과가 인적자원의 욕구·태도·행동·만족감 등의 여하에 따라 결정되며, 인적자원의 행동동기와 만족 감은 경영관리에 의해 조건화되므로 인적자원은 능동적이 고 반응적인 성격을 가진다는 의미이다.

49 정보처리능력 개인정보 유출 예방법 이해하기

|정답| ②

|해설| 개인정보 등의 중요한 정보는 공유폴더보다는 암호 화 기능을 제공하는 USB나 외장하드 등의 보조저장매체를 통해 보관하는 것이 안전하며, 공유폴더에는 개인정보 파 일이 포함되지 않도록 해야 한다. 만일 불가피하게 공유폴 더에 개인정보를 보관해야 하는 경우에는 접근권한을 설정 하는 등의 안전조치를 하여 정보가 공개되거나 유출되지 않도록 하여야 한다.

50 정보처리능력 정보자산 관리법 이해하기

|정답| ②

|해설| 워터마킹(Watermarking)은 중요문서의 출력에 출 력일자, 출력자의 접속 IP 등을 포함한 정보가 포함된 고유 한 이미지를 삽입하여 출력물의 이력을 추적할 수 있도록 하는 기술을 의미한다.

|오답풀이|

① 생성, 유통, 배포, 폐기에 대한 이력 관리에 해당한다.

③ 단일 저장소 구현과 신속한 검색 환경 구축에 해당한다.

④ 문서에 대한 접근통제 및 권한 부여 기능에 해당한다.

⑤ 중요 문서의 등록관리 및 통합 로그 관리에 해당한다.

51 정보이해능력 정보 관련 용어 이해하기

|정답| ④

|해설| 키오스크(Kiosk)는 업무의 무인·자동화를 통해 대 중들이 이용할 수 있도록 공공장소에 설치한 단말기를 의 미한다.

|오답풀이|

③ POS(Point of Sale)은 제품이 판매되는 장소에서의 기 기를 통해 판매 데이터를 실시간으로 관리하고 고객정 보를 수집하는 시스템을 의미한다.

⑤ OTT(Over the Top) 서비스는 인터넷을 통해 방송 프 로그램, 영화 등의 각종 미디어 콘텐츠를 제공하는 서 비스 산업을 의미한다.

52 정보능력 6T 산업 이해하기

|정답| ①

|해설| 〈보기〉의 내용은 6T 산업 중 생명공학(BT ; Bio Technology)에 대한 설명이다. BT 기술은 생체나 생체유 기물, 생물학적 시스템 등을 활용한 기술 및 이를 활용한 제품개발사업 등을 의미한다.

> **보충 플러스+**
>
> 6T 산업
> • 정보기술(IT ; Information Technology) : 부가가치를 창출하 는 지식과 정보
> • 생명공학(BT ; Bio Technology) : 생명체 및 생체유기물, 생 물학적 시스템 중심의 생명공학 발전
> • 나노공학(NT ; Nano Technology) : 나노소자, 나노 바이오 등 반도체 기술을 기반으로 하는 나노기술 관련 사업
> • 환경공학(ET ; Environment Technology) : 환경오염을 측 정하고 이를 방지하는 기술산업
> • 문화산업(CT ; Cultural Technology) : 출판, 영상, 음반, 게 임 등의 디지털 문화에 관한 상품과 서비스산업
> • 우주항공기술(ST ; Space Technology) : 항공기, 인공위성, 우주선 및 발사체에 관한 사업

53 컴퓨터활용능력 워드프로세서 단축키 이해하기

|정답| ⑤

|해설| '다른 이름으로 저장하기' 기능의 단축키는 Alt+V 이다.

|오답풀이|

① Ctrl+X는 내용을 옮겨 붙이기 위한 잘라내기/오려두 기 기능이다.

② Ctrl+Z는 직전의 작업상태로 되돌아가는 실행 취소 기 능이다.

1회 기출예상 / 2회 기출예상 / 3회 기출예상 / 4회 기출예상 / 5회 기출예상 / 6회 기출예상 / 7회 기출예상

③ Alt+C는 글자 모양이나 문단 모양만을 복사하는 모양 복사 기능이다.

④ Alt+O는 저장된 파일을 실행하는 불러오기 기능이다.

54 정보처리능력 컴퓨터 바이러스 예방법 이해하기

| 정답 | ④

| 해설 | 네트워크 간의 파일을 공유하는 공유폴더는 바이러스의 감염이 유포되는 통로로의 기능을 한다. 다만 이를 이유로 무조건 공유폴더를 사용하지 않는 것보다는 공유폴더의 비밀번호 설정 등의 보안관리를 통해 바이러스의 유포를 방지하면 된다.

55 정보처리능력 POS 이해하기

| 정답 | ③

| 해설 | 〈그림〉의 시스템은 POS(Point of Sale) 시스템이다. POS는 제품이 판매되는 장소에서의 기기를 통해 판매 정보를 서버로 전달하여 이를 수집하는 시스템을 의미한다. 판매 현장에서는 금전 등록기에 컴퓨터 단말기를 추가하여 판매 시점의 정보를 실시간으로 서버(포스 서버)에 전달하고, 이를 통해 수집된 정보를 바탕으로 재고 및 발주관리, 경영전략 설정 등을 지원한다. 이때 POS 시스템에서 물품에 관한 정보를 수집하는 수단으로는 QR코드보다는 주로 바코드(Bar Code)가 사용된다.

56 정보능력 정보처리과정 이해하기

| 정답 | ④

| 해설 | 일반적으로 정보는 기획, 수집, 관리, 활용의 절차 및 과정에 따라 처리된다.

ⓒ 정보의 기획은 정보를 '무엇을', '어디에서', '언제까지', '왜', '누가', '어떻게', '얼마나'의 5W2H에 맞게 기획하는 것이다.

ⓔ 정보의 수집은 다양한 정보원으로부터 목적에 적합한 정보를 입수하는 것이다.

ⓓ 정보의 관리는 수집된 정보를 목적성, 용이성, 유용성을 고려하여 문제해결이나 결론 도출에 사용하기 쉬운 형태로 바꾸는 것이다.

ⓖ 정보의 활용은 정보가 필요하다는 문제 상황을 인식한 후 문제 해결에 적합한 정보를 찾아 선택하고, 찾은 정보를 윤리의식을 바탕으로 합법적으로 활용하여 문제해결에 적용하는 것을 의미한다.

57 컴퓨터활용능력 클라우드 서비스 이해하기

| 정답 | ⑤

| 해설 | 클라우드 서비스(Cloud Service)는 인터넷을 통해 제공되는 서버에 정보를 보관하고 있다가 필요할 때 꺼내 쓰는 클라우드(Cloud) 기술을 활용한 서비스를 의미한다.

ⓒ 자동차 내비게이션에 클라우드 기술을 적용해서 실시간으로 교통환경을 수집하고 클라우드에 저장하여, 이에 관한 정보를 다시 내비게이션으로 보내 실시간 교통 상황을 확인하고 이에 대응할 수 있도록 한다.

ⓔ OTT(Over the Top) 서비스에 클라우드 기술을 적용할 경우 스마트 디바이스를 통해 클라우드에 저장된 멀티미디어 콘텐츠를 받아 볼 수 있어 수많은 멀티미디어 콘텐츠를 저장하지 않고 이용할 수 있다.

ⓓ 클라우드 게임(Cloud Game)은 서버에 저장된 게임을 클라우드 서버로 구동하여 입력정보를 클라우드 서버에 보내고 이에 따라 출력된 화면만을 받아 단말기의 성능과 관계없이 게임을 즐길 수 있는 서비스를 의미한다.

| 오답풀이 |

① GPS(Global Positioning System)는 위성항법장치로 세계 어느 곳에서든지 인공위성을 이용하여 자신의 위치를 정확히 확인할 수 있는 시스템이다.

② 블록체인(Blockchain)은 데이터를 소규모로 분할한 블록(Block)의 형태로 연결한 것을 여러 저장 환경에 분산 저장하여 누구라도 임의로 수정할 수 없으나 누구나 열람할 수 있는 형태로 관리하는 기술로 주로 암호화폐의 발행과 거래에 사용된다.

③ 빅데이터(Big Data) 분석은 대용량의 데이터를 분석하여 데이터에 나타난 패턴과 규칙을 찾아 그 결과값을 예측하는 기술을 의미한다.

④ 인공지능(AI ; Artificial Intelligence)은 인간의 지각 능력과 학습능력, 추론능력 등을 컴퓨터로 구현하여 컴퓨터가 인간과 같이 정보를 지각하고, 학습하고, 분석하도록 하는 기술을 의미한다.

58 정보처리능력 정보 관련 용어 이해하기

| 정답 | ④

| 해설 | 혼합현실(MR ; Mixed Reality)은 가상의 공간을 생성하는 VR과 현실 공간에서 가상의 이미지를 형성하는 AR의 요소를 통합하고 여기에 상호작용을 강화하는 기술로, 실제 환경을 인식하고 이를 기반으로 하는 가상의 공간을 생성하여 더욱 높은 가상공간 내의 몰입을 형성한다.

59 정보처리능력 2차 자료 이해하기

| 정답 | ⑤

| 해설 | 2차 자료는 원래의 연구 성과가 기록된 자료인 1차 자료를 효과적으로 찾아보기 위한 자료 혹은 이를 압축·정리해서 읽기 쉬운 형태로 제공하는 자료로 사전, 백과사전, 편람, 열람, 서지데이터베이스 등이 여기에 해당한다. 색인지(Index Journal)는 학술지나 저작물들을 주제, 저자 등을 기준으로 그 목록을 편집하여 발행하는 간행물로 이는 2차 자료에 해당한다.

| 오답풀이 |

㉠, ㉡, ㉢, ㉣ 학술지와 학술지 논문, 신문, 특허 정보, 잡지는 1차 자료에 해당한다.

60 정보처리능력 컴퓨터 보안 관련 용어 이해하기

| 정답 | ④

| 해설 | 파밍(Pharming)은 합법적인 웹사이트의 도메인 네임 시스템(DNS)을 탈취하거나 서버의 주소를 변경하여 사용자들이 정확한 주소를 입력하더라도 진짜 웹사이트를 가장한 가짜 웹사이트로 접속하게 만들어 이를 통해 금융정보 등의 개인정보를 탈취하는 해킹 기법이다.

| 오답풀이 |

① 피싱(Phishing)에 대한 설명이다.

② 컴퓨터의 메모리에 상주하는 데이터를 변조하여 주로 은행의 보안 프로그램을 무력화시키는 메모리 해킹(Memory Hacking)에 대한 설명이다.

③ SMS를 통한 피싱 수법인 스미싱(Smishing)에 대한 설명이다.

⑤ 정상적인 프로그램으로 가장해 사용자의 프로그램 실행과 함께 컴퓨터에 악성코드를 전파하는 트로이 목마(Trojan Horse)에 대한 설명이다.

6회 기출예상문제

6회 기출예상문제   문제 230쪽

01	②	02	②	03	④	04	④	05	④
06	⑤	07	①	08	④	09	③	10	③
11	⑤	12	①	13	③	14	①	15	④
16	①	17	①	18	③	19	③	20	⑤
21	⑤	22	②	23	②	24	③	25	④
26	②	27	①	28	③	29	③	30	②
31	①	32	③	33	⑤	34	④	35	①
36	②	37	③	38	②	39	③	40	②
41	①	42	③	43	③	44	⑤	45	③
46	②	47	③	48	③	49	⑤	50	②
51	②	52	③	53	③	54	②	55	④
56	③	57	②	58	①	59	⑤	60	④

01 문서이해능력 시스템 안내서 이해하기

| 정답 | ②

| 해설 | ㄱ. '2. 시스템 구성'을 보면 품질검사 협업시스템 구축에 대한 사용자 안내서임을 알 수 있다.

ㄷ. '2. 시스템 구성'을 보면 협력업체 담당자는 인터넷망을 통해 품질검사, 공장검사, 인수검사 등 품질업무를 요청할 수 있다.

| 오답풀이 |

ㄴ. 모든 제품이 아니라 품질검사 승인 요청 건에 대하여 품질에 대한 검토나 승인을 받는다.

ㄹ. 해당 내용은 주어진 자료를 통해서는 알 수 없다.

02 문서이해능력 문서 종류 이해하기

| 정답 | ②

| 해설 | ㉠은 상품의 특성이나 사물의 성질과 가치, 작동 방법이나 과정을 소비자에게 설명하기 위해 작성된 문서이므로 설명서에 해당한다. ㉡은 회사의 규칙으로 정한 조항을 모아서 엮은 문서이므로 규정집에 해당한다.

03 경청능력 올바르게 조언하기

| 정답 | ④

| 해설 | 상대의 입장을 충분히 이해하지 못한 조언은 상대의 공감을 얻지 못하고 불필요한 이야기처럼 들릴 수 있다. 따라서 자신의 입장이 아닌 상대의 입장에서 상대의 이야기를 충분히 귀담아 듣고 조언해 주어야 한다.

04 경청능력 경청을 방해하는 요인 알기

| 정답 | ④

| 해설 | 상대방의 언어 외에 몸짓이나 표정에 관심을 기울이는 것은 적극적인 경청을 하고 있다는 것이다.
| 오답풀이 |
① 경청의 방해 요인 중 '걸러내기'에 해당한다.
② 경청의 방해 요인 중 '판단하기'에 해당한다.
③ 경청의 방해 요인 중 '다른 생각하기'에 해당한다.
⑤ 경청의 방해 요인 중 '대답할 말 준비하기'에 해당한다.

05 문서이해능력 빈칸에 들어갈 내용 파악하기

| 정답 | ④

| 해설 | '나는 생각한다, 고로 존재한다(Cogito, ergo sum)'는 프랑스의 철학자 데카르트가 자신의 저서 〈방법서설〉에서 '세상의 모든 것들의 존재 여부는 의심할 수 있어도 의심하고 있는 나 자신의 존재 여부는 의심할 수 없다'라고 남긴 유명한 말이다.

06 문서이해능력 비판할 문구 정하기

| 정답 | ⑤

| 해설 | (나)에서 설명하는 기계적 이원론은 인간과 자연을 분리하여 인식하고, 객체인 자연은 주체인 인간에게 관찰되고 이용되는 대상으로 인식한다. 따라서 환경보호단체의 입장에서 이를 비판하기 위해서는 인간과 자연은 하나이며, 자연은 인간에게 이용되어야 하는 대상이 아님을 주장하는 것이 가장 적절하다.
| 오답풀이 |
② 자연은 후손에게 빌려 쓰고 있는 것임을 주장하는 내용은 자연은 인간의 소유와 관리의 대상이라는 인식을

바탕으로 하고 있으므로 기계적 이원론에 관한 비판으로는 적절하지 않다.

07 문서작성능력 올바른 맞춤법 사용하기

| 정답 | ①

| 해설 | 내용이 알차고 단단하다는 의미의 '충실하다'를 부사 형태로 표현하면 '충실히'가 된다.
| 오답풀이 |
② '기꺼이'는 분명히 '이'로 나는 경우이므로 '기꺼히'로 적지 않고 '기꺼이'로 적는다.
③ '도대체'가 올바른 표기이다.
④ 수가 헤아려지다는 의미의 '계산된'이 들어가야 한다.
⑤ 모음이나 'ㄴ' 받침 뒤에 '율'이 붙으므로 '확률'이 올바른 표기이다.

08 문서이해능력 글의 내용 적용하기

| 정답 | ④

| 해설 | 협상은 싸움이 아니며 누군가와 경쟁해서 승리해야 하는 게임이 아니다. 협상은 상대와 대결하는 게 아니라 더 나은 방법을 서로 모색하는 과정이며 성공적인 협상은 대부분 '윈-윈(win-win)'임을 알아야 한다.

09 의사표현능력 공식적 의사소통의 특징 이해하기

| 정답 | ③

| 해설 | 공식적 의사소통과 비공식적 의사소통의 장단점은 다음과 같다.

구분	공식적 의사소통	비공식적 의사소통
장점	• 상관의 권위가 유지됨. • 전달자와 피전달자가 분명하고 책임소재가 명확하며, 의사 전달이 확실하고 편리함. • 정보의 사전 입수로 의사결정이 용이하고, 정보나 근거의 보존이 용이함. • 의사결정에의 활용 가능성이 큼.	• 신속한 전달이 가능하며, 외적으로 나타나지 않는 배후 사정을 자세히 전달함. • 긴장과 소외감을 극복하고 개인적 욕구를 충족할 수 있음. • 행동의 통일성을 확보할 수 있음. • 관리자에 대한 조언의 역할이 가능하고, 의견교환의 융통성이 높아 공식적인 의견 전달을 보완할 수 있음.

| 단점 | • 의사 전달의 융통성이 부족하고, 형식화되기 쉬움.
• 배후 사정을 소상히 전달하기 곤란함.
• 변동하는 사태에 신속히 적응하기가 어렵고 기밀 유지가 곤란함. | • 책임 소재가 불분명하고, 수직적 계층하에서 상관의 권위가 손상될 수 있으며 조정, 통제가 곤란함.
• 개인 목적에 역이용될 수 있음.
• 공식적 의사소통 기능을 마비시킬 수 있음. |

따라서 공식적 의사소통의 특징은 ○, ○, ○, ○이다.

10 문서작성능력 제목 작성하기

| 정답 | ③

| 해설 | 수리 업무직 현재 실태와 그 원인을 분석하고 있으므로 '○○전자 수리 업무 실태 보고'가 적절하다.

| 오답풀이 |

⑤ 회의 목적은 수리 업무직 실태를 분석하여 대책의 토대를 마련하는 것이지만, 주어진 회의 자료를 보았을 때 구체적인 업무 효율 개선 방안이 제시되어 있지 않으므로 자료의 제목으로 적절하지 않다.

11 문서작성능력 회의 자료 작성하기

| 정답 | ⑤

| 해설 | '2-나.'의 서비스 평가 점수의 감소는 '3. 주요 원인'을 고려했을 때 인력 감소로 인한 수리 기사의 과도한 업무량 및 비효율적인 제도에 따른 시간 압박 등 복합적인 이유 때문일 것으로 추측할 수 있다. 그러므로 수리 기사의 고객 응대 기술과는 관련이 없다.

| 오답풀이 |

① '3-나.'를 보면 처리시간 제한제도에 따라 수리 기사들이 시간 압박을 받고 있으며 수리 요청이 같은 지역에서 발생하여도 배당된 것만 처리하는 등 현재 시행되고 있는 처리 절차가 비효율적임을 알 수 있다. 따라서 출장 시스템 개선 방안이 시급하다는 의견은 적절하다.

② '3-가.'를 보면 수리 곤란 제품으로 인해 건당 소요 시간이 전년 대비 10분 증가한 것을 알 수 있다. 따라서 수리를 고려한 제품 생산 방안이 필요하다는 의견은 적절하다.

③, ④ '3-가.'를 보면 수리 업무직 전체 인력이 38명으로 감소하였으며, 이에 따라 '2-가.'와 같이 수리 기사

1인당 수리 건수가 전년 대비 약 10건이 증가했음을 알 수 있다. 따라서 필요 인력 산정 및 업무 적정화 방안을 마련해야 하며, 수리 기사의 피로도 증가로 업무 품질 저하가 우려된다는 의견은 적절하다.

12 문서작성능력 의존명사의 띄어쓰기 규정 이해하기

| 정답 | ①

| 해설 | '데'는 '곳'이나 '장소', '일'이나 '것', '경우'의 뜻을 나타내는 의존 명사이다. 따라서 '마치는 데'처럼 앞말과 띄어 쓴다.

| 오답풀이 |

② '지'는 어떤 일이 있었던 때로부터 지금까지의 동안을 나타내는 의존 명사이고, '년'은 해를 세는 단위를 나타내는 의존 명사이다. 따라서 '창립한 지'와 '십 년'처럼 앞말과 띄어 쓴다.

③ '수'는 어떤 일을 할 만한 능력이나 어떤 일이 일어날 가능성을 나타내는 의존 명사이므로 '할 수'처럼 앞말과 띄어 쓴다.

④ '개'는 낱개로 된 물건을 셀 때 사용하는 단위성 의존 명사이므로 '사과 두 개'처럼 앞말과 띄어 쓴다.

⑤ '뿐'은 다만 어떠하거나 어찌할 따름이라는 뜻을 나타내는 의존 명사이므로 '웃고 있을 뿐'처럼 앞말과 띄어 쓴다.

13 기초연산능력 수의 규칙 찾기

| 정답 | ③

| 해설 | 제시된 숫자들은 다음과 같은 규칙이 있다.

$$1 \xrightarrow{\times 3+1} 4 \xrightarrow{\times 3+2} 14 \xrightarrow{\times 3+3} (\ ?\ ) \xrightarrow{\times 3+4} 139$$

따라서 '?'에 들어갈 숫자는 $14 \times 3 + 3 = 45$이다.

14 기초연산능력 직원 수 구하기

| 정답 | ①

| 해설 | 1안과 2안을 모두 고른 직원의 수를 a라고 하면 순수하게 1안만을 고른 직원의 수는 $(28-a)$명, 2안만을 고른 직원의 수는 $(56-a)$명이 된다. 총 직원 수에 대입하면 $(28-a)+(56-a)+a=70$ 이므로 a값은 14이며 이는 곧 모두 고른 직원 수의 최솟값인 y가 된다. 최댓값의 경우에

1회 기출예상
2회 기출예상
3회 기출예상
4회 기출예상
5회 기출예상
6회 기출예상
7회 기출예상

는 1안을 고른 직원들이 모두 2안을 고를 경우로 x값은 28 이다. 따라서 $\dfrac{x}{y} = \dfrac{28}{14} = 2$이다.

15 기초연산능력 부등식 활용하기

| 정답 | ④

| 해설 | A 제품을 x개, B 제품을 $(x+8)$개 구매한다고 하면 다음과 같은 식이 성립한다.

$4,500x + 3,500(x+8) \leq 100,000$

$4,500x + 3,500x + 28,000 \leq 100,000$

$8,000x \leq 72,000$

$x \leq 9$

따라서 김 대리가 구매할 수 있는 A 제품은 최대 9개이다.

16 기초연산능력 총 원료비 구하기

| 정답 | ①

| 해설 | 주황색 페인트를 만들 때 필요한 빨간색과 노란색 페인트의 비율은 2 : 1이다. 따라서 주황색 15L를 만들려면 빨강 10L, 노랑 5L가 필요하다. 또 보라색 페인트를 만들 때 필요한 빨간색과 파란색 페인트의 비율은 1 : 1이므로, 보라색 10L를 만들려면 빨강 5L, 파랑 5L가 필요하다. 마지막으로 초록색 페인트를 만들기 위한 노란색과 파란색 페인트의 비율은 3 : 2이므로 초록색 25L를 만들려면 노랑 15L, 파랑 10L가 필요하다. 그러므로 각 색깔별로 필요한 페인트의 총량은 빨강 15L, 노랑 20L, 파랑 15L이다. 따라서 이 값에 비용을 곱한 $(15 \times 5,000) + (20 \times 3,000) + (15 \times 4,500) = 202,500$(원)이 필요한 원료의 총 비용이다.

17 기초연산능력 초고령사회 시작 연도 구하기

| 정답 | ①

| 해설 | 초고령사회의 노인비율인 20%가 되려면 도표의 마지막 해인 2026년의 15.5%로부터 4.5%가 증가해야 한다. G 국가의 고령화율은 매년 0.8%p씩 증가하므로 남은 고령화 비율을 연간 증가율로 나눠보면 $4.5 \div 0.8 = 5.6$(년)이다. 따라서 2026년부터 최소 6년이 지나야하므로 초고령사회는 2032년에 시작된다.

18 기초연산능력 급여 비교하기

| 정답 | ③

| 해설 | 월 판매액을 x라고 할 때 S 기업의 판매사원 급여는 $160 + (x \times 0.09)$원이고, Y 기업은 $140 + (x \times 0.14)$원이다. 이 둘 중 Y 기업의 급여가 S 기업의 급여를 초과하기 위해서는 다음과 같은 식이 성립해야 한다.

$160 + 0.09x < 140 + 0.14x$

$20 < 0.05x$

$400 < x$

따라서 장 씨의 월 판매액은 400만 원을 초과해야 한다.

19 기초연산능력 약 · 배수 활용하기

| 정답 | ③

| 해설 | • A 제품 : $600 \div 30 = 20$, $250 \div 25 = 10$이므로 타일을 모두 사용하여 벽에 빈 공간이 없게 할 수 있다. 이때 필요한 타일은 $20 \times 10 = 200$(개)이다.

• B 제품 : $600 \div 40 = 15$, $250 \div 40 = 6.25$이므로 불가능하다.

• C 제품 : $600 \div 50 = 12$, $250 \div 50 = 5$이므로 타일을 모두 사용하여 벽에 빈 공간이 없게 할 수 있다. 이때 필요한 타일은 $12 \times 5 = 60$(개)이다.

• D 제품 : $600 \div 55 = 10.9$, $250 \div 55 = 4.5$이므로 불가능하다.

• E 제품 : $600 \div 45 = 13.3$, $250 \div 60 = 4.2$이므로 불가능하다.

따라서 Q 씨가 구입할 제품으로 적절한 것은 C 제품이다.

20 기초연산능력 경쟁률 구하기

| 정답 | ⑤

| 해설 | 직무분야별 경쟁률을 계산하면 다음과 같다.

직무분야	경쟁률
기계	$4 : 130 = 1 : 32.5$
토목	$5 : 207 = 1 : 41.4$
건축	$5 : 159 = 1 : 31.8$

화공	$7:232 \fallingdotseq 1:33.1$
전산	$9:292 \fallingdotseq 1:32.4$
전기	$12:380 \fallingdotseq 1:31.7$

따라서 경쟁률이 가장 낮은 분야는 전기이다.

21 도표분석능력 자료의 수치 분석하기

| 정답 | ⑤

| 해설 | 가구원 수가 증가할수록 1인당 에너지 사용량은 대체적으로 감소하므로 1인 가구의 증가는 전체 에너지 사용량 증가로 이어질 것이다.

| 오답풀이 |

① 5인 이상 가구의 가스 사용량은 1인 가구의 가스 사용량의 $\frac{5,629}{3,797} \fallingdotseq 1.5$(배)이다.

② 5인 이상 가구의 전기 사용량은 1인 가구의 전기 사용량의 $\frac{8,175}{6,117} \fallingdotseq 1.3$(배)이다.

③ 가구원 1인당 전기 사용량과 탄소배출량을 구하면 다음과 같다.

• 가구원 1인당 전기 사용량
- 1인 가구 : 6,117Mcal
- 5인 이상 가구 : 8,175(Mcal)÷5=1,635(Mcal) 이하 (5인일 때가 1,635Mcal이므로 5인 이상이면 1,635 Mcal 이하이다)

따라서 6,117÷1,635$\fallingdotseq$3.7(배) 이상이다.

• 가구원 1인당 탄소배출량
- 1인 가구 : 1,943kg-CO_2
- 5인 이상 가구 : 2,669(kg-CO_2)÷5=533.8(kg-CO_2) 이하(5인일 때가 533.8kg-CO_2이므로 5인 이상이면 533.8kg-CO_2 이하이다)

따라서 1,943÷533.8$\fallingdotseq$3.6(배) 이상이다.

④ 5인 이상 가구의 수도 사용량은 1인 가구의 수도 사용량의 $\frac{219}{95} \fallingdotseq 2.3$(배), 5인 이상 가구의 지역난방 사용량은 1인 가구의 지역난방 사용량의 $\frac{1,523}{515} \fallingdotseq 3.0$(배)이다.

22 기초연산능력 비용 계산하기

| 정답 | ②

| 해설 | A 렌탈업체를 이용한다면 비용은 (70,000+5,000 ×3)×6=510,000(원)이다.

| 오답풀이 |

① 기계를 구입한다면 비용은 800,000+13,000×3×6= 1,034,000(원)이다.

③ B 렌탈업체를 이용한다면 원두는 무료로 제공되므로 비용은 90,000×6=540,000(원)이다.

④ B 렌탈업체를 이용하는 것(540,000원)이 기계를 구입하는 것(1,034,000원)보다 저렴하다.

⑤ A 렌탈업체를 이용하는 것(510,000원)이 B 렌탈업체를 이용하는 것(540,000원)보다 30,000원 더 저렴하다.

23 기초연산능력 비용 계산하기

| 정답 | ②

| 해설 | 3개월 동안 사용할 때의 비용은 다음과 같다.
• A 렌탈업체 : (70,000+5,000×3)×3=255,000(원)
• B 렌탈업체 : 90,000×3=270,000(원)

따라서 비용이 같지 않다.

| 오답풀이 |

① 1개월 동안 사용할 때의 비용은 다음과 같다.
• 구입 : 800,000+13,000×3=839,000(원)
• A 렌탈업체 : 70,000+5,000×3=85,000(원)
• B 렌탈업체 : 90,000원

따라서 A 렌탈업체를 이용하는 것이 가장 저렴하다.

③ 3개월 동안 사용할 때의 비용은 다음과 같다.
• 구입 : 800,000+(13,000×3)×3=917,000(원)
• A 렌탈업체 : (70,000+5,000×3)×3=255,000(원)
• B 렌탈업체 : 90,000×3=270,000(원)

따라서 기계를 구입하는 것보다 렌탈하는 것이 더 저렴하다.

④ 1년 동안 사용할 때의 비용은 다음과 같다.
• 구입 : 800,000+(13,000×3)×12=1,268,000(원)
• A 렌탈업체 : (70,000+5,000×3)×12=1,020,000(원)
• B 렌탈업체 : 90,000×12=1,080,000(원)

1회 기출예상 / 2회 기출예상 / 3회 기출예상 / 4회 기출예상 / 5회 기출예상 / 6회 기출예상 / 7회 기출예상

따라서 기계를 구입하는 것보다 렌탈하는 것이 더 저렴하다.

⑤ 매달 5kg 이상의 원두를 소모하면서 3개월 동안 사용할 때의 비용은 다음과 같다.
- A 렌탈업체 : $(70,000+5,000 \times 5) \times 3 = 285,000$(원) 이상
- B 렌탈업체 : $90,000 \times 3 = 270,000$(원)

따라서 B 렌탈업체를 이용하는 것이 더 저렴하다.

24 기초연산능력 개월 수 계산하기

|정답| ③

|해설| 기계를 x개월 사용한다고 할 때, 기계를 구입하는 것이 A 렌탈업체를 이용하는 것보다 더 낮은 비용이 되기 위해서는 다음과 같은 부등식이 성립해야 한다.

$800,000+13,000 \times 3 \times x < (70,000+5,000 \times 3) \times x$

$800,000+39,000x < 85,000x$

$46,000x > 800,000$

$x > 17.39 \cdots$

따라서 기계를 최소 18개월 사용해야 한다.

25 사고력 분석적 사고 이해하기

|정답| ④

|해설| 〈보기〉의 내용은 가설 지향적 사고에 대한 설명이다. 가설 지향적 사고는 경험과 직관을 중시한다는 점에서 제로 중심적 사고와 사실 중심적 사고에 상반된다. 이러한 가설 지향적 사고가 유용한 경우는 다음과 같다.
- 문제 해결을 위한 시간적 제약으로 빠르게 해결방안을 수립해야 하는 경우
- 일반적으로 나타나는 정형적인 문제의 원인 분석이 필요한 경우
- 난해한 문제로 '진흙 헤쳐 나가기' 전략을 채택할 경우
- 여러 사안 및 그룹들이 감정적으로 대립하고 있는 경우
- 실험, 시행착오, 실패가 비교적 자유롭게 허용되는 경우

따라서 ④는 적절하지 않다.

26 사고력 명제 추론하기

|정답| ①

|해설| 두 번째 결과와 첫 번째 결과로부터, 제품 원가를 따지지 않는 사람은 평균수익에 관심이 없고, 평균수익에 관심이 없는 사람은 인지도에도 관심 없다가 성립한다.

27 사고력 논리적 오류 판단하기

|정답| ①

|해설| 제시된 내용은 전건을 부정하여 후건 부정을 타당한 결론으로 도출해내는 오류인 전건 부정의 오류이다. 이와 유사한 오류를 범하고 있는 것은 ①이다.

|오답풀이|

② 부적합한 사례나 제한된 정보를 근거로 주장을 일반화할 때 발생하는 성급한 일반화의 오류에 해당한다.

③ 비판받은 내용이 상대방에게도 동일하게 적용될 수 있음을 근거로 비판을 모면하려 할 때 발생하는 피장파장의 오류에 해당한다.

④ 증명해야 할 논제를 전제로 삼거나 증명되지 않은 전제에서 결론을 도출함으로써 전제와 결론이 순환적으로 서로의 논거가 될 때 발생하는 순환 논증의 오류에 해당한다.

⑤ 모든 문제를 양극단으로만 구분하여 추론할 때 발생하는 흑백 논리의 오류에 해당한다.

28 사고력 항상 참인 추론 파악하기

|정답| ③

|해설| 물결무늬 넥타이를 한 면접관이 맨 오른쪽에 앉아 있고, C 면접관은 물방울무늬 넥타이를 하고 있으므로 C 면접관은 맨 오른쪽에 앉지 못한다. B 면접관은 A 면접관 옆에 앉는데 좌, 우를 알 수 없으나 연이어 있다는 것을 알 수 있다. 따라서 C-B-A 또는 C-A-B 순으로 앉는다는 것을 알 수 있으므로, C 면접관이 맨 왼쪽에 앉아 있다는 것은 항상 참이다.

29 문제처리능력 SWOT 분석 이해하기

|정답| ③

|해설| 각각의 전략에 따른 예시는 다음과 같다.

내부환경 외부환경	강점(Strengths)	약점(Weaknesses)
기회 (Opportunities)	**SO** • 강점활용에 의한 기회 확대방안 • 채널확대, 세계화 • 사업다각화	**WO** • 기회에 대응하기 위한 약점 보완 전략 • 틈새시장, 기술개발 • 사업다변화
위협 (Threats)	**ST** • 강점활용에 의한 위협 최소화 • 전략적 제휴, 정보화 • 품질 및 서비스 차별화	**WT** • 생존전략(매각, 철수, 우회, 회피 등) • 유연조직 구축, 인재육성 • 생산성 향상

따라서 WO 전략에 해당하는 것은 사업다변화와 기술개발이다.

30 문제처리능력 SWOT 분석 이해하기

|정답| ④

|해설| SWOT 분석에는 여러 가지 상황이 펼쳐질 수 있는 시나리오가 들어가서는 안 된다. 이렇게 여러 가능성을 반영하지 못한다는 점이 SWOT 분석의 가장 큰 약점이기도 하다.

31 문제처리능력 3C 분석 이해하기

|정답| ①

|해설| 3C 분석(Company, Competitor, Customer)은 경쟁하고 있는 자사와 경쟁사를 비교하고 분석해 자사를 어떻게 차별화하여 경쟁에서 이길 것인가를 분석하는 분석기법이다. 각각의 구성은 다음과 같다.

분석요소	상세 기준
고객 (Customer)	• 해당 서비스 · 상품 시장규모가 충분히 큰가? • 성장가능성이 높은 시장인가? • 시장의 성숙도는 어떠한가?
경쟁사 (Competitor)	• 시장에서 경쟁이 치열한가? • 경쟁사의 시장점유율과 재무현황, 핵심경쟁력은 무엇인가? • 새로운 경쟁자들이 진입할 가능성은 큰가?
자사 (Company)	• 기업의 윤리규범 및 비전에 부합하는 서비스 · 상품인가? • 기업 내 인적, 물적, 기술적 자원수준은 어느 정도인가? • 기업 내 기존 서비스 · 상품들과 시너지 효과는 어느 정도인가?

따라서 ⓒ에 들어갈 것은 자사 분석이다.

32 문제처리능력 자료를 바탕으로 추론하기

|정답| ③

|해설| 복지를 현 수준으로 유지해야 한다는 응답이 8.2%에 그쳤으므로 대다수의 응답자가 현재의 복지 수준을 높게 평가하고 있다는 추론은 적절하지 않다.

33 문제해결능력 문제해결 시 기본사고 이해하기

|정답| ⑤

|해설| ㉠ O사는 당면한 문제의 해결을 보고 그 상위의 문제를 생각하지 못하였다는 점에서 전략적 사고가 부족하였다.

ⓒ P사는 기업 내부의 의견과 개발력을 활용하지 않았다는 점에서 내 · 외부 자원의 활용을 미흡하게 하였다.

ⓒ Q사는 각자의 문제점의 우선순위를 정하지 못했다는 점에서 분석적 사고가 부족하였다.

보충 플러스+

문제해결에 필요한 기본사고
• 전략적 사고 : 당면한 문제와 해결책이 상위 시스템 또는 다른 문제와 어떻게 연결되어 있는지 생각하는 것
• 분석적 사고 : 전체를 각각의 요소로 나누어 그 의미를 도출한 다음 우선순위를 부여하여 구체적인 문제해결방법을 실행하는 것
• 발상의 전환 : 기존의 인식들을 전환하여 새로운 관점에서 바라보는 것
• 내 · 외부 자원의 활용 : 문제해결 시 기술, 재료, 방법, 사람 등 필요한 자원 확보 계획을 수립하고 효과적으로 활용하는 것

1회 기출예상

2회 기출예상

3회 기출예상

4회 기출예상

5회 기출예상

6회 기출예상

7회 기출예상

34 문제처리능력 중심 내용 찾기

| 정답 | ④

| 해설 | 제시된 글은 스트레스가 나쁘기만 한 것이 아니라 '잼'과 같이 약한 스트레스의 경우 그 효과가 DNA에 각인되어 강한 스트레스에 대한 저항성을 키우고 더 나아가 선충 연구 사례를 통해 생명까지 연장시킨다는 사실을 전달하고 있다.

35 문제처리능력 사례 파악하기

| 정답 | ①

| 해설 | 그래프를 통해 해롭지 않은 수준의 적당량의 스트레스가 오히려 긍정적 효과를 준다는 사실을 알 수 있다. 따라서 1일 1식이나 폭식과 같은 극단성을 보이는 사례에는 이와 같은 원리가 적용되지 않는다.

36 사고력 영화 시간 추론하기

| 정답 | ②

| 해설 | 〈유진이의 일정〉에 따라 불가능한 선택지를 소거하면 답을 찾을 수 있다.

두 번째 일정에 따르면 화, 목, 토요일은 오후 7시 ~ 9시에 독일어 수업을 들으므로 영화를 볼 수 없어 ①, ④는 제외된다. 세 번째 일정에 따르면 금요일 퇴근 후에는 다양한 행사에 참여하여 다른 일정을 잡기 어려우므로 ③이 제외된다. 마지막으로 일요일은 오후 5시 이후에 집에서 휴식을 취하므로 ⑤도 제외된다. 따라서 유진이가 선택할 수 있는 영화 시작 시각은 수요일 오후 8시 40분이다.

37 물적자원관리능력 사업의 타당성 분석요소 이해하기

| 정답 | ①

| 해설 | 제시된 기사는 사업 타당성 분석 중 시장성 분석에 해당한다. 시장성 분석은 시장 동향 파악, 수요 예측, 그리고 제품 환경 및 강점과 약점 등을 파악하는 단계로, 기사에선 시장 동향을 살피고 프랜차이즈 시장이 가진 강점과 수요층의 특징을 언급하고 있다.

38 자원관리능력 자원관리의 과정 이해하기

| 정답 | ②

| 해설 | 효과적인 자원관리의 과정은 어떤 자원이 얼마나 필요한지 그 자원의 종류와 양 확인하기 → 이용 가능한 자원 수집(확보)하기 → 자원 활용 계획 세우기 → 계획에 따라 수행하기의 4단계 과정을 거친다.

39 인적자원관리능력 효과적인 명함관리 방법 이해하기

| 정답 | ③

| 해설 | 명함에는 명함을 교환받은 상대에 대한 정보를 메모하는 것이 좋다. 다만 명함에 메모하는 것은 상대방과의 만남이 끝난 이후에 하는 것이 좋으며, 상대방이 보는 앞에서 메모하는 것은 바람직하지 않다.

40 물적자원관리능력 효과적인 물적자원관리 과정 이해하기

| 정답 | ②

| 해설 | 효과적인 물적자원관리의 과정은 사용품과 보관품의 구분 → 동일 및 유사 물품의 분류 → 물품의 특성에 맞는 보관 장소 선정의 순서로 나타낼 수 있다.

41 물적자원관리능력 물품 보관의 원칙 이해하기

| 정답 | ①

| 해설 | 회전대응 보관의 원칙이란 물품의 활용빈도가 상대적으로 높은 것은 쓰기 쉬운 위치에 보관해야 한다는 원칙이다. 입·출하의 빈도가 높은 품목은 출입구 가까운 곳에, 반대로 빈도가 낮은 물품은 먼 곳에 보관하여 반출 과정에서의 동선을 절약하고 이동 과정에서의 물품의 손상을 방지하는 방법이다.

| 오답풀이 |

② 명료성의 원칙은 보관 중인 물품을 용이하게 인식할 수 있도록 보관해야 한다는 원칙을 의미한다.

③ 후입선출의 원칙은 가장 나중에 입고된 물품을 가장 먼저 반출하는 원칙으로, 주로 재고회전율이 높아 물품보관의 시간이 짧은 물품에 대하여 적용한다.

④ 위치 표시의 원칙은 보관품의 장소와 선반 번호를 명시하는 원칙이다. 위치 표시를 하면 격납, 추출작업이 단순화되어 작업원의 실수가 적어진다.

⑤ 통로대면 보관의 원칙은 창고 내 입출고를 용이하게 하고 창고 내 원활한 화물의 흐름을 위해 통로에 직각으로 면하여 보관하는 원칙이다.

42 시간관리능력 일 중독자들의 경향 이해하기

|정답| ③

|해설| 시간관리에 실패한 일 중독자들은 생산성이 낮은 일을 가장 오래하고, 최우선 업무보다는 가시적인 업무에 전력을 다하고, 자신이 할 수 있는 일을 다른 사람에게 맡기지 않고, 위기 상황에 과잉 대처하여 일을 침소봉대하는 경향이 있다. 시간관리를 통해 일과 가정 또는 자신의 여가를 동시에 즐기는 것은 올바른 시간관리의 사례에 해당한다.

43 인적자원관리능력 인맥관리의 중요성 이해하기

|정답| ③

|해설| 〈보기〉의 사례는 N사의 코스닥 상장 과정에서 N사의 회장이 개인의 인맥을 통해 도움을 받아 문제를 해결한 내용이다. 이처럼 개인적인 차원의 인적자원관리인 인맥관리를 통해 형성한 관계는 유사시 필요한 도움을 받을 수 있는 데 결정적인 역할을 수행할 수 있다.

44 시간관리능력 휴가 일정 설정하기

|정답| ⑤

|해설| 사장님 업무 일정이 있는 날에는 모든 팀이 근무하는 것이 원칙이지만 사장님의 국내지사 방문 일정은 휴가 신청 가능 기간이 아니므로 고려할 필요가 없다.

45 시간관리능력 휴가 일정 설정하기

|정답| ③

|해설| 휴가 신청 가능 기간인 1월 5일부터 28일까지 중 주말을 포함하여 5일을 신청해야 하므로 19일부터 23일까지 휴가를 신청하면 비서실장과의 휴가 일정과 사장님의 업무 일정, 총무팀 휴가 일정과 겹치지 않는 휴가 일정이 될 수 있다.

|오답풀이|

① 8일 ~ 10일 사장님 업무 일정과 겹치게 된다.

② 13일 ~ 15일에 비서실장 휴가 일정과 겹치게 된다.

④ 24일 ~ 27일에 총무팀 휴가와 일정이 겹치게 된다.

⑤ 휴가 신청 가능 기간인 1월 28일을 초과하고, 30일에 사장님 업무 일정과 겹치게 된다.

46 예산관리능력 금액 계산하기

|정답| ②

|해설| 소형과 중형을 각각 소문자와 대문자로 표시했을 때, 13일과 14일의 합산금액을 더한 값(㉠)에서 16일의 합산금액(㉡)을 빼주면 다음과 같다.

$a+b+A+C=28,000(원)$ ·················· ㉠

$A+C=19,000(원)$ ·················· ㉡

$㉠-㉡=a+b=9,000(원)$ ·················· ㉢

다음으로 12일과 15일의 합산금액을 더해주면

$a+b+2B=30,000(원)$ 이 되고, ㉢과 연립하면 B의 값은 10,500(원)이 된다. 따라서 12일의 합산금액을 통해 a의 2시간 기준 충전금액이 3,500원이란 사실을 알 수 있고, 1시간 기준 가격은 1,750원이 된다.

47 예산관리능력 예산의 구성요소 이해하기

|정답| ④

|해설| 예산의 구성요소는 일반적으로 비목과 세목으로 구분할 수 있으며, 이 중 비목은 대분류 원가항목으로 이는 다시 직접비용과 간접비용으로 분류할 수 있다. 여기서 직접비용(Direct Cost)은 제품의 생산 또는 서비스를 창출하기 위해 직접 소비되는 비용이며, 간접비용(Indirect Cost)은 직접비용이 아닌 것, 즉 제품 생산이나 서비스 창출에 직접 관련되지 않은 비용을 말한다.

48 인적자원관리능력 직무설계의 목적 이해하기

|정답| ③

|해설| 직무설계란 조직목표 달성 및 개인욕구 충족을 위하여 주어진 직무를 수행하는 데 필요한 과업들과 과업수행 방식을 정의하는 과정이다. 조직과 개인은 상충되는 목표가 아니기 때문에 하나의 목표 아래 조직의 경제적, 사회적

www.gosinet.co.kr gosinet

1회 기출예상

2회 기출예상

3회 기출예상

4회 기출예상

5회 기출예상

6회 기출예상

7회 기출예상

효율성을 동시에 향상시킬 수 있으며 직무설계를 통해 직원의 동기 부여와 조직의 생산성 향상이라는 효과를 거둘 수 있다. 보도 내용에 나온 기업은 정기 공채를 없애고 상시 공채로 바꿔 직원 채용 시스템에 변화를 줌으로써 인재 확보 기회를 넓히고 직무에 맞는 이들에게 성장과 안정을 위한 기회를 제공하려는 목적을 가지고 있음을 알 수 있다. 따라서 옳은 것은 ㄷ, ㄹ이다.

49 자기개발능력 자기개발능력의 요소 이해하기

|정답| ⑤

|해설| 자기개발능력을 이루는 능력으로는 자신의 흥미나 적성 등을 이해할 줄 아는 자아인식능력, 그 이해를 바탕으로 자신의 업무에 필요한 능력을 지니게 스스로를 관리하는 자기관리능력, 동기를 가지고 경력을 개발하기 위해 자신만의 목표와 전략을 세우고 실행에 옮기는 경력개발능력이 있다. 따라서 ㄴ, ㄷ, ㄹ이 이에 해당한다.

50 자기관리능력 휴식을 통해 컨디션 조절하기

|정답| ②

|해설| 제시된 글에서는 휴식시간을 다른 사람들과 똑같이 보내기보다 자신에게 집중해서 주체적으로 쉬어야 함을 강조한다.

51 자아인식능력 책임의식 이해하기

|정답| ②

|해설| 사람을 살려야한다는 책임감 하나만으로 자신의 목숨이 위협받는 상황도 감수해야하는 소방관의 책임의식을 강조하고 있다.

52 경력개발능력 경력개발계획 수립하기

|정답| ③

|해설| 김 부장은 이미 경력 10년 차인 직원으로 자신의 전공에 대해 탐구할 연차가 아니다. 전공에 대해 탐구하는 것은 주로 대학생과 사회초년생들이 고민하는 내용이다.

53 경력개발능력 직장 내 역할 행동 이해하기

|정답| ③

|해설| 윤 과장은 영업3팀의 평사원들을 책임지는 과장임과 동시에 □□기업의 영업이익을 위해 일해야 하는 직원이다. 따라서 영업부 내부와 타 부서와의 협력을 위해 힘써야 하며 영업이익의 증대를 위해 일해야 한다.

|오답풀이|

ㄹ, ㅁ. 동호회 활동이나 대학 동창회 등 사모임에 참여하는 것은 윤 과장의 역할인 영업팀 과장에 따라 부여되는 행위가 아니다.

54 자기인식능력 조하리의 창 이해하기

|정답| ②

|해설| 조하리의 창은 개인의 여러 모습들을 타인이 안다/모른다 와 자신이 안다/모른다의 4가지 구역으로 나눠서 분석한다. 이중 타인은 알지만 자신은 모르는 면을 보이지 않는 창 또는 눈먼 자아(영역)라고 한다.

55 경력개발능력 자기관리 이해하기

|정답| ④

|해설| 천부적인 재능이 있다고 여겨지는 사람들도 1만 시간 이상의 연습량을 꾸준히 쏟아야만 장인의 경지에 오를 수 있다고 제시문은 주장하고 있다.

|오답풀이|

① 제시된 글에서는 세계 최고의 전문가가 되려면 1만 시간 이상의 연습량이 필요하다고 주장했지만 이는 필요조건이지 충분조건이 아니다. 즉 1만 시간 이상을 연습한다고 무조건 최고가 될 수 있는 것은 아니며 제시문의 핵심 내용도 아니다.

② 많은 세월 동안 재능이 발휘되기를 기다리는 것이 아니라 재능을 발휘하기 위해서 연습을 거듭해야 한다고 주장한다.

56 자기관리능력 매슬로우의 욕구단계이론 이해하기

|정답| ③

|해설| ㄱ. 욕구가 충족되어도 동기유발 요인으로서의 의미는 상실되지 않는다.

ㄷ. 욕구는 특정 시기에 강하게 나타나는 것이 있기도 하지만 모든 욕구는 동시에 존재한다고 본다.

57 | 자아인식능력 | 자아인식과 자기관리 이해하기

|정답| ②

|해설| 충동통제력을 설명하는 네 번째 문단에서 충동통제력은 단순한 인내력과 참을성과는 다르다고 명시하고 있다.

58 | 자아인식능력 | 자기이해지능 이해하기

|정답| ①

|해설| ㄴ, ㄷ. 두 번째 문단에서 자기이해지능은 다른 모든 지능이 효율적으로 발휘될 수 있도록 돕는 지능임을 명시하고 있다.

|오답풀이|

ㄱ. 자기이해지능은 특정 분야나 직업에 관계된 것이 아니라 다른 지능이 효율적으로 발휘되도록 돕는 능력이라고 제시되어 있다.

ㄹ. 자기이해지능은 감정을 숨기는 것이 아니라 통제하는 능력이다.

59 | 자아인식능력 | 자아인식 이해하기

|정답| ⑤

|해설| 윗글에서는 자신의 4가지 강점으로 학습욕구, 통찰력, 심미안 그리고 열정에 대해서 언급했다.

60 | 자아인식능력 | 자아인식 적용하기

|정답| ④

|해설| 친목이 목적인 교우관계에 열정을 쏟는 행위는 자신의 강점을 발휘해 업무적인 발전을 꾀하는 행동이라고 볼 수 없다.

7회 기출예상문제

7회 기출예상문제

문제 268쪽

01 ②	02 ②	03 ②	04 ⑤	05 ①
06 ④	07 ③	08 ④	09 ⑤	10 ⑤
11 ④	12 ②	13 ④	14 ②	15 ①
16 ②	17 ①	18 ④	19 ④	20 ⑤
21 ④	22 ④	23 ④	24 ④	25 ④
26 ④	27 ⑤	28 ⑤	29 ①	30 ⑤
31 ⑤	32 ④	33 ②	34 ⑤	35 ②
36 ⑤	37 ④	38 ⑤	39 ③	40 ⑤
41 ⑤	42 ②	43 ①	44 ④	45 ⑤
46 ②	47 ①	48 ⑤	49 ⑤	50 ①
51 ④	52 ②	53 ④	54 ⑤	55 ⑤
56 ⑤	57 ③	58 ①	59 ①	60 ④

01 | 문제처리능력 | 자료 해석하기

|정답| ②

|해설| 〈2022 시즌 팀별 상대전적〉의 빈칸을 채워 완성하면 다음과 같다.

팀＼상대팀	A	B	C	D	E
A	–	9-0-7	10-1-5	4-3-9	8-0-8
B	7-0-9	–	(가) 7-0-9	9-1-6	6-1-9
C	5-1-10	9-0-7	–	7-0-9	8-0-8
D	9-3-4	6-1-9	9-0-7	–	6-0-10
E	8-0-8	9-1-6	8-0-8	10-0-6	–

이를 바탕으로 각 팀의 시즌 총 전적과 승률을 구하면 다음과 같다.

구분	A	B	C	D	E
총 전적	31승 4무 29패	29승 2무 33패	29승 1무 34패	30승 4무 30패	35승 1무 28패
승률	$\frac{31}{60}\times100$ ≒51.7(%)	$\frac{29}{62}\times100$ ≒46.8(%)	$\frac{29}{63}\times100$ ≒46.0(%)	$\frac{30}{60}\times100$ =50(%)	$\frac{35}{63}\times100$ ≒55.6(%)

따라서 시즌 승률이 50% 이상인 팀은 A, D, E로 세 팀이다.

| 오답풀이 |

④ E 팀의 D 팀 상대 성적은 10승 0무 6패이므로 E 팀이 D 팀을 상대로 승리한 경기가 더 많다.

02 사고력 진위 추론하기

| 정답 | ②

| 해설 | 주어진 명제만으로 추론할 수 없다.

| 오답풀이 |

① 첫 번째 명제의 대우에 해당하므로 참이다.

③ 두 번째 명제의 대우에 해당하므로 참이다.

④ 두 번째 명제에서 세 번째 명제로 그리고 첫 번째 명제로 이어지므로 참이다.

⑤ 세 번째 명제에서 첫 번째 명제로 이어지므로 참이다.

03 문제처리능력 수치 계산하기

| 정답 | ②

| 해설 | 수심과 시간이 비례하므로 가장 긴 시간이 걸린 지점을 찾으면 된다. 각 관측지점의 수심을 구하면 다음과 같다.

관측지점	수심(m)
갑	3,900
을	7,125
병	5,775
정	6,750
무	5,100

따라서 수심이 가장 깊은 관측지점은 을이다.

04 사고력 진위 추론하기

| 정답 | ⑤

| 해설 | 진술 두 개 중 하나는 진실, 하나는 거짓이므로 하나를 진실이나 거짓인 경우로 하여 결과를 도출한다.

1) 유정이가 보를 낸 경우

유정이가 보를 낸 경우 수연이는 가위는 내지 않았고, 수연이가 가위를 내지 않았다면 세이는 보를 냈다. 그런데 세이의 진술에서 세이가 가위를 냈다는 진술이 거짓이 되어 수연이도 가위를 냈다는 진술이 참이 되어야 하므로 옳지 않다.

2) 유정이가 보를 내지 않은 경우

수연이는 가위, 세이는 보도 가위도 내지 않아 바위를 내게 된다. 도연과 루아는 유정이에 따라 두 가지 경우로 나타나므로 이를 정리하면 다음과 같다.

유정	바위
수연	가위
세이	바위
루아	보 또는 가위 바위 중 하나
도연	바위 또는 보

유정	가위
수연	가위
세이	바위
루아	보
도연	가위

따라서 반드시 진실인 것은 ⑤이다.

05 사고력 정보를 바탕으로 추론하기

| 정답 | ①

| 해설 | 세 명의 나이가 모두 다르며 해안보다 미르의 나이가 더 많다. 나래는 사진작가보다 수입이 많은데, 프로그래머는 수입이 가장 적으므로 나래는 프로그래머가 아니고 가장 나이가 어리지도 않다. 따라서 나래는 프로그래머와 사진작가가 아니므로 엔지니어이다. 이를 바탕으로 정리하면 해안이 가장 나이가 어리며 직업은 프로그래머이고 가장 나이가 많은 미르의 직업은 사진작가가 된다.

06 문제처리능력 합성 정전용량 산출하기

| 정답 | ④

| 해설 | 먼저 병렬의 정전용량을 구하면 $24[F]+16[F]$이므로 $40[F]$이다. C_1와 앞서 구한 $40[F]$의 합성 정전용량은 $\frac{1}{40}+\frac{1}{40}=\frac{2}{40}$이므로 합성 정전용량($C$)는 $20[F]$이다.

07 사고력 진술을 바탕으로 추론하기

| 정답 | ③

| 해설 | 들찬이는 아름이보다 크고 윤슬이는 들찬이 보다 크

므로 아름<들찬<윤슬 순이 된다. 도담이 제일 작고 윤슬이 제일 큰 사람은 아니므로 작은 순서대로 나열하면 도담<아름<들찬<윤슬<벼리가 된다.

08 문제처리능력 자료의 질문 추론하기

|정답| ④

|해설| 질문 중 출시하자마자 대박이 났다는 답변이 없으므로 적절하지 않다. Q4에는 '출시 과정에도 우여곡절이 많았다는데'와 같은 내용의 질문이 적절하다.

|오답풀이|

① 국내뿐 아니라 중국, 베트남 등 글로벌 시장에서도 사랑받는 과자를 만들어내고자 하므로 Q5에 적절하다.

② 영업이익이 나타나 있는 Q2에 적절하다.

③ 개발 과정에서의 실패와 시도를 얘기하고 있는 Q1에 적절하다.

⑤ 인도 소비자들의 마음을 사로잡아 유력 매체에서 보도된 내용이 있는 Q3에 적절하다.

09 문제처리능력 그래프 분석하기

|정답| ⑤

|해설| 상품별 매출액$=\dfrac{\text{상품군 매출액 비중}\times\text{총 매출액}}{100}$이므로 연도별 상품별 매출액을 구하면 다음과 같다.

구분	2021년	2022년
의류	$\dfrac{25\times77}{100}=19.25$(억 원)	$\dfrac{23\times94}{100}=21.62$(억 원)
식품	$\dfrac{22\times77}{100}=16.94$(억 원)	$\dfrac{27\times94}{100}=25.38$(억 원)
가전	$\dfrac{24\times77}{100}=18.48$(억 원)	$\dfrac{23\times94}{100}=21.62$(억 원)
여행	$\dfrac{26\times77}{100}=20.02$(억 원)	$\dfrac{23\times94}{100}=21.62$(억 원)
기타	$\dfrac{3\times77}{100}=2.31$(억 원)	$\dfrac{4\times94}{100}=3.76$(억 원)

따라서 2021년 대비 2022년 매출액 변화가 $25.38-16.94=8.44$(억 원)인 식품의 변화 폭이 가장 크다.

|오답풀이|

① 기타의 매출액 차이는 $3.76-2.31=1.45$(억 원)으로

$21.62-18.48=3.14$(억 원)인 가전의 차이보다 작다.

② 2021년 여행과 의류 매출액의 합은 $20.02+19.25=39.27$(억 원)으로 $21.62+21.62=43.24$(억 원)인 2022년보다 작다.

③ 2021년 대비 2022년 가전의 매출액 차이는 3.14억 원이다.

④ 2022년과 2021년 매출액을 비교했을 때 세 번째로 크게 변화한 분야는 의류이다.

10 문제처리능력 글의 흐름에 맞게 빈칸 채우기

|정답| ⑤

|해설| 환경 문제가 에너지 사용에서 비롯됐다고 보면서 이 문제를 해결하기 위해서는 새로운 에너지(재생 가능한 에너지)를 도입해야 하지만 이것만으로도 한계가 있으며, 이 한계를 극복하기 위해서는 새로운 생활 방식과 산업 체제를 수립해야 한다고 말하고 있다. 따라서 빈칸에는 현 산업 체제의 에너지 수요는 감당하기 어렵다는 내용이 들어가야 한다.

11 문제처리능력 승진 대상자 선택하기

|정답| ④

|해설| 우선 과락점수가 75점이므로 외국어 성적이 70점인 C는 승진대상에서 제외된다. 승진자는 승진탈락자보다 평균점수가 높거나 같다고 하였으므로 대상자의 평균 점수를 구하여 상위 두 명을 선정한다.

- A : $\dfrac{90+80+80}{3}≒83.3$
- B : $\dfrac{85+80+90}{3}=85$
- D : $\dfrac{80+90+80}{3}≒83.3$
- E : $\dfrac{75+80+95}{3}≒83.3$
- F : $\dfrac{95+85+80}{3}≒86.7$

따라서 이 중 평균 점수가 가장 높은 F와 B가 승진 대상이 된다. 개인성과점수가 90점 이상인 사람 중 최소 한 명은 무조건 승진해야 한다는 조건 역시 F의 개인성과점수가 90점이므로 충족된다.

1회 기출예상
2회 기출예상
3회 기출예상
4회 기출예상
5회 기출예상
6회 기출예상
7회 기출예상

12 사고력 dpi 이해하기

|정답| ②

|해설| 1,200dpi로 인쇄할 때 점의 개수는 300dpi로 인쇄할 때 점의 개수의 16배인 1,440,000개이다.

|오답풀이|

① 500dpi로 인쇄하면 300dpi로 인쇄할 때보다 160,000 개 더 많은 점을 넣을 수 있다.

③ 600dpi로 인쇄할 때 점의 개수는 360,000개이고, 200 dpi로 인쇄할 때 점의 개수는 40,000개이므로 9배이다.

④ 1,400dpi로 인쇄할 때 점의 개수는 700dpi로 인쇄할 때 점의 개수의 4배이다.

⑤ 1,200dpi로 인쇄하면 600dpi로 인쇄할 때보다 1,080,000 개 더 많은 점을 찍어 넣을 수 있다.

13 기초연산능력 수식의 빈칸 구하기

|정답| ④

|해설| 분모를 통일하면 $\dfrac{13A}{169}+\dfrac{B}{169}=\dfrac{31}{169}$이므로 13A +B=31이다. A, B는 한 자리 자연수이므로 A=2, B=5 가 되어 A+B=7이다.

14 기초연산능력 연산기호의 규칙 찾기

|정답| ②

|해설| 제시된 계산식들을 통해 ▷와 ◁의 규칙을 정리하면 다음과 같다.

• A▷B=(A+1)×(B+1)

• A◁B=(A−1)×(B−1)

따라서 (4▷4)◁(3◁8)=(5×5)◁(2×7)=25◁14 =24×13=312이다.

15 기초통계능력 확률 계산하기

|정답| ①

|해설| A~E가 월요일부터 금요일까지 하루에 한 명씩 식사당번을 할 경우의 수는 5!이며, 이 중 E가 수요일에 식사

당번을 할 경우의 수는 나머지 4명이 수요일을 제외한 다른 날에 하루에 한 명씩 식사당번을 할 경우의 수, 즉 4!이다. 따라서 E가 수요일에 식사당번을 하지 않을 확률은 $\dfrac{5!-4!}{5!}=\dfrac{4!(5-1)}{4!\times 5}=\dfrac{4}{5}$이다.

16 기초통계능력 확률 계산하기

|정답| ②

|해설| (승호가 꺼낸 숫자, 정민이 꺼낸 숫자, 선우가 꺼낸 숫자)로 나열할 때 선우가 가장 큰 숫자를 꺼낸 경우는 (1, 2, 3), (1, 2, 4), (1, 2, 6), (5, 2, 6)의 4가지이다. 총 경우의 수는 3×3×3=27(가지)이므로 확률은 $\dfrac{4}{27}$이 된다.

17 기초통계능력 평균 계산하기

|정답| ①

|해설| 최빈값이 7이라는 조건을 통해 여러 경우를 따져본다. 7이 네 번 들어가게 되면 중앙값이 맞지 않으므로 7이 두 번 들어갈 때와 세 번 들어갈 때로 나눠서 생각해본다.

• 7이 세 번 들어간다면 경우의 수는 (6, 7, 7, 7, ○, 11)와 (6, 6, 7, 7, 7, 11) 두 가지다. 그러나 이 경우 둘 다 중앙값이 8이 아니므로 옳지 않다.

• 7이 두 번 들어간다면 (6, 7, 7, ○, ○, 11)가 될 수 있다. 이 경우 중앙값이 8이 되도록 네 번째 숫자를 9로 맞춰주면 나머지 숫자는 자연스레 10이 되면서 모든 조건에 맞는 값이 완성된다. 따라서 나열된 숫자의 평균값은 $\dfrac{6+7+7+9+10+11}{6}=\dfrac{50}{6}=\dfrac{25}{3}$ 이다.

18 기초연산능력 학생 요금을 지불한 인원 구하기

|정답| ④

|해설| 해당 월의 첫째 주 수요일이 k일이면 수요일의 날짜를 모두 더한 값은 $k+(k+7)+(k+14)+(k+21)=4k+42=58$이고 $k=4$이므로 수요일은 4, 11, 18, 25일이다. 따라서 19일은 목요일이다. 성인 요금 낸 사람을 x명, 학생 요금 낸 사람을 y명으로 두면 다음과 같이 정리할 수 있다.

$x+y=7$ ……………… ㉠

$5,000x+4,000y=30,000$

$5x+4y=30$ ……………… ㉡

㉠×5−㉡을 하면

$x=2,\ y=5$

따라서 학생 요금을 지불하고 입장한 사람은 5명이다.

19 기초연산능력 휘발유의 양 구하기

|정답| ④

|해설| 최 사원의 승용차는 12m 이동 시 $8cm^3$의 휘발유를 소비하며, 이동 거리는 90km=90,000m이므로 총 90,000 ÷12×8=60,000(cm^3)를 소비한다. 제시된 단위환산표를 보면 $1cm^3=0.001\ell$이므로 $60,000cm^3=60\ell$이다.

20 기초연산능력 환율 계산하기

|정답| ⑤

|해설| 2022년 1월의 환율은 $1,000×(1+0.05)=1,050$(원) 이다. 2023년 1월 환율이 전년 대비 x% 상승했다면 식은 다음과 같다.

$$1,050×(1+\frac{x}{100})=1,100$$

$$1+\frac{x}{100}≒1.048 \qquad ∴\ x≒4.8(\%)$$

따라서 2023년 1월에는 전년 대비 약 4.8% 상승했다.

21 기초연산능력 최소 비용 계산하기

|정답| ④

|해설| 칼슘과 마그네슘의 최소 섭취량을 충족하기 위해 필요한 A, B 영양제의 성분별 필요량을 구하면 다음과 같다.

구분	칼슘	마그네슘
A 영양제	$0.3÷0.05=6$(g)	$0.54÷0.06=9$(g)
B 영양제	$0.3÷0.03=10$(g)	$0.54÷0.09=6$(g)

두 영양분의 필요량을 충족하기 위해 A 영양제는 $9×2,000=18,000$(원), B 영양제는 $10×3,000=30,000$(원)이 소요된다. 따라서 최소 비용은 18,000원이다.

22 기초연산능력 비율 계산하기

|정답| ④

|해설| S 기업의 전체 직원 수를 100명이라고 하면 여자 직원은 55명, 남자 직원은 45명이다. 연수에는 남자 직원은 70% 여자 직원은 30% 참여했으므로 연수에 참여한 총 직원 수는 $45×0.7+55×0.3=31.5+16.5=48$(명)이다. 따라서 연수에 참여한 직원과 연수에 참여하지 않은 직원의 비는 $48:52=12:13$이다.

23 도표분석능력 자료의 수치 분석하기

|정답| ④

|해설| A, B 기업의 2022년 2~3분기 매출액을 구하면 다음과 같다.

구분	2022년 2분기	2022년 3분기
A 기업	$200×1.15$ =230(억 원)	$230×0.85$ =195.5(억 원)
B 기업	$150×1.25$ =187.5(억 원)	$187.5×1.1$ =206.25(억 원)

④ A 기업의 2022년 매출액이 800억 원을 초과하려면 4 분기 매출액이 $800-200-230-195.5=174.5$(억 원) 을 초과해야 한다. 따라서 3분기 대비 매출액이 감소해도 된다.

|오답풀이|

③ 두 기업의 3분기 매출액 합계는 $195.5+206.25=401.75$(억 원)으로 2분기 매출액 합계인 $230+187.5=417.5$(억 원)보다 작다.

⑤ 2022년 1~3분기 총 매출액은 A 기업이 625.5(억 원)으로 543.75(억 원)인 B 기업보다 크다.

24 도표분석능력 자료의 수치 분석하기

|정답| ④

|해설| 2021년의 전년 대비 5개 지역 고구마 총생산량 증감률은 $\frac{294,963-313,195}{313,195}×100≒-5.8$(%)이다.

|오답풀이|

① 고구마 생산량이 증가한 지역은 A 와 E 지역이다.

1회 기출예상 2회 기출예상 3회 기출예상 4회 기출예상 5회 기출예상 6회 기출예상 7회 기출예상

② 2021년 대비 2022년 감자, 고구마의 E 지역 총 생산량은 37,498톤에서 39,184톤으로 증가하였다.

③ 지역별 2021년 대비 2022년 감자 생산량 증감률을 구하면 다음과 같다.

- A 지역 : $\dfrac{48,411-71,743}{71,743}\times100≒32.5(\%)$

- B 지역 : $\dfrac{63,391-89,617}{89,617}\times100≒-29.3(\%)$

- C 지역 : $\dfrac{5,049-5,219}{5,219}\times100≒-3.2(\%)$

- D 지역 : $\dfrac{14,807-18,503}{18,503}\times100≒-20(\%)$

- E 지역 : $\dfrac{7,893-9,007}{9,007}\times100≒-12.4(\%)$

따라서 A 지역 증감률의 절댓값이 가장 크다.

⑤ 지역별 2021년 대비 2022년 고구마 생산량 증감률을 구하면 다음과 같다.

- A 지역 : $\dfrac{12,704-12,406}{12,406}\times100≒2.4(\%)$

- B 지역 : $\dfrac{70,437-73,674}{73,674}\times100≒-4.4(\%)$

- C 지역 : $\dfrac{83,020-100,699}{100,699}\times100≒-17.6(\%)$

- D 지역 : $\dfrac{97,511-97,925}{97,925}\times100≒-0.4(\%)$

- E 지역 : $\dfrac{31,291-28,491}{28,491}\times100≒9.8(\%)$

따라서 D 지역 증감률의 절댓값이 가장 작다.

25 조직이해능력 조직의 정의 이해하기

| 정답 | ④

| 해설 | 재화나 서비스의 생산은 조직의 경제적 기능과 연관된 것이다. 조직은 조직구성원들이 만족감을 느끼게 하고 협동을 지속하게 함으로써 사회적 기능을 갖게 된다.

26 체제이해능력 조직문화의 특징 이해하기

| 정답 | ④

| 해설 | 빈칸에는 '조직문화'가 들어간다. 조직문화는 조직 구성원의 인사평가 검증기준이 되어 조직원이 조직문화에 수렴하는 정도를 평가할 수 있는 역할을 한다.

27 체제이해능력 갈등의 원인 이해하기

| 정답 | ③

| 해설 | 복직을 한 윤경영 과장은 기존 자신의 부서에서 인사업무를 하다가 갑자기 홍보업무를 담당하는 부서로 배치되었다. 그리고 자신보다 입사연차가 늦은 이홍보 대리에게 오히려 업무 지시를 받게 되었다. 이는 윤경영 과장과 이홍보 대리 사이에 발생한 공식적인 지위와 실제로 행사되는 권위의 차이로 인해 갈등상황이 유발된 것이다. 이러한 갈등의 원인을 지위부조화라고 한다.

보충 플러스+

리터러(Litterer)가 주장하는 갈등의 원인
1. 상충되는 목표의 존재 : 둘 이상의 당사자가 서로 상충되는 목표를 추구할 경우
2. 상충되는 수단 / 자원의 배분 : 공동의 목표를 추구하는 둘 이상이 목표달성을 위하여 어떤 자원을 동원할 것인가, 한정된 자원을 누가 얼마나 차지할 것인가에 대한 의견이 일치하지 않을 경우
3. 지위전도 / 지위부조화 : 상호작용을 하는 둘 이상의 행동 주체 사이에 공식적인 지위와 실제로 사용되는 권위에 차이가 있을 경우
4. 인지상의 차이 : 동일한 현상이나 사물을 사람에 따라 서로 다르게 볼 수가 있는데, 이러한 사람들 사이에서 상호작용을 통해 가치관, 경험, 지위, 역할 등의 차이가 생기는 경우

필리 등(Filley, House & Kerr)이 주장하는 갈등의 원인
1. 불명확한 역할 규정 : 자신 또는 상대방의 역할에 대한 기대가 명확하게 규정되지 않았을 경우에 발생기는 갈등
2. 희소자원에 대한 치열한 경쟁 : 희소자원을 두고 집단들이 서로의 몫을 증가시키거나 보호하려는 경향이 강하면 생기는 갈등
3. 선명한 메커니즘 : 둘 또는 그 이상의 집단을 구분하는데 쓰이는 격리가 너무 선명하고 경직적이면 생길 수 있는 갈등
4. 통합 메커니즘 : 유사성을 강조하는 통합 메커니즘보다 차이점을 강조하는 통합 메커니즘이 우선하여 작동함으로 인해서 생기는 갈등

28 업무이해능력 애자일 조직의 특징 파악하기

|정답| ⑤

|해설| ㉠에는 '애자일 조직'이 들어간다. 조직 내부에서 시작하는 소규모 사내 벤처는 사내독립기업(CIC)의 대표적인 특징이다. CIC는 본사와 구분되는 독립된 조직으로 조직의 혁신 주도와 사업의 효율성 제고를 위해 설립되었다.

보충 플러스+

애자일(Agile) 조직
- '민첩한'이란 뜻으로 프로젝트를 진행하면서 수정과 보완 반복
- 부서 간의 경계를 허물고 변화에 신속하게 대응하는 조직의 형태
- 빠른 성과 도출을 목표로 피드백을 적극적으로 반영하여 업무의 높은 완성도 추구
- 구성원의 주인의식 향상을 위해 소규모 조직으로 구성
- 전문가형 리더가 업무를 추진하면서 동시에 조직을 조율하고 지원하는 역할

29 체제이해능력 변환 관리 모델 이해하기

|정답| ①

|해설| ㉠ 단계는 내면의 본질적인 변환을 위해서는 기존 방식을 수정하고 보완해가는 수준이 아니라 전혀 다른 방식으로 갈아타야 한다는 의미에서 "Endings"이다. (가)는 기존의 사업 성과에 안주하지 않고 기존 방식과 성과들을 그대로 두고, 또 하나의 새로운 출발을 하기 위한 새로운 가치가 선포되었으므로 ㉠에 해당한다.
㉡ 단계에서 변화는 필연적으로 저항을 불러일으킨다. 새로운 방식으로의 전환은 스스로가 일시적으로 무능하게 느껴지거나 유능한 집단에서 제외되고 극단적으로 자신의 기득권을 잃게 만들 수 있다는 불안감을 갖게 하기 때문이다. (나)의 인트라넷에서 직원들의 날카로운 비판은 "과거 정체성과 현재 모습과의 혼돈과 불확실성이 강한 시기"에 나타나는 현상으로서 ㉡에 해당한다.

30 경영이해능력 잘못된 의사결정의 유형 이해하기

|정답| ⑤

|해설| 장기간 어느 한 분야에만 몸 담았던 사람들은 새로운 것을 찾기 보다는 늘 자기가 하던 대로 자기에게 편한 방식을 고수한다. 다양한 주장이나 관점을 흡수하기보다는 자신의 생각의 틀에서 정보를 선별하여 받아들인다. 시장의 추세나 변화를 읽지 못하고 늘 해온 R&D에 투자에 대한 결정은 조직을 위축되게 만드는 원인이 되었다.

31 체제이해능력 조직 내의 갈등 유형 파악하기

|정답| ⑤

|해설| 이내근 과장과 같은 유형의 사람은 자신에 대한 자부심이 높고 자기애가 강하다. 이 유형에 속한 사람들은 자기가 아는 것이 맞는 것이고 이를 주변 사람들에게 알려주는 것을 일종의 의무로 생각한다. 이 때문에 이들과 일할 때 이러한 간섭에 대해 거부감이나 무관심을 보일 경우 갈등이 발생할 수 있다.

32 경영이해능력 팔로워십 이해하기

|정답| ④

|해설| 아돌프 아이히만은 이스라엘의 재판장에서 자신은 오직 국가의 명령을 따랐다고 주장하고 있다. 그는 자신을 독립적이고 비판적인 사고는 부족하지만 주어진 자신의 역할을 수행하는 '순응형 팔로워'로 볼 것이다.

보충 플러스+

켈리(Kelly)의 팔로워십 모델
가로(X)축은 팔로워의 자세로, 세로(Y)축은 추종자의 사고방식으로 나누어 교차시킴으로써 다섯 가지 유형으로 구분하였다.
- 소외형 팔로워 : 독립적이고 비판적인 사고는 하지만 역할 수행에 있어 적극적이지 않은 유형으로, 리더를 비판하면서도 스스로는 노력하지 않으며 불만스런 침묵으로 일관하는 모습을 보인다. 어떤 계기로 인해 부당한 대우를 받는다거나 희생을 한다고 느끼는 경향이 있다. 이런 팔로워는 부당한 대우를 받는다는 인식에 대응해 긍정적 인식을 회복하게 되면 적극적인 참여와 기여가 가능해진다.
- 순응형 팔로워 : 생각은 모자라지만 착하고 열심히 참여하는 스타일이다. 독립적 사고가 부족하여 리더에게 지나치게 의존하는 성향이 있다. 권력욕이 있는 리더들은 예스맨 스타일의 추종자를 장려한다. 이런 팔로워에게 독립적이고 비판적인 사고를 기르게 해주면 주어진 과제에 모범적으로 참여하고 기여하게 된다.

- 실무형 팔로워 : 크게 비판적이지 않고 리더의 결정에 의문을 품기는 하지만 자주 그렇지는 않다. 시키는 일은 잘 수행하지만 모험을 하지 않는 스타일이라고 할 수 있다. 대립은 가급적 억제하고 실패에 대해 해명자료를 준비해 준다. 이런 스타일은 우선 목표를 정하고 다른 사람들의 신뢰를 회복할 수 있도록 했을 때 조직 내 성과에 모범적으로 참여하고 기여하게 된다.
- 수동형 팔로워 : 생각도 하지 않고 열심히 참여도 하지 않는 스타일이다. 책임감이 결여되어 있고 솔선하지 않으며 지시 없이는 움직이려 하지 않는다. 이런 경우 스포츠 게임의 관중보다는 선수로 참여하려는 자세가 필요하다.
- 모범형 팔로워 : 스스로 생각하고 알아서 할 줄 아는 스타일이다. 혁신적이고 독창적이며 건설적 비판을 내놓을 줄 아는 유형이다. 이들은 자신이 맡은 일뿐만 아니라 모든 면에서 적극적 자세를 갖는다.

33 체제이해능력 조직구조도 파악하기

|정답| ②

|해설| Cell 조직은 소수의 인원으로 구성되어 성과를 내기 위해 기존의 팀 제도에서 필요한 역량보다 더 많은 의사결정 능력, 모험심과 그에 따른 책임감을 더욱 중요하게 여긴다. 또한 셀의 리더의 역량과 권한이 강화되어 기획 운영에서 인사와 예산의 권한까지 부여되었다. 이러한 조직의 구조를 보여주는 것은 ②이다.

34 기술능력 위험요인 구분하기

|정답| ①

|해설| 개인적(비업무적) 위험요인으로는 유전, 성, 연령, 성격, 식습관, 흡연, 운동습관 등이 있다. 가 직원은 본인이 기존에 가지고 있는 병으로 인해 뇌심혈관 질환의 발병 위험이 있는 것으로 나타났다.

|오답풀이|
②는 사회심리적 요인, ③은 정신적 요인, ④는 화학적 요인, ⑤는 물리적 요인으로 모두 업무적 위험 요인에 해당한다.

35 기술능력 산업재해의 예방대책 단계 이해하기

|정답| ②

|해설| 제시된 산업재해 예방대책의 빈칸에 들어갈 단계의 내용은 '시정책 적용 및 뒤처리'이다. 이 단계에서는 안전에 대한 교육 및 훈련을 실시하고, 안전시설의 장비의 결함 개선, 안전 감독 실시 등의 시정책을 적용하는 단계이다. 컨테이너 조작법 교육은 산업재해의 방지를 위한 시정책 적용 단계에 적용할 안전교육의 내용으로 적절하지 않다.

36 기술선택능력 기술선택의 우선순위 결정하기

|정답| ③

|해설| 제품의 성능이나 원가에 미치는 영향이 큰 기술을 우선적으로 선택해야 한다.

37 기술능력 저탄소 계획기법 이해하기

|정답| ④

|해설| 저탄소 녹색도시로 탈바꿈하기 위한 계획 중 하나인 녹색교통정책은 도로상의 에너지 절감과 도시환경 개선을 위해 매우 중요하다. 대표적인 녹색교통수단으로는 보행, 자전거, 대중교통 등이 있다.

38 기술능력 4차 산업혁명 이해하기

|정답| ③

|해설| (A)에 해당하는 유형은 산업구조의 변화가 없는 경우로서 기존 기업이 그대로 주도하는 존속적인 성격을 가진다. 여기에 해당하는 사례로는 스마트공장과 산업인터넷 등이 있다.
(B)와 (C)는 산업구조의 변화를 일으키는 경우로서 각각 기존 기업이 쇠퇴하고 가치사슬의 변화를 불러일으키는 파괴적 유형과 기존 조직이 유지되고 보완적 가치사슬이 발달한 보완적 유형에 해당한다. 파괴적 유형의 사례로는 자율주행차, O2O, 핀테크 등이 있고, 보완적 유형은 디지털 헬스케어, 스마트 에너지, 리걸테크 등이 있다.

구분	유형 Ⅰ	유형 Ⅱ
혁신의 성격	존속성	파괴적 혹은 보완적
혁신의 주도	기존 업체(제조업체)	외부의 ICT 기업과 스타트업
주요 사례	산업인터넷, 스마트공장	• 파괴적 : 자율주행차, O2O, 핀테크 • 보완적 : 디지털 헬스케어, 스마트 에너지, 리걸테크
혁신의 주안점	하드웨어 장비 제조역량과 소프트웨어의 결합	주로 소프트웨어적 혁신

39 기술선택능력 매뉴얼 이해하기

| 정답 | ③

| 해설 | 프레젠터에는 AA 건전지가 아닌 AAA 건전지 2개를 사용한다. 또한 ID 설정에서 수신기의 적색 LED가 점등된 상태에서 송신기의 Mode와 Link 버튼을 연달아 2초 이상 누르는 것이 아닌, 두 버튼을 동시에 2초 이상 눌러야 한다.

40 기술선택능력 매뉴얼 이해하기

| 정답 | ④

| 해설 | '절전 모드 지원' 항목에 따르면 프레젠터 GQ-8700은 멀티미디어 모드와 마우스 모드에서는 30분 이상 미사용 시, 프레젠테이션 모드에서는 미사용 시 바로 절전 모드로 전환된다.

41 기술능력 산업재해의 원인 이해하기

| 정답 | ⑤

| 해설 | 사례에는 A 공장 폭발사고와 B 공장 폭발사고의 유사점이 제시되어 있는데, 특히 마지막 문단에서 배관 설치 용접 작업자인 하청업체 노동자들의 취급 전 안전교육의 부재를 폭발사고의 근본적 원인으로 지적하고 있다.

42 기술선택능력 기술선택절차 이해하기

| 정답 | ②

| 해설 | 사업전략 수립은 사업영역을 결정하고 경쟁사와의 경쟁에서 우위를 확보하는 방안을 수립하는 과정을 의미하는 것으로, 〈기술선택절차〉에서는 제시되어 있지 않다. (나)는 기술선택절차 중 기업의 매출목표와 이익목표를 설정하는 중장기 사업목표 설정 과정에 해당한다.

| 오답풀이 |

① 외부환경 분석은 수요 변화 및 경쟁자의 변화, 기술 변화 등을 분석하는 과정으로, (가)에 해당한다.

③ 기술전략 수립은 핵심기술을 선택하고 기술을 획득하는 방법을 결정하는 과정으로, (다)에 해당한다.

④ 내부역량 분석은 현재 보유하고 있는 기술능력, 생산능력 등을 분석하는 과정으로, (라)에 해당한다.

⑤ 요구기술 분석은 제품 설계 및 디자인 기술, 생산 공정, 원재료 및 부품 제조기술을 분석하는 과정으로, (마)에 해당한다.

43 갈등관리능력 부정적 성격의 원인 파악하기

| 정답 | ①

| 해설 | 김출세 씨는 전형적인 자기애성 성격장애 유형에 해당한다. 자기애성 성격장애는 이익, 출세, 지위 등에 대한 욕망이 지나치게 높아 그것을 성취하기 위하여 주변 사람들을 이용하고 착취하지만 죄책감을 느끼지 못한다. 또한 자신이 우수하고 특별하기 때문에 타인이 인정해 주기를 기대하는 반면에 타인의 요구나 필요에 대한 세심한 공감은 결여되어 있다. 이들은 오직 자신의 성공과 명성을 얻고 주목받기 위하여 살아간다.

| 오답풀이 |

② 반사회성(Antisocial) 인격장애 : 타인의 권리를 침해하고 반복적인 범법행위나 거짓말, 사기성, 공격성, 무책임함을 보인다.

③ 강박성(Obsessive Compulsive) 인격장애 : 세부사항이나 규칙에 집착, 완벽주의, 지나친 고지식함, 자신의 방식을 고수하는 등의 완고한 성격이 특징이다.

④ 편집성(Paranoid) 인격장애 : 다른 사람의 행동을 계획적인 요구나 위협으로 인식하여 의심과 불신을 갖는다.

⑤ 의존성(Dependent) 성격장애 : 타인에 대한 과도한 의존과 분리 상황에서의 불안, 자신감의 결여를 보인다.

1회 기출예상 2회 기출예상 3회 기출예상 4회 기출예상 5회 기출예상 6회 기출예상 7회 기출예상

44 갈등관리능력 나-전달법(I-message) 이해하기

|정답| ④

|해설| 먼저 ⓐ는 약속 시간이 지나도 나타나지 않은 행동을 관찰하여 안 사실을 말한 것이고, ⓑ는 무시하는 것 같아 화가 났다는 느낌을 표현하는 것이며, ⓒ는 연락이라도 해주길 바란다는 자신의 욕구를, 그리고 ⓓ는 다음에는 연락 없이 늦지 않겠다고 말해달라고 부탁하는 것이다.

45 대인관계능력 심리적 방어기제 이해하기

|정답| ⑤

|해설| Displacement Activity란 치환(置換) 또는 전위(轉位)라고 한다. 특정 대상에 대한 자신의 감정을 다른 대상에게 돌리는 것이다. 공 대리는 자신보다 강한 대상(박 과장)으로부터 혼이 나서 그것에 대한 분풀이를 약한 대상(진 사원)에게 표출하는 치환의 방어기제를 사용하고 있다.

|오답풀이|

① Sublimation(승화) : 욕구불만으로 인해 생겨나는 충동과 갈등을 사회적으로 인정되는 형태와 방법을 통해 발산하는 것이다.

② Forgiveness(용서) : 상대방의 허물이나 과실을 눈감아 주며 그 책임을 면제해 주거나 관계를 회복시켜 주는 것이다.

③ Introjection(내적 투사) : 다른 사람의 태도, 가치, 혹은 행동을 마치 자기 자신의 것처럼 동화시키는 무의식적 과정이다.

④ Passive Aggression(수동 공격) : 상대를 방해하거나 기분을 거슬리게 하는 등의 방식으로 분노를 표현하는 것이다.

46 협상능력 설득 전략 이해하기

|정답| ②

|해설| 설득은 상대방의 인지, 정서, 행동 등을 자신이 의도하는 방향으로 움직이게 하는 것이다. 설득은 이성적인 요인도 있지만 감정적인 요인도 작용하기 때문에 여러 가지 방법으로 사용할 수 있다. 따라서 목적과 상황적 요인에 따라 설득(협상) 전략을 다양하게 구사할 필요가 있다.

47 협상능력 협상안 이해하기

|정답| ①

|해설| 문장수업에서 높은 점수를 받을 정도로 평소 학교에서 문장력을 인정받는 윤 씨는 자신이 생각하는 공사 금액에 맞추기 위해 도배 실력은 있지만 법률문장론 수업에서 어려움을 겪는 같은 팀 학생에게 개인교습을 해주는 조건으로 공사금액을 낮추어 모두가 만족할 만한 협상을 이끌었다.

48 리더십능력 임파워먼트 이해하기

|정답| ③

|해설| 임파워먼트란 조직 현장의 구성원에게 업무 재량을 위임함으로써 자주적이고 주체적인 체제 속에서 사람이나 조직의 의욕과 성과를 이끌어 내기 위한 권한부여 방식이다. ㉠은 지도자가 권력을 행사하거나 칭송받는 것이 아니라 백성들이 지도자의 존재만 인식하고 있다는 내용이므로 리더가 구성원들에게 권한을 부여하였다고 해석할 수 있다.

49 대인관계능력 대인관계 향상 방법 이해하기

|정답| ⑤

|해설| 거의 모든 대인관계에서 나타나는 어려움은 역할과 목표에 대한 갈등과 애매한 기대 때문에 발생한다. 상대방에 대한 기대가 분명치 않고 서로 공유되지 않는다면 사람들은 감정적으로 변하기 쉽다.

50 팀워크능력 올바른 협력정신 이해하기

|정답| ①

|해설| 제시된 글에서는 협력과 화합의 중요성을 강조하고 있다. 동시에 다른 이들과의 경쟁과 투쟁에 대해서는 비판적인 태도를 보이고 있으므로 주변 사람들과의 평화를 주장하는 ㉠과 ㉡이 적절하다.

|오답풀이|

㉣ 필자는 경쟁 자체를 부정적으로 바라보고 있다.

51 직업윤리 직업인의 기본자세 이해하기

| 정답 | ③

| 해설 | 직분의식은 자신이 하고 있는 일이 사회나 기업을 위해 중요한 역할이라고 믿으며 업무를 수행하는 태도로, 직장인이 갖춰야 할 기본자세 중 하나이다.

| 오답풀이 |

① 전문가의식은 자신의 일이 누구나 할 수 있는 것이 아니라 해당 분야의 지식과 교육을 밑바탕으로 수행해야만 가능한 것이라 믿고 수행하는 태도이다.

② 소명의식은 자신이 맡은 일이 하늘에 의해 내려진 것이라 생각하는 태도이다.

④ 천직의식은 자신이 현재 하고 있는 일이 본인의 타고난 능력 혹은 적성과 일치한다고 여기는 태도이다.

⑤ 준법이란 법률이나 규칙을 지키는 것으로, 준법의식은 민주 시민으로서 지켜야 하는 기본 의무이며 생활 태도이다.

52 공동체윤리 CSR의 사례 이해하기

| 정답 | ②

| 해설 | ○○카페는 커피 판매 및 이익 추구뿐만 아니라 커피원두를 구매하는 과정에서 윤리적인 책임을 지며, △△마트는 탄소감축 등 에너지자원에 대한 사회적 책임을 다하기 위해 경영방식을 실천한 것으로 사회책임경영 실천 영역과 가장 관련이 깊다.

53 직업윤리 직업관의 유형 파악하기

| 정답 | ①

| 해설 | 일 본위의 직업윤리는 자기, 직장, 국가 본위의 3가지 유형과는 다른 것으로 어떠한 목적도 없이 일 자체만을 위해 헌신하며 노력하는 직업관이다.

| 오답풀이 |

② 자기 본위의 직업윤리는 직업에 종사하는 각 개인은 자기의 가족이나 자기 자신을 위하여 일을 열심히 해야 한다는 직업관이다.

③ 직장 본위의 직업윤리는 그 개인이 소속되어 있는 직장이나 그 직장에서의 사회적 지위 향상을 위하여 맡은 직무나 관련활동을 충실히 수행하고, 이를 통해 직장이나 집단 전체의 유지 및 번영을 위해 공헌해야 한다는 직업관이다.

④ 국가 본위의 직업윤리는 개인들이 국가와 같은 전체 사회의 발전과 그 사회를 구성하는 전체 구성원의 공공복지 향상을 위해 전념해야 한다는 직업관이다.

54 근로윤리 정직하게 행동하기

| 정답 | ⑤

| 해설 | 기사의 주인공은 아무에게도 말하지 않았다면 자신이 받은 우승컵을 계속 가질 수 있었음에도 불구하고 경기에 착오가 있었다는 사실을 정직하게 밝히면서 사람들에게 찬사를 받았다. 자신이 입을 손해보다 정직함으로 우선시했으므로 ⑤의 반응이 적절하다.

55 갈등관리능력 갈등관리 유형 이해하기

| 정답 | ⑤

| 해설 | 토마스와 킬만의 갈등관리 유형 중 타협형은 주고받는 방식으로 어느 정도의 이익을 공유하는 중간 지점에서 타협하여 해결점을 찾는 방식이다. 양측의 목표가 다를 때, 힘이 비슷할 때, 목표 달성이 중요하지만 시간이 없을 때 적합하다.

| 오답풀이 |

① 경쟁형 : 다수의 구성원들이 선호하지 않는 조치이거나 비상 상황일 때, 조직의 성장에 매우 중요한 문제일 때 적합하다.

② 통합형 : 문제가 양측에게 중요하거나 복잡할 때 장기적 관계일 때 적합하다.

③ 회피형 : 문제가 사소할 때, 해결로 인한 이익보다 회피로 절약되는 비용이 더 클 때, 시간과 정보가 더 필요할 때 적합하다.

④ 수용형 : 신뢰를 구축해야 할 때, 양보하는 것보다 갈등을 지속하는 것이 더 손해일 때 적합하다.

보충 플러스+

토마스와 킬만(Thomas & Kilman)의 갈등관리 유형

```
         win
          ↑
  ┌──────────────────┬──────────────────┐
  │   경쟁형         │      통합형      │
  │   (지배형)       │      (협력형)    │
자 │                  │                  │
기 │          ┌─────────┐               │
중 │          │ 타협형  │               │
심 │          └─────────┘               │
  │                  │                  │
  │   회피형         │      수용형      │
  └──────────────────┴──────────────────┘
          ↓
  lose ←        상대방중심        → win
```

56 근로윤리 | 직장에서의 전화예절 이해하기

|정답| ⑤

|해설| 직장에서 전화통화를 할 때에는 빨리 말하는 것보다 상대방의 말을 끊지 않고 대답을 기다리며 차분하게 소통하는 것이 적절하다.

57 직업윤리 | 직업윤리의 요소 파악하기

|정답| ③

|해설| 제시된 글에서 기업이 소비자 등 회사 외부의 이해관계자들을 속인 행위를 비판하고 있다. 누군가를 속이는 행위는 부정직한 행위이므로 〈보기〉에서 강조하는 직업윤리의 요소는 정직이다.

58 공동체윤리 | 고객접점서비스 이해하기

|정답| ①

|해설| SERVICE의 의미는 다음과 같다.

- S(Smile&Speed) : 서비스는 미소와 함께 신속하게 제공하는 것
- E(Emotion) : 서비스는 고객에게 감동을 주는 것
- R(Respect) : 서비스는 고객을 존중하는 것
- V(Value) : 서비스는 고객에게 가치를 제공하는 것
- I(Image) : 서비스는 고객에게 좋은 이미지를 심는 것

- C(Courtesy) : 서비스는 예의를 갖추고 정중하게 고객을 대하는 것
- E(Excellence) : 서비스는 고객에게 탁월하게 제공되어져야 하는 것

59 공동체윤리 | 낮은 정직성의 원인 파악하기

|정답| ①

|해설| 한국사회의 정직성이 낮은 이유 중 하나는 사적 신뢰가 공적 신뢰에 앞서는 경우가 많기 때문이며, 사적 신뢰보다 공적 신뢰가 더 중요시된다면 정직성이 낮을 가능성이 보다 적어진다.

60 공동체윤리 | 직장 내 괴롭힘 사건 파악하기

|정답| ④

|해설| 승진을 위해 상사의 배려를 간절히 바라던 윤 씨가 인사평가에서 원하는 등급을 받지 못한 것은 사실이나, 높은 실적을 내지 못했다는 것은 객관적인 사실이므로 이는 고의로 괴롭힌 행위로 볼 수 없다.

고시넷 공기업

공기업 통합전공

핵심이론 + 문제풀이
사무직 필기시험 대비

- 경영학 / 경제학 / 행정학 / 법학
- 주요 공기업 기출문제
- 테마별 이론 + 대표기출유형 학습
- 비전공자를 위한 상세한 해설

공기업_NCS